SILVIO CREPALDI
GUILHERME SIMÕES CREPALDI

CONTABILIDADE FISCAL E TRIBUTÁRIA

TEORIA E PRÁTICA

2ª edição

saraiva uni

saraiva EDUCAÇÃO | saraiva uni

Avenida Paulista, n. 901, Edifício CYK, 4º andar
Bela Vista – SP – CEP 01310-100

SAC | Dúvidas referentes a conteúdo editorial, material de apoio e reclamações:
sac.sets@saraivaeducacao.com.br

Direção executiva Flávia Alves Bravin
Aquisições Rosana Ap. Alves dos Santos
Edição Neto Bach
Produção editorial Daniela Nogueira Secondo

Revisão Lilian Queiroz
Mariana Ribeiro
Diagramação 2 estúdio gráfico
Projeto gráfico de capa Desenho Editorial
Adaptação de capa Alline Garcia Bullara
Imagem de capa iStock/Getty Images Plus/BOTOBOX
Impressão e acabamento Gráfica Paym

ERP 382.130.002.001

ISBN 978-85-53131-96-9

DADOS INTERNACIONAIS DE CATALOGAÇÃO NA PUBLICAÇÃO (CIP)
ANGÉLICA ILACQUA CRB-8/7057

Crepaldi, Silvio
Contabilidade fiscal e tributária: teoria e prática / Silvio Crepaldi, Guilherme Simões Crepaldi. – 2. ed. – São Paulo: Saraiva Educação, 2019.

Bibliografia
ISBN 978-85-53131-96-9

1. Contabilidade tributária - Brasil 2. Direito tributário I. Título II. Crepaldi, Guilherme Simões

CDD 657.460981
19-0049 CDU 657.6(81)

Índice para catálogo sistemático:
1. Contabilidade tributária - Brasil

2ª edição
6ª tiragem: 2023

EDITAR 15373 CL 651822 CAE 645335

Aos meus pais, Silvio e Maria Terezinha, exemplos sólidos de vida, pelo eterno incentivo aos estudos, com quem aprendi que é preciso ter sonhos, acreditar neles e ter coragem suficiente para realizá-los.

Também dedico aos meus filhos, Cynthia, Guilherme e Silvia, e à minha esposa, Solange, que me deram amor, carinho, exemplos de honestidade e que lutam incansavelmente pelo meu sucesso. Sem essa compreensão, colaboração e estímulo, esta obra jamais teria sido concretizada.

Aos meus queridos netos Helena, Gustavo e Luiza, sucesso!

Silvio Aparecido Crepaldi

Aos meus pais, Silvio e Solange; às minhas irmãs, Cynthia e Silva; e à minha esposa, Carla.

Guilherme Simões Crepaldi

Agradecimentos

Agradecemos ao grande Criador pelo dom da vida.

Também agradecemos às nossas famílias que, sempre, com amor, nos estimularam, compreendendo as longas horas em que estivemos ausentes, mesmo quando estávamos no lar.

Somos gratos também aos nossos alunos dos cursos de graduação e pós-graduação, que testaram o material, apontaram as falhas iniciais e deram a sua colaboração.

Enfim, agradecemos a Deus constantemente, por nos dar forças suficientes para o desenvolvimento do trabalho, e a todos os que, de uma forma ou de outra, nos ajudaram decisivamente.

Os ventos e as ondas estão sempre do lado dos navegadores mais hábeis. A vida resume-se em "fazer" ou "não fazer".

Feliz o homem que põe sua esperança no Senhor.

Queremos ser admirados por nossos clientes e nos esforçaremos para conquistar sua admiração.

Vencem na vida os que a encaram com permanente otimismo.

Vencem sempre os que sabem lutar, sem perder a direção da vitória.

Vencem aqueles que começam a luta pensando que, por mais árdua que seja, ela os levará para o endereço a que se propuseram, sem pensar em derrotas.

Vencem aqueles que não desanimam diante das dificuldades e para quem os obstáculos servem como degraus para a subida e para a consecução do objetivo.

Os autores

Sobre os autores

Silvio Aparecido Crepaldi é doutor em Direito com especialidade em Ciências Jurídicas pela Universidade Autónoma de Lisboa, Portugal (UAL); mestre em Administração pela Universidade Federal de Lavras (Ufla); graduado em Direito pela Universidade José do Rosário Vellano (Unifenas/Alfenas-MG) e em Ciências Contábeis e Administração pela Faculdade de Administração e Ciências Contábeis de Varginha (Faceca/Varginha-MG).

Docente do MBA da Dalmass – Escola de Líderes, do Centro de Capacitação Profissional (Cenofisco), do Instituto de Especialização do Amazonas (ESP) e instrutor da Catho e-Learning nos cursos de Auditoria Contábil e Contabilidade Financeira e Gerencial. É avaliador de cursos de graduação de Administração, Ciências Contábeis e Direito, e avaliador de instituições de ensino superior do Instituto Nacional de Estudos e Pesquisas Educacionais (Inep-MEC).

Atua como perito do Juiz do Poder Judiciário do Estado de Minas Gerais e da Justiça Federal – Subseção Judiciária de Uberlândia-MG; como representante docente do Instituto Brasileiro de Planejamento Tributário; como parecerista *ad hoc* e avaliador da *Revista CEJ*, do Centro de Estudos Judiciários do Conselho da Justiça Federal; como parecerista e avaliador de artigos da revista *Direito GV Law Review* e do *Guia do Estudante* (Editora Abril); e é membro do Conselho Editorial de diversas revistas nas áreas de Contabilidade, Direito e Negócios. É integrante do banco de palestrantes cadastrados do Conselho Federal de Contabilidade (CFC) e do Conselho Regional de Contabilidade do Piauí (CRC-PI). É avaliador *ad hoc* de artigos para o Congresso Brasileiro de Contabilidade (CBC). Pela Editora Saraiva, é autor das obras *Auditoria fiscal e tributária, Orçamento público* e *Planejamento tributário.*

Guilherme Simões Crepaldi é graduado em Direito pelo Centro Universitário do Triângulo (Unitri) e professor universitário das disciplinas de Direito do Trabalho, Direito Empresarial, Economia Política e Direito Agrário e Ambiental. É coautor das obras *Auditoria fiscal e tributária e Orçamento público*, pela Editora Saraiva.

Prefácio

Atualmente, com a expansão de mercados e o forte aumento da concorrência, vê-se a necessidade cada vez maior de promover um crescimento organizacional sustentado em base de custos e despesas otimizadas, orientando os fatores de competitividade relacionados a preço, retorno sobre investimentos e preceptivas de lucros presentes e futuros como um dos fundamentos estratégicos de sustentabilidade de longo prazo.

Partindo dessa premissa, um dos elementos de grande relevância nas organizações, em suas estruturas de custos e despesas, relaciona-se aos aspectos tributários que as envolvem. A não observância correta dos direitos e deveres geram "desperdícios tributários" elevando, assim, os custos e as despesas, e prejudicando sobremaneira o potencial de competitividade.

São muito restritas as edições que tratam de contabilidade fiscal e tributária com exemplos de rotinas reais, analisadas e interpretadas, de empresas de diferentes ramos de atividade e em variadas situações.

Sendo assim, a presente obra tem o propósito de atenuar essa lacuna e, para isso, é dado especial destaque à rotina prática, incluindo-se a análise e a interpretação de diversas rotinas reais acompanhadas de rotinas contábeis e de observações esclarecedoras, de modo a contribuir com a formação profissional dos egressos das áreas de Ciências Contábeis, Administração de Empresas, Economia, Direito e cursos afins. Isso possibilita sua qualificação pessoal e profissional, pressupondo o desenvolvimento de capacidades dos campos da contabilidade fiscal e tributária; ou seja, prepara profissionais para os desafios inerentes à maior competitividade, garantindo-lhes melhor empregabilidade e transmitindo-lhes técnicas e ferramentas atualizadas na área da tributação.

Procuramos reunir nesta obra os frutos de uma longa experiência na disciplina de maneira didática, o que provavelmente será útil aos que se iniciam na especialidade de contabilidade fiscal e tributária. Quem pensa que contabilidade fiscal e tributária é uma ferramenta de gestão empresarial restrita apenas às grandes empresas está enganado, pois ela já faz parte da realidade das micro e pequenas empresas, e com bons resultados. Mais do que nunca, em época de arrocho financeiro, é importante que as microempresas se organizem internamente para reduzir custos, simplificar processos, ganhar agilidade e ter maior rentabilidade.

Outro aspecto relevante no que concerne às opções tributárias, ao qual cada organização deve atentar, são as possíveis contingências geradas pela interpretação equivocada da legislação tributária que, nesse caso, podem gerar prejuízos relevantes o suficiente para definir a existência ou a extinção de organizações em períodos de curto prazo. Portanto, para o devido desenvolvimento, as empresas carecem de profissionais preparados para definir quais são as melhores opções tributárias, segundo as características de cada organização.

Os autores

Sumário

CAPÍTULO 1 Sistema Tributário Nacional

OBJETIVOS

- Dar aos estudantes uma visão teórica e prática da área de tributos e de contabilidade aplicável na gestão empresarial de tributação e contabilidade.
- Fornecer informações gerenciais multidisciplinares e multifuncionais para tomadas de decisão na área de tributos e contabilidade.
- Trabalhar os conhecimentos obtidos da legislação de Direito de Empresas, aplicando-os nos cálculos e registros dos tributos federais, estaduais e municipais dentro do planejamento tributário e contábil.

1.1 INTRODUÇÃO

Contabilidade fiscal e tributária é um ramo das Ciências Contábeis no qual os profissionais se dedicam aos cálculos de tributos de ordem municipal, estadual e federal lançados sobre pessoas jurídicas em decorrência de diferentes atividades de uma ou de diversas empresas.

O Estado, como sociedade política, tem um fim geral, constituindo-se em meio para que os indivíduos e as demais sociedades possam atingir seus respectivos fins particulares. O fim do Estado é o bem comum, ou seja, o conjunto de todas as condições de vida social que consistam e favoreçam o desenvolvimento integral da personalidade humana.

Por meio da atividade financeira, o Estado desenvolve diversos atos voltados para a obtenção, gestão e aplicação de recursos pecuniários nos fins perseguidos pelo Poder Público.

Os tributos, ou exações fiscais, são receitas derivadas, arrecadadas pelo Estado, para financiar a despesa pública. Caracteriza-se pelo instrumental necessário à obtenção de recursos, visando à viabilização do atendimento e à satisfação das necessidades públicas. Podem-se arrolar, entre outras, as seguintes responsabilidades estatais cujo atendimento demanda recursos pecuniários: manutenção da ordem, solução de litígios, prestação de serviços públicos, fiscalização de atividades e realização de ações sociais nos campos da saúde e educação. Entre as atividades que o Estado desenvolve, tutelando necessidades públicas, algumas são essenciais (segurança pública, prestação jurisdicional etc.) e outras são complementares, protegendo itens secundários, exercidas por meio de concessionárias. A tributação, no Estado de Direito Democrático, constitui instrumento da sociedade. É por meio das receitas tributárias que é viabilizada a manutenção das estruturas política e administrativa do Estado e as ações de governo. Mas a tributação arbitrária ou excessiva pode, por si própria, ter efeitos perversos. Assim, a Constituição também cuida de definir as possibilidades e os limites da tributação, fazendo-o pela outorga constitucional da competência tributária; quando a Constituição diz quais tributos podem ser instituídos e sob que forma, diz, também, implicitamente, que o que dali desdobra não pode ser feito.

FIGURA 1.1 Atividade financeira do Estado

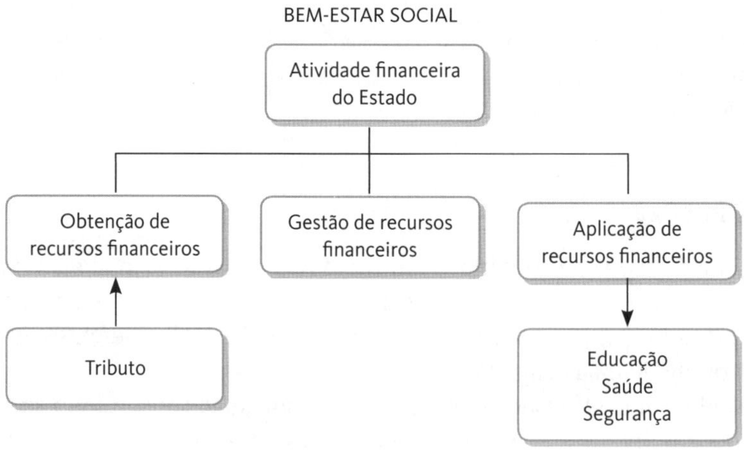

Fonte: Código Tributário Nacional, Lei n. 5.172/1966.

A tributação é válida quando exercida na forma e na medida admitidas pela Constituição Federal (CF). A tributação que não encontra suporte no texto constitucional não constitui propriamente tributação, mas violência aos direitos individuais, arbítrio inconstitucional e ilegítimo.

Os tributos são receitas derivadas, arrecadadas pelo Estado, para financiar a despesa pública. As receitas públicas podem ser divididas em:

- **originária** – sem qualquer ato de império, usualmente proveniente dos meios próprios do Estado, ou seja, explora o seu próprio patrimônio e dessa exploração consegue receita (por exemplo, arrendamento, aluguel ou venda de bens públicos, entre outros);

- **derivada** – em geral, proveniente de bens e do patrimônio de particulares, os quais são coagidos a pagar. É a imposição coativa do Estado para que o particular tenha de dispor de parte de suas receitas para o custeio dessas atividades (por exemplo, tributos etc.).

FIGURA 1.2 Receita pública

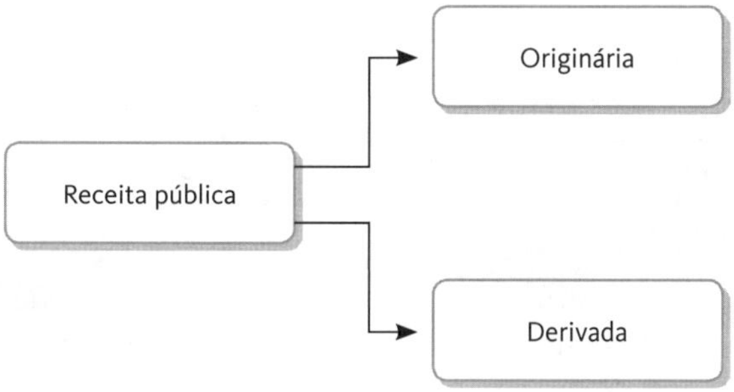

Fonte: Código Tributário Nacional, Lei n. 5.172/1966.

Os tributos são a principal receita financeira do Estado, classificando-se como receita derivada, porque advém do patrimônio privado, e compulsória, uma vez que decorre de lei, independendo da vontade de as pessoas contribuírem para o custeio da atividade estatal. Parte do patrimônio de entes particulares é transferida para os domínios públicos, de forma compulsória e dentro do limite da legalidade, com o intuito de financiar o Estado.

De fato, ainda que atividade arrecadatória, deve ser pautada estritamente na lei, com vistas a proteger o contribuinte dos excessos e desvios do Fisco.

O Sistema Tributário Nacional está tratado no Capítulo I do Título VI da Constituição Federal, capítulo este que vai do art. 145 ao 162 e é formado pelas normas constitucionais de direito tributário, que essencialmente abrangem:

- os **princípios** constitucionais tributários e outras limitações ao poder de tributar (imunidades);
- a **discriminação** de competências, inclusive o delineamento geral dos impostos atribuídos a cada uma das pessoas políticas;
- a **repartição** das receitas tributárias.

O direito tributário estuda os princípios e as normas que disciplinam a ação estatal de exigir tributos, preocupando-se com as relações jurídicas que, em decorrência da tributação, se estabelecem entre o Fisco e os contribuintes. Cuida de normatizar a instituição, a arrecadação e a fiscalização de tributos. É o ramo do direito público que rege as relações jurídicas entre o Estado e os particulares, decorrentes da atividade financeira do Estado, no que se refere à obtenção de receitas derivadas (resultantes da arrecadação dos tributos). O Estado figura na condição de Poder Público, isto é, com supremacia, tendo como principal característica a desigualdade jurídica (Figura 1.3), ou seja, o Estado encontra-se em uma posição juridicamente superior à do particular em uma relação de direito público.

FIGURA 1.3 Direito público e privado

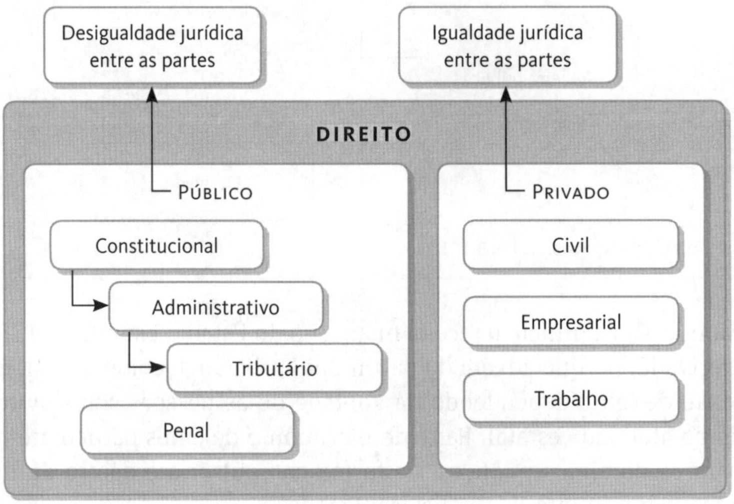

Fonte: Constituição da República Federativa do Brasil de 1988.

Para maior clareza:

- **Direito público** é aquele em que o Estado se encontra como partícipe direto da relação jurídica com o particular, possibilitando a existência de garantias e prerrogativas próprias em busca dos interesses da coletividade diante dos interesses do particular.
- **Direito privado** cuida da relação existente entre os particulares, prevalecendo, em vez do interesse direto do Estado e da própria coletividade, aqueles dos próprios particulares, sendo um corolário a existência da autonomia da vontade.

Conforme Machado,[1] verifica-se que direito tributário é "o ramo do Direito que se ocupa das relações entre o Fisco e as pessoas sujeitas às imposições tributárias de qualquer espécie, limitando o poder de tributar e protegendo o

1. MACHADO, Hugo de Brito. *Curso de direito tributário*. 38. ed. São Paulo: Malheiros, 2017.

cidadão contra os abusos desse poder". No exercício do "poder de tributar", ao exigir dos indivíduos o pagamento de tributos, o Estado revela sua soberania. Entretanto, não obstante exercer a soberania, a relação que se desenvolve entre Estado e contribuinte não é de poder, mas sim uma relação jurídica, devendo ser entendida como a contribuição prestada pelo indivíduo em benefício dos demais, visando ao desenvolvimento estatal. A afirmação de que a relação estabelecida entre Fisco e contribuinte é jurídica justifica-se, pois é necessário o respeito às normas e, também, a uma série de princípios jurídicos, dentre os quais se destacam os seguintes:

- legalidade;
- anterioridade;
- igualdade;
- capacidade contributiva;
- vedação de confisco.

Ainda cuida o direito tributário das normas que devem ser respeitadas na relação entre Fisco e contribuinte, delimitando, assim, o poder de tributar e evitando seu exercício abusivo. Por ser um poder, o exercício da tributação depende da existência de competência. A **competência tributária** é instituída e distribuída pela Carta Magna aos entes políticos que possuem capacidade legislativa, seu pressuposto. Assim, a Constituição Federal de 1988, em seus arts. 153 a 156, atribui a competência tributária às pessoas políticas a seguir arroladas:

- União;
- Estados-membros;
- Municípios;
- Distrito Federal.

É de se ressaltar que, anteriormente, o Distrito Federal era considerado **autarquia administrativa** da União, tendo sido erigido à categoria de pessoa política a partir da Constituição de 1988.

Tributo é **instituto jurídico especial**, pois, sozinho, alcança os direitos fundamentais de liberdade e propriedade. O primeiro é atingido, porquanto não é dado ao contribuinte escolher se deseja ou não fazer tal pagamento, ou seja, ele não tem liberdade de escolha: há imposição do tributo (obrigação *ex lege*); já o segundo direito fundamental é alcançado, dado que o pagamento do tributo causa uma diminuição patrimonial pois atinge o patrimônio do contribuinte, assim considerado em seu aspecto material.

Compete privativamente ao Senado Federal avaliar periodicamente a funcionalidade do Sistema Tributário Nacional, em sua estrutura e seus componentes, assim como o desempenho das administrações tributárias da União, dos Estados, do Distrito Federal e dos Municípios (art. 52, XV, CF).

FIGURA 1.4 Definição de direito tributário

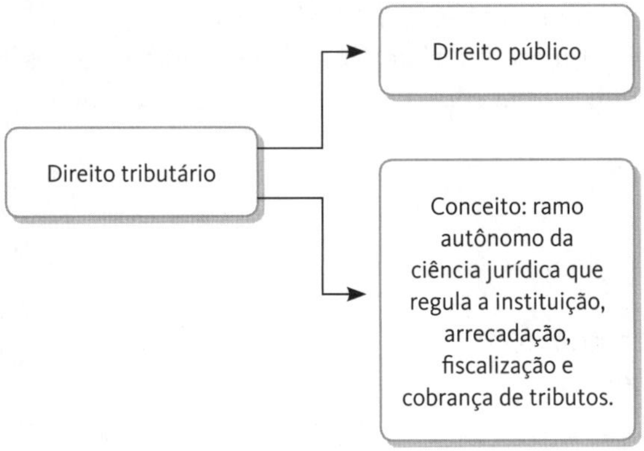

Fonte: Código Tributário Nacional, Lei n. 5.172/1966.

1.2 OBJETO

O direito tributário é construído em torno da noção de tributo e das relações entre o Fisco e os sujeitos passivos. Seu alcance é limitado, de forma que abrange apenas receitas derivadas, ou seja, entradas de verbas, de forma coercitiva, isto é, fruto da imposição estatal lícita baseada em sua posição de supremacia, de soberania ou de autoridade.

O direito tributário possui dois objetos, segundo Carvalho:[2]

Direto, que abrange o estudo da:

- **Instituição** – Criação do tributo, que somente pode ser feita pelo Estado, representado pela União, pelos Estados, pelo Distrito Federal e pelos Municípios.
- **Arrecadação** – Objeto principal do direito tributário.
- **Fiscalização** – Verificação da compatibilidade do procedimento tributário com as normas do ordenamento jurídico, podendo ser aplicadas sanções no caso de ocorrência de ilícitos tributários.
- **Extinção dos tributos** – Desfazimento do vínculo entre o Fisco e o devedor do tributo.

2. CARVALHO, Paulo de Barros. *Curso de direito tributário*. 20. ed. São Paulo: Saraiva, 2018.

Indireto, que abrange, outrossim, todas as normas que, de forma indireta, possam explicar o conteúdo, o sentido, o alcance e os efeitos da instituição, da arrecadação, da fiscalização e da extinção dos tributos, como a execução fiscal.

1.3 TRIBUTO

1.3.1 Conceito

Tributo é a receita derivada, compulsoriamente lançada e arrecadada pelo Estado, na forma da lei, em moeda corrente ou em valor que por ela se possa exprimir, sem contraprestação diretamente equivalente, cujo montante é aplicado na execução das finalidades que lhe são próprias. Caracteriza-se pela compulsoriedade, pelo pagamento em dinheiro ou valor equivalente, pelo seu caráter não punitivo, pela previsão legal e pela sua cobrança vinculada, sem margem de discricionariedade.

A Constituição Federal não traz em seu texto a definição de tributo, mas cuida de uma série de figuras que com ele se assemelha, em decorrência de seu caráter coativo, impositivo, quais sejam:

- desapropriação;
- perda de bens;
- pena privativa de liberdade;
- pena de multa etc.

A definição doutrinária de tributo é relação jurídica que se estabelece entre o Fisco e o contribuinte, tendo por base a lei, em moeda igualitária e decorrente de um fato lícito qualquer. A definição técnica do que seja tributo, nos termos do art. 146, inciso III, alínea *a*, da Constituição Federal, é dada por Lei Complementar.

O conceito de tributo está assim previsto no art. 3º, Código Tributário Nacional (CTN): "tributo é toda prestação pecuniária compulsória, em moeda ou cujo valor nela se possa exprimir, que não constitua sanção de ato ilícito, instituída em lei e cobrada mediante atividade administrativa plenamente vinculada".

Conclui-se, a partir dessa definição, que tributo é uma obrigação *ex lege* (decorrente de lei), em moeda, que não se constitui em sanção por ato ilícito e que tem por sujeito ativo (credor), normalmente, uma pessoa política, e por sujeito passivo (devedor) qualquer pessoa (apontada na lei da entidade tributante) cobrada mediante atividade administrativa vinculada. Tendo como função básica garantir recursos financeiros para o funcionamento do Estado (função fiscal), o tributo funciona também para interferir no domínio econômico, a fim de gerar estabilidade (função extrafiscal). É uma espécie de receita derivada, uma vez que o cidadão tem a obrigação de dispor de parte de seus recursos para o custeio das atividades administrativas. Esse é o papel do direito tributário: cuidar diretamente de todos os aspectos inerentes às receitas derivadas

FIGURA 1.5 Conceito de tributo

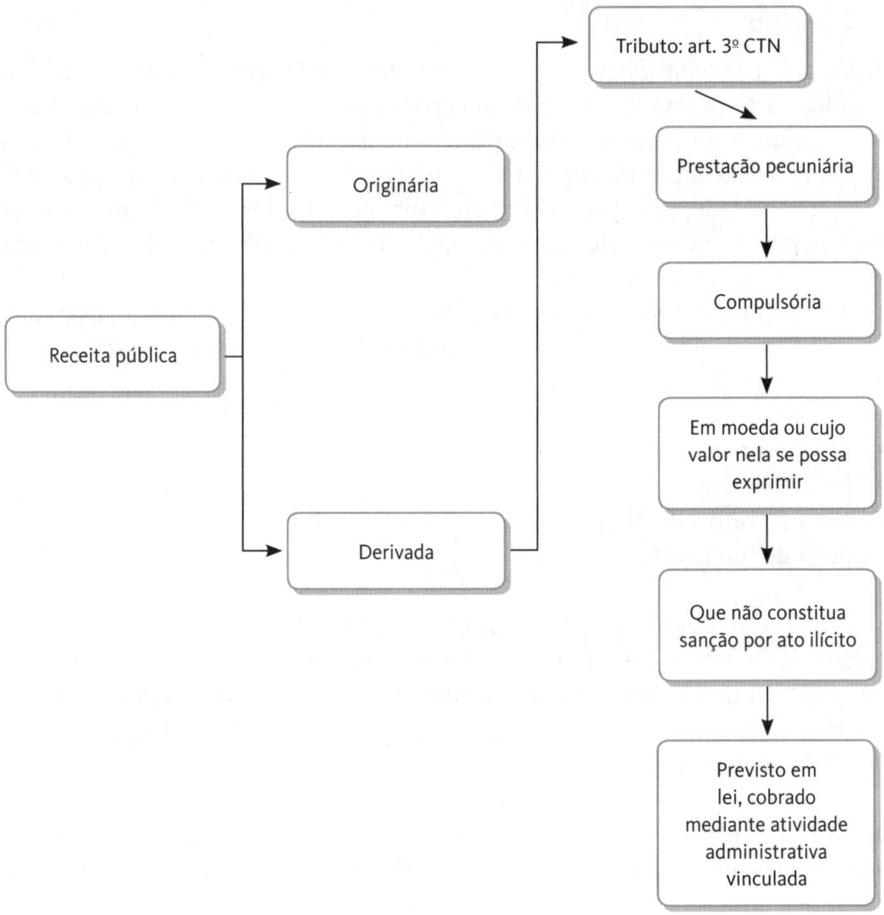

Fonte: Código Tributário Nacional, Lei n. 5.172/1966.

1.3.2 Obrigação *ex lege*

Obrigação é o vínculo abstrato, de conteúdo patrimonial, pelo qual uma pessoa (sujeito passivo) se vê compelida a dar, a fazer, a não fazer ou a suportar algo em favor de outra (sujeito ativo).

O tributo é uma obrigação *ex lege*, pois nasce direta e imediatamente da vontade da lei, que traça sua hipótese de incidência. As obrigações *ex lege* contrapõem-se às obrigações *ex voluntate* (aquelas em que a vontade das partes é prestigiada pelo Direito), pois o legislador, ao mencionar "instituída em lei", certamente pretendeu afastar as chamadas obrigações convencionais, que teriam fulcro, invariavelmente, em uma convergência de vontades. Assim, ocorrendo o fato que a lei prevê como gerador da obrigação (fato gerador *in concreto* ou fato imponível), será obrigatório o pagamento do tributo pelo contribuinte.

O pagamento do tributo é obrigatório (compulsório), não dependendo da vontade do contribuinte. Assim, em decorrência de a obrigação ter origem em disposição legal, e não contratual, a capacidade tributária passiva independe da capacidade civil do contribuinte ou do fato de, sendo uma pessoa jurídica, estar regularmente constituída nos devidos termos do art. 126, CTN. Desse modo, como exemplo, se menor impúbere é proprietário de imóvel, situado na cidade, não pode realizar atos de disposição do bem; entretanto, pode ser sujeito passivo de obrigação tributária, isto é, cobrança de Imposto sobre a Propriedade Predial e Territorial Urbana (IPTU).

1.3.3 Obrigação em moeda ou cujo valor nela se possa exprimir

O tributo só pode ser pago em dinheiro corrente. Com a expressão "ou cujo valor nela se possa exprimir", a lei quer dizer que, em circunstâncias extraordinárias, previstas em lei, é possível que o Fisco aceite a satisfação da obrigação tributária com a entrega de bens, cujo valor possa ser convertido em moeda. A Lei Complementar n. 104, de 10 de janeiro de 2001, acrescentou ao art. 156 do Código Tributário Nacional o inciso XI:

> Art. 156. Extinguem o crédito tributário:
>
> XI – a dação em pagamento em bens imóveis, na forma e condições estabelecidas em lei.

Tal inclusão serviu para explicitar o conceito de tributo, lembrando que, em casos especiais, a lei já autorizava a extinção do crédito tributário por esse instituto.

Com efeito, é de se afirmar que o tributo é prestação de caráter exclusivamente pecuniário, e casos como o transcrito anteriormente demonstram exceção à regra geral. Mesmo o inadimplente, quando executado, cumpre sua obrigação em moeda. Isso se dá porque os seus bens serão levados a leilão e o produto deste, a moeda, reverterá para o Fisco.

A pecúnia representa a prestação em dinheiro, moeda corrente ou cheque (art. 162, I, CTN). O caráter pecuniário é requisito inafastável para a configuração do fenômeno tributário, podendo ser expresso em moeda ou por meio de indicadores. O tributo é pago em unidades de moeda corrente (no Brasil, atualmente, em reais) e não *in natura* (em bens) ou *in labore* (em trabalho). Tributo não pode ser pago *in natura*, como com soja ou milho, porém no art. 156, XI, CTN, é prevista a dação em pagamento – ou cujo valor nela se possa exprimir –, exclusivamente para bens imóveis.

1.3.4 O tributo não se constitui em sanção por ato ilícito

O tributo é obrigatório pois deriva do "poder de império" estatal na atividade de invasão do patrimônio. Assim, o tributo não é voluntário, nem facultativo, nem contratual. Tributo não é multa e multa não é tributo (multa é sanção ou penalidade, devendo ser exigida quando se descumpre uma obrigação tributária). Não é penalidade decorrente da prática de ato ilícito, uma vez que o fato descrito pela lei, que gera o direito de cobrar o tributo (hipótese de incidência), será **sempre** algo lícito. Desse modo, como exemplo, mesmo que a origem da renda auferida seja ilícita, tal renda poderá ser tributada por meio de tributo específico (Imposto sobre a Renda em Proventos de qualquer Natureza).

Se a obrigação deriva de um ilícito, como o atraso em algum pagamento, a falta de determinada escrituração contábil etc., trata-se de punição por infração, sanção ou multa, mas não tributo. A sanção de caráter monetário é a multa, que é exigida em face da prática de uma ilicitude; a ela não importa a capacidade contributiva do agente: a prática do ilícito já é base suficiente para a cobrança da multa prevista como sanção. Já o tributo, em contrapartida, tem por pressuposto a prática de um fato lícito qualquer, que revela capacidade econômica ou contributiva.

As finalidades da multa e do tributo são diversas. Enquanto este tem finalidade primordialmente arrecadatória, aquela tem finalidade preventiva e sancionatória. Assim, enquanto o Estado tributa para atingir seus fins, a multa é instituída com o escopo de desestimular infratores.

Deve-se ter em conta que a lei não pode permitir, na hipótese de incidência tributária, a descrição de um fato em si mesmo ilícito, sob pena de o tributo converter-se em sanção, o que é vedado no *caput* do art. 3º do Código Tributário Nacional. Portanto, a verificação a ser feita é apenas quanto à hipótese de incidência tributária, não importando, entretanto, as origens remotas do valor tributado. O desapego às origens remotas do valor tributado é a denominada "teoria do *non olet*", em que a expressão latina, significa "não cheira", "não tem cheiro". Afirmam os doutrinadores que essa teoria surgiu em Roma, onde o imperador Vespasiano, diante da escassez na arrecadação de tributos, instituiu o imposto sobre o uso das latrinas (banheiros públicos), atitude que provocou grande descontentamento e revolta nos contribuintes. Dentre os críticos do imperador estava seu filho, Tito, que, perante a Corte, afirmou que não era conveniente o

Império Romano se manter por força da arrecadação de valores originários de local tão sujo e repugnante. Então, Vespasiano pediu-lhe que buscasse um pouco do dinheiro arrecadado e, já com o dinheiro nas mãos, determinou-lhe que se aproximasse e cheirasse, após o que proferiu célebre frase: "Está vendo, filho, não tem cheiro!". Com isso, Vespasiano quis dizer que pouco importava a origem remota do valor arrecadado, se lícita, ilícita, moral ou imoral: bastava que as origens próximas do tributo não fossem ilícitas.

Portanto, de acordo com o exemplo mencionado, verifica-se essa regra em relação ao Imposto de Renda, cuja hipótese de incidência é a obtenção de rendimento. Por força da teoria do *non olet*, não importa se os rendimentos obtidos originaram-se de atividade lícita ou ilícita. É o caso, por exemplo, dos bicheiros e contrabandistas, que não estão eximidos do pagamento do Imposto de Renda: os rendimentos advindos do jogo do bicho e da exploração do lenocínio são tributáveis.

Pode-se dizer também que *plurima praestat amor, sed sacra pecunia cuncta*, ou seja, "o amor faz muito, mas dinheiro faz tudo".

1.3.5 Obrigação cobrada mediante atividade administrativa plenamente vinculada

O tributo é sempre cobrado mediante atividade vinculada da Administração. Toda essa atividade, desde o lançamento do tributo até a cobrança judicial do débito, é atividade que não depende de qualquer análise de conveniência e oportunidade por parte da Administração; não é atividade discricionária, devendo ocorrer independentemente da vontade dos servidores públicos envolvidos.

A parte final do art. 3º do Código Tributário Nacional determina que a cobrança do tributo deverá seguir a determinação legal, não cabendo à autoridade administrativa preterir qualquer critério, quando houver expressa determinação legal.

Com efeito, não pode a autoridade optar pela cobrança ou não quando a lei determinar que a cobrança deva ser feita. Segundo Machado,[3] assim que o tributo é devido e, nos termos que a lei determinar, deverá ser cobrado; ou não é devido e, nos termos da lei, não poderá ser cobrado.

Na Constituição Federal é possível encontrar uma noção genérica de tributo, que deve ser entendido como a relação jurídica que se estabelece entre o Fisco e o contribuinte (pessoa abrangida pelo direito positivo), com base na lei, em moeda, igualitária e decorrente de um fato lícito qualquer.

A autoridade tributária não goza de liberdade para apreciar a conveniência ou a oportunidade de cobrar o tributo, devendo ater-se à previsão legal expressa. O poder de tributar é ato unilateral e vinculado, como decorrência constitucional

---

3. MACHADO, 2017.

da soberania estatal, e impõe ao destinatário do tributo que aceite a invasão em parcela de seu patrimônio.

Para melhor compreensão do que é tributo, veja o Quadro 1.1, a seguir.

QUADRO 1.1 Explicando melhor o que é tributo

Expressão	Significado
"toda prestação pecuniária compulsória"	Todo pagamento obrigatório ao Estado.
"em moeda ou cujo valor nela se possa exprimir"	O pagamento é efetuado em dinheiro, mas a lei poderá admitir que ele seja feito por meio de algo de valor equivalente à moeda, ou nela conversível.
"que não constitua sanção de ato ilícito"	Tributo não é penalidade por infração; multa, sim, constitui sanção pecuniária decorrente de ato ilícito.
"instituído em lei"	Sem lei que o institua, não existe tributo; princípio da legalidade.
"cobrado mediante atividade administrativa plenamente vinculada"	A cobrança do tributo deve ser realizada conforme determina a lei, não comportando discricionariedade do administrador público.

Fonte: elaborado pelo autor.

1.3.6 Tributo não se reconhece pelo nome

O *nomem iuris* (nome ou designação) do tributo é irrelevante para caracterizá-lo. Deve-se analisar o fato gerador do tributo e sua base de cálculo para concluir qual a sua natureza jurídica (art. 4º, CTN).

A denominação não deve ser levada em consideração na análise jurídica específica do tributo, pois o que importa é a imposição tributária, com os seus aspectos estabelecidos, e não o nome que, arbitrariamente, o legislador lhe dê. Do contrário, estaríamos sujeitos a violações das limitações ao poder de tributar, que constituem garantias dos indivíduos, ou, de outro lado, a considerar inconstitucional exercício, em verdade, regular de competência tributária.

1.3.7 Critérios para a classificação dos tributos

A importância de discriminar as diversas espécies tributárias e de conseguir identificar, em um caso concreto, de que espécie se cuida está no fato de que a cada uma corresponde um regime jurídico próprio.

Diversos são os critérios relevantes de classificação dos tributos para o Sistema Tributário Nacional, conforme se verifica nos itens a seguir.

1.3.7.1 QUANTO ÀS ESPÉCIES

Entende-se que o critério mais importante é aquele que diferencia os tributos de acordo com suas "espécies". No entanto, tal divisão é um pouco discutida, pois a Constituição Federal, em seu art. 145, incisos I a III, classifica o gênero tributo em três espécies diversas – impostos, taxas e contribuições de melhoria –, desenhando a norma-padrão de incidência de cada uma dessas figuras jurídicas e discriminando competências para que as pessoas políticas, querendo, venham a instituí-las (sempre por meio de lei). Idêntica classificação é retirada do texto do art. 5º do Código Tributário Nacional.

Não obstante isso, o Supremo Tribunal Federal (STF) entende que, na realidade, as espécies tributárias são cinco: impostos, taxas, contribuições de melhoria, contribuições sociais e empréstimos compulsórios.

Em razão da posição do STF, é de se aceitar a divisão do tributo em cinco espécies, tendo sido superadas as divergências passadas sobre o assunto.

Para a classificação das espécies tributárias, deve-se verificar a hipótese de incidência; se esta não for uma atividade do Estado, dizemos que o tributo é um imposto. Assim, o único tributo de fato gerador não vinculado, ou seja, que não é uma atividade estatal específica, é o imposto. Se a hipótese de incidência for alguma atividade estatal específica, ter-se-á uma taxa ou uma contribuição de melhoria.

Já empréstimo compulsório e contribuições sociais são tributos que não se definem pelo fato gerador, e sim pela finalidade a que se destinam, não se aplicando, portanto, o art. 4º do Código Tributário Nacional.

Cabe à Lei Complementar estabelecer normas gerais, em matéria de legislação tributária, especialmente sobre a definição de tributos, e de suas espécies (art. 146, III, *a*, CF).

Dessa forma, o texto constitucional considera tributos não apenas os impostos (arts. 16 e ss., CTN, e art. 145, I, e § 1º, CF); as taxas (arts. 77 e ss., CTN, e art. 145, II, e § 2º, CF); e contribuições de melhoria (arts. 81 e ss., CTN e art. 145, III, CF), mas também os empréstimos compulsórios (art. 148, CF); as contribuições sociais, as contribuições de intervenção em domínio econômico, as contribuições de interesse das categorias profissionais e também das categorias econômicas (arts. 149, 149-A e 195, CF).

1.3.7.2 QUANTO À COMPETÊNCIA IMPOSITIVA

Dividem-se de acordo com o ente tributante: federais, estaduais e municipais. Saliente-se que o Distrito Federal acumula a competência estadual e a municipal, posto que seu poder legislativo tem caráter híbrido.

1.3.7.3 QUANTO À VINCULAÇÃO EM RELAÇÃO À ATIVIDADE ESTATAL

Esta classificação leva em consideração a existência ou não de vínculo entre o tributo cobrado e a atividade que o Estado desenvolve.

Com efeito, o tributo pode ser:

- **vinculado** – quando seu fato gerador *in concreto* tiver relação direta com atividade desenvolvida pelo Estado. São tributos vinculados às taxas, às contribuições de melhoria e às contribuições sociais. A título de exemplo, tem-se o caso da taxa de água, que é cobrada em decorrência de seu fornecimento;
- **não vinculado** – dispensa a existência de uma atuação estatal para motivar sua cobrança. Encontra fundamento no poder de império da pessoa política tributante e presta-se, em geral, à formação de fundos para o desenvolvimento de seus fins (função fiscal do tributo). O imposto é tributo não vinculado, e exemplo típico é o Imposto sobre a Propriedade de Veículo Automotor (IPVA), cobrado do contribuinte que possua veículo, não sendo necessária qualquer contraprestação do Estado.

1.3.7.4 QUANTO À FUNÇÃO

Esta classificação leva em consideração a finalidade a que se destina o tributo, o objetivo por ele perseguido. Saliente-se que uma função não exclui outra, podendo o tributo ter uma função principal e outra secundária.

De acordo com sua finalidade, o tributo pode ser classificado como:

- **fiscal** – tributo que objetiva a arrecadação de recursos financeiros para o ente tributante;
- **extrafiscal** – tributo que busca interferir no domínio econômico, equilibrando as relações sociais e econômicas;
- **parafiscal** – tributo que objetiva custear entidades que atuam em áreas específicas, não alcançadas pela atividade estatal, como *longa manus* do Estado. Exemplo: fiscalização do exercício de profissões, seguridade social etc.

Por fim, ainda em relação aos tributos, deve-se salientar que a Constituição Federal arrolou os "direitos fundamentais do contribuinte", denominado por alguns autores "estatuto do contribuinte", os quais devem ser respeitados quando da tributação pela União, pelos Estados e Municípios e pelo Distrito Federal. Essas garantias podem ser encontradas, de maneira concentrada, no art. 150, CF.

1.3.8 Os tributos incidentes sobre os produtos e serviços devem ser explicitados na nota fiscal

A Lei n. 12.741, de 8 de novembro de 2012, dispõe sobre as medidas de esclarecimento ao consumidor de que trata o § 5º do art. 150, CF; ela altera o inciso III do art. 6º e o inciso IV do art. 106 da Lei n. 8.078, de 11 de setembro de 1990 (Código de Defesa do Consumidor), obrigando as empresas a informar aos consumidores na nota fiscal os impostos e contribuições federais, estaduais e municipais que incidem sobre a venda de mercadorias e serviços.

Entre os tributos que deverão ser informados ao consumidor, estão: Imposto sobre Circulação de Mercadoria e sobre Prestações de Serviços de Transporte Interestadual e Intermunicipal e de Comunicação (ICMS), Imposto sobre Serviços de Qualquer Natureza (ISS), Imposto sobre Produtos Industrializados (IPI), Imposto Sobre Operações de Crédito, Câmbio e Seguro, ou relativas a Títulos ou Valores Imobiliários (IOF), Programa de Integração Social e Programa de Formação do Patrimônio do Servidor Público (PIS/Pasep), Contribuição para o Financiamento da Seguridade Social (Cofins) e o imposto incidente sobre a comercialização e a importação de derivados de petróleo.

Uma das preocupações dos empresários será com a fiscalização dessa obrigação, já que o art. 5º da lei manda aplicar as penalidades do Código de Defesa do Consumidor a quem não cumprir as novas obrigações.

1.4 CÓDIGO TRIBUTÁRIO NACIONAL – LEI N. 5.172/1966

Codificação é a reunião de normas de um corpo único e sistematizado de disposições referentes a um mesmo setor do direito positivo. Consiste em uma lei como qualquer outra, embora de maior importância, porque é mais abrangente. A codificação visa criar um novo conjunto de normas, unificado, sistemático e articulado.

A Lei n. 5.172, de 25 de outubro 1966, publicada no Diário Oficial da União (DOU) de 27 de outubro de 1966 e retificada em 31 de outubro de 1966, instituiu normas gerais de direito tributário aplicáveis à União, aos Estados e Municípios e ao Distrito Federal. Foi recepcionada como Lei Complementar pela Constituição Federal de 1967 e pela Emenda n. 1/1969, as quais mudaram a sistemática tributária, pois previram a necessidade de Lei Complementar para instituir normas gerais em direito tributário.

Com o advento da Constituição Federal de 1988, a situação foi mantida: as normas gerais em matéria tributária continuaram a ser de competência da Lei Complementar, nos termos do art. 146. Em vez de revogar o Código

Tributário Nacional e elaborar outra lei contendo as normas gerais tributárias de natureza complementar, ele foi recepcionado, ou seja, foi acolhido pela Constituição Federal naquilo que foi compatível no conteúdo com o novo texto constitucional de 1988.

Por força do art. 7º do Ato Complementar n. 36, de 13 de março de 1967, passou, incluídas as alterações posteriores, a denominar-se Código Tributário Nacional (CTN). É uma lei de normas gerais em matéria tributária, que foi editado como lei ordinária; entretanto, em razão da teoria da recepção, o CTN, hoje, integra nosso ordenamento com *status* de Lei Complementar. Nossa doutrina e jurisprudência majoritárias entendem que todos os dispositivos vigentes do CTN são normas gerais e têm *status* de Lei Complementar, consoante o art. 146, III, *c*, CF.

O Código Tributário Nacional é uma lei ordinária que adquiriu força de Lei Complementar a partir da Constituição de 1967 e que cuida de assunto agora reservado a esse tipo de lei. Podemos dizer ainda que o CTN é lei ordinária em sentido formal (votação e aprovação) e, atualmente, é Lei Complementar em sentido material (cuida de matéria reservada à Lei Complementar).

1.5 RELAÇÕES DO DIREITO TRIBUTÁRIO COM OUTROS RAMOS DO DIREITO

As relações do direito tributário com outros ramos do direito são:

- **Direito constitucional** – Fornece os princípios básicos da tributação e da competência tributária, além das limitações constitucionais ao poder de tributar.
- **Direito administrativo** – Rege o exercício das atividades impositivas, arrecadadoras e fiscalizadoras, além do próprio funcionamento de seus órgãos e da disciplina de seus servidores, e dos procedimentos tributários.
- **Direito penal** – Tipifica as infrações contra a ordem tributária.
- **Direito internacional** – Podem-se celebrar tratados e convenções internacionais de natureza tributária.
- **Direito processual** – Veículo das demandas tributárias administrativas e judiciais.
- **Direito privado** – Relaciona-se com o direito tributário nas definições de institutos e situações como domicílio, posse, falência e outros.
- **Direito financeiro** – Estuda a receita pública que diz respeito à relação jurídica entre o Fisco e o sujeito passivo.
- **Direito previdenciário** – Usa os conceitos tributários; tem o direito tributário como fonte subsidiária e a contribuição tem natureza tributária.
- **Direito do trabalho** – A contribuição do Fundo de Garantia do Tempo de serviço (FGTS) tem natureza tributária, e o Imposto de Renda incide sobre as verbas de natureza remuneratória.

EXERCÍCIOS DE FIXAÇÃO

— QUESTÕES DE MÚLTIPLA ESCOLHA

1. Considerando o tratamento normativo dado pelo Código Tributário Nacional ao conceito de tributo, é **incorreto** afirmar que:

    a) Tributo é prestação pecuniária compulsória.
    b) A denominação do tributo afeta sua natureza jurídica específica.
    c) O tributo não é sanção por ato ilícito.
    d) O tributo deve ser instituído por lei.

2. Nos termos do Código Tributário Nacional, a natureza jurídica específica do tributo é determinada:

    a) Pelos dispositivos da Constituição Federal que disciplinam as espécies tributárias neles previstas.
    b) Pela denominação e demais características formais do tributo, estabelecidas na lei que o institui.
    c) Pela base de cálculo e pela alíquota do tributo, fixadas em lei.
    d) Pelo fato gerador da respectiva obrigação.

3. Analisar as seguintes proposições:

    I O fato gerador de uma multa tributária pode ser um fato lícito.
    II Os rendimentos advindos do jogo do bicho e da exploração do lenocínio não são tributáveis, pois se trata de prática de atividade ilícita.
    III Rendimentos decorrentes de ato ilícito não são tributáveis, conforme reza o princípio do *non olet*.
    a) os três enunciados são falsos;
    b) os três enunciados são verdadeiros;
    c) o I e o II são verdadeiros e o III é falso;
    d) só o III é verdadeiro.

4. O art. 3º do Código Tributário Nacional define tributo como uma prestação que não constitui sanção de ato ilícito. De tal assertiva pode-se inferir que:

    a) Os rendimentos advindos do jogo do bicho e da exploração do lenocínio não são tributáveis, sujeitando-se, contudo, a pesadas multas em decorrência da prática de atividade ilícita.
    b) Os rendimentos advindos da exploração do lenocínio são tributáveis, porquanto não se confunde a atividade ilícita do contribuinte com o fato tributário de auferir rendas.
    c) Os rendimentos advindos do jogo do bicho e da exploração do lenocínio não são tributáveis, em conformidade com o que reza o princípio do *non olet*.
    d) As atividades ilícitas não devem ser tributadas, pois, de outro modo, o Estado estará se locupletando com ações que ele mesmo proíbe e, assim, ferindo o princípio da estrita legalidade.

5. Assinale a opção correta:

    a) Na atividade de cobrança do tributo, a autoridade administrativa pode, em determinadas circunstâncias, deixar de aplicar a lei.
    b) Não é preciso lei para exigir um tributo.
    c) O tributo caracteriza-se também pelo fato de não resultar da aplicação de uma sanção por um ato ilícito.
    d) A prestação do tributo não é obrigatória.

6. Quanto ao conceito de tributo, assinale a alternativa correta:

a) Tributo é toda prestação pecuniária compulsória.
b) Tributo é toda obrigação de pagar ou fazer instituída em lei e cobrada mediante atividade administrativa plenamente vinculada.
c) Tributo é toda obrigação compulsória que não constitua sanção de ato ilícito.
d) Tributo é toda obrigação pecuniária compulsória, instituída em lei, que não constitua sanção de ato ilícito.

7. Tributo está corretamente conceituado em:

a) Tributo é toda prestação pecuniária compulsória em moeda, ou cujo valor nela se possa exprimir, que não constitua sanção de ato ilícito, instituída em lei e cobrada mediante atividade administrativa plenamente vinculada.
b) Tributo é toda prestação pecuniária compulsória ou voluntária, em moeda, que não constitua sanção de ato ilícito, instituída em lei.
c) Tributo é toda prestação pecuniária compulsória em moeda, ou cujo valor nela se possa exprimir, que não constitua sanção de ato ilícito, instituída em lei, decreto, medida provisória ou portaria e cobrada mediante atividade administrativa plenamente vinculada.
d) Tributo é toda prestação pecuniária compulsória em moeda, ou cujo valor nela se possa exprimir, que pode às vezes constituir-se em sanção de ato ilícito, instituída em lei e cobrada mediante atividade administrativa plenamente vinculada.

8. Para o reconhecimento do tipo de tributo é indispensável:

a) O nome legal do tributo.
b) A destinação do produto da arrecadação do tributo.
c) A identificação do fato gerador da obrigação.
d) A obrigação de lançar, mas não cobrar o tributo.

9. É elemento essencial à definição de tributo, como estabelecido no Código Tributário Nacional:

a) Ser sanção de ato ilícito.
b) Constituir a sua atividade administrativa plenamente discricionária.
c) Estar submetida à reserva legal.
d) Constituir prestação pecuniária alternativa.

10. A denominação legal ou *nomen juris* de um tributo:

a) Determina a natureza jurídica do tributo.
b) É irrelevante para qualificar sua natureza jurídica.
c) É fundamental para caracterizar a natureza jurídica apenas das taxas.
d) É necessária para caracterizar a natureza jurídica da contribuição de melhoria.

CAPÍTULO 2 Contabilidade fiscal e tributária

OBJETIVOS

- Sistematizar e aprofundar conhecimentos específicos à área tributária e refletir sobre a realidade brasileira.
- Habilitar, capacitar e formar um profissional da ciência contábil e de áreas afins, tornando-o competente e com plenas condições de satisfazer as exigências do mercado de trabalho e dos usuários preferenciais das informações contábeis.
- Possibilitar a evolução do desempenho das funções ligadas à Contabilidade Tributária.

2.1 INTRODUÇÃO

As empresas podem ser tributadas de diversas formas sobre o lucro auferido, faturamento e também sobre a sua folha de pagamento.

No Brasil, segundo o Regulamento do Imposto de Renda (Decreto 3.000/1999) existem quatro métodos para calcular os impostos sobre o lucro (renda) das empresas: Simples Nacional, Presumido, Arbitrado e Real.

A Constituição Federal de 1988, no seu art. 195, permite a criação das contribuições à Seguridade Social, com incidência sobre a folha de salários, sobre o faturamento e sobre o lucro. Com isso, as empresas, além de pagar o imposto sobre a renda, passaram também a pagar as contribuições instituídas, tais como PIS, Cofins e CSLL.

A contabilidade fiscal e tributária, como ramo da Contabilidade, deve demonstrar a situação do patrimônio e o resultado do exercício de forma clara e precisa, rigorosamente de acordo com os princípios e as normas contábeis. O resultado apurado deve ser economicamente exato. A contabilidade evoluiu de acordo com a necessidade da sociedade, sendo classificada uma Ciência Social, tendo como objeto de estudo o patrimônio das entidades. A contabilidade participa da dinâmica dos empreendimentos gerando informações para auxiliar os gestores a tomarem decisões.

Entretanto, a legislação tributária frequentemente atropela os resultados econômicos para, por imposição legal, adaptá-los a suas exigências e dar-lhes outro valor (resultado fiscal), que nada tem a ver com o resultado contábil.

As exigências fiscais impostas por lei, porém, devem ser cumpridas, o que é feito mediante controles extracontábeis e puramente fiscais. Os tributos serão devidos na forma exigida, desde que esta seja suficientemente amparada em lei.

Para melhor ilustrar o exposto, vejamos: certas empresas devem demonstrar, por meio da Demonstração do Resultado do Exercício (DRE), os valores que devem ser provisionados para pagamento do Imposto de Renda de Pessoa Jurídica (IRPJ) e da Contribuição sobre o Lucro Líquido (CSLL); deduzindo-se do resultado do exercício essas provisões, o que sobra é o resultado líquido à disposição da empresa.

Caso um dos sócios resolva calcular de forma direta o percentual aplicado definido pela legislação fiscal sobre o resultado antes da provisão, a fim de conferir a provisão do Imposto de Renda, poderá encontrar diferença no resultado em virtude das adições e exclusões ao lucro contábil para chegar ao lucro fiscal, que é a base de cálculo para apuração do imposto devido.

Por isso, em nota explicativa às demonstrações financeiras, deve ser informado que o IRPJ foi calculado na forma da lei (resultado contábil + adições – – exclusões – compensações), ou seja, por outro valor, denominado Lucro Real, que não é o resultado econômico antes dessa provisão, mas um resultado fiscal.

O método da contabilidade fiscal e tributária consiste basicamente na elaboração de relatórios contábeis confiáveis e eficazes, capazes de demonstrar a real situação das contas do patrimônio e do resultado da empresa, bem como de permitir um adequado planejamento tributário.

O **planejamento tributário**, também conhecido como **reestruturação fiscal e engenharia tributária**, consiste em técnica que projeta as operações, visando ao conhecimento das obrigações tributárias pertinentes a cada uma das alternativas legais que são aplicáveis para, em seguida, adotar aquela que possibilita o emprego de procedimentos tributários legitimamente inseridos na esfera da liberdade fiscal.

Para se administrar um empreendimento não é necessário ser especialista em contabilidade mas, certamente, é preciso conhecer o básico para entender melhor as finanças da empresa e ter como avaliar o trabalho do seu contador.

A Contabilidade é uma ciência que tem a função de avaliar e informar a situação patrimonial e financeira de uma entidade. Em termos contábeis, patrimônio é a soma de bens e direitos (ativo) menos o total das obrigações (passivo).

São também importantes os conceitos de receita, custo, despesa e resultado:

- As principais **receitas** de uma pessoa jurídica são provenientes da venda de mercadorias ou serviços, do rendimento de aplicações financeiras e de juros recebidos nas compras a prazo.

- **Custos** são os gastos diretamente relacionados com as mercadorias vendidas ou produzidas ou com os serviços prestados.
- **Despesas** são os gastos que não têm relação direta com a mercadoria vendida ou o serviço prestado, como determinados impostos e juros.
- **Resultado** é o valor das receitas menos os custos de despesas; se for positivo, chama-se lucro, e pode ser distribuído aos sócios ou reinvestido na empresa, se for negativo chama-se prejuízo, e significa a diminuição do patrimônio da empresa.

2.2 CONCEITOS

2.2.1 Conceito de Contabilidade

A Contabilidade deve demonstrar de forma clara e objetiva, dentro de procedimentos preventivos e legais, os principais aspectos da tributação das pessoas jurídicas e o conhecimento atualizado das regras da complexa legislação tributária, de acordo com a legislação em vigor, trazendo os conhecimentos básicos necessários para a correta apuração dos tributos.

De forma pragmática, Contabilidade é a ciência que estuda e pratica as funções de orientação, controle e registro dos atos e fatos de uma administração econômica, servindo como ferramenta para o gerenciamento da evolução do patrimônio de uma entidade e, principalmente, para a prestação de contas entre os sócios e demais usuários, entre os quais se destacam as autoridades responsáveis pela arrecadação dos tributos de uma nação ou região.

A Contabilidade tradicional é um sistema de informações e avaliação destinado a prover seus usuários com demonstrações e análises de natureza econômica, financeira física e de produtividade, decorrentes dos fatos e atos jurídicos praticados pela empresa.

A Contabilidade, como ciência, tem como finalidade orientar e registrar os fatos administrativos das entidades, permitindo o controle patrimonial e as mutações ocorridas durante um determinado período, tendo, portanto, grande importância na questão ora apresentada, e deve ser um instrumento essencial para a elaboração de um planejamento tributário eficaz.

2.2.2 Conceito de contabilidade fiscal e tributária

A contabilidade fiscal e tributária é o ramo da Contabilidade que tem por objetivo o estudo da teoria e a aplicação prática dos conceitos, dos princípios e das normas básicas da contabilidade e da legislação tributária, de forma simultânea e adequada. Representa uma área de especialização da contabilidade, tendo como o objetivo principal atender a legislação nas três esferas, União, Estado e Município, dessa forma busca cumprir a obrigação principal que é gerar o tributo e também cumprir as obrigações acessórias de gerar as informações de como se chegou ao montante do tributo. É também o ramo da Contabilidade responsável pelo gerenciamento dos tributos incidentes nas diversas atividades de uma empresa.

Seu aspecto principal é realizar na prática o que é determinado pela legislação tributária, mesmo que os resultados econômicos apresentados pela empresa sejam divergentes dos resultados fiscais, estabelecidos pela legislação. Seu enfoque é adequar os Princípios e Normas Contábeis sem ferir o direito tributário, independente de a legislação aplicada ser ou não injusta.

2.2.3 Conceito de legislação tributária

A expressão "legislação tributária" compreende as leis, os tratados e convenções internacionais, os decretos e as normas complementares que versem, no todo ou em parte, sobre tributos e relações jurídicas a eles pertinentes, segundo o art. 96, CTN. Entretanto, a legislação tributária frequentemente atropela os resultados econômicos para, por imposição legal, adaptar-se aos resultados fiscais que nela são impostos, tumultuando os resultados contábeis. É comum uma empresa operando com prejuízo econômico, ao qual o Fisco manda acrescentar despesas que considera indedutíveis, apresentar um lucro fiscal que recebe o nome de Lucro Real.

Os sócios ou acionistas têm o direito de saber o efetivo resultado econômico, o qual não pode ser modificado para atender exigências fiscais. A Contabilidade deve demonstrar com exatidão o patrimônio e o resultado do exercício.

2.3 OBJETIVOS DA CONTABILIDADE FISCAL E TRIBUTÁRIA

O objeto da contabilidade fiscal e tributária é apurar com exatidão o resultado econômico do exercício social, demonstrando-o de forma clara e sintética, para, em seguida, atender de forma extracontábil as exigências da legislação do IRPJ e da CSLL, determinando a base de cálculo fiscal para a formação das provisões destinadas ao pagamento desses tributos, as quais serão deduzidas do resultado contábil, para a determinação do lucro líquido à disposição dos acionistas, sócios ou titular de firma individual.

A escrituração contábil regular propicia informações importantes para a apuração de tributos, daí dizer-se que a contabilidade se presta a cálculos diversos nesta apuração, como:

- Base de cálculo do PIS e do Cofins;
- Lucro apurado para fins de IRPJ e CSLL;
- Registro de tributos compensáveis (IRF e outras retenções tributárias).

Desta forma, é imprescindível que os contribuintes mantenham estreito controle sobre sua situação patrimonial, já que informações incorretas podem gerar distorções na apuração dos tributos devidos.

2.4 FUNÇÕES E ATIVIDADES DA CONTABILIDADE FISCAL E TRIBUTÁRIA

A contabilidade fiscal e tributária ocupa-se da contabilização, por meio de lançamentos adequados, das operações das empresas que produzam o fato gerador dos tributos incidentes sobre lucros ou resultados superavitários que geram obrigações tributárias principais.

As principais funções e atividades da Contabilidade Tributária podem ser classificadas da seguinte forma:

- Registro contábil das provisões relativas aos tributos a recolher, em obediência aos Princípios Fundamentais de Contabilidade. Como parte integrante do sistema de informação da empresa, a Contabilidade Tributária tem a responsabilidade de informar, correta e oportunamente, o valor das diversas provisões para o recolhimento dos tributos, de acordo com o princípio contábil da competência de exercícios.
- Escrituração dos documentos fiscais em livros fiscais próprios ou registros auxiliares, para apurar e determinar o montante do tributo a ser recolhido dentro do prazo após encerramento do período de apuração.
- Preenchimento de guias de recolhimento, informando o setor financeiro de contas a pagar da entidade sobre o valor e os prazos de recolhimento, além de emitir e providenciar a entrega aos respectivos órgãos competentes dos formulários estabelecidos pela legislação pertinente.
- Orientação fiscal para todas as unidades da empresa (filiais, fábricas, departamentos) ou das sociedades coligadas e controladas. A correta orientação fiscal e tributária para as demais unidades ou empresas pode representar relevantes economias com os impostos.
- Orientação, treinamento e constante supervisão dos funcionários do setor de impostos.

A Contabilidade possui diversos ramos, porém é fácil compreender porque um dos mais importantes atualmente no Brasil, em razão da sua elevada carga tributária, é a Contabilidade Tributária – ela visa ao melhor controle das obrigações tributárias, evitando, quando possível, o pagamento de impostos, multas e juros desnecessários.

O contador não deve ser encarado como um mero "registrador de fatos", como, infelizmente, ainda acontece, mas sim como o profissional responsável pela depuração dos fatos econômicos ocorridos na empresa, bem como pela gerência tributária.

Entretanto, se isso não lhe for possível, por várias razões, tem ele o dever de se esmerar na atualidade, veracidade e confiabilidade dos dados extraídos da contabilidade por ele gerida, os quais servirão de base para que outros profissionais ou empresas especializadas possam desenvolver um planejamento tributário capaz de proporcionar à empresa uma efetiva redução no desembolso com tributos.

2.5 FONTES DO DIREITO TRIBUTÁRIO

As fontes do direito tributário encontram-se delineadas no art. 96, CTN, enquanto as normas complementares estão elencadas no art. 100, CTN.

O direito tributário é constituído sob o primado da estrita legalidade. Sua maior fonte, o modo de expressão de maior relevância de suas regras, é a Constituição Federal (CF), e é dela que emana o princípio da legalidade, que reserva à lei o privilégio de ser a fonte única do direito tributário, embora outras manifestações legislativas existam para orientar a atividade tributária.

As fontes do direito tributário referem-se ao nascedouro, à origem do direito tributário, e dividem-se em fontes materiais e formais, as quais são classificadas em fontes formais primárias e fontes formais secundárias (Figura 2.1).

2.5.1 Fontes materiais

Descrevem os fatos sobre os quais haverá a incidência tributária. Exemplo: os produtos industrializados, as operações de crédito, as operações relativas à circulação de mercadorias, os serviços etc.

2.5.2 Fontes formais ou diretas

É o conjunto das normas que incidem sobre os atos e situações. Trazem a forma que o legislador deve respeitar no momento da elaboração das normas (Figura 2.1). Podem ser:

- **Primárias (principais)** – Modificam o ordenamento jurídico; trata-se da Constituição Federal, seguida de emendas à Constituição Federal, tratados e convenções internacionais, leis complementares, leis ordinárias, leis delegadas, medidas provisórias, decretos legislativos e resoluções (art. 59, CF).

- **Secundárias** – Não modificam o ordenamento jurídico, servindo para dar efetividade aos dispositivos primários; são os decretos administrativos e regulamentos, instruções ministeriais, circulares, ordens de serviço e outros da mesma natureza, e normas complementares. Incluem-se também os costumes administrativos e os convênios entre órgãos estatais (art. 100, CTN).

A Constituição Federal não cria tributos, mas confere competência para que o ente federativo o faça, se assim decidir.

FIGURA 2.1 Fontes primárias e secundárias do direito tributário

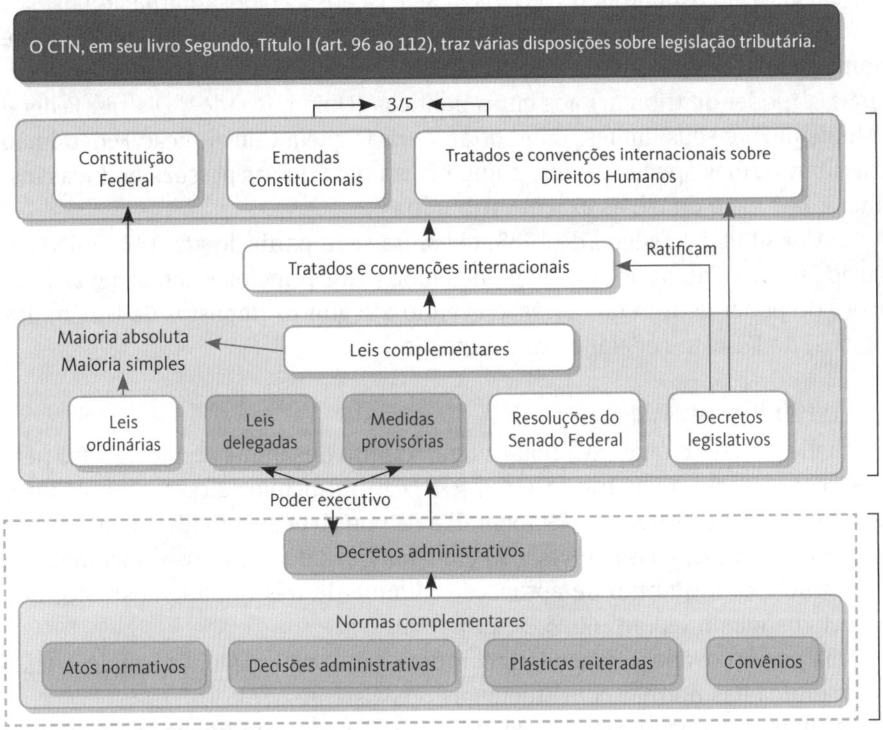

Fonte: Constituição da República Federativa do Brasil de 1988.

2.5.3 Fontes formais indiretas

São aquelas representadas pela doutrina e a jurisprudência e que colaboram para descobrir a vontade, o significado e a extensão da norma jurídico-tributária. A doutrina é a lição dos mestres e estudiosos, com seus livros, palestras, artigos e pareceres, e a jurisprudência é a interpretação da lei dada pelo Judiciário.

2.5.4 Fontes primárias

2.5.4.1 CONSTITUIÇÃO FEDERAL

É a fonte primordial e soberana de todo o sistema legislativo nacional; ela molda o sistema tributário, elenca seus princípios, delimita a competência tributária de cada pessoa política e trata das repartições de receitas tributárias.

Segundo o CTN, a lei tributária (art. 97) e a legislação tributária (art. 96) não se confundem; contudo, ambas geram várias confusões no plano investigativo. A lei tributária tem o objetivo de proteger o contribuinte perante a atividade credora de tributos do Estado, ao passo que a legislação tributária refere-se à lei, abrangendo as normas legais e infralegais.

Na legislação tributária, o CTN visou às leis, aos tratados internacionais, aos decretos e às normas complementares que versam, no todo ou em parte, sobre tributos e relações jurídicas a ele pertinentes, estabelecendo as competências tributárias (poder de tributar) aos entes políticos (União, Estados, Distrito Federal e Municípios) e seus limites. É importante frisar que a Constituição Federal não cria tributos, mas apenas confere competência para que as pessoas políticas instituam, por meio de lei, as exações tributárias.

Na Constituição Federal de 1988, encontra-se, a partir do art. 145, a dedicação ao Sistema Tributário Nacional, iniciando pelos princípios gerais, pelas limitações do poder de tributar, e transcrevendo a seguir os impostos da União, dos Estados, do Distrito Federal e dos Municípios.

2.5.4.2 EMENDA À CONSTITUIÇÃO

A emenda constitucional (EC) pode alterar, dentro dos limites estabelecidos pelo poder constituinte originário (art. 60, § 4º, CF), princípios e regras reguladores de todo o Sistema Tributário Nacional. É a responsável pela rigidez de nosso sistema, pois exige discussão e votação em cada Casa do Congresso Nacional, em dois turnos, com quórum de aprovação mínima de três quintos dos votos dos respectivos membros (art. 60, § 2º, CF).

Uma vez aprovada, a emenda incorpora-se à Constituição, passando a ter a mesma força das normas constitucionais preexistentes.

As emendas constitucionais, em matéria tributária, são utilizadas para:

- Inserir tributos na Constituição Federal, desde que dentro dos limites expressamente previstos no próprio texto constitucional. Exemplo: EC 39/2002, art. 149-A, CF, e EC 41/2003, art. 149, § 1º, CF.
- Reforçar as limitações constitucionais ao poder de tributar. Exemplo: EC 42/2003, mediante a inserção da alínea *c* no art. 150, III, CF.

2.5.4.3 TRATADOS E CONVENÇÕES INTERNACIONAIS

Revogam e modificam a legislação tributária interna, de maneira que as leis que lhes forem posteriores devem adequar-se a eles (art. 98, CTN).

Somente a União pode celebrar tratados e convenções internacionais, pois apenas ela possui soberania para ser reconhecida como sujeito do direito internacional público. Embora o texto da Constituição Federal traga em seu art. 5º, § 3º, referência à expressão de tratados e convenções, sugerindo tratar-se de instrumentos distintos, a doutrina do Direito Internacional trata-os como sinônimos.

Tratados e convenções internacionais são celebrados pelo Presidente da República e estão sujeitos ao referendo do Congresso Nacional (arts. 49, I, e 84, VIII, CF). Eles podem estabelecer mecanismos para:

- Evitar a dupla tributação internacional de rendimentos.
- Reduzir ônus tributário no comércio internacional.

Para serem aplicados no país, tratados e convenções precisam da aprovação do Congresso Nacional.

Os tratados internacionais são aprovados por decreto legislativo. É este ato que efetiva a denominada "internalização" do tratado, ou seja, sua incorporação ao nosso ordenamento interno. Para o tratado adquirir vigência interna, entretanto, é necessária ainda a edição de um decreto do Presidente da República, promulgando-o.

O CTN situa os tratados internacionais que versam sobre matéria tributária em plano hierárquico superior ao das leis ordinárias. Diversamente, o Supremo Tribunal Federal (STF) entende que os tratados internacionais incorporam-se ao Direito interno com o mesmo *status* das leis ordinárias.

Em matéria tributária, esses tratados têm a finalidade de evitar a bitributação sobre a renda dos países signatários e a concessão de incentivos relativamente à importação e à exportação de determinados produtos e serviços, como ocorre nos casos do Mercosul e de outros acordos internacionais do qual o Brasil é signatário – OMC, por exemplo.

2.5.4.4 LEI COMPLEMENTAR E LEI ORDINÁRIA

Lei significa o ato normativo que provém do Poder Legislativo, no qual está representada a vontade popular.

A Lei Complementar (LC) é a espécie normativa prevista de maneira expressa na Constituição para disciplinar, dispor sobre conflitos de competência e regular as limitações ao poder de tributar.

A Lei Ordinária (LO) é a espécie legislativa utilizada como regra geral para criação, aumento, modificação e extinção de tributos, contendo os requisitos previstos no art. 97 do CTN. O tributo, em regra, nascerá com a ocorrência do fato gerador nela previsto.

Tanto a LC quanto a LO são espécies normativas, que se diferenciam pela ordem material e formal:

- **Material** – Só podem ser objeto de Lei Complementar as matérias descritas na Constituição Federal, como os arts. 146 e 148, por exemplo, cabendo à lei ordinária o residual.
- **Formal** – O quórum de aprovação exige maioria simples (leva em consideração os presentes) para a lei ordinária (art. 47, CF) e maioria absoluta (leva em consideração o total de membros) para a Lei Complementar (art. 69, CF).

Dessa forma, as leis complementares são leis constitucionais, porque complementam a Constituição, disciplinando detalhes que seriam pequenos para constarem da Constituição, mas são grandes demais para serem lançados em uma lei ordinária. E as leis ordinárias são, em regra, o veículo normativo capaz de instituir, aumentar ou extinguir tributos.

2.5.4.5 LEI COMPLEMENTAR

São leis cuja elaboração já vem indicada ou sugerida no próprio texto da Constituição Federal para complementar a estruturação e regulamentar o Sistema Tributário Nacional.

É uma lei nacional que tem por objetivo explicitar a norma constitucional de eficácia limitada. No âmbito tributário, versa, principalmente, sobre as matérias previstas nos arts. 146, 154, 155, XII, e 195, § 4º, CF.

Devem ser aprovadas por maioria absoluta em cada uma das Casas do Congresso Nacional, e suas principais funções para o direito tributário são (art. 146, CF):

1. Dispor sobre conflitos de competência em matéria tributária entre a União, os Estados, o DF e os Municípios.
2. Regular as limitações constitucionais ao poder de tributar (por exemplo, regular as imunidades).
3. Estabelecer normas gerais em matéria de legislação tributária, especialmente sobre:
   a) definição de tributo e suas espécies e em relação aos impostos discriminados na CF, a definição dos respectivos fatos geradores, base de cálculo e contribuintes;
   b) obrigação, lançamento, crédito, prescrição e decadência tributários;
   c) adequado tratamento tributário ao ato cooperativo praticado pelas sociedades cooperativas;

d) definição de tratamento tributário diferenciado e favorecido para as microempresas e empresas de pequeno porte, inclusive no caso do ICMS, das contribuições previdenciárias previstas no art. 195, CF, e do PIS.

Ademais, prevê o art. 146-A, CF, que a Lei Complementar poderá estabelecer critérios especiais de tributação, com o objetivo de prevenir desequilíbrios da concorrência.

2.5.4.6 LEI ORDINÁRIA

É a espécie legislativa utilizada como regra geral para criação, aumento, modificação e extinção de tributos, contendo os requisitos previstos pelos arts. 150, I, CF, e 97, CTN, observada a exceção prevista no § 1º do art. 153, CF.

Não existe hierarquia entre Lei Complementar, lei ordinária, lei delegada e medida provisória. No entanto, deve ser observada a exigência constitucional de que alguns assuntos só sejam tratados por Lei Complementar (arts. 62, § 2º, e 246, CF).

Leis ordinárias não podem instituir certos tributos que, para sua criação, dependam de Lei Complementar, tais como empréstimos compulsórios, parte das contribuições sociais e impostos residuais (arts. 148, 154, I, e 195, § 4º, CF).

2.5.4.7 MEDIDA PROVISÓRIA

As Medidas Provisórias (MPs) têm força de lei ordinária e vigência provisória, uma vez que, se não apreciadas em até 45 dias contados de sua publicação, entram em regime de urgência no Senado e na Câmara, ficando sobrestadas todas as demais deliberações legislativas da Casa em que estiverem tramitando até que se conclua a votação (art. 62, § 6º, CF).

As medidas provisórias não possuem natureza jurídica de lei, sendo dotadas apenas de força de lei (art. 62, CF).

De competência do Presidente da República, as MPs, que nascem para ser convertidas em lei, devem ser elaboradas em casos de relevância e urgência. Elas seguem o procedimento disposto no art. 62, CF, alterado pela Emenda Constitucional n. 32/2001. Perdem eficácia se não aprovadas no prazo de 60 dias, prorrogáveis por mais 60, e durante o recesso parlamentar o prazo fica suspenso, mas a MP continua vigendo.

A Medida Provisória pode criar e aumentar impostos, respeitando o Princípio da Anterioridade – regra geral e anterioridade nonagesimal, segundo art. 150, III, *b* e *c*, CF.

É a impossibilidade de se cobrar tributos no mesmo exercício financeiro em que tenha sido publicada a lei que os instituiu ou aumentou, ou, ainda, antes de decorrido noventa (90) dias da data em que tenha sido publicada a lei que os instituiu ou aumentou nos termos do art. 150, III, *b* e *c*, CF. Com relação a esse princípio, existem também algumas exceções, ou seja, tributos que podem ser cobrados de imediato, sem a necessidade de esperar o exercício posterior ou os noventa (90) dias. Isso ocorre com os seguintes tributos: Imposto de Importação (II), Imposto de Exportação (IE), Imposto sobre Produtos Industrializados (IPI), Imposto sobre Operações Financeiras (IOF), Imposto Extraordinário de Guerra (IEG) e Empréstimo Compulsório para calamidade pública ou guerra externa.

Das matérias que não podem ser objeto de medidas provisórias citamos aquelas reservadas à Lei Complementar. De acordo como o art. 62, § 2º, CF, medida provisória que implique instituição ou majoração de impostos, exceto nos casos previstos em lei (arts. 153, I, II, IV, V, e 154, II, CF), só produzirá efeitos no exercício financeiro seguinte se houver sido convertida em lei até o último dia daquele em que foi editada.

2.5.4.8 LEI DELEGADA

De acordo com o art. 68, CF, são atos normativos sobre matéria específica elaborados pelo Presidente da República após solicitação da delegação ao Congresso. Essa espécie normativa pode ser utilizada para criar tributos, exceto no caso daqueles que exijam sua criação por Lei Complementar.

Tendo em vista ausência de vedação quanto à matéria tributária no art. 68, § 1º, CF, as leis delegadas são instrumentos hábeis para a criação e a modificação de tributos que deverão ser instituídos por lei ordinária.

2.5.4.9 DECRETO LEGISLATIVO

De competência exclusiva do Congresso Nacional (art. 59, VI, CF), o decreto legislativo serve para aprovar os tratados e as convenções internacionais, celebrados pelo país (art. 49, I, CF), os quais integram a legislação tributária, podendo até revogá-la (art. 98, CTN).

2.5.4.10 RESOLUÇÃO DO SENADO FEDERAL

As resoluções do Senado Federal são atos primários específicos aos quais é atribuída, reservadamente, a disciplina de determinadas matérias (art. 59, VII, CF), todas, em direito tributário, concernentes a regimes de alíquotas de impostos estaduais.

No âmbito tributário, as resoluções de relevo são aquelas que estipulam as alíquotas mínimas e máximas de alguns impostos (art. 155, § 2º, IV e V, *a* e *b*, CF). Exemplo: alíquotas mínimas e máximas do ICMS nas operações internas. Fixam as alíquotas máximas do ITCMD (art. 155, § 1º, IV, CF), fixam as alíquotas mínimas do IPVA (art. 155, § 6º, I, CF).

Essas funções privativas para as resoluções do Senado Federal podem ser mais facilmente compreendidas se nos lembrarmos de que o Senado é reconhecido como a Casa legislativa que representa os Estados da Federação; daí suas resoluções tratarem de assuntos relativos ao ICMS, ao ITCMD e ao IPVA, tributos de competência estadual.

No caso do ISS, a estipulação de limites máximos e mínimos será por meio de Lei Complementar (art. 156, § 3º, I, CF).

2.5.5 Fontes secundárias

2.5.5.1 DECRETOS DO PODER EXECUTIVO

Esses decretos são normas editadas pelo Chefe do Poder Executivo para regulamentar o cumprimento das leis tributárias (art. 84, IV, CF). Eles não podem inovar a ordem jurídica para criar novas obrigações (art. 5º, II, CF), mas apenas explicitar as leis, possibilitando sua aplicação (execução) pelos agentes administrativos.

O art. 97, § 2º, CTN, corroborado pela Súmula n. 160 do Superior Tribunal de Justiça (STJ), permite que decreto do Poder Executivo reajuste base de cálculo de imposto, desde que tal reajuste não ultrapasse o índice de correção monetária oficial. Esse permissivo tem relevância, em especial, para o IPTU e para o IPVA, devendo ser estudado em conjunto com o conteúdo do princípio da anterioridade nos termos do art. 150, § 1º, CF.

Em matéria tributária, os decretos têm a função de majorar ou reduzir as alíquotas de determinados tributos, considerados extrafiscais.

Consideram-se extrafiscais os tributos que não possuem finalidade meramente arrecadatória, como os fiscais, mas possuem finalidade regulatória, intervindo de alguma forma no domínio econômico e na política comercial do país.

A data para pagamento de tributo é, em regra, 30 dias após a notificação do sujeito passivo, mas pode ser alterada por decreto (art. 160, CTN) ou outro ato normativo infralegal, não se submetendo a alteração ao princípio da anterioridade.

Sua finalidade está centrada na atividade de regulamentar a lei e tem inúmeras aplicações, tais como:

- Aprovar os regulamentos, como: RIPI, RIR, RICMS, RISS.
- Alterar as alíquotas dos tributos: II, IE, IPI, IOF, art. 153, § 1º, CF.
- Reduzir e restabelecer as alíquotas da Cide-combustível e ICMS-combustível, art. 177, § 4º, I, b, CF.
- Estabelecer matérias tributárias, como:
  - regras sobre as obrigações tributárias acessórias (art. 115 c/c art. 113, § 2º, CTN);
  - atualização da base de cálculo dos tributos com os índices oficiais de correção monetária do período (art. 97, §§ 1º e 2º, CTN);
  - fixação ou alteração do prazo para pagamento do tributo.

2.5.5.2 NORMAS COMPLEMENTARES

Estas destinam-se a completar o texto das leis. Explicitadas no art. 100, CTN, as normas complementares das leis, dos tratados, das convenções internacionais e dos decretos são:

> I – os atos normativos expedidos pelas autoridades administrativas;
> II – as decisões dos órgãos singulares ou coletivos de jurisdição administrativa, a que a lei atribua eficácia normativa;
> III – as práticas reiteradamente observadas pelas autoridades administrativas;
> IV – os convênios que entre si celebrem a União, os Estados, o Distrito Federal e os Municípios.

Essas normas, cujas regras são nitidamente operacionais, integradas à rotina da própria administração fazendária e da competência de autoridades fiscais, definem-se como:

- **Atos normativos** – São normas genéricas e abstratas, expedidas por autoridade administrativa com a finalidade de facilitar a correta aplicação da lei e dos decretos, orientando contribuintes e funcionários e detalhando procedimentos e situações, devendo, portanto, guardar conformidade com a lei a que se referem. Os atos administrativos expedidos pelas autoridades administrativas são normas complementares das leis, dos tratados, das convenções internacionais e dos decretos. Provêm das mais diferentes autoridades, desde as situadas em plano hierárquico elevado, como ministros, secretários etc., até as que ocupam cargos menores, como chefes de repartições. Exemplos: portarias, instruções, circulares, resoluções, pareceres normativos, avisos, ordens de serviços, ofícios e despachos.
- **Decisões administrativas** – São as decisões dotadas de eficácia normativa, emanadas de órgãos singulares ou coletivos, como as decisões dos Conselhos de Contribuintes do Ministério da Fazenda, dos Estados e dos Municípios.
- **Práticas reiteradas** – São os usos e costumes da Administração Tributária, em que determinadas atividades de rotina nas repartições fiscais, em virtude de sua ocorrência sistemática, podem acabar vinculando o Fisco e o contribuinte.

Em matéria tributária, apenas os costumes interpretativos (que dizem o sentido da lei) são aceitos, visto que somente a lei pode instituir tributo.

- **Convênios que entre si celebrem a União, os Estados, o Distrito Federal e os Municípios** – Orientam a solução de problemas jurídicos relativos às normas que os contenham. Trata-se de ajustes ou convênios de cooperação entre duas ou mais pessoas de direito público para a prática ou a omissão de determinados atos, visando ao aprimoramento da arrecadação e fiscalização tributária.

Os convênios fiscais veiculam a prática de assistência mútua e atuação integrada, irradiando efeitos nas seguintes situações:

a) possibilidade de permuta de informações (art. 199, CTN, c/c art. 37, XXII, CF);
b) uniformização de obrigações acessórias;
c) reconhecimento de extraterritorialidade (art. 102, CTN).

Os Estados têm competência para celebrar convênios a fim de dispor sobre concessão de isenções e benefícios fiscais relativos ao ICMS (art. 155, § 2º, XII, g, CF), nos termos da LC n. 24/1975, art. 4º, que ao Poder Executivo de cada unidade da Federação caberá, por decreto, ratificar ou não o convênio do ICMS. Exemplo: Confaz, relativamente ao ICMS.

Significam os atos normativos de estrutura infralegal que surgem mediante o ajuste de vontades entre os entes políticos internos. É um ato que emana de encontro, do qual participam representantes dos Poderes Executivos dos entes signatários. De uma maneira genérica, são atos que se destinam a cuidar de assuntos que poderiam ser regulados pelo próprio Poder Executivo.

A observância das normas complementares exclui a imposição de penalidades, a cobrança de juros de mora e a atualização do valor monetário da base de cálculo do tributo. Caso a administração pretenda alterar essa prática reiterada, só poderá fazê-lo com relação aos comportamentos futuros dos contribuintes e nunca relativamente aos pretéritos.

Isso equivale a dizer que a lei (Federal, Estadual ou Municipal) poderá estabelecer que as decisões de certo órgão administrativo, incumbido do julgamento de conflitos tributários, uma vez proferidas em cada um dos processos em que se discute um respectivo caso concreto, também produzam efeitos normativos, alcançando outras situações idênticas, mas que não fazem parte do litígio. Ou seja, a decisão teria, por força de lei, efeito vinculante para todos os contribuintes que se encontrem em situação semelhante e não apenas para as partes litigantes. A solução adotada no caso concreto transbordaria do litígio de origem e geraria efeitos para todos os contribuintes que se encontrassem em idêntica situação.

O parágrafo único do art. 100, CTN, dispõe sobre a exoneração do contribuinte de boa-fé dos encargos e penalidades diante da observância das normas complementares. Visa à preservação da segurança jurídica na relação entre Fisco e contribuinte, pois a observância das normas complementares exclui a imposição de penalidades, a cobrança da multa, dos juros e a atualização do valor monetário da base de cálculo do tributo.

2.5.6 Fontes indiretas

2.5.6.1 DOUTRINA

Não se trata de fonte do Direito, mas de forma de interpretação deste.

É o entendimento dos estudiosos na área tributária. Quando a doutrina auxiliar na elaboração das normas não cria direito, faz política legislativa. A base da doutrina são as investigações, as pesquisas e as reflexões teóricas sobre todo o direito tributário.

2.5.6.2 JURISPRUDÊNCIA

É consolidada pela reiteração de decisões no mesmo sentido.

Também não é considerada fonte do Direito, pois, no Brasil, adota-se o sistema legislativo, e não o consuetudinário (*common law*), em que a jurisprudência passa a ser fonte do Direito. Exemplo de países que perfilham a *common law*: Estados Unidos e Inglaterra.

2.5.6.3 SÚMULA

É o entendimento firmado por um tribunal, obtido pela síntese das reiteradas decisões em um mesmo sentido sobre determinado tema de sua competência, servindo de orientação obrigatória a toda a comunidade jurídica. Em face do livre convencimento motivado do juiz, este não está obrigado a seguir o entendimento das súmulas editadas pelos tribunais, que somente servem como orientação. O Código de Processo Civil, no art. 557, afirma que o relator pode negar seguimento a recurso contrário à súmula do respectivo tribunal ou tribunal superior.

2.5.6.4 SÚMULA VINCULANTE

É o instrumento pelo qual o Judiciário e toda a Administração Pública são obrigados a seguir o entendimento adotado pelo Supremo Tribunal Federal depois de reiteradas decisões sobre a matéria constitucional. O enunciado da súmula terá por objeto a validade, a interpretação e a eficácia de normas determinadas, acerca das quais haja, entre órgãos judiciais ou entre estes e a Administração Pública, controvérsia atual que acarrete grave insegurança jurídica e relevante multiplicação de processos sobre idêntica questão.

Para que as súmulas sejam criadas é necessário o cumprimento de quatro requisitos:

- Haver reiteradas decisões.
- Produzir controvérsia atual.
- Gerar grave insegurança jurídica.
- Conduzir a relevante multiplicação de processos.

O poder de editar súmula é, portanto, limitado pela Constituição.

CASO PRÁTICO 2.1

O Senado Federal pode editar resolução que majore a alíquota de ICMS de determinada operação mercantil realizada dentro do Estado de Mato Grosso do Sul, alegando ser esta de interesse nacional?

Não. Em decorrência da autonomia dos Estados-membros, a lei ordinária estadual é o veículo normativo próprio para a criação do ICMS e previsão de suas alíquotas internas. Porém, de acordo com o art. 155, § 2º, V, *a* e *b*, CF, é facultado ao Senado Federal estabelecer as alíquotas mínimas nas operações internas e fixar as alíquotas máximas.

2.6 HIPÓTESE DE INCIDÊNCIA

O Código Tributário Nacional utiliza a denominação **fato gerador** tanto para o fato imponível como para a hipótese de incidência. Já a doutrina tradicional denomina a hipótese de incidência de **fato gerador em abstrato** e o fato imponível de **fato gerador em concreto**. É a situação abstrata e prevista em lei como hábil para deflagrar a relação jurídico-tributária. A hipótese de incidência designa um plano abstrato, composto de possibilidades ensejadoras do fenômeno tributacional: auferir renda, circular mercadorias, transmitir bens etc. Note-se que tais possibilidades são vocacionadas ao tributo.

Quando ocorre o fato gerador, nasce a obrigação jurídico-tributária (tributo), que tem um sujeito ativo, um sujeito passivo e um objeto (crédito tributário). É relevante lembrar que, além da obrigação tributária principal (aquela que nada mais é do que o dever de pagar o tributo ou a multa), há ainda a obrigação tributária acessória, que tem por fim prestações positivas ou negativas no interesse da arrecadação ou da fiscalização dos tributos (art. 113, §§ 1º e 2º, CTN) (Figura 2.2). A obrigação acessória, pelo simples fato de sua inobservância, converte-se em principal relativamente à pena pecuniária (art. 113, § 3º, CTN).

Com efeito, é previsão legal de um fato que, se ocorrido, originará uma obrigação tributária. Pode-se afirmar que a hipótese de incidência guarda semelhança com o tipo penal, pois este também é descrição legal de um fato que, se praticado, fará surgir possibilidade de imputação de sanção penal. Assim, como exemplo, temos que a hipótese de incidência do Imposto sobre a Renda e Proventos de qualquer Natureza (IR), de acordo com o art. 43, CTN, é a aquisição da disponibilidade econômica ou jurídica de renda ou de provento de qualquer natureza. A seguir, verificar-se-á que hipótese de incidência é um fato *in abstracto*, enquanto o fato imponível (fato gerador) trata de sua realização in concreto.

Finalmente, salienta-se que, de acordo com a unanimidade dos autores, e de acordo com o art. 4º, CTN, cabe à hipótese de incidência distinguir um tributo do outro, o que não deve ser feito com base na denominação que o tributo recebe. A obrigação tributária deriva da lei à medida que é esta que prevê, descritivamente, a situação factual que, ocorrendo, motivará a incidência tributária sobre o ato, fato ou negócio jurídico, gerando a obrigação tributária.

FIGURA 2.2 Obrigação tributária

OBRIGAÇÃO TRIBUTÁRIA

É a obrigação, prevista em lei, de pagar o tributo ou penalidade, ou até mesmo de praticar (ou deixar de praticar) determinado ato no interesse da fiscalização, de acordo com a legislação tributária.

Lei
Hipótese de incidência + Fato gerador = Obrigação Tributária

CTN

Art. 113. A **obrigação tributária** é principal ou acessória.

§ 1º. A obrigação principal surge com a ocorrência do fato gerador, tem por objeto o pagamento de tributo ou penalidade pecuniária e extingue-se juntamente com o crédito dela decorrente.

§ 2º. A obrigação acessória decorre da legislação tributária e tem por objeto as prestações, positivas ou negativas, nela previstas no interesse da arrecadação ou da fiscalização dos tributos.

§ 3º. A obrigação acessória, pelo simples fato da sua inobservância, converte-se em obrigação principal relativamente à penalidade pecuniária.

OBRIGAÇÃO PRINCIPAL
- Pagar o tributo ou penalidade.
- Decorre da Lei Tributária.

O não cumprimenro de uma obrigação acessória dá origem à penalidade pecuniária (multa), que é uma obrigação principal.

OBRIGAÇÃO ACESSÓRIA
- Agir de acordo com o que determina o Fisco:
  - Prestações positivas (obrigação de fazer): emitir nota fiscal, manter escrituração fiscal em ordem.
  - Prestações negativas (obrigação de não fazer): não transportar mercadorias sem nota fiscal etc.
- Decorre da Legislação Tributária.

Fonte: Código Tributário Nacional, Lei n. 5.172/1966.

2.7 FATO IMPONÍVEL

A hipótese de incidência difere do fato imponível, uma vez que este se caracteriza pelo acontecimento daquela (fato que realiza o tipo tributário), e a hipótese de incidência é o próprio tipo tributário. Assim, pode-se concluir que a hipótese de incidência é algo "hipotético" (previsto pela lei), enquanto o fato gerador é sua ocorrência, sua concretização.

Se se espelhar no Direito Penal, pode-se afirmar que o fato imponível equivale ao fato típico realizado. Portanto, tem-se que a hipótese de incidência está para o tipo penal (descrição legal do delito) assim como o fato imponível está para o fato típico (conduta do indivíduo).

Costumeiramente, a doutrina confere a denominação **fato gerador** tanto à hipótese de incidência quanto ao fato imponível. Entretanto, em ciência, as expressões devem ser unívocas e não equívocas; portanto, tal denominação não é conveniente, devendo ser mais bem especificada.

A expressão fato gerador é equívoca, visto que pode proporcionar uma série de interpretações, devendo, por isso, ser evitada. A doutrina clássica faz a cisão da expressão fato gerador da seguinte forma:

- **Fato gerador *in abstracto*** – Tem relação com a previsão legal do fato que, ocorrido, gera direito subjetivo para o Fisco proceder à cobrança do tributo. Assim, é de se concluir que tal expressão faz referência à hipótese de incidência, segundo a doutrina moderna.
- **Fato gerador *in concreto*** – Expressão que designa a ocorrência, no campo concreto, do fato previsto pela lei tributária como passível de dar origem a um tributo. Faz referência ao fato imponível, de acordo com a classificação dada pela doutrina mais atual.

Para que haja o surgimento (nascimento) do tributo, é necessário que o fato se ajuste rigorosamente à hipótese de incidência tributária. Trata-se do fenômeno denominado **subsunção**, que se assemelha à tipicidade penal ou adequação típica verificada na esfera criminal. O fenômeno da subsunção, traduzido pela necessidade de adequação completa, pode ser verificado em célebre frase de Henzel Albert: "Só deves pagar tributo se realizas, em todos os seus aspectos, a hipótese de incidência tributária".[1]

A lei faz a previsão de um fato que, se ocorrido, nascida estará a obrigação tributária, ou seja, descreve a hipótese de incidência e, com a ocorrência do fato previsto, qual seja, o fato imponível (fato gerador *in concreto*), o tributo será devido.

2.8 FATO GERADOR

Ocorrida a situação que a lei tributária elege em sua hipótese de incidência, surge no mundo jurídico a obrigação tributária, ou seja, o dever de o sujeito passivo pagar o tributo.

O fato gerador da obrigação principal, como fato jurídico, é a situação de fato ou de direito definida em lei, com conteúdo econômico, necessária e suficiente para desencadear, a partir de sua verificação concreta, o surgimento da obrigação tributária como relação jurídica (art. 114, CTN).

---

1. HENZEL, Alberto. *Direito tributário*. Roma: Dott a Giuffre,1956.

Compõe-se dos seguintes aspectos (Figura 2.3):

- **Aspecto material** – Descrição de um comportamento de pessoas físicas ou jurídicas que dá ensejo a uma obrigação tributária.
- **Aspecto quantitativo** – Indicação do valor a ser pago pelo sujeito passivo.
- **Aspecto temporal** – Determinação do exato instante em que se considera ocorrido o fato gerador.
- **Aspecto espacial** – Estabelecimento do local da ocorrência do fato gerador.
- **Aspecto subjetivo** – Indicação de quem são os sujeitos da relação jurídico-tributária (sujeito ativo e sujeito passivo).

FIGURA 2.3 Cinco aspectos fundamentais do fato gerador

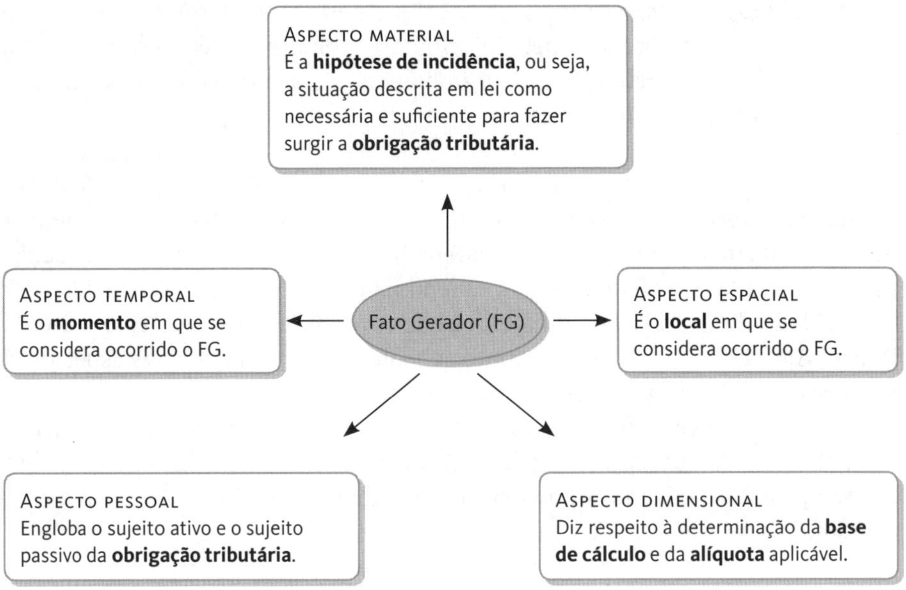

Fonte: Código Tributário Nacional, Lei n. 5.172/1966.

Já fato gerador da obrigação acessória é, segundo a legislação, qualquer situação que imponha a prática ou a abstenção de ato que não configure obrigação principal (art. 115, CTN).

O fato gerador e a correspondente obrigação tributária devem ser sempre previstos por lei, mesmo no caso das obrigações acessórias, apesar de o Código Tributário Nacional fazer referência, neste caso, à legislação tributária (que engloba não apenas a lei, mas também decretos e normas complementares) (Figura 2.4).

FIGURA 2.4 Obrigações principal e acessória

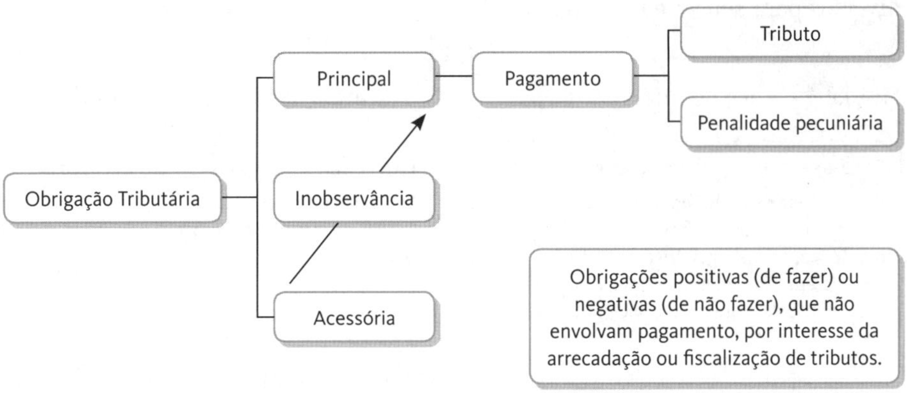

Fonte: Código Tributário Nacional, Lei n. 5.172/1966.

Observações:

- **O fato gerador constitui a obrigação tributária.**

Sim, o fato gerador se põe como ato constitutivo, isto é, aquele que cria direitos e deveres no liame obrigacional, operando efeito *ex nunc*.

- **Art. 4º, I e II, CTN: a natureza jurídica do tributo será definida pelo fato gerador, e o nome e a destinação do gravame serão irrelevantes.**

Memorize que tal artigo se aplica a impostos, taxas e contribuições de melhoria. O Código Tributário Nacional, em seu art. 116, estabelece que, salvo disposição de lei em contrário, considera-se ocorrido o fato gerador e existentes os seus efeitos (nascimento da obrigação tributária):

- Quando se tratar de situação de fato, desde o momento em que se verifiquem as circunstâncias materiais necessárias a que se produzam os efeitos que normalmente lhe são próprios (exemplo: saída de mercadoria do estabelecimento comercial).
- Quando se tratar de situação jurídica, desde o momento em que esteja definitivamente constituída, nos termos do direito aplicável.

Os arts. 116 e 117, CTN, mostram que o fato gerador pode se traduzir em situação de fato ou situação de direito/jurídica, demandando, assim, momentos diversos para seus efeitos (Figura 2.5).

FIGURA 2.5 Fato gerador, obrigação tributária e situação de fato e de direito

FATO GERADOR DA OBRIGAÇÃO PRINCIPAL

É a **hipótese de incidência**, ou seja, a descrição na lei de um fato de forma hipotética, prévia e genérica, o qual, uma vez se concretizando no mundo real, enseja o nascimento da Obrigação Principal.

FATO GERADOR DA OBRIGAÇÃO ACESSÓRIA

São situações previstas na Legislação Tributária que dão origem às Obrigações Acessórias.

SITUAÇÃO DE FATO

Aquela que se consolida sob as **leis naturais**.
Ex.: mancebia, amigamento, concubinato.

×

SITUAÇÃO JURÍDICA

É a situação "de direito", que se consolida sob as **regras jurídicas**.
Ex.: casamento.

Segundo o art. 117, os atos ou negócios jurídicos **condicionais** reputeam-se perfeitos e acabados:

- Sendo **suspensiva** a condição, desde o momento de seu implemento.
- Sendo **resolutória** a condição, desde o momento da prática do ato ou da celebração do negócio.

Fonte: Código Tributário Nacional, Lei n. 5.172/1966.

De acordo com Código Tributário Nacional, temos:

- **Situação de fato (art. 116, I, CTN)** – O fato gerador ocorre desde que se verifiquem as circunstâncias materiais necessárias à produção do ato. No caso do ICMS, por exemplo, o fato gerador é a saída de mercadorias.
- **Situação de direito ou jurídica (art. 116, II, CTN)** – O fato gerador ocorre desde o momento em que a situação esteja definitivamente constituída, nos termos do direito aplicável. No caso do ITBI, por exemplo, o fato gerador é a compra e venda de imóvel, e no do ITCMD, é a doação de imóvel.

Já o art. 117, CTN, atrela-se, exclusivamente, a negócios jurídicos, a que fez menção o art. 116, II, CTN. Na verdade, o artigo em tela retrata o momento do fato gerador nos negócios jurídicos submetidos à **condição**, isto é, cláusula que subordina os efeitos do ato a um evento futuro e incerto.

Além disso, o artigo requer o conhecimento da **condição suspensiva** e da **condição resolutória/resolutiva**, demandando, com isso, o fato gerador.

- **Condição suspensiva** – Os efeitos do ato estão dependentes da ocorrência de evento futuro. Naturalmente, o fato gerador ocorrerá com o implemento de uma condição. Exemplo: pai condiciona doação de imóvel à filha tão somente quando esta se casar; então, a data do casamento vem a ser a data em que o ITCMD deve ser recolhido.
- **Condição resolutória/resolutiva (resolver, dissolver, desfazer)** – Os efeitos do ato são perfeitos desde o início, sendo passíveis de dissolução/desfazimento com a ocorrência da condição resolutória.

Note a diferença: na condição suspensiva os efeitos são postergados para o futuro, enquanto na resolutiva os efeitos são válidos desde então, sendo passíveis de dissolução. Por exemplo, o pai que havia doado bem imóvel à filha condiciona a retomada do bem à manutenção da vida conjugal desta; assim, se houver rompimento, o bem voltará ao domínio do doador.

O rompimento vem dissolver os efeitos jurídicos do ato de doação, que era válido e já havia ensejado o tributo. Desse modo, neste último caso, a retomada do imóvel não se traduz em novo fato gerador, mas em mero desfazimento do negócio jurídico. Aliás, caso não tivesse havido o recolhimento do imposto no ato de doação, seria perfeitamente devido e passível de cobrança. Isso nos permite concluir que não há direito à restituição com o desfazimento do negócio jurídico.

Prescreve ao art. 118, CTN, ao reconhecer a autonomia do direito tributário, que a definição legal do fato gerador é interpretada com a abstração da validade dos atos efetivamente praticados pelos contribuintes, responsáveis ou terceiros, bem como da natureza do seu objeto ou dos seus efeitos. Essa definição independe, ainda, dos efeitos dos fatos efetivamente ocorridos. Assim sendo, no âmbito do direito tributário, não importa se o ato é nulo ou anulável para o direito privado, pois o tributo será devido se houver efeitos econômicos.

Dessa mesma forma, o ato ilícito ou criminoso deverá sofrer a tributação decorrente da ocorrência do fato gerador, até porque a não tributação de atividades ilícitas premiaria, em detrimento daqueles que auferissem rendimentos com atividades lícitas. Assevere-se, contudo, que a tributação do resultado de um ato ilícito (exemplo: rendimentos da exportação de uma casa de prostituição ou do jogo do bicho) não tem a força de legalizar tais operações.

A Lei Complementar n. 104/2001, introduziu um dispositivo importantíssimo no Código Tributário Nacional ao fixar que:

> A autoridade administrativa poderá desconsiderar atos ou negócios jurídicos praticados com a finalidade de dissimular a ocorrência do fato gerador do tributo ou a natureza dos elementos constitutivos da obrigação tributária, observados os procedimentos a serem estabelecidos em lei ordinária.

Trata-se de uma norma voltada ao combate da elisão tributária, ou seja, dos procedimentos lícitos dos contribuintes para, mediante escolhas cuidadosamente estudadas, não realizar explicitamente fatos geradores ou hipóteses de incidência previstos na legislação tributária. Figuremos um exemplo, admitindo que a doação é isenta de Imposto de Renda e os rendimentos com locação de imóveis são tributáveis. Nestas condições, para escapar da tributação, um imóvel poderia ser dado em comodato (empréstimo gratuito pelo prazo de um ano) e o seu proprietário receber, ao longo do ano, uma doação de valor idêntico à soma dos aluguéis.

O fato gerador como instituto jurídico-tributário não guarda obediência à chamada teoria das nulidades do direito privado. Em outras palavras, as solenidades e os formalismos próprios dos atos jurídicos privados não afetam o nascimento da obrigação tributária. Assim, não importa para a configuração do fato gerador a circunstância de ele consistir em um ato ou negócio nulo ou anulável. Duas consequências de extremo relevo decorrem destas considerações:

- pago o tributo, a superveniência de anulação ou da decretação de nulidade do ato jurídico em que consistia o seu fato gerador não dará lugar à repetição ou devolução do indébito;
- embora o fato gerador não possa ser um ilícito, se ocorrer em circunstâncias ilícitas desencadeará o surgimento normal da obrigação tributária. Isto significa que, se as atividades ilícitas, criminosas ou imorais implicarem a realização de fatos geradores tributários, as exações correspondentes são devidas.

Veja, a seguir, na Figura 2.6, os artigos do Código Tributário Nacional que especificam fato gerador de obrigação principal e acessória e quando este é considerado ocorrido e seus direitos, existentes.

FIGURA 2.6 Código Tributário Nacional, arts. 114, 115 e 116

Art. 114. Fato gerador da **obrigação principal** é a situação definida em lei como necessária e suficiente à sua ocorrência.

Art. 115. Fato gerador da **obrigação acessória** é qualquer situação que, na forma da legislação aplicável, impõe a prática ou a abstenção de ato que não configure obrigação principal.

Art. 116. Salvo disposição de lei em contrário, considera-se ocorrido o fato gerador e existentes os seus efeitos:

I - tratando-se de **situação de fato**, desde o momento em que o se verifiquem as circunstâncias materiais necessárias a que produza os efeitos que normalmente lhe são próprios;

II - tratando-se de situação jurídica, desde o momento em que esteja definitivamente constituída, nos termos de direito aplicável.

Parágrafo único. A autoridade administrativa poderá desconsiderar atos ou negócios jurídicos praticados com a finalidade de dissimular a ocorrência do fato gerador do tributo ou a natureza dos elementos constitutivos da **obrigação tributária**, observados os procedimentos a serem estabelecidos em lei ordinária.

→ Esse páragrafo único, acrescentado pela Lei Complementar n. 104/2001, tem o objetivo de evitar a chamada "elisão fiscal" - economia de tributos aproveitando-se das brechas legais existentes.

Fonte: Código Tributário Nacional, Lei n. 5.172/1966.

2.9 OBRIGAÇÃO TRIBUTÁRIA

Entende-se por obrigação tributária o vínculo jurídico que autoriza o Estado a exigir do particular uma prestação positiva ou negativa, com base unicamente na lei. Esta dispõe sobre a obrigação tributária de forma abstrata, uma vez que tal obrigação só se efetiva quando ocorre o fato gerador, tornando-se concreta. A concretude é dada pelo lançamento, que é o conjunto de medidas adotadas pela autoridade administrativa para verificar a ocorrência do fato gerador, determinar a matéria tributável, calcular o montante de tributo devido e identificar o sujeito passivo.

Obrigação tributária é, portanto, o vínculo entre o sujeito ativo (Fisco) e o sujeito passivo em razão de uma prestação de cunho patrimonial. Trata-se de obrigação que, como já dito, decorre de expressa previsão legal e, por esse motivo, é dita *ex lege* e não de contrato (*ex voluntate*).

Deste modo, caso a hipótese prevista na lei, denominada hipótese de incidência, venha a ocorrer *in concreto* (ocorrência do fato imponível), surgirá a obrigação tributária, que é uma relação jurídica de caráter transitório, nascida da lei, vinculando os sujeitos ativo (credor: Fisco) e passivo (devedor), e tem por objeto uma prestação pessoal econômica, que o segundo deve ao primeiro, e que também é garantida pelo patrimônio deste. Assim, obrigação tributária tem estreita relação com a sujeição ativa e a sujeição passiva, pois se trata de vínculo que, por meio de lei, autoriza o sujeito ativo a exigir do sujeito passivo o cumprimento da prestação.

2.9.1 Classificação das obrigações tributárias

De acordo com a redação do art. 113, CTN, as obrigações tributárias dividem-se em dois grupos:

- **Principal** – É a obrigação de pagar o tributo ou multa (penalidade pecuniária), o dever de entrega do montante exigido pelo sujeito ativo. Juridicamente, é a obrigação de dar, tendo por objeto o pagamento de tributo ou penalidade pecuniária.
- **Acessória** – É uma obrigação secundária, diversa da obrigação de pagar tributo. Trata-se de obrigação de fazer, não fazer, tendo por objeto prestações positivas ou negativas no interesse da arrecadação e/ou da fiscalização dos tributos – é dever instrumental ou formal. Fazer a escrituração de livro de comércio, fazer o preenchimento de guias, realizar matrícula no cadastro de contribuintes, emitir nota fiscal, apresentar declarações ao Fisco, permitir a fiscalização dos livros e documentos fiscais etc. são exemplos de obrigações acessórias.

O simples fato da inobservância da obrigação acessória enseja o nascimento de uma obrigação principal relativamente à penalidade pecuniária. Neste particular, o Código Tributário Nacional encerra uma impropriedade ao consignar, no art. 113, § 3º, que a obrigação acessória se converta em obrigação principal pela sua inobservância. Em verdade, o desatendimento de uma gera a outra, e a partir daí as duas coexistem.

Veja as diferenças entre obrigação tributária principal e obrigação tributária acessória no Quadro 2.1, a seguir.

QUADRO 2.1 Diferenças das obrigações tributárias

Obrigação tributária principal	Obrigação tributária acessória
De natureza patrimonial, surge com a ocorrência do fato gerador, tem por objeto o pagamento de tributo ou penalidade pecuniária e extingue-se juntamente com o crédito dela decorrente (art. 113, § 1º, CTN).	Decorre da legislação tributária e tem por objeto o cumprimento de prestações, positivas ou negativas, nelas previstas no interesse da arrecadação ou da fiscalização dos tributos (art. 113, § 2º, CTN).
Só pode decorrer de lei.	Pode ser estabelecida por qualquer das normas que integram a legislação tributária (art. 96, CTN).
Tem por principal objetivo arrecadar receita para os cofres públicos.	Visa a atender os interesses do Fisco no tocante a fiscalização e arrecadação dos tributos e corresponde a qualquer exigência feita pela legislação tributária que não seja o pagamento de tributos.
Obrigação de dar.	Obrigação de fazer (declaração de bens, exibição de livros, prestação de informações etc.) ou obrigação de não fazer (não destruir documentos e livros obrigatórios pelo prazo exigido por lei, tolerar exame em livros e documentos etc.).

Fonte: Código Tributário Nacional, Lei n. 5.172/1966.

O art. 194, parágrafo único do Código Tributário Nacional, ao dispor que a dispensa da obrigação principal não implica a dispensa da obrigação acessória, confirma a tese segundo a qual, no direito tributário, não prevalece o mandamento de que o acessório segue o principal.

Desse modo, havendo concessão de isenção ou imunidade que dispense o dever de pagar (obrigação principal), não há que falar em dispensa dos deveres instrumentais, a menos que a lei assim disponha expressamente.

Finalmente, é importante frisar que há diferença entre obrigação tributária e crédito tributário pois, enquanto a primeira se relaciona com a própria origem, surgimento, do tributo (realização do fato previsto na lei como gerador do direito de cobrança pelo Fisco e consequente dever de pagamento pelo contribuinte), o crédito tributário trata da apuração do montante, efetuada por meio do lançamento.

2.9.2 Origem da obrigação tributária

O mundo em que vivemos é conhecido como o mundo fenomênico, isto é, mundo dos fenômenos naturais.

Com efeito, há fenômenos que não interessam ao legislador e outros cuja ocorrência é prevista em lei em razão de sua importância e repercussão no mundo jurídico. O legislador enumera fatos lícitos e ilícitos no intuito de regular as relações entre os indivíduos e entre estes e o Estado. No campo do direito tributário, há previsão genérica, em lei, de fatos que, ocorridos, geram ao sujeito ativo o direito de cobrar o tributo e ao sujeito passivo a obrigação (dever) de prestar seu pagamento. Desse modo, ocorridos os fatos, "nascerá" a obrigação tributária.

Com efeito, a obrigação tributária origina-se quando verificado, no mundo em que vivemos, o fato lícito e não voluntário descrito na hipótese de incidência da norma jurídica tributária. Assim, a origem da obrigação coincide com a origem do tributo, isto é, trata-se da ocorrência do fato que confere ao Fisco o direito de cobrar o tributo do contribuinte, restando a este o dever de pagamento.

Diz-se que a obrigação tributária é obrigação legal (*ex lege*) e não voluntária (*ex voluntate*), pois decorre invariavelmente da lei, sendo impossível derrogar qualquer dispositivo previsto pela simples vontade das partes. No ordenamento jurídico pátrio vigora o princípio da legalidade estrita em matéria tributária, assim, a norma tributária só pode ser veiculada por meio de lei. Ainda, além da exigência de que haja lei instituindo o tributo (arts. 150, I, CF, e 97, I, CTN), há exigência mais específica: é necessário que haja competência do ente tributante para que seja válida sua criação. No tocante a essa verificação, deve-se utilizar a Constituição Federal, que, nos arts. 153 a 156, traça as competências em matéria tributária.

Assim, caso haja uma lei federal e outra estadual dispondo sobre o mesmo tributo, é necessária a verificação dos artigos supramencionados, a fim de constatar qual das leis deve prevalecer, uma vez que não há hierarquia entre leis tributárias federais, estaduais, distritais e municipais: há apenas divisão constitucional de competência, pois cada uma delas possui campo próprio de atuação.

Ressalte-se que, em decorrência das disposições constitucionais sobre as normas de direito tributário, é dito que a "Constituição Federal é a carta das competências tributárias". Além das exigências relativas à competência para edição da lei, é de se salientar que a norma jurídico-tributária deve estar completa, isto é, deve prever expressamente os seguintes elementos essenciais:

- sujeito ativo;
- sujeito passivo;
- hipótese de incidência;
- base de cálculo;
- alíquota.

Ao somatório de todos esses elementos é conferida a denominação **Regra Matriz de Incidência Tributária** e, na falta de qualquer um deles, haverá a obrigatória inexistência do tributo (e consequente impossibilidade de sua cobrança). Portanto, enquanto a lacuna não for suprida, não existe tributo em abstrato, não podendo existir validamente em concreto, isto é, no mundo fenomênico.

2.9.3 Objeto

O objeto da obrigação tributária é o ato de pagar (art. 113, § 1º, CTN), gerando a obrigação principal, que é de cunho patrimonial. A prestação são os atos diversos de pagamentos (art. 113, § 2º, CTN), gerando a obrigação acessória, que é de cunho instrumental (deveres instrumentais, obrigação de fazer ou de não fazer), como emitir a nota fiscal, escriturar os livros fiscais etc.

A obrigação tributária pode ser principal e acessória, podendo ser cindida, não sendo requisito de existência da obrigação acessória que a obrigação principal ainda exista. A título de exemplo, tem-se o caso de contribuinte que paga o tributo (obrigação principal) e continua com a obrigação de manter livros devidamente escriturados, emitir notas, permitir que o fiscal faça verificações em seu estabelecimento (obrigação acessória).

2.9.4 Causa

A causa da obrigação tributária deriva da lei: é a lei tributária que prevê o fato necessário e suficiente ao nascimento da obrigação tributária. Há que se atentar ao art. 113, § 1º, CTN, que proclama que "a obrigação principal surge com a ocorrência do fato gerador".

O fato gerador, *lato sensu*, é a ocorrência de um fato que faz nascer a relação de direito entre o Fisco e o contribuinte – e que, por revelar riqueza econômica, legitima a imposição tributária.

Na fase de criação do tributo, a lei, como comando hipotético e abstrato, define o fato gerador, ou seja, descreve um fato com significação econômica, atribuindo-lhe virtude de gerar a obrigação tributária. Este é o momento da previsão legal do fato gerador; em outras palavras, o momento em que o fato gerador é só uma definição contida em lei.

Para considerar esse momento, a doutrina prefere utilizar a expressão hipótese de incidência. No momento seguinte, o fato gerador deixa de ser mera disposição normativa para manifestar-se concretamente, como acontecimento da vida econômica.

Pela lei (art. 114, CTN) nasce a obrigação principal (por exemplo, Lei do Imposto de Renda), e pela legislação – Decreto, Regulamento, Instrução Normativa, Circular, Portarias etc. – (art. 115, CTN), nasce a obrigação acessória (por exemplo, Regulamento do Imposto de Renda – RIR).

2.9.5 Sujeitos da relação tributária

Segundo Machado,[2] verifica-se que obrigação tributária é a relação jurídica na qual o sujeito passivo tem o dever de prestar dinheiro ao Estado (sujeito ativo),

---

2. MACHADO, Hugo de Brito. *Curso de direito tributário*. 38. ed. São Paulo: Malheiros, 2017.

ou de fazer, não fazer ou tolerar algo no interesse da arrecadação ou da fiscalização dos tributos, e o Estado tem o direito de constituir um crédito contra o sujeito passivo (particular).

A obrigação tributária engloba os sujeitos ativo e passivo, fato gerador realizado e responsabilidade tributária.

2.9.5.1 SUJEITO ATIVO

O sujeito ativo será a pessoa jurídica, normalmente de direito público, titular do direito subjetivo de exigir a prestação pecuniária (tributo ou penalidade) ou a prestação não pecuniária positiva ou negativa. Sujeitos ativos (poder tributante) da obrigação tributária são a União, os Estados, o Distrito Federal e os Municípios, os quais detêm a competência tributária, podendo legislar sobre tributos e exigi-los, dentro de suas respectivas esferas.

É o credor do tributo, isto é, aquele que tem o direito subjetivo de exigir a prestação pecuniária. Este detém a competência tributária ativa, de acordo com o que determina o art. 119, CTN (Figura 2.7).

Salvo disposição de lei em contrário, a pessoa jurídica de direito público que se constituir pelo desmembramento territorial de outra sub-roga-se nos direitos desta, cuja legislação tributária aplicará até que entre em vigor a sua própria (art. 120, CTN), de modo que a exigibilidade dos créditos tributários não sofre interrupção nem se produz um indesejável vazio normativo. O polo ativo da obrigação tributária é normalmente ocupado pela pessoa política que criou o tributo em abstrato, dotada de poder legislativo, a qual possui **competência tributária**.

FIGURA 2.7 Definição de sujeito ativo

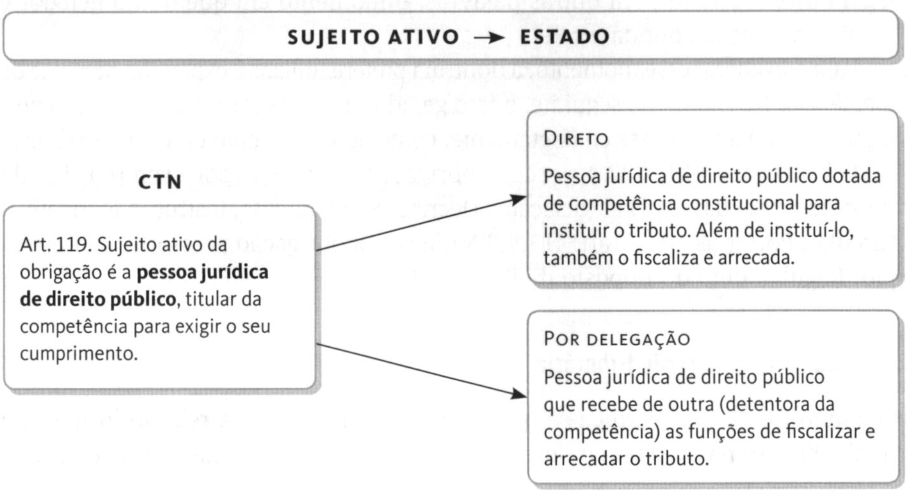

Fonte: Código Tributário Nacional, Lei n. 5.172/1966.

2.9.5.2 SUJEITO PASSIVO

Sujeito passivo (devedor ou contribuinte) da obrigação tributária é a pessoa que tem o dever jurídico de efetuar o pagamento do tributo ou da penalidade pecuniária (art. 121, CTN). É a pessoa determinada pela lei como devedora de uma prestação tributária, podendo ser pessoa física ou jurídica, privada ou pública ou responsável.

Em tese, qualquer pessoa tem capacidade tributária passiva, inclusive as pessoas políticas (União, Estados, Municípios e Distrito Federal). Estas, entretanto, são imunes quanto aos impostos (art. 150, VI, *a*, CF), mas não o são no tocante às taxas e contribuições de melhoria.

Podem-se citar alguns exemplos:

- **Autarquias** – Têm capacidade tributária passiva e são imunes apenas aos impostos (art. 150, § 2º, CF).
- **Empresas públicas e sociedades de economia mista** – Possuem capacidade tributária passiva plena; recebem o mesmo tratamento dedicado às empresas privadas (impostos, taxas e contribuições – art. 173, II, CF).
- **Empresas privadas e empresas particulares** – Têm capacidade tributária passiva plena.

De acordo com expressa previsão legal (art. 121, parágrafo único, I e II, CTN), tem-se que o sujeito passivo da relação tributária pode ser denominado:

- **Contribuinte** – Pessoa que realiza o fato gerador que cria uma obrigação tributária principal, sendo indicada para o recolhimento do tributo mediante sua capacidade contributiva (contribuinte de fato), (art. 121, parágrafo único, I, CTN). Exemplo: proprietário de imóvel, no caso do IPTU.
- **Responsável** – Quando não houver relação direta e pessoal com o fato gerador do tributo mas a obrigação de saldar o débito decorre de expressa determinação legal (art. 121, parágrafo único, II, CTN). A responsabilidade tributária não se presume, deve sempre decorrer de lei. Exemplos: no caso de o contribuinte ser filho menor de idade, os pais são os responsáveis (art. 134, I, CTN), ou quando o contribuinte é o alienante (vendedor), o adquirente (comprador) é o responsável (art. 130, CTN). Sempre é assim? Não, pois o adquirente pode se livrar da responsabilização por meio da Certidão Negativa de Tributos.

O Quadro 2.2, a seguir, resume as implicações de sujeito passivo da obrigação tributária.

QUADRO 2.2 Sujeito passivo da obrigação tributária

Sujeito passivo da obrigação principal	É a pessoa, física ou jurídica, obrigada ao pagamento de tributo ou penalidade pecuniária (art. 121, CTN). É a expressão genérica que comporta duas espécies: contribuinte e responsável (art. 121, parágrafo único, CTN).	**Contribuinte** é a pessoa, física ou jurídica, que tenha relação de natureza econômica, pessoal e direta com a situação que constitua o respectivo fato gerador.
		Responsável é a pessoa que, sem revestir a condição de contribuinte, esteja obrigada ao pagamento de tributo ou penalidade pecuniária por disposição expressa de lei.

Fonte: Código Tributário Nacional, Lei n. 5.172/1966.

O sujeito passivo da obrigação acessória (art. 122, CTN) é qualquer pessoa obrigada a fazer ou deixar de fazer algo no interesse da fiscalização dos tributos, não importando se é contribuinte ou responsável.

2.9.5.3 SUJEITO PASSIVO DE OBRIGAÇÃO TRIBUTÁRIA ACESSÓRIA

É a pessoa obrigada ao cumprimento das prestações que constituam o seu objeto (art. 122, CTN). Pode ser qualquer pessoa, contribuinte ou não, responsável ou não, bastando que haja previsão na legislação tributária de que esteja obrigada a fazer, não fazer ou tolerar em benefício da atividade tributária. Todos têm o dever de colaborar com a fiscalização tributária.

FIGURA 2.8 Especificações de sujeito passivo

SUJEITO PASSIVO → PARTICULAR

CTN

Art. 121. **Sujeito passivo da obrigação principal** é a pessoa obrigada ao pagamento de tributo ou penalidade pecuniária.

Parágrafo único. O sujeito passivo da obrigação principal diz-se:

I – **contribuinte**, quando tenha relação pessoal e direta com a situação que constitua o respectivo fato gerador;

II – **responsável**, quando, sem revestir a condição de contribuinte, sua obrigação decorra de disposição expressa de lei.

Art. 122. **Sujeito passivo da obrigação acessória** é a pessoa obrigada às prestações que constituam o seu objeto.

Art. 123. Salvo disposições de lei em contrário, as **convenções particulares**, relativas à responsabilidade pelo pagamento de tributos, **não podem ser opostas à Fazenda Pública**, para modificar a definição legal do sujeito passivo das obrigações tributárias correspondentes.

DIRETO → CONTRIBUINTE

Exemplo:

- **II:** o importador.
- **IPVA:** o proprietário do veículo automotor.
- **IR:** o titular da renda.

INDIRETO → RESPONSÁVEL

Exemplo:

- **Os herdeiros**: com relação aos tributos devidos pelo "*de cujus*".
- **O empregador**: em relação ao IR de seus funcionários retido na fonte.

CONVENÇÕES PARTICULARES

Se não houver disposição de lei em contrário, os **contratos particulares** não podem ser opostos ao Fisco. Ex.: no **contrato de locação**, a obrigação de pagar o IPTU pode ser atribuída ao **locatário**: no entanto, o Fisco exigirá o pagamento do imposto do sujeito passivo eleito pela lei → o **proprietário.**

Fonte: Código Tributário Nacional, Lei n. 5.172/1966.

As convenções particulares não podem ser opostas à Fazenda Pública. A capacidade tributária independe da capacidade civil. Basta que seja praticado um fato gerador para que qualquer pessoa esteja obrigada ao pagamento do tributo (art. 123, CTN).

Um resumo das especificações de sujeito passivo encontram-se na Figura 2.8.

2.10 BASE DE CÁLCULO E ALÍQUOTA

Base de cálculo e alíquota são, conforme verificado anteriormente, elementos essenciais da regra matriz de incidência tributária. Esses elementos prestam-se a quantificar o tributo, isto é, a verificar o *quantum debeatur* (quantia devida ao Fisco), bem como o contribuinte pode constatar o valor a ser pago, a título de tributo, ao sujeito ativo.

Com efeito, a conjunção destes institutos proporciona verificação quantitativa dos valores, tanto ao Fisco quanto ao contribuinte.

2.10.1 Base de cálculo

É a dimensão legal da materialidade do tributo. Para Ataliba,[3] é a perspectiva do aspecto material da hipótese de incidência tributária que pode ser dimensionada.

Base de cálculo é o valor sobre o qual será feito o cálculo do montante do tributo; sobre ele incidirá a alíquota para que seja apurado o valor devido. A base de cálculo deve, invariavelmente, guardar correlação lógica com a hipótese de incidência do tributo pois, enquanto a hipótese de incidência determina o fato abstrato que, ocorrendo, possibilitará cobrança do tributo, a base de cálculo determina, com base no fato previsto, a dimensão sobre a qual incidirá a alíquota do tributo. Como exemplo, verificamos que no Imposto sobre a Renda e Proventos de qualquer Natureza a hipótese de incidência é obter rendimentos e a base de cálculo é a renda líquida; já no ICMS a hipótese de incidência é vender mercadorias e a base de cálculo é o valor da mercadoria.

Quanto à afirmação de que a hipótese de incidência e a base de cálculo devem guardar correlação lógica, temos que a existência de qualquer incongruência ou falta de correlação lógica torna o tributo indevido e não exigível. Podemos citar, por exemplo, o caso do Imposto sobre a Propriedade Predial e Territorial Urbana, do qual a hipótese de incidência é "ser proprietário de imóvel urbano" e sua base de cálculo é, usualmente, o valor venal do imóvel. Sendo assim, não é possível fixar como base de cálculo os rendimentos obtidos a partir da utilização do imóvel, como o valor dos aluguéis. Caso a base de cálculo fosse esta última (valor dos aluguéis), teríamos incongruência entre hipótese de incidência e

---

3. ATALIBA, Geraldo. *Hipótese de incidência tributária*. 6. ed. São Paulo: Malheiros, 2001.

base de cálculo, como o que ocorreu em Porto Alegre, capital do Estado do Rio Grande do Sul, na década de 1960, quando foi adotado, como base de cálculo para o Imposto Predial Territorial Urbano (IPTU), o valor dos aluguéis. Diante desse descompasso entre base de cálculo e hipótese de incidência, deve-se entender pela ilegalidade da cobrança feita pelo Fisco.

2.10.2 Alíquota

Elemento essencial, a alíquota também é apontada na lei que institui o tributo. Normalmente, encontra-se expressa em porcentagem e, como mencionado antes, conjugada à base de cálculo, permite que se verifique o *quantum debeatur* (quantia devida).

Em geral, a alíquota do tributo exprime o percentual da base de cálculo que será entregue pelo sujeito passivo ao sujeito ativo a título de pagamento de tributo, isto é, expressará o valor devido ao Fisco. Como exemplo, imaginemos o Imposto sobre a Propriedade Predial e Territorial Urbana, cuja base de cálculo será o valor venal do imóvel e a alíquota de 2%. Assim, o proprietário de imóvel cujo valor venal é R$ 100.000,00 deverá recolher aos cofres públicos R$ 2.000,00 como valor daquele imposto.

A alíquota do tributo deve ser razoável para que não cause diminuição patrimonial excessiva ao contribuinte, pois há vedação constitucional expressa a esta prática, denominada *confisco*, nos termos do inciso IV do art. 150 da Constituição Federal. Ainda, de acordo com Chimenti,[4] configura-se confisco quando o valor cobrado inviabiliza o exercício de atividade lícita.

CASO PRÁTICO 2.2

Após três anos vendendo frutas exóticas e recolhendo o respectivo ICMS sobre as vendas, determinado comerciante varejista verificou que a comercialização daquelas frutas era isenta de ICMS. Deseja, então, receber o que recolheu indevidamente durante os três anos.

Esse comerciante, na qualidade de contribuinte de direito, diante da situação hipotética descrita, tem o direito de receber de volta o valor pago indevidamente?

Sim. De acordo com o art. 165, I, CTN o comerciante tem direito à restituição do pagamento feito indevidamente porque esses mencionados no caso são isentos de tributos.

---

4. CHIMENTI, Ricardo Cunha. *Direito tributário*. 7. ed. São Paulo: Saraiva, 2004.

CASO PRÁTICO 2.3

Fonte: Jornal Valor Econômico

RECEITA FEDERAL DO BRASIL OBRIGA EMPRESAS A PREPARAR DOIS BALANÇOS

Em decisão surpreendente, a Receita Federal do Brasil (RFB) decidiu ressuscitar o padrão contábil brasileiro antigo, vigente até o fim de 2007. A Instrução Normativa n. 1.397/2013 poderá trazer grandes complicações para as empresas que já aplicavam as normas contábeis internacionais (IFRS), publicadas em 2008, em seus cálculos fiscais.

Como não havia uma orientação clara nem na RFB nem na lei, companhias passaram a usar as regras que lhes fossem mais vantajosas. Agora, o Fisco determinou que se apliquem os critérios contábeis anteriores em várias situações. Com isso, em alguns casos, as companhias poderão ser autuadas por terem pago menos impostos desde 2008 ao aplicar a IFRS. De acordo com advogados tributaristas, algumas delas estudam a possibilidade de entrar com ações preventivas na Justiça para evitar uma possível autuação.

Instrução Normativa RFB n. 1.397, de 16 de setembro de 2013

Dispõe sobre o Regime Tributário de Transição (RTT) instituído pelo art. 15 da Lei n. 11.941, de 27 de maio de 2009.

O SECRETÁRIO DA RECEITA FEDERAL DO BRASIL, no uso das atribuições que lhe conferem os incisos III e XXVI do art. 280 do Regimento Interno da Secretaria da Receita Federal do Brasil, aprovado pela Portaria MF n. 203, de 14 de maio de 2012, e tendo em vista o disposto nos arts. 6º a 8º do Decreto-Lei n. 1.598, de 26 de dezembro de 1977, no art. 16 da Lei n. 9.779, de 19 de janeiro de 1999, no art. 45 da Lei n. 10.833, de 29 de dezembro de 2003, no art. 36 da Lei n. 11.196, de 21 de novembro de 2005, nos arts. 15 a 24 da Lei n. 11.941, de 27 de maio de 2009, no art. 48 da Lei n. 12.715, de 17 de setembro de 2012, no art. 5º da Lei n. 12.766, de 27 de dezembro de 2012, e no Parecer PGFN/CAT n. 202, de 7 de fevereiro de 2013, resolve:

Art. 1º As pessoas jurídicas sujeitas ao Regime Tributário de Transição (RTT), instituído pela Lei n. 11.941, de 27 de maio de 2009, devem observar as disposições desta Instrução Normativa.

CAPÍTULO I

Do Imposto sobre a Renda e da Contribuição Social sobre o Lucro Líquido

Seção I

Das Disposições Gerais

Art. 2º As alterações introduzidas pela Lei n. 11.638, de 28 de dezembro de 2007, e pela Lei n. 11.941, de 2009, que modifiquem o critério de reconhecimento de receitas, custos e despesas computadas na apuração do lucro líquido do exercício definido no art. 191 da Lei n. 6.404, de 15 de dezembro de 1976, não terão efeitos para fins de apuração do Lucro Real e da base de cálculo da Contribuição Social sobre o Lucro Líquido (CSLL) da pessoa jurídica sujeita ao RTT, devendo ser considerados, para fins tributários, os métodos e critérios contábeis vigentes em 31 de dezembro de 2007.

§ 1º Aplica-se o disposto no *caput* às normas expedidas pela Comissão de Valores Mobiliários, com base na competência conferida pelo § 3º do art. 177 da Lei n. 6.404, de 1976, e pelos demais órgãos reguladores que visem alinhar a legislação específica com os padrões internacionais de contabilidade.

§ 2º Nas referências da legislação do Imposto sobre a Renda e da CSLL a elementos do Ativo, do Passivo e do Patrimônio Líquido, bem como a Resultados, Receitas, Custos e Despesas, deverão ser considerados os métodos e critérios contábeis vigentes em 31 de dezembro de 2007.

Seção II

Da Escrituração Contábil Fiscal

Art. 3º A pessoa jurídica deverá manter escrituração contábil fiscal para fins do disposto no art. 2º.

Parágrafo único. A escrituração de que trata o *caput* deverá ser composta de contas patrimoniais e de resultado, em partidas dobradas, considerando os métodos e critérios contábeis aplicados pela legislação tributária, vigentes em 31 de dezembro de 2007.

Artigos 4º e 5º revogados pela Instrução Normativa RFB n. 1.422, de 19 de dezembro de 2013.

Art. 6º Até o ano-calendário de 2013, permanece a obrigatoriedade de entrega das informações necessárias para gerar o Controle Fiscal Contábil de Transição (FCONT), conforme disposto na Instrução Normativa RFB n. 967, de 15 de outubro de 2009.

Seção III

Do Conceito de Lucro Real

Art. 7º Lucro Real é o lucro líquido do período de apuração ajustado pelas adições, exclusões ou compensações prescritas ou autorizadas pela legislação tributária.

Parágrafo único. O lucro líquido de que trata o *caput* deve ser apurado com observância dos métodos e critérios contábeis vigentes em 31 de dezembro de 2007.

Seção IV

Dos Ajustes do Lucro Líquido

Subseção I

Das Adições

Art. 8º Na determinação do Lucro Real, serão adicionados ao lucro líquido de que trata o parágrafo único do art. 7º:

I – os custos, despesas, encargos, perdas, provisões, participações e quaisquer outros valores deduzidos na apuração do lucro líquido que, de acordo com a legislação tributária, não sejam dedutíveis na determinação do Lucro Real; e

II - os resultados, rendimentos, receitas e quaisquer outros valores não incluídos na apuração do lucro líquido que, de acordo com a legislação tributária, devam ser computados na determinação do Lucro Real.

Parágrafo único. Os valores a serem adicionados são os apurados com observância dos métodos e critérios contábeis vigentes em 31 de dezembro de 2007.

Subseção II
Das Exclusões e Compensações

Art. 9º Na determinação do Lucro Real, poderão ser excluídos do lucro líquido de que trata o parágrafo único do art. 7º:

I - os valores cuja dedução seja autorizada pela legislação tributária e que não tenham sido computados na apuração do lucro líquido do período de apuração;
II - os resultados, rendimentos, receitas e quaisquer outros valores incluídos na apuração do lucro líquido que, de acordo com a legislação tributária, não sejam computados no Lucro Real; e
III - o prejuízo fiscal apurado em períodos de apuração anteriores, limitada a compensação a 30% (trinta por cento) do lucro líquido ajustado pelas adições e exclusões previstas na legislação tributária, desde que a pessoa jurídica mantenha os livros e documentos, exigidos pela legislação fiscal, comprobatórios do prejuízo fiscal utilizado para compensação, observadas as demais regras previstas na legislação tributária.

Parágrafo único. Os valores a serem excluídos são os apurados com observância dos métodos e critérios contábeis vigentes em 31 de dezembro de 2007.

Seção V
Das Demonstrações Financeiras

Art. 10 Ao fim de cada período de apuração, o contribuinte deverá elaborar balanço patrimonial, demonstração do resultado do período de apuração e demonstração de lucros ou prejuízos acumulados com observância dos métodos e critérios contábeis vigentes em 31 de dezembro de 2007, e transcrevê-los no Livro de Apuração do Lucro Real (Lalur).

LEITURA SELECIONADA

A revolução do Imposto sobre a Renda

A publicação da Lei n. 12.973, de 2014 (lei de conversão da Medida Provisória n. 627) é um marco histórico na legislação do Imposto sobre a Renda. Trata-se de um salto para a inserção do Brasil no mercado globalizado: tanto pela harmonização do padrão contábil, o que permite às empresas brasileiras serem comparadas com suas pares estrangeiras, como pela atrasada regulamentação da tributação dos lucros gerados pelas subsidiárias das multinacionais brasileiras no exterior.

A primeira parte da lei cuida da tributação da renda no contexto dos IFRS, isto é, dos padrões internacionais de contabilidade. A incerteza tributária surgida com a Lei n. 11.638, nos estertores de 2007, alterando a lei contábil, depois de algumas sérias polêmicas é, agora, em boa medida, solucionada. Como principal garantia para o investimento produtivo ficou a exigência de uma única escrituração contábil (societária) e a isenção da distribuição dos dividendos feita por empresas brasileiras.

Ao disciplinar o novo IRPJ, a lei demonstra que seus autores fizeram a lição de casa, estudando os impactos da implementação dos IFRS pelas empresas brasileiras. Além disso, valorizou-se o conhecimento adquirido em mais de 30 anos no controle do lucro tributável por meio do Livro de Apuração do Lucro Real (Lalur). O controle dos ajustes tributários relacionados à nova contabilidade como adição ou exclusão do Lucro Real foi a solução perfeita, a que gera maior segurança jurídica para o Fisco e para os contribuintes.

Em alguns casos, o texto legal procura anular a "subjetividade responsável" do atual padrão contábil, estabelecendo objetivamente a disciplina tributária. É isso que ocorre nos casos da dedução da depreciação e dos efeitos do *leasing*, situações em que as normas contábeis não são aplicadas para efeitos tributários.

De maneira complementar, para os conceitos contábeis mais complexos – e, por isso, mais sensíveis –, a nova lei do IRPJ prevê o princípio da realização, tal como no regramento sobre o ajuste a valor presente e na mensuração a valor justo, cujos efeitos tributários são postergados para o momento em que o grau de estimativa chega a praticamente zero, ou seja, a estimativa é realizada (ou não).

Ciente do fato de que as normas jurídico-contábeis atuam predominantemente em nível infralegal (pronunciamentos técnicos do CPC), suprindo o silêncio da lei contábil, a segurança necessária à tributação foi dada pela "legalização" de alguns conceitos contábeis, como se verifica, principalmente, no controle e no registro das aquisições de empresas e nas reestruturações societárias, *de forma destacada a evidenciação do ágio*.

Existem, ainda, determinadas práticas e critérios contábeis que não foram expressamente tratados pela nova lei do IRPJ, mas que têm implicações tributárias, como alguns aspectos do estoque (capacidade normal de produção) e do reconhecimento de receitas (momento do registro e alocação por atividade). Nesses casos, a disciplina contábil impõe-se à apuração dos tributos, não sendo efetuado qualquer ajuste.

Em outras palavras, nos casos em que a lei tributária não faz referência expressa à norma contábil, o tratamento tributário obedece o tratamento contábil.

Finalmente, em respeito à legalidade, as novas normas jurídico-contábeis que forem editadas, inclusive as de natureza infralegal, e as revisões nas atuais normas deverão ter seu tratamento tributário expressamente disciplinado em lei. Até que a respectiva lei tributária seja publicada, as novas práticas e os novos critérios contábeis serão neutros para a apuração dos tributos, provocando ajustes, porém, sem ensejar outra escrituração, o que mantém intacta a isenção dos dividendos distribuídos com base no resultado contábil.

Se essa primeira parte da lei merece elogios, a segunda parte, destinada a regulamentar a tributação dos lucros no exterior, muito ao contrário, apresenta risco de inconstitucionalidade – na verdade, não esgota por completo a polêmica que tem mais de uma década.

A lei permanece disciplinando a incidência do imposto brasileiro sobre o lucro auferido por subsidiárias estrangeiras (controlada ou coligada) antes da sua efetiva disponibilização, além de aumentar significativamente a complexidade dos controles desse lucro. Adicionalmente, não são respeitados os tratados sobre dupla tributária assinados pelo Brasil.

A par da dúvida jurídica, fica a certeza do dano aos investimentos das multinacionais brasileiras, prejudicando a inserção do país no mercado globalizado.

FERNANDES, Edison. A revolução do imposto sobre a renda. Blog Fio da Meada, *Valor Econômico*, maio 2014. Disponível em: <https://www.valor.com.br/legislacao/3549902/revolucao-do-imposto-sobre-renda>. Acesso em: 30 out. 2018.

EXERCÍCIOS DE FIXAÇÃO

— QUESTÕES DE MÚLTIPLA ESCOLHA

1. Sobre os decretos executivos federais, podemos afirmar que são:

a) Veículos normativos privativos do Legislativo para aprovação, entre outras coisas, dos tratados e convenções internacionais celebrados pelo Presidente da República.

b) Veículos normativos do Presidente da República para aprovação, entre outras coisas, dos tratados e convenções internacionais celebrados pelos Ministros de Estado.

c) Veículos normativos com força de lei, idôneos, para instituir impostos extraordinários na iminência ou no caso de guerra externa.

d) Veículos normativos que se prestam à aprovação dos regulamentos dos impostos federais.

2. De acordo com o Código Tributário Nacional, os tratados e convenções internacionais:

a) Revogam a legislação tributária interna e serão observados pela legislação posterior, situando-se, portanto, em plano superior ao da legislação ordinária.
b) Revogam a legislação tributária interna, mas podem ser revogadas por leis ordinárias posteriores, pois se situam no mesmo plano da lei ordinária.
c) Não revogam a legislação tributária interna, havendo, assim, necessidade de lei ordinária para adaptar a estes a legislação interna.
d) Prevalecem sobre a legislação tributária interna anterior, mas não sobre a posterior.

3. Para aprovar um tratado, convenção ou ato internacional destinado a evitar a dupla tributação em matéria de imposto sobre rendimentos, o instrumento necessário, segundo decorre dos termos da Constituição da República, da praxe e das normas de direito interno, é:

a) O decreto legislativo.
b) A emenda constitucional.
c) A lei delegada.
d) A lei ordinária.

4. Os tratados internacionais que versam sobre matéria tributária, para produzir efeitos no nosso ordenamento jurídico (direito interno), devem, depois de celebrados pelo Presidente da República:

a) Ser ratificados pelo Conselho de Segurança Nacional, por meio de portaria.
b) Ser ratificados pelo Congresso Nacional, por meio de decreto legislativo.
c) Ser ratificados pelo Senado Federal, por meio de resolução.
d) Ser ratificados pelo Congresso Nacional, por meio de Lei Complementar.

5. De acordo com o art. 99, CTN, o conteúdo e o alcance do decreto restringem-se:

a) À fixação de obrigações tributárias acessórias.
b) Ao conteúdo e ao alcance das leis em função dos quais sejam expedidos.
c) À consolidação de normas contidas em leis e decretos-leis.
d) A indicar hipóteses não alcançadas pela lei regulamentada.

6. Consoante o Código Tributário Nacional, são normas complementares das leis, dos tratados, das convenções internacionais e dos decretos, **exceto**:

a) Os atos normativos expedidos pelas autoridades administrativas.
b) As decisões dos órgãos singulares ou coletivos emanados pelo poder judiciário, a que a lei atribua eficácia normativa.
c) As práticas reiteradamente observadas pelas autoridades administrativas.
d) Os convênios que entre si celebrem a união, os estados, o distrito federal e os municípios.

7. Consoante a Constituição Federal, caberá à Lei Complementar disciplinar determinadas matérias, **exceto**:

a) Instituição de impostos pela União com base em sua competência residual.
b) Dispor sobre substituição tributária no ICMS.

c) Concessão de subsídios ou isenção, redução de base de cálculo de impostos, taxas e contribuições.
d) Regular limitações constitucionais ao poder de tributar.

8. Não depende de lei:

a) A cominação de penalidade para infrações da legislação tributária.
b) A definição do fato gerador da obrigação tributária principal.
c) A atualização monetária da base de cálculo.
d) A redução de tributos.

9. Os tratados e convenções internacionais:

a) Não se aplicam na legislação tributária interna.
b) Revogam ou modificam a legislação tributária interna.
c) Somente se aplicam aos impostos sobre comércio exterior.
d) Somente se aplicam nos contratos de financiamento do Banco Mundial e do Banco Interamericano de Desenvolvimento.

10. A expressão "legislação tributária" compreende:

a) Qualquer lei.
b) As leis, os tratados internacionais, os decretos e as normas complementares que versem no todo ou em parte sobre tributos e as relações jurídicas a eles pertinentes.
c) As leis, os tratados internacionais, os decretos e as normas complementares que versem no todo ou em parte sobre receitas públicas em geral.
d) Toda norma jurídica que verse sobre administração tributária.

CAPÍTULO 3 Escrituração

OBJETIVOS

- Atualizar o conhecimento do estudante da área contábil sob o ponto de vista dos novos procedimentos e rotinas junto às entidades dos governos Federal, Estadual e Municipal.
- Formar, desenvolver e capacitar para a análise e percepção crítica direcionada ao desenvolvimento e à implementação no contexto da gestão tributária.
- Estimular o autodesenvolvimento e a competência profissional por meio de um programa de Contabilidade Tributária contemporâneo.

3.1 INTRODUÇÃO

A escrituração da entidade será mantida em registros permanentes com obediência dos preceitos da legislação comercial e da Lei n. 6.404/1976 e aos Princípios Fundamentais de Contabilidade, devendo observar métodos ou critérios contábeis uniformes no tempo e registrar as mutações patrimoniais segundo o regime de competência (art. 177 da Lei n. 6.404/1977).

As demonstrações financeiras do exercício em que houver modificação de métodos ou critérios contábeis, de efeitos relevantes, deverão indicá-la em nota e ressaltar esses efeitos. A entidade observará em registros auxiliares, sem modificações da escrituração mercantil e das demonstrações reguladas nesta lei, as disposições da lei tributária ou de legislação especial sobre a atividade que constitui seu objeto que prescrevam métodos ou critérios contábeis diferentes ou determinem a elaboração de outras demonstrações financeiras. As demonstrações serão assinadas pelos administradores e por contabilistas legalmente habilitados.

As demonstrações financeiras das companhias abertas observarão, ainda, as normas expedidas pela Comissão de Valores Mobiliários e serão obrigatoriamente auditadas por auditores independentes.

Escrituração é a técnica contábil para o registro dos fatos administrativos ocorridos em uma entidade. O registro de cada fato administrativo chama-se lançamento. Os lançamentos são efetuados em livros contábeis, tais como Livro Diário, Livro Razão, Livro Caixa etc.

3.2 VIGÊNCIA E APLICAÇÃO NO ESPAÇO DA LEI

Vigência é a validade formal da lei, o direito de poder exigir seu cumprimento em dado momento e lugar, conforme arts. 101 a 104, CTN, e a aplicação da legislação tributária está disciplinada nos arts. 105 e 106, CTN. A eficácia da norma consiste na produção de seus efeitos jurídicos regulares, sendo possível a uma norma estar em vigor, mas ainda não gozar de eficácia.

A legislação tributária vigora nos limites do território do ente federativo respectivo – princípio da territorialidade. Leis estrangeiras, em regra, não são aplicáveis em nosso país. São exceções os convênios e normas gerais de direito tributário expedidas pela União (art. 102, CTN). Excepcionalmente, admite-se a extraterritorialidade no direito tributário, desde que esteja prevista em convênios de colaboração ou em leis de normas gerais tributárias que, atualmente, têm de ser leis complementares.

3.3 VIGÊNCIA E APLICAÇÃO NO TEMPO DA LEI

É relevante a questão da vigência, ou eficácia, de uma norma jurídica, isto é, saber se ela ainda tem ou não validade, se ainda é ou não aplicável. Assim, vigência é o atributo de aplicabilidade da lei, validamente editada, desde que se verifique situação por ele prevista. A lei está em vigor no momento em que completa os trâmites para a sua formação; em regra, isso acontece com a sanção do Poder Executivo e a publicação no órgão oficial.

A lei tributária entra em vigor na data que ela própria apontar. Se não houver especificação (art. 101, CTN), socorre-se da regra geral trazida pelo art. 1º da Lei de Introdução às Normas do Direito Brasileiro, Decreto-Lei n. 4.657, de 4 de setembro de 1942, com redação dada pela Lei n. 12.376/2010: "Salvo disposição contrária, a lei começa a vigorar em todo o país quarenta e cinco dias depois de oficialmente publicada". O § 1º do referido artigo estabelece que, no exterior, as leis entram em vigor três meses após sua publicação (territórios fictos, tais como embaixadas, aeronaves etc.).

As normas complementares da legislação tributária (art. 100, CTN) são reguladas pelo art. 103, CTN, de acordo com o qual, salvo disposições em contrário:

- Os atos normativos expedidos pelas autoridades administrativas, como portarias, ordens de serviço, instruções normativas e circulares, entram em vigor na data da respectiva publicação.
- As decisões dos órgãos singulares ou coletivos de jurisdição administrativa a que a lei atribua eficácia normativa quanto a esses efeitos de regra jurídica, entram em vigor 30 dias após a data de sua publicação.
- Os convênios que entre si celebrem a União, os Estados, o Distrito Federal e os Municípios entram em vigor na data neles prevista.

Portanto, nos casos do art. 100, CTN, não se aplica a regra da Lei de Introdução às Normas do Direito Brasileiro por tratar-se de disposição trazida pelo próprio Código.

O veículo adequado para a criação de tributos é a lei ordinária, constituindo exceção o empréstimo compulsório (art. 148, CF), os impostos de natureza residual (art. 154, I, CF) e as contribuições a que se refere o art. 195, § 4º, CF, que devem ser criados por Lei Complementar.

A Lei Complementar n. 95/1998 dispõe que, ao término do processo legislativo, devem as leis ser publicadas para que se tornem conhecidas. Se a lei tributária for federal, sua publicação deverá ocorrer no Diário Oficial da União; se estadual, no Diário Oficial do Estado; se distrital, no Diário Oficial do Distrito Federal; e, se municipal, sua publicação deverá ocorrer no Diário Oficial do Município ou, em sua falta, nos periódicos de circulação local.

A lei será considerada em vigor quando tiver completado todos os trâmites para a sua formação, estando, portanto, pronta e acabada e, ainda, apta para irradiar seus efeitos. A lei sancionada, promulgada e publicada existe no mundo jurídico; contudo, pode não estar, ainda, em vigor. Em geral, as leis, por força de seu próprio texto, entram em vigor na data da publicação. Contudo, no âmbito tributário, em razão do princípio da anterioridade, uma lei que já esteja em vigor pode ainda não gerar a cobrança de tributos.

A Constituição Federal, em seu art. 150, III, consagra o princípio da anterioridade, que deve ser considerado com relação à vigência da legislação tributária; desta forma, é vedado à União, aos Estados, ao Distrito Federal e aos Municípios:

> III – cobrar tributos:
> a) em relação a fatos geradores ocorridos antes do início da vigência da lei que os houver instituído ou aumentado;
> b) no mesmo exercício financeiro em que haja sido publicada a lei que os instituiu ou aumentou;
> c) antes de decorridos 90 (noventa) dias da data em que haja sido publicada a lei que os instituiu ou aumentou, observado o disposto na alínea *b*.

Nesse sentido, o art. 104, CTN, dispõe que os dispositivos de lei referentes a impostos sobre o patrimônio ou a renda que instituem ou majorem tais impostos, que definem nova hipótese de incidência ou que extinguem ou reduzem isenções entram em vigor no primeiro dia do exercício seguinte àquele em que ocorra a sua publicação, salvo se a lei dispuser maneira mais favorável ao contribuinte, e observado o art. 178, CTN.

A Figura 3.1, a seguir, resume todos os aspectos da vigência de leis.

FIGURA 3.1 Vigência de leis

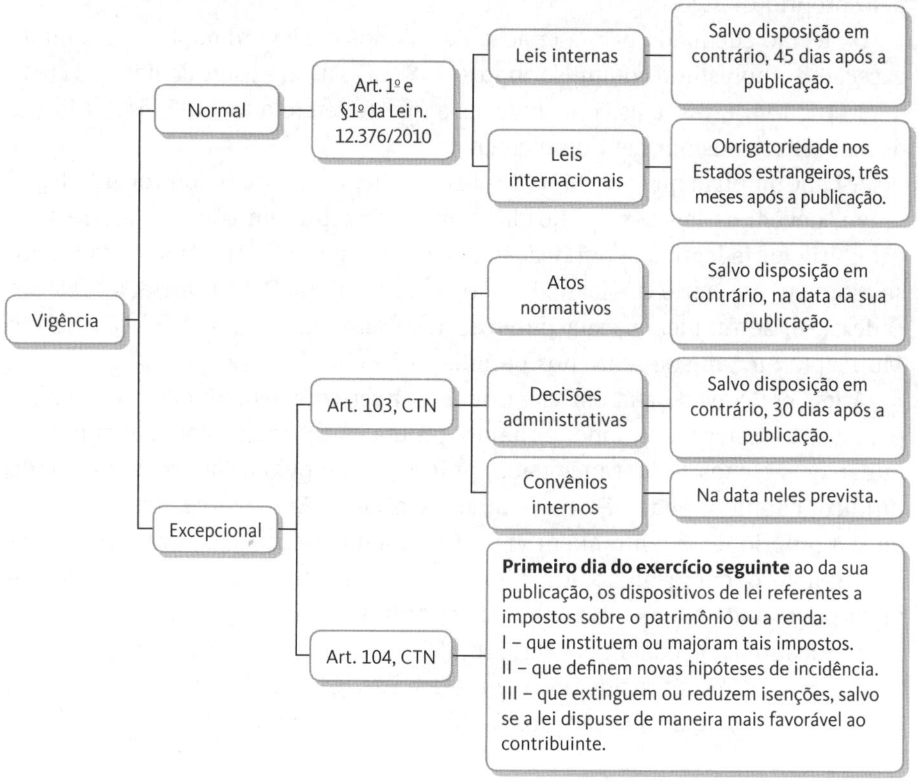

Fonte: Código Tributário Nacional, Lei n. 5.172/1966.

3.3.1 Revogação

A revogação da lei pode ser total (ab-rogação) ou parcial (derrogação). Revogada, a lei tributária não mais voltará a vigorar, ainda que desapareça a lei que a revogou. Não há efeito repristinatório no direito tributário brasileiro. Se a lei A for revogada pela lei B, ainda que a lei C venha a revogar a lei B, a lei A não voltará mais a produzir efeitos, salvo se a lei C dispuser em sentido contrário (art. 2º, § 3º, da Lei de Introdução às Normas do Direito Brasileiro).

3.3.1.1 REVOGAÇÃO DE ISENÇÕES (ART. 104, III, CTN)

A lei que reduza ou extinga isenções de impostos sobre o patrimônio e a renda somente entra em vigor no primeiro dia do exercício seguinte àquele em que ocorra a sua publicação.

3.3.1.2 FATOS GERADORES FUTUROS E PENDENTES

A legislação nova aplica-se aos fatos geradores pendentes, isto é, fatos que se iniciam na vigência de uma legislação e se completam na vigência de outra. Contudo, o art. 150, III, *a*, CF, impede que a lei tributária tenha efeito retroativo, ou seja, proíbe que se volte no tempo para incidir sobre atos e fatos já praticados.

São fatos geradores pendentes aqueles cuja ocorrência já teve início, mas não está completa, nos termos do art. 116, CTN. Exemplo: impostos de fato gerador periódico, tal como o IPVA, cujo fato gerador se completa de um em um ano, de modo que durante a sua ocorrência, havendo alguma modificação na legislação, aplica-se a norma mais recente.

Considera-se ocorrido o fato gerador e existentes seus efeitos (art. 116, CTN):

- Quando se trata de situação de fato, desde o momento em que se verifiquem as circunstâncias materiais necessárias a que se produzam os efeitos que normalmente lhe são inerentes.
- Quando se trata de situação jurídica, desde o instante em que esteja definitivamente constituída, nos termos do direito aplicável.

Os negócios jurídicos condicionais reputam-se como perfeitos e acabados conforme o art. 117, CTN, para efeitos do art. 116, II, CTN:

- Se suspensiva a condição, desde o momento de sua implementação.
- Se resolutória a condição, desde o instante em que o ato for praticado ou o negócio, celebrado.

3.3.1.3 APLICAÇÃO DA LEI TRIBUTÁRIA A ATOS E FATOS PRETÉRITOS (ART. 106, CTN)

A aplicação retroativa da legislação tributária está prevista no art. 106, CTN, em dois casos:

- Leis expressamente interpretativas, excluída a aplicação de penalidade à infração dos dispositivos interpretados.
- Tratando-se de ato não definitivamente julgado, quando deixe de defini-lo como infração, quando deixe de tratá-lo como contrário à exigência de ação ou omissão – desde que não tenha sido fraudulento, e quando estabeleça penalidade menos severa que a prevista na lei vigente à época de sua prática (princípio da retroatividade da multa mais benéfica).

Nas alíneas *a* e *c* teríamos a retroatividade benigna incondicional. Já na alínea *b* teríamos a retroatividade benigna condicional. Conclui pela aplicação da alínea *b* em função do princípio do *in dubio pro reo* (ver art. 150, III, *a*, CF). A lei retroagirá se trouxer percentual mais benéfico de multa. A alíquota será sempre a do momento do fato gerador, não importando se tenha fixado valor maior ou menor durante o tempo.

Importante: o inciso II mostra a retroatividade da lei mais benigna condicionada a uma situação - o ato não pode estar definitivamente julgado, quer na esfera administrativa, quer na esfera judicial.

É de fato que a lei interpretativa deve atender a retirada dos pontos obscuros e imprecisos da norma pretérita, elidindo dúvidas a seu respeito. A norma fiscal interpretativa, possuindo natureza predominantemente declaratória e reprodutiva de direitos já assegurados por norma pretérita, deve operar em prol da segurança jurídica, integrando-se, de modo inafastavelmente sistêmico, com a ordem jurídica vigente, sendo-lhe vedada a aplicação isolada.

Veja resumo da aplicação da lei tributária na Figura 3.2, a seguir.

FIGURA 3.2 Aplicação da lei tributária

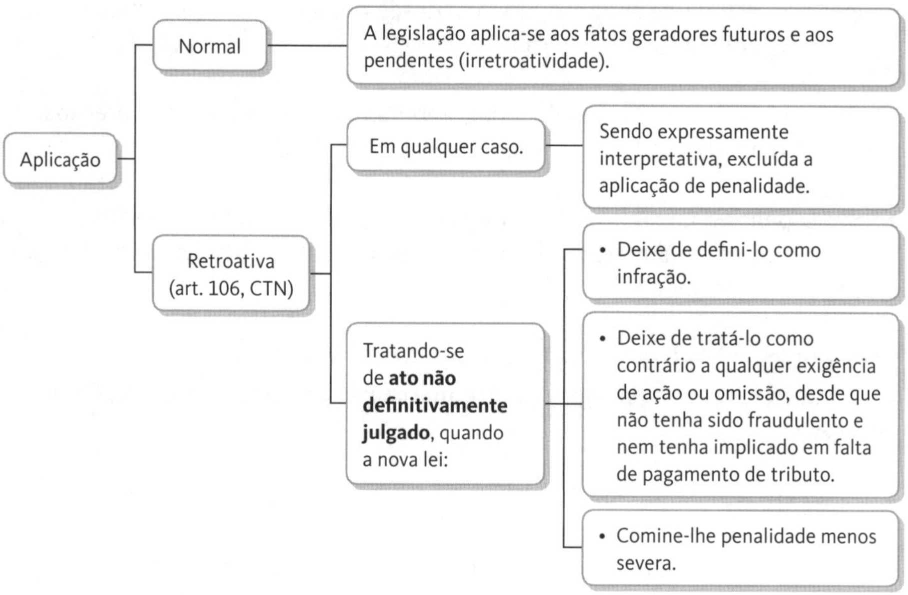

Fonte: Código Tributário Nacional, Lei n. 5.172/1966.

3.4 INTERPRETAÇÃO E INTEGRAÇÃO DAS LEIS TRIBUTÁRIAS (ARTS. 107 A 112, CTN)

A interpretação permite à autoridade fiscal aplicar os preceitos legais aos fatos oferecidos à sua decisão, enquanto a integração refere-se ao preenchimento de lacunas existentes na legislação.

3.4.1 Interpretação

É a compreensão das leis determinando, com exatidão, seu verdadeiro sentido, reconhecendo os casos todos a que se estende sua aplicação. Interpretação é o procedimento lógico pelo qual se observam o significado, o conteúdo e o alcance de uma dada norma jurídica. Qualquer pessoa pode interpretar a lei. A única interpretação vinculada é a feita pelo juiz, que obriga as partes no caso concreto (prerrogativa do juiz).

3.4.2 Interpretação das leis tributárias

A tarefa primordial do operador do Direito é interpretar para saber extrair dos textos normativos, o conteúdo, o sentido e o alcance dessas regras e saber melhor aplicá-las ao caso concreto que se apresenta. Também é sua tarefa conseguir extrair o conteúdo, o sentido e o alcance de uma determinada regra e dizer se ela é ou não constitucional. De outra forma, a ausência de uma regra expressa ou explícita implica uma lacuna, a qual pode ser superada com o uso de regras de interpretação, exatamente para não se furtar da aplicação do Direito ao caso concreto.

Toda interpretação deve ser feita à luz do que determinam os preceitos constitucionais, a fim de que não se incorram em erros na aplicação da norma dentro do próprio sistema.

3.4.2.1 INTERPRETAÇÃO LITERAL OU ESTRITA

Trata-se de lei que não traz quaisquer inovações ao ordenamento jurídico, mas apenas esclarece dúvida surgida com o dispositivo anterior. A lei nova ao fato pretérito em qualquer caso, quando expressamente interpretativa, exclui eventual aplicação de penalidade à infração dos dispositivos interpretados. Isso porque não seria justo punir quem se comportou de determinada forma, se o próprio legislador admitiu que a questão era controversa, tanto assim que editou lei interpretativa da já existente.

O CTN exige interpretação literal (estrita) para os seguintes casos: suspensão (art. 151, CTN) ou exclusão (art. 175, CTN) do crédito tributário; outorga de isenção (art. 178, CTN); e dispensa do cumprimento de obrigações tributárias acessórias (art. 113, § 2º, CTN).

3.4.2.2 INTERPRETAÇÃO MAIS FAVORÁVEL AO CONTRIBUINTE (ART. 112, CTN)

A lei tributária que define infrações ou estabelece penalidades deve ser interpretada da forma mais favorável ao contribuinte, em caso de dúvida, quanto: à capitulação do fato; à natureza ou às circunstâncias materiais do fato, ou à natureza ou à extensão de seus efeitos; à autoria, imputabilidade ou punibilidade; e à natureza da penalidade aplicável ou à sua graduação.

Segundo o art. 118, CTN, para sabermos se um fato se enquadra ou não na hipótese de incidência de uma lei que disciplina um tributo, deve-se levar em conta exclusivamente os elementos constantes da norma legal. Essa regra é conhecida como princípio *pecunia non olet*.

3.4.2.3 QUANTO AO SUJEITO QUE A REALIZA

Pode-se classificar a interpretação realizada como:

- **Autêntica** – É feita pelo Poder Legislativo, por meio de leis interpretativas (lei posterior interpretando lei anterior – quando uma nova lei é editada, esclarecendo o teor daquela que está sendo interpretada). O art. 106, I, CTN, dispõe que a lei tributária interpretativa retroage à data da entrada em vigor da lei tributária interpretada quando o seu sentido é explicado por outra lei ou por dispositivo específico da mesma lei.
- **Doutrinária** – É feita pelos juristas. Será mais ou menos valiosa de acordo com a maior ou menor intelectualidade e conceito do jurista que fez a interpretação. Não é fonte de direito, visto que não prescreve nenhum comportamento, mas apenas descreve o Direito. A linguagem doutrinária é uma linguagem descritiva e a do Direito é prescritiva.
- **Judicial** – É feita pelo Poder Judiciário, por meio de suas sentenças e seus acórdãos. A cristalização das decisões judiciais forma a chamada jurisprudência. Aplicação da lei a casos concretos.
- **Histórica** – É a interpretação que procura analisar a lei em relação ao momento social em que ela foi editada.
- **Sistemática** – É a interpretação que procura harmonizar o texto da lei com o restante do sistema jurídico.
- **De Direito Comparado** – É a interpretação que estabelece, dentro do possível, um confronto da lei nacional com as leis de outros países.
- **Teleológica ou social** – Quando se procura entender para que fins a lei foi editada.

3.4.2.4 QUANTO AOS MEIOS DE QUE SE VALE O INTÉRPRETE

A interpretação, quanto aos meios, pode ser:

- **Gramatical** – É a simples leitura da lei. Trata-se de um trabalho preliminar, uma interpretação leiga, que prepara a interpretação jurídica. A leitura da lei é baseada nas regras da linguística: pontuação, etimologia das palavras etc.
- **Lógica** – Quando se faz a interpretação procurando-se o sentido lógico do texto, a fim de evitar incoerências e contradições, e tentando harmonizar todas as disposições da lei. Esse tipo de interpretação vale-se de elementos sistemáticos e teleológicos. Sistemáticos, porque nenhuma norma jurídica vale por si só; é preciso analisá-la em conjunto com outras, e teleológicos, porque em seus

elementos (*mens legis* - alcance da lei), busca-se a vontade do Estado contida na lei. Não se deve confundir a *mens legis* (*ratio legis* - finalidade da lei - ou *voluntas legis*) com a *mens legislatoris* (o pensamento, a vontade, a intenção, o motivo e o fim que teve o legislador ao formular a lei) que, para o Direito, é irrelevante. Então, diz-se que a interpretação é lógica quando esta procura reconstruir o pensamento do legislador, conciliando aparentes contradições.

3.4.2.5 QUANTO AOS RESULTADOS QUE PRODUZ

A interpretação, quanto ao resultado, pode ser:

- **Extensiva** - É a interpretação que vai além da lei; quando se procura ampliar o sentido da lei para abranger casos semelhantes. É a interpretação em que se incluem novas hipóteses ou mais extenso campo de incidência na aplicação da lei.
- **Restritiva** - É a interpretação que fica aquém da lei; quando se procura conter o texto, de modo estrito, para que não alcance outras situações. É a interpretação em que a incidência da lei não poderá ir além da fórmula ou das hipóteses expressas em seu texto.
- **Declaratória** - É a interpretação que fica nos estritos limites da lei; é a que prevalece no caso de dúvida (*in dubio pro lege*). Se houver, entretanto, dúvidas insuperáveis, deve-se utilizar a interpretação restritiva.

A Figura 3.3, a seguir, traz um resumo das maneiras como a lei pode ser interpretada.

FIGURA 3.3 Formas de interpretação da lei

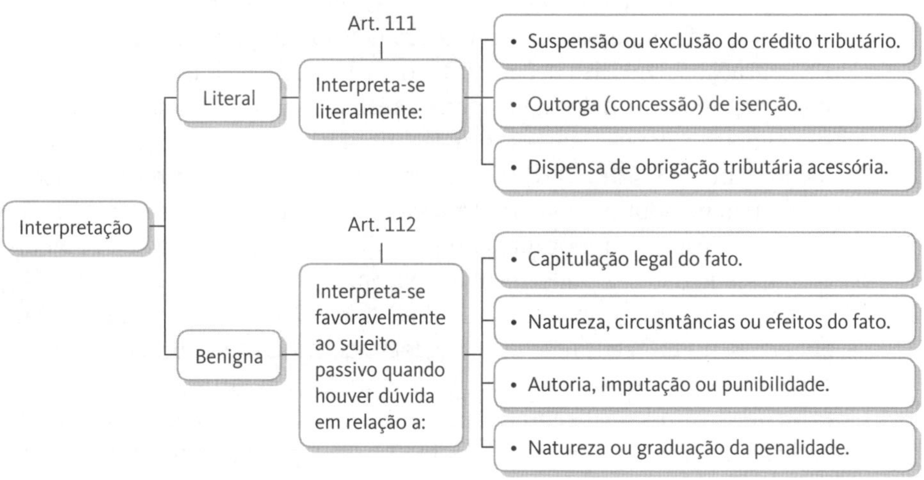

Fonte: Código Tributário Nacional, Lei n. 5.172/1966.

3.4.3 Integração da legislação tributária

A integração é o processo pelo qual o intérprete preenche as omissões ou lacunas da lei, uma vez que o ordenamento jurídico não pode possuir lacunas. Às vezes, a lei é omissa sobre determinado ponto. Neste caso, é necessário integrá-la, ou seja, completá-la de acordo com certos critérios. Integrar a norma no sistema jurídico significa inseri-la, ativamente, no ordenamento vigente, ou seja, torná-la parte do sistema normativo, a fim de que suas regras tenham eficácia sistemática na incidência sobre os fatos. É buscar solução para um caso concreto se houver lacuna da lei. O Código Tributário Nacional, em seu art. 108, cuida da integração, prevendo, inclusive, a ordem de utilização das fontes de integração:

- Analogia.
- Princípios gerais de direito tributário.
- Princípios gerais de direito público.
- Equidade.
- Costume.

Busca-se suprir as lacunas da lei tentando regular de maneira semelhante fatos semelhantes.

- **Analogia** é a integração da lei por meio da comparação com casos similares, prestando-se tanto em favor do Fisco como do contribuinte. Consiste na utilização tributária diversa que regula situação semelhante. A legislação tributária pode, e deve, ser preenchida pelo recurso da analogia, respeitada apenas a ressalva do art. 108, § 1º, CTN. Aliás, é com base na analogia, nos termos do art. 108, I, CTN, que o Supremo Tribunal Federal tem considerado devida a correção monetária na restituição de tributos pagos indevidamente.

  É a aplicação, a um caso não previsto, de regra que rege hipótese semelhante. Mas o emprego da analogia não poderá resultar na exigência de tributo não previsto em lei, uma vez que as relações tributárias são revestidas de estrita legalidade (art. 108, § 1º, CTN). Se o legislador não tiver determinado a existência de fato gerador em matéria tributária, não será a analogia que o fará.

  No campo tributário, por força do princípio da tipicidade fechada, o emprego da analogia não pode resultar exigência de novo tributo (art. 108, § 1º, CTN). Tem-se, portanto, como limite à integração analógica, a proibição de que, do seu emprego, resulte a exigência de tributo não previsto em lei. As penalidades, também, não podem ser impostas em virtude da analogia.
- Os **princípios gerais de direito tributário** encontram-se no texto constitucional, a exemplo dos princípios da igualdade, da capacidade contributiva, da legalidade etc. São critérios que se estendem por todos os assuntos de direito

tributário, como a legalidade estrita ou os critérios da anterioridade, da irretroatividade, da isonomia, da vedação de efeitos confiscatórios etc.

- Por **princípios gerais de direito público** entendem-se aqueles previstos nos variados ramos do direito público, como *in dubio pro reo* (contribuinte), no caso de cometimento de infração tributária. São critérios maiores que se estendem por todos os ramos do direito público, abrangendo, portanto, também o direito tributário. Entre tais critérios estão, por exemplo, os princípios da legalidade, da moralidade, da supremacia do interesse público, da impessoalidade, da proporcionalidade etc.
- Os **princípios gerais de direito privado** são utilizados para a pesquisa da definição, do conteúdo e do alcance de seus institutos, conceitos e formas, mas não para a definição dos respectivos efeitos tributários (art. 109, CTN). Exemplo: conceito de obrigação, de bem imóvel, de pagamento, de compensação etc.

  O art. 109, CTN, esclarece que os conceitos e institutos de direito privado devem ser interpretados mediante a utilização dos princípios gerais de direito privado.

  Decorre do art. 110, CTN, que a lei tributária não pode alterar conceitos e institutos do direito privado, desde que eles tenham sido utilizados pela Constituição Federal para definir ou limitar competências tributárias.
- A utilização da **equidade** não pode resultar em dispensa de pagamento de tributo devido (art. 108, § 2º, CTN); é o ajuste da lei ao caso concreto. Não se pode utilizar da equidade para dispensar pagamento de tributo que seja devido, ou seja, que esteja amparado na lei.

  A equidade é o abrandamento do rigor da lei. Trata-se da utilização do critério de justiça ao caso em exame. É a adaptação razoável da lei ao caso em análise, de modo a sanar possíveis distorções advindas da generalidade e da abstração das leis. É o ato de humanizar a aplicação da norma, utilizando-se o critério de justiça ao caso concreto, por meio do qual se permite ao aplicador pautar-se pelo senso geral de justiça. Representam o conjunto de princípios imutáveis de justiça que induzem o juiz a um critério de moderação e de igualdade, ainda que em detrimento do direito objetivo.

  Excepcionalmente, a equidade pode ser usada sem funcionar como mecanismo de integração, desde que haja previsão legal expressa autorizando, como possibilidade de dispensa da penalidade por equidade, nos termos do art. 40 do Decreto n. 70.235/1972, e de remissão por equidade, conforme art. 172, IV, CTN.
- O **costume** refere-se às práticas reiteradamente observadas pelas autoridades administrativas (art. 100, III, CTN).

As regras de integração destinam-se à solução dos casos omissos. Nada impede, porém, que sejam utilizadas também para a interpretação da lei, como auxiliares para o seu exato entendimento.

3.4.4 Prazo para pagamento de tributo

A regra geral para o prazo de pagamento de tributo é de 30 dias, mas esse prazo pode ser alterado pelas fontes secundárias, ou seja, por decreto ou por norma complementar (portaria, instrução normativa), e a alteração não precisa obedecer à anterioridade.

3.4.5 Sanções e observância das normas complementares

A observância das normas complementares exclui a imposição de penalidades, a cobrança de juros de mora e a atualização monetária da base de cálculo do tributo.

3.5 DEVER DE ESCRITURAR

A pessoa jurídica sujeita à tributação com base no Lucro Real deve manter escrituração com observância das leis comerciais e fiscais, conforme o Decreto-Lei n. 1.598/1977, art. 7º.

A escrituração deverá abranger todas as operações do contribuinte, os resultados apurados em suas atividades no território nacional, bem como os lucros, rendimentos e ganhos de capital auferidos no exterior, segundo a Lei n. 2.354/1954, art. 2º, e Lei n. 9.249/1995, art. 25.

A falta de escrituração traz a possibilidade de arbitramento do lucro, cumulativamente à imposição das penalidades cabíveis. O art. 259, § 2º, do RIR/1999, por exemplo, prevê que a não manutenção do Livro Razão implicará o arbitramento do lucro. As demais hipóteses constam dos arts. 529 a 530 do RIR/1999.

O art. 1.179, da Lei n. 10.406/2002, Código Civil Brasileiro, dispõe que o empresário e a sociedade empresária são obrigados a seguir um sistema de contabilidade, mecanizado ou não, com base na escrituração uniforme de seus livros, em correspondência com a documentação respectiva, e a levantar anualmente o balanço patrimonial e o resultado econômico. Nos arts. 1.180 a 1.184 constam algumas considerações a serem observadas na escrituração da empresa.

3.6 FALSIFICAÇÃO DA ESCRITURAÇÃO

A falsificação, material ou ideológica, da escrituração e de seus comprovantes, ou de demonstração financeira, que tenha por objeto eliminar ou reduzir o montante de imposto devido ou diferir seu pagamento submeterá o sujeito passivo a multa, independentemente da ação penal que couber, consoante o Decreto-Lei n. 1.598/1977, art. 7º, § 1º.

3.7 LIVROS COMERCIAIS

O art. 1.179 do Código Civil Brasileiro estabelece que todo empresário e a sociedade empresária são obrigados a seguir um sistema de contabilidade com base na escrituração uniforme de seus livros.

A pessoa jurídica é obrigada a seguir ordem uniforme de escrituração, mecanizada ou não, utilizando os livros e papéis adequados, cujo número e espécie ficam a seu critério, conforme o Decreto-Lei n. 486/1969, art. 1º.

A Súmula n. 439 do STF estabelece que estão sujeitos à fiscalização tributária, ou previdenciária, quaisquer livros comerciais, limitado o exame aos pontos objeto da investigação.

3.8 LIVRO DIÁRIO

O Diário é um livro cronológico e obrigatório, e como tal será sujeito às formalidades legais extrínsecas e intrínsecas. Não pode conter emendas, entrelinhas ou rasuras. É destinado a registrar todas as operações comerciais.

Sem prejuízo de exigências especiais da lei, é obrigatório o uso de Livro Diário, encadernado com folhas numeradas seguidamente, em que serão lançados, dia a dia, diretamente ou por reprodução, os atos ou operações da atividade, ou que modifiquem ou possam vir a modificar a situação patrimonial da pessoa jurídica, consoante o Decreto-Lei n. 486/1969, art. 5º.

Admite-se a escrituração resumida no Diário, por totais que não excedam ao período de um mês, relativamente a contas cujas operações sejam numerosas ou realizadas fora da sede do estabelecimento, desde que utilizados livros auxiliares para registro individuado e conservados os documentos que permitam sua perfeita verificação.

No transporte dos totais mensais dos livros auxiliares para o Diário deve ser feita referência às páginas em que as operações se encontram lançadas nos livros auxiliares devidamente registrados.

A pessoa jurídica que empregar escrituração mecanizada poderá substituir o Diário e os livros facultativos ou auxiliares por fichas seguidamente numeradas, mecânica ou tipograficamente.

Os livros ou fichas do Diário, bem como os livros auxiliares, deverão conter termos de abertura e de encerramento e ser submetidos à autenticação no órgão competente do Registro do Comércio e, quando se tratar de sociedade civil, no Registro Civil de Pessoas Jurídicas ou no Cartório de Registro de Títulos e Documentos, segundo a Lei n. 3.470/1958, art. 71, e Decreto-Lei n. 486/1969, art. 5º, § 2º.

Os livros auxiliares, tais como Caixa e Contas-Correntes, que também poderão ser escriturados em fichas, terão dispensada sua autenticação quando as operações a que se reportarem tiverem sido lançadas, pormenorizadamente, em livros devidamente registrados.

No caso de substituição do Livro Diário por fichas, a pessoa jurídica adotará livro próprio para a inscrição do balanço e demais demonstrações financeiras, o qual será autenticado no órgão de registro competente.

3.9 LIVRO RAZÃO

O Razão é um livro facultativo do ponto de vista legal, porém principal do ponto de vista da contabilidade e sistemático, isto é, seleciona os lançamentos, conforme sua natureza e finalidade. Nesse livro, destina-se uma página a cada conta, divididas em dois campos, um para o **débito** e outro para o **crédito**. Os lançamentos são transcritos do Diário e servem para controlar os movimentos de débito e crédito de todas as contas. A exatidão aritmética do Razão é verificada pelo Balancete de Verificação.

A Pessoa Jurídica tributada com base no Lucro Real deverá manter em boa ordem, e segundo as normas contábeis recomendadas, Livro Razão ou fichas utilizadas para resumir e totalizar, por conta ou subconta, os lançamentos efetuados no Diário, mantidas as demais exigências e condições previstas na legislação, destarte a Lei n. 8.218/1991, art. 14, e Lei n. 8.383/1991, art. 62.

A escrituração do Razão deverá ser individualizada, obedecendo à ordem cronológica das operações.

A não manutenção desse livro nas condições determinadas implicará o arbitramento do lucro da pessoa jurídica (Lei n. 8.218/1991, art. 14, parágrafo único, e Lei n. 8.383/1991, art. 62).

Estão dispensados de registro ou autenticação o Livro Razão ou as fichas correspondentes.

3.10 LIVROS FISCAIS

A Pessoa Jurídica, além dos livros de contabilidade previstos em leis e regulamentos, deverá possuir os seguintes livros (Lei n. 154/1947, art. 2º, e Lei n. 8.383/1991, art. 48, e Decreto-Lei n. 1.598/1977, arts. 8º e 27):

1. Para registro de inventário.
2. Para registro de entradas (compras).
3. De Apuração do Lucro Real – Lalur.
4. Para registro permanente de estoque, para as pessoas jurídicas que exercerem atividades de compra, venda, incorporação e construção de imóveis, loteamento ou desmembramento de terrenos para venda.
5. De Movimentação de Combustíveis, a ser escriturado diariamente pelo posto revendedor.

Relativamente aos livros a que se referem os itens 1, 2 e 4, as pessoas jurídicas poderão criar modelos próprios que satisfaçam às necessidades de seu negócio, ou utilizar os livros porventura exigidos por outras leis fiscais, ou, ainda, substituí-los por séries de fichas numeradas (Lei n. 154/1947, art. 2º, §§ 1º e 7º).

Os livros de que tratam os itens 1 e 2, ou as fichas que os substituírem, serão registrados e autenticados pelo Departamento Nacional de Registro do Comércio ou pelas Juntas Comerciais ou repartições encarregadas do registro de comércio, e, quando se tratar de sociedade civil, pelo Registro Civil de Pessoas Jurídicas ou pelo Cartório de Registro de Títulos e Documentos (Lei n. 154/1947, arts. 2º, § 7º, e 3º, e Lei n. 3.470/1958, art. 71).

Para os efeitos do parágrafo anterior, a autenticação do novo livro será feita mediante a exibição do livro ou registro anterior a ser encerrado, quando for o caso (Lei n. 154/1947, art. 3º, parágrafo único).

No caso de pessoa física equiparada a pessoa jurídica pela prática das operações imobiliárias, a autenticação do livro para registro permanente de estoque será efetuada pelo órgão da Secretaria da Receita Federal.

No Livro de Inventário deverão ser arrolados, com especificações que facilitem sua identificação, as mercadorias, os produtos manufaturados, as matérias-primas, os produtos em fabricação e os bens em almoxarifado existentes na data do balanço patrimonial levantado ao fim de cada período de apuração (Lei n. 154/1947, art. 2º, § 2º; Lei n. 6.404/1976, art. 183, inciso II; e Lei n. 8.541/1992, art. 3º).

3.11 LIVRO DE APURAÇÃO DO LUCRO REAL (LALUR)

No Lalur, a pessoa jurídica deverá:

1. Lançar os ajustes do lucro líquido do período de apuração;
2. Transcrever a demonstração do Lucro Real;
3. Manter os registros de controle de prejuízos fiscais a compensar em períodos de apuração subsequentes, do lucro inflacionário a realizar, da depreciação acelerada incentivada, da exaustão mineral, com base na receita bruta, bem como dos demais valores que devam influenciar a determinação do Lucro Real de períodos de apuração futuros e que não constem da escrituração comercial;
4. Manter os registros de controle dos valores excedentes a serem utilizados no cálculo das deduções nos períodos de apuração subsequentes, dos dispêndios com programa de alimentação ao trabalhador, vale-transporte e outros previstos no Regulamento do Imposto de Renda - RIR/1999 (Decreto n. 3.000, de 26 de março de 1999).

Notas:[1]

PN CST n. 96/1978 – Os valores que podem ser excluídos do lucro líquido do exercício, na determinação do Lucro Real, referido na letra *a* do § 3º do art. 6º do Decreto-Lei n. 1.598/1977, são aqueles que, em virtude de serem dotados de natureza exclusivamente fiscal, não reúnem requisitos para poderem ser registrados na escrituração comercial.

PN CST n. 34/1981 – As pessoas jurídicas sujeitas à apuração do Imposto de Renda com base no Lucro Real, seja qual for o tipo societário adotado, estão obrigadas ao cumprimento dos preceitos da Lei n. 6.404, de 15 de dezembro de 1976 (Lei das Sociedades Anônimas) para efeito de determinação dos resultados.

IRPJ – COMPENSAÇÃO DE PREJUÍZO – O prejuízo fiscal a ser compensado pelo contribuinte é aquele corretamente escriturado e demonstrado no Livro de Apuração do Lucro Real. Se o contribuinte deixa de atender a intimação para apresentar o Livro de Apuração do Lucro Real – documento original – bem como os livros diário e razão, correto é o entendimento em não aceitar as cópias dos documentos acostados aos autos. Recurso negado (1º CC – Ac. 108-04.402 – 8ª C – DOU 08.10.1997, p. 22.567).

O Lalur poderá ser escriturado mediante a utilização de sistema eletrônico de processamento de dados, observadas as normas baixadas pela Secretaria da Receita Federal (Lei n. 8.218/1991, art. 18).

Nota: DECISÃO N. 323 (8ª Região Fiscal), DE 23 DE SETEMBRO DE 1997: Assunto: Escrituração do Livro de Apuração do Lucro Real. Ementa: Enquanto não baixadas normas específicas para a escrituração do Lalur por sistema eletrônico de processamento de dados a sua escrituração, manual ou eletrônica, deverá observar todas as normas, formas, procedimentos e modelos aprovados pela Instrução Normativa SRF n. 28/78; e, com relação à escrituração eletrônica, no que couber, as normas baixadas pela IN SRF n. 68/95 e Portaria COSIF n. 13/95. PAULO JAKSON S. LUCAS, Chefe da Divisão (DOU, 24.11.97, p. 27363).

3.12 SISTEMA ESCRITURAL ELETRÔNICO

As pessoas jurídicas que, de acordo com o balanço encerrado no período de apuração imediatamente anterior, possuírem patrimônio líquido superior a R$ 1.633.072,44 e utilizarem sistema de processamento eletrônico de dados para registrar negócios e atividades econômicas, escriturar livros ou elaborar documentos de natureza contábil ou fiscal ficarão obrigadas a manter, em meio magnético ou assemelhado, à disposição da Secretaria da Receita Federal, os respectivos

---

1. Fonte: BRASIL. *Decreto n. 3.000, de 16 de março de 1999*. Regulamenta a tributação, ficalização, arrecadação e administração do Imposto sobre a Renda e Proventos de Qualquer Natureza. Disponível em: <http://www2.camara.leg.br/legin/fed/decret/1999/decreto-3000-26-marco-1999-369704-norma-pe.html>. Acesso em: 30 out. 2018.

arquivos e sistemas durante o prazo de cinco anos (Lei n. 8.218/1991, art. 11 e § 1º, Lei n. 8.383/1991, art. 3º, inciso II, e Lei n. 9.249/1995, art. 30).

Entretanto, por força do art. 72 da Medida Provisória 2158-35/2001, o limite de patrimônio líquido foi eliminado. Isto quer dizer que, independentemente do valor, os arquivos magnéticos contendo as informações deverão ser mantidos. Assim, mesmo as empresas de diminuto porte deverão cumprir esta formalidade a partir da data da publicação da MP (27 de agosto de 2001).

A partir de 9 de junho de 2010, as especificações técnicas são as definidas no Anexo Único do ADE Cofis 25/2010.

Observe-se que não serão exigidos arquivos digitais de registros contábeis para os contribuintes que estão obrigados à transmissão da ECD ao Sped ou que a transmitiram facultativamente.

FIGURA 3.4 - Sistema público de escrituração digital

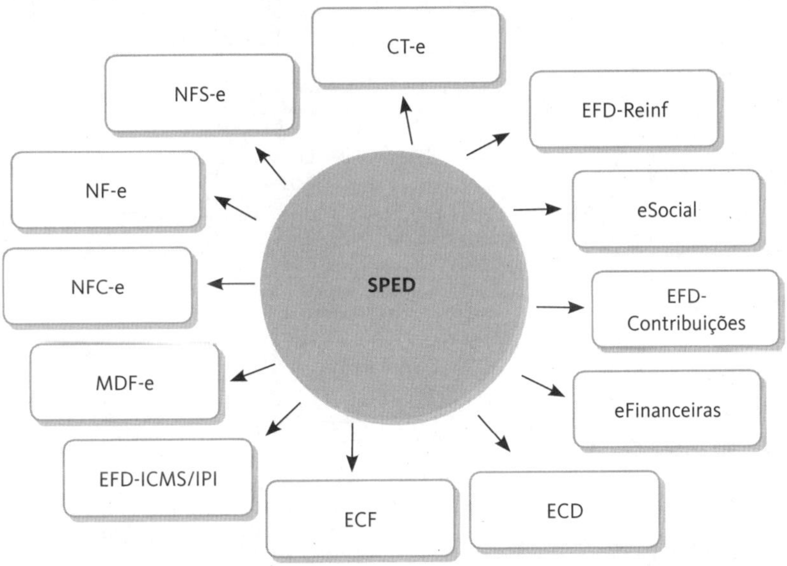

Fonte: adaptado de Receita Federal.

FIGURA 3.5 - Escriturações digitais

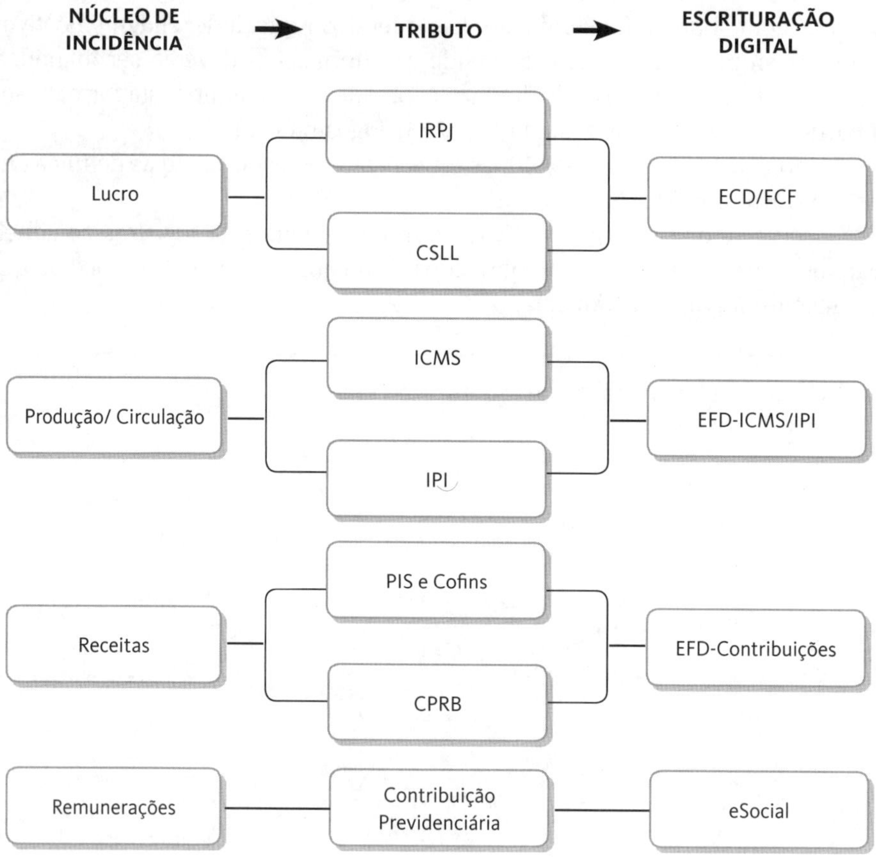

Fonte: adaptado de Legislação Fiscal.

FIGURA 3.6 - Escrituração das contribuições sociais

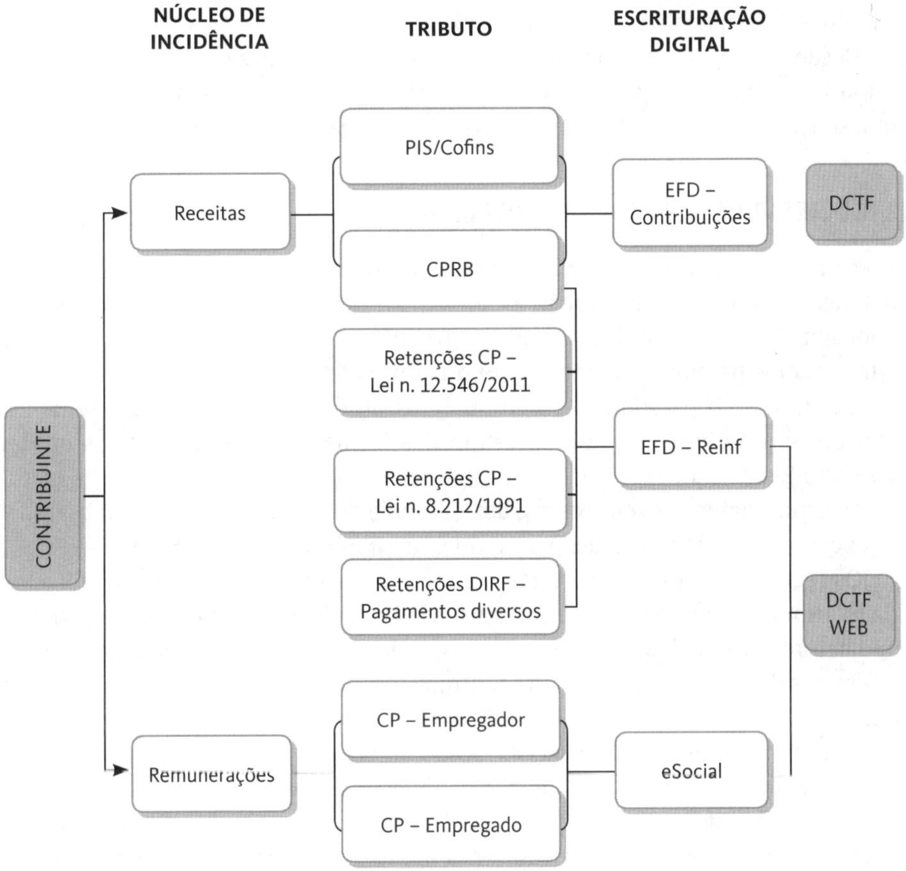

Fonte: adaptado de Legislação Fiscal.

3.13 DOCUMENTAÇÃO TÉCNICA

O sujeito passivo usuário de sistema de processamento de dados deverá manter documentação técnica completa e atualizada do sistema, suficiente para possibilitar a sua auditoria, facultada a manutenção em meio magnético, sem prejuízo da sua emissão gráfica, quando solicitada (Lei n. 9.430/1996, art. 38).

3.14 RESPONSÁVEIS PELA ESCRITURAÇÃO

A escrituração ficará sob a responsabilidade de profissional qualificado, nos termos da legislação específica, exceto nas localidades em que não haja elemento habilitado, quando, então, ficará a cargo do contribuinte ou de pessoa por ele designada (Decreto-Lei n. 486/1969, art. 3º).

A designação de pessoa não habilitada profissionalmente não eximirá o contribuinte da responsabilidade pela escrituração.

Desde que legalmente habilitado para o exercício profissional, o titular da empresa individual, o sócio, acionista ou diretor da sociedade pode assinar as demonstrações financeiras da empresa e assumir a responsabilidade pela escrituração.

3.15 PRINCÍPIOS, MÉTODOS E CRITÉRIOS

A escrituração será completa, em idioma e moeda corrente nacionais, em forma mercantil, com individuação e clareza, por ordem cronológica de dia, mês e ano, sem intervalos em branco nem entrelinhas, borraduras, rasuras, emendas e transportes para as margens (Decreto-Lei n. 486/1969, art. 2º).

É permitido o uso de código de números ou de abreviaturas, desde que estes constem de livro próprio, revestido das formalidades estabelecidas em lei (Decreto-Lei n. 486/1969, art. 2º, § 1º).

Os erros cometidos serão corrigidos por meio de lançamento de estorno, transferência ou complementação (Decreto-Lei n. 486/1969, art. 2º, § 2º).

Os registros contábeis que forem necessários para a observância de preceitos da lei tributária relativos à determinação do Lucro Real, quando não devam, por sua natureza exclusivamente fiscal, constar da escrituração comercial, ou forem diferentes dos lançamentos dessa escrituração, serão feitos no Lalur ou em livros auxiliares (Decreto-Lei n. 1.598/1977, art. 8º, § 2º).

Devem ser registradas na escrituração comercial a apuração do resultado de contratos de longo prazo, a avaliação de investimentos em sociedades coligadas ou controladas pelo valor do patrimônio líquido, inclusive de filiais, sucursais, agências e representações no exterior, a apuração de resultados de empreendimentos imobiliários e a reavaliação de bens do ativo.

Ao fim de cada período de incidência do imposto, o contribuinte deverá apurar o lucro líquido mediante a elaboração, com observância das disposições da lei comercial, do balanço patrimonial, da demonstração do resultado do período de apuração e da demonstração de lucros ou prejuízos acumulados (Decreto-Lei n. 1.598/1977, art. 7º, § 4º, e Lei n. 7.450/1985, art. 18).

O lucro líquido do período deverá ser apurado com observância das disposições da Lei n. 6.404/1976 (Decreto-Lei n. 1.598/1977, art. 67, inciso XI, Lei n. 7.450/1985, art. 18, e Lei n. 9.249/1995, art. 5º).

O balanço ou balancete deverá ser transcrito no Diário ou no Lalur (Lei n. 8.383/1991, art. 51, e Lei n. 9.430/1996, arts. 1º e 2º, § 3º).

3.16 LIVROS FISCAIS OBRIGATÓRIOS EM RAZÃO DA LEGISLAÇÃO DO ISS, ICMS E IPI

3.16.1 Modelo de livro fiscal ICMS e IPI

Livro	Modelo	Usuário
Entradas	1	Contribuinte do IPI e do ICMS
Entradas	1-A	Contribuinte do ICMS
Saídas	2	Contribuinte do IPI e do ICMS
Saída	2-A	Contribuinte do ICMS
Controle de Produção e Estoque	3	Estabelecimentos industriais
Selo Especial de Controle	4	Produtores - cigarro, bebidas, relógios etc.
Impressão de Documentos Fiscais	5	Estabelecimentos que confeccionam documentos fiscais para terceiros e para uso próprio
Utilização de Documentos e Termo de Ocorrência	6	Estabelecimentos comerciais e industriais
Inventário	7	Estabelecimentos comerciais e industriais
Apuração do IPI	8	Estabelecimentos industriais e equiparados
Apuração do ICMS	9	Estabelecimentos industriais e comerciais
Controle de Crédito do ICMS do Ativo Imobilizado (CIAP)		Estabelecimentos industriais e comerciais

3.16.2 ISS

- Livro de Registro de Notas Fiscais de Serviços Prestados.
- Livro de Registro de Notas Fiscais - Faturas de Serviços Prestados.
- Livro de Registro de Movimento Diário de Ingressos em Diversões Públicas.
- Livro de Registro de Recebimento de Impressos Fiscais e Termos de Ocorrências.
- Livro de Registro de Documentos Fiscais.

3.17 LIVROS OBRIGATÓRIOS – SOCIEDADES POR AÇÕES

A companhia deve ter, além dos livros obrigatórios para qualquer comerciante, os seguintes, revestidos das mesmas formalidades legais:

1. Livro de Registro de Ações Nominativas.
2. Livro de "Transferência de Ações Nominativas", para lançamento dos termos de transferência, que deverão ser assinados pelo cedente e pelo cessionário ou seus legítimos representantes.

3. Livro de "Registro de Partes Beneficiárias Nominativas" e o de "Transferência de Partes Beneficiárias Nominativas", se tiverem sido emitidas.
4. Livro de Atas das Assembleias Gerais.
5. Livro de Presença dos Acionistas.
6. Livros de Atas das Reuniões do Conselho de Administração, se houver, e de Atas das Reuniões de Diretoria.
7. Livro de Atas e Pareceres do Conselho Fiscal.

3.18 CÓDIGO CIVIL BRASILEIRO E CONTABILIDADE

O art. 1.179 do Código Civil (CC) estipula que o empresário e a sociedade empresária são obrigados a seguir um sistema de contabilidade, mecanizado ou não, com base na escrituração uniforme de seus livros, em correspondência com a documentação respectiva, e a levantar anualmente o balanço patrimonial e o de resultado econômico.

O número e a espécie dos livros ficam a critério dos interessados, devendo ser ajustados em função de outras exigências legais ou fiscais.

É dispensado das exigências deste artigo o pequeno empresário a que se refere o art. 970, CC.

Por sua vez, conforme definido no art. 966, CC, "empresário é quem exerce profissionalmente atividade econômica organizada para a produção ou circulação de bens ou de serviços".

Sociedade empresária é a que tem por objeto o exercício de atividade própria de empresário sujeito a registro, conforme art. 982, CC.

A sociedade simples também tem o dever de levantar o balanço patrimonial e o de resultado econômico, por força do disposto no art. 1.020 do CC.

3.19 LEVANTAMENTO DO BALANÇO PATRIMONIAL

O art. 1.179, CC, estabelece o dever ao empresário e à sociedade empresária de levantar anualmente o balanço patrimonial. Balanço Patrimonial é a demonstração que encerra a sequência dos procedimentos contábeis, apresentado de forma ordenada em três elementos componentes do patrimônio: Ativo, Passivo e Patrimônio Líquido. O Ativo é composto por bens e direitos; o Passivo, pelas obrigações; e o Patrimônio Líquido corresponde à diferença entre o ativo e o passivo.

O balanço é um ato jurídico, e não simples ato material. Ato ou negócio jurídico, em qualquer hipótese, o balanço regularmente aprovado e publicado de uma companhia deve ser considerado válido e eficaz perante os acionistas e terceiros.

Mesmo que a empresa esteja desobrigada da apresentação da Escrituração e do Balanço em razão de legislação tributária, esta deve elaborá-los conforme determina o art. 1.179, CC. É o caso do Lucro Presumido, no qual a legislação fiscal possibilita ao contribuinte escriturar somente o Livro Caixa.

3.20 OUTRAS DISPOSIÇÕES COM RELAÇÃO À CONTABILIDADE NO CÓDIGO CIVIL

Além dos demais livros exigidos por lei, é indispensável o Diário, que pode ser substituído por fichas no caso de escrituração mecanizada ou eletrônica. A adoção de fichas não dispensa o uso de livro apropriado para o lançamento do balanço patrimonial e do de resultado econômico, conforme o art. 1.180, CC.

Salvo disposição especial de lei, os livros obrigatórios e, se for o caso, as fichas, antes de postos em uso, devem ser autenticados no Registro Público de Empresas Mercantis. A autenticação não se fará sem que esteja inscrito o empresário, ou a sociedade empresária, que poderá fazer autenticar livros não obrigatórios, segundo o art. 1.181, CC.

Sem prejuízo do disposto no art. 1.174, CC, a escrituração ficará sob a responsabilidade de contador legalmente habilitado, salvo se nenhum houver na localidade, consoante o art. 1.182, CC.

A escrituração será feita em idioma e moeda corrente nacionais e em forma contábil, por ordem cronológica de dia, mês e ano, sem intervalos em branco nem entrelinhas, borrões, rasuras, emendas ou transportes para as margens. É permitido o uso de código de números ou de abreviaturas, que constem de livro próprio, regularmente autenticado, nos termos do art. 1.183, CC.

No Diário serão lançadas, com individuação, clareza e caracterização do documento respectivo, dia a dia, por escrita direta ou reprodução, todas as operações relativas ao exercício da empresa, do art. 1.184, CC.

Admite-se a escrituração resumida do Diário, com totais que não excedam o período de 30 dias, relativamente a contas cujas operações sejam numerosas ou realizadas fora da sede do estabelecimento, desde que utilizados livros auxiliares regularmente autenticados, para registro individualizado, e conservados os documentos que permitam a sua perfeita verificação, conforme o art. 1.184, CC.

Serão lançados no Diário o balanço patrimonial e o de resultado econômico, devendo ambos ser assinados por técnico em Ciências Contábeis legalmente habilitado e pelo empresário ou sociedade empresária, segundo o art. 1.184, CC.

O empresário ou a sociedade empresária que adotar o sistema de fichas de lançamentos poderá substituir o livro Diário pelo livro Balancetes Diários e Balanços, observadas as mesmas formalidades extrínsecas exigidas para aquele, consoante o art. 1.185, CC.

O livro Balancetes Diários e Balanços será escriturado de modo que registre, destarte o art. 1.186, CC:

I. a posição diária de cada uma das contas ou títulos contábeis, pelo respectivo saldo, em forma de balancetes diários;
II. o balanço patrimonial e o de resultado econômico, no encerramento do exercício.

Na coleta dos elementos para o inventário serão observados os critérios de avaliação a seguir determinados, nos termos do art. 1.187, CC:

I. os bens destinados à exploração da atividade serão avaliados pelo custo de aquisição, devendo, na avaliação dos que se desgastam ou depreciam com o uso, pela ação do tempo ou outros fatores, atender-se à desvalorização respectiva, criando-se fundos de amortização para assegurar-lhes a substituição ou a conservação do valor;
II. os valores mobiliários, matéria-prima, bens destinados à alienação, ou que constituem produtos ou artigos da indústria ou comércio da empresa, podem ser estimados pelo custo de aquisição ou de fabricação, ou pelo preço corrente, sempre que este for inferior ao preço de custo, e quando o preço corrente ou venal estiver acima do valor do custo de aquisição, ou fabricação, e os bens forem avaliados pelo preço corrente, a diferença entre este e o preço de custo não será levada em conta para a distribuição de lucros, nem para as percentagens referentes a fundos de reserva.

O balanço patrimonial deverá exprimir, com fidelidade e clareza, a situação real da empresa e, atendidas as peculiaridades desta, bem como as disposições das leis especiais, indicará, distintamente, o ativo e o passivo, segundo o art. 1.188, CC.

O balanço de resultado econômico, ou demonstração da conta de lucros e perdas, acompanhará o balanço patrimonial, conforme o art. 1.189, CC.

É garantido o sigilo da escrituração contábil, conforme art. 1.190, exceto em caso de fiscalizações tributárias.

O art. 1.075, CC, dispõe que, dos trabalhos e deliberações, será lavrada, no Livro de Atas da Assembleia, ata assinada pelos membros da mesa e por sócios participantes da reunião, quantos bastem à validade das deliberações, mas sem prejuízo dos que queiram assiná-la.

A cópia da ata, autenticada pelos administradores ou pela mesa, será, nos 20 dias subsequentes à reunião, apresentada ao Registro Público de Empresas Mercantis para arquivamento e averbação. Ao sócio que a solicitar, será entregue uma cópia autenticada.

3.21 VALOR PROBANTE DOS LIVROS COMERCIAIS

Os livros comerciais, revestidos das formalidades legais, sempre fazem prova plena:

- Quando irregulares, contra seu possuidor.

- Quando regulares, a favor do possuidor.

A regularidade implica a observância dos fatores extrínsecos e intrínsecos e, ainda, o fato de que, a cada lançamento feito, corresponda um documento comprobatório da transação realizada e escriturada.

A inviolabilidade dos livros do comerciante sempre foi admitida. Ele é o proprietário de seus livros, tendo o direito de guardá-los em seu poder e de impedir que seu conteúdo seja devassado. Contudo, as leis fiscais, com o objetivo de defender os interesses da Fazenda, permitem o exame dos livros, mediante imperativos fiscais.

3.22 EXIBIÇÃO DOS LIVROS COMERCIAIS

A exibição dos livros pode ser total ou parcial e está regulada pelo Código Civil Brasileiro.

A exibição total ou integral é medida de exceção e só pode ser concedida em casos especiais, porquanto nela os livros ficam à disposição do interessado, que pode examinar toda a escrita, em uma verdadeira devassa da situação patrimonial do comerciante.

A exibição parcial prende-se ao exame de alguns pontos ou dados referentes a prova ou provas que se pretende fazer em ação judicial pendente. É medida corriqueira, para fins de prova judicial, sujeita à apreciação dos juízes.

3.22.1 Casos de exibição total

A exibição total dos livros comerciais é permitida nos seguintes casos:

- Litígios entre os sócios da sociedade.
- Sucessões, tanto para o herdeiro como para o comprador do ativo e passivo do negócio.
- Questões dos cônjuges, relativas à comunhão.
- Questões referentes a mandato ou gestão mercantil.
- Concordata preventiva e falência.
- Questões referentes às leis federais.

Nas sociedades de capitais, para que um só acionista possa pedir a exibição integral dos livros da sociedade, é preciso que ele possua ações representativas de pelo menos um vigésimo do capital social.

3.23 A ESCRITURAÇÃO E A LEI DE FALÊNCIAS - LEI N. 11.101/2005

Conforme art. 51 da Lei n. 11.101, de 9 de fevereiro de 2005, para o Pedido e do Processamento da Recuperação Judicial será necessário que as demonstrações contábeis relativas aos três últimos exercícios sociais e as levantadas especialmente para instruir o pedido, confeccionadas com estrita observância da legislação societária aplicável e compostas obrigatoriamente de:

- Balanço patrimonial.
- Demonstração de resultados acumulados.
- Demonstração do resultado desde o último exercício social.
- Relatório gerencial de fluxo de caixa e de sua projeção.

O art. 105 da Lei n. 11.101/2005, Lei de Recuperação e Falências (LFR), define que o devedor em crise econômico-financeira que julgue não atender aos requisitos para pleitear sua recuperação judicial deverá requerer ao juízo sua falência, expondo as razões da impossibilidade de prosseguimento da atividade empresarial, acompanhadas dos seguintes documentos:

> I – demonstrações contábeis referentes aos 3 (três) últimos exercícios sociais e as levantadas especialmente para instruir o pedido, confeccionadas com estrita observância da legislação societária aplicável e compostas obrigatoriamente de:
> a) balanço patrimonial;
> b) demonstração de resultados acumulados;
> c) demonstração do resultado desde o último exercício social;
> d) relatório do fluxo de caixa;
> [...]
> V – os livros obrigatórios e documentos contábeis que lhe forem exigidos por lei;

3.23.1 Fraude a credores

O art. 168, LFR determina pena para quem praticar, antes ou depois da sentença que decretar a falência, conceder a recuperação judicial ou homologar a recuperação extrajudicial, ato fraudulento de que resulte ou possa resultar prejuízo aos credores, com o fim de obter ou assegurar vantagem indevida para si ou para outrem.

Pena – reclusão, de três a seis anos, e multa.

A pena aumenta-se de um sexto a um terço, se o agente:

I. elabora escrituração contábil ou balanço com dados inexatos;

II. omite, na escrituração contábil ou no balanço, lançamento que deles deveria constar ou altera escrituração ou balanço verdadeiros;
III. destrói, apaga ou corrompe dados contábeis ou negociais armazenados em computador ou sistema informatizado;
IV. simula a composição do capital social;
V. destrói, oculta ou inutiliza, total ou parcialmente, os documentos de escrituração contábil obrigatórios.

3.23.2 Contabilidade paralela

A pena é aumentada de um terço até metade se o devedor tiver mantido ou movimentado recursos ou valores paralelamente à contabilidade exigida pela legislação.

3.23.3 Concurso de pessoas

Nas mesmas penas incidem contadores, técnicos contábeis, auditores e outros profissionais que, de qualquer modo, concorrerem para as condutas criminosas descritas no art. 168, na medida de sua culpabilidade.

3.24 ESCRITURAÇÃO FISCAL DIGITAL (EFD)

A Escrituração Fiscal Digital (EFD) é um arquivo digital, que se constitui de um conjunto de escriturações de documentos fiscais e de outras informações de interesse dos fiscos das unidades federadas e da Secretaria da Receita Federal do Brasil, bem como de registros de apuração de impostos referentes às operações e prestações praticadas pelo contribuinte.

Esse arquivo deve ser assinado digitalmente e transmitido, via internet, ao ambiente do Sistema Público de Escrituração Digital (Sped).

A Escrituração Fiscal Digital é um dos subprojetos do Sped. Constitui-se de um arquivo digital, com um conjunto de informações referentes às operações, prestações de serviços e apuração de impostos do contribuinte. Em seu primeiro módulo, substitui os seguintes livros fiscais:

- Registro de Entradas.
- Registro de Saídas.
- Registro de Inventário.
- Registro de Apuração do IPI.
- Registro de Apuração do ICMS.

O contribuinte obrigado à EFD, a critério de cada Unidade Federada, poderá ser dispensado da entrega dos arquivos do Sintegra (Convênio ICMS 57/1995).

A partir de sua base de dados, a empresa deverá gerar um arquivo digital de acordo com modelo estabelecido em Ato Cotepe, informando todos os documentos fiscais e outras informações de interesse dos fiscos federal e estadual, referentes ao período de apuração dos impostos ICMS e IPI. Este arquivo deverá ser submetido à importação e validação pelo Programa Validador e Assinador (PVA) fornecido pelo Sped.

3.24.1 Programa Validador e Assinador

Como pré-requisito para a instalação do PVA é necessária a instalação da máquina virtual do Java. Após a importação, o arquivo poderá ser visualizado pelo próprio Programa Validador, com possibilidade de pesquisas de registros ou relatórios do sistema.

Outras funcionalidades do programa são: digitação, alteração, assinatura digital da EFD, transmissão do arquivo, exclusão de arquivos, geração de cópia de segurança e sua restauração.

3.24.2 Apresentação do arquivo

Em regra, a periodicidade de apresentação é mensal.

O Sintegra informa apenas o registro de saída à Administração, a partir da implantação do Sped-Fiscal, toda a rotina mercantil será disponibilizada ao contador. Importante ressaltar que, salvo o registro de inventário, com entrega anual, todos os demais registros estarão condicionados a entrega mensal. Todas as informações do Sped, Escrituração Contábil Digital (ECD), Escrituração Fiscal Digital (EFD) ou Nota Eletrônica (NF-e) terão um formato vinculado por norma própria, para o envio e validação eletrônica.

Existe a multa pela falta de entrega do arquivo que, quando da produção deste livro, era de R$ 5.000,00; além disso, não caíram as multas previstas para as obrigações substituídas, a saber:

- **IN 86/2001 – Penalidades**. As penalidades estão previstas no art. 12 da Lei n. 8.281/1991, que estabelece:
  - Multa de 0,5% do valor da receita bruta da pessoa jurídica no período aos que não atenderem à forma em que devem ser apresentados os registros e respectivos arquivos.
  - Multa de 5% sobre o valor da operação correspondente aos que omitirem ou prestarem incorretamente as informações solicitadas.
- **Livros fiscais**. Cada Estado estabelece uma multa pela falta de escrituração do Livro Fiscal.

3.25 SPED-CONTÁBIL

É a substituição da escrituração em papel pela Escrituração Contábil Digital (ECD), também chamada de Sped-Contábil. Trata-se da obrigação de transmitir em versão digital os seguintes livros:

- Livro Diário e seus auxiliares, se houver.
- Livro Razão e seus auxiliares, se houver.
- Livro Balancetes Diários, Balanços e fichas de lançamento comprobatórias dos assentamentos neles transcritos.

Segundo a Instrução Normativa RFB n. 787, de 19 de novembro de 2007, estão obrigadas a adotar a ECD em relação aos fatos contábeis ocorridos a partir de 1º de janeiro de 2008 as sociedades empresárias sujeitas a acompanhamento econômico-tributário diferenciado, nos termos da Portaria RFB n. 11.211, de 7 de novembro de 2007 e sujeitas à tributação do Imposto de Renda com base no Lucro Real; (Redação dada pela IN RFB n. 926, de 11 de março de 2009) em relação aos fatos contábeis desde 1º de janeiro de 2009, as demais sociedades empresárias sujeitas à tributação do Imposto de Renda com base no Lucro Real (Redação dada pela IN RFB n. 926, de 11 de março de 2009). Para as demais sociedades empresárias, a ECD é facultativa.

As sociedades simples e as microempresas e empresas de pequeno porte optantes pelo Simples Nacional estão dispensadas desta obrigação.

3.25.1 Operacionalização

A partir do seu sistema de contabilidade, a empresa gera um arquivo digital no formato especificado no anexo único à IN RFB n. 787/2007. Em razão de peculiaridades das diversas legislações que tratam da matéria, este arquivo pode ser tratado pelos sinônimos: Livro Diário Digital, Escrituração Contábil Digital (ECD) ou Escrituração Contábil em forma eletrônica.

Este arquivo é submetido ao Programa Validador e Assinador fornecido pelo Sped.

3.26 CAPACIDADE TRIBUTÁRIA ATIVA

Ocorrido o fato gerador em concreto, nasce a obrigação tributária que, como toda e qualquer relação jurídica, tem um sujeito ativo (credor) e um sujeito passivo (devedor).

Sujeito ativo é uma pessoa jurídica de direito público interno (a União, os Estados, o Distrito Federal e os Municípios) a quem a Constituição Federal conferiu a competência tributária, ou seja, o poder de tributar, e que exercitará essa competência instituindo o tributo. A capacidade tributária ativa está situada no plano da atividade tributária em sentido secundário (concreto) e é, lógica e cronologicamente, posterior ao nascimento do tributo.

Capacidade tributária ativa é a aptidão para ser titular do direito de exigir o cumprimento da prestação pelo contribuinte, ou seja, é a envergadura para arrecadar e fiscalizar os tributos, uma vez que não se confunde com a competência tributária, assim chamada a competência para instituir tributos mediante o exercício de competência legislativa, que é indelegável.

A pessoa política que cria o tributo, em regra, é a responsável pela sua arrecadação. Visto, entretanto, que a capacidade tributária é delegável por lei (princípio da legalidade), nada impede que a pessoa política, tendo criado um tributo, delegue o direito de arrecadá-lo para pessoa diversa (art. 7º, CTN).

Aquele que recebe a atribuição para arrecadar o tributo poderá:

- **arrecadá-lo em nome e por conta da entidade tributante** e, nesse caso, dá-se o fenômeno da sujeição ativa auxiliar;
- **arrecadá-lo para si próprio** e, nesse caso, dá-se o fenômeno da parafiscalidade.

Isso significa que não haverá sujeição ativa no fato de o tributo ser cobrado (ou mesmo administrado) por outra pessoa, como ocorre com os Sindicatos (com a contribuição sindical), com a OAB (contribuição profissional), com o Incra (que cobra e administra o imposto territorial rural): são casos de delegação administrativa, que não alteram a sujeição ativa.

É importante lembrar que há certas pessoas jurídicas de direito público, delegatárias das atividades de arrecadação e fiscalização do tributo, que podem se colocar na condição de sujeitos ativos, pois detêm capacidade tributária (arts. 7º e ss., CTN); é o caso, por exemplo, das contribuições parafiscais/previdenciárias arrecadadas pelos "parafiscos" (INSS e outras autarquias etc.).

Dica: o contribuinte deve pagar o tributo para um ente credor, e não para mais de um, sob pena de ocorrência do vício da solidariedade ativa (equivalente à presença de cocredores); na verdade, não é incomum a presença de mais de um ente tributante que cobra um ou mais tributos sobre o mesmo fato gerador, isto é, a bitributação.

A propósito, o art. 164, III, CTN, explora o tema, ofertando a solução no ajuizamento da consignação em pagamento. Exemplo: cobrança concomitante de IPTU de Belo Horizonte e de Contagem, cidades limítrofes de Minas Gerais.

3.27 CAPACIDADE TRIBUTÁRIA PASSIVA

Ter capacidade tributária passiva significa apenas ter a possibilidade de realizar o fato gerador de obrigação tributária. Toda e qualquer pessoa, física e jurídica, inclusive as sociedades de fato, têm capacidade passiva. Nenhum fato ou circunstância exclui a capacidade passiva de alguém.

É a pessoa física ou jurídica que possui o dever de pagar o tributo ou a penalidade pecuniária (contribuinte ou responsável). Sendo o tributo uma obrigação *ex lege*, a capacidade tributária passiva independe da capacidade civil do contribuinte ou, tratando-se de pessoa jurídica, do fato de estar regularmente constituída (art. 126, CTN). Exemplo: se uma pessoa interditada for proprietária de um bem imóvel, embora não possa realizar atos de disposição dessa propriedade, poderá ser sujeito passivo de obrigação tributária relativa ao IPTU.

O sujeito passivo deve, necessariamente, estar previsto em lei, uma vez que se trata de item adstrito à reserva legal (art. 97, III, parte final, CTN). Exemplo: lei que institui taxa e prevê que sujeito passivo será discriminado em portaria futura tende, assim, à violação da reserva legal.

A sujeição passiva indireta só é possível no caso de impostos (denominados tributos não vinculados), em que não há uma contraprestação por parte do Estado (Figura 3.4). Portanto, as taxas e contribuições de melhoria só podem ser cobradas do contribuinte.

Nesse caso, na responsabilidade tributária, um terceiro, não contribuinte, sem relação direta e pessoal com o fato gerador, é obrigado ao cumprimento da obrigação, total ou parcialmente, seja ou não em caráter supletivo. Deve existir, contudo, algum liame entre o responsável e o fato imponível, razão pela qual a lei não pode eleger qualquer ente como responsável tributário. Ressalte-se que, ao indicar um terceiro como responsável tributário, a lei pode excluir a responsabilidade tributária do contribuinte por meio da figura da substituição tributária ou conferi-la ao mesmo contribuinte, supletivamente (Figura 3.7).

FIGURA 3.7 Sujeição passiva indireta

CTN

Art. 128. Sem prejuízo do disposto neste capítulo, a lei pode atribuir de modo expresso a **responsabilidade** pelo crédito tributário a **terceira pessoa**, vinculada ao fato gerador da respectiva obrigação, excluindo a responsabilidade do contribuinte ou atribuindo-a a este em caráter supletivo do cumprimento total ou parcial da referida obrigação.

A responsabilidade tributária, ou sujeição passiva indireta, pode ocorrer nas seguintes modalidades:
- Substituição.
- Transferência.

Fonte: Código Tributário Nacional, Lei n. 5.172/1966.

FIGURA 3.8 Responsabilidade tributária

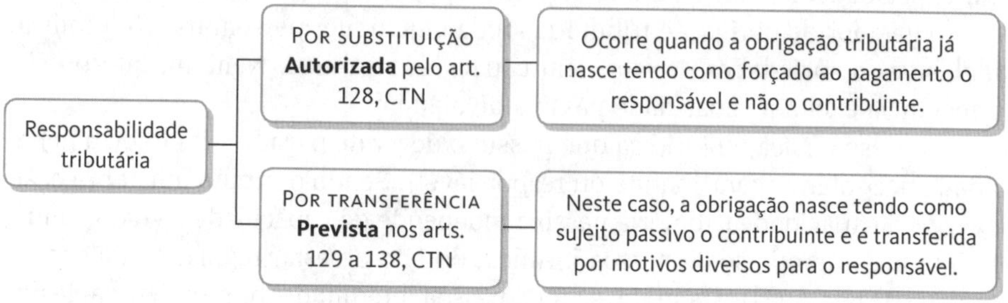

Fonte: Código Tributário Nacional, Lei n. 5.172/1966.

A responsabilidade tributária pode se dar por substituição ou por transferência.

Por **substituição** ocorre quando o dever de pagar o tributo por expressa determinação legal nasce de imediato na pessoa do responsável, ou seja, assim que ocorre o fato imponível, já é cobrado do responsável (art. 150, § 7º, CF). Exemplo: se um empregador deixar de reter o IRRF de seu empregado, a ação do Fisco se dirigirá contra ele, empregador, e não contra o empregado, por ficar excluído da relação jurídico-tributária; se a Caixa Econômica Federal pagar um prêmio da Loteria Federal sem reter o IR incidente sobre o referido prêmio, a ação do Fisco recairá sobre a Caixa, e não sobre o ganhador do prêmio, pelo mesmo motivo.

Espécies de substituição tributária no que tange ao ICMS:

- **Substituição regressiva ou "para trás"** – É o adiamento do recolhimento do tributo para momento posterior à ocorrência do fato gerador, de modo que o ônus fiscal recaia sobre o substituto legal tributário. Temos a ocorrência do fato gerador e o diferimento do pagamento para momento posterior àquele. Nesse caso, o fato gerador ocorre, mas o pagamento é efetuado posteriormente, por um substituto eleito pela lei, que se encontra no meio ou no fim da cadeia produtiva. É o que ocorre com o leite cru e a cana em caule, por exemplo.
- **Substituição progressiva ou "para a frente"** – É a antecipação do recolhimento do tributo, cujo fato imponível, se ocorrer, será verificado em momento posterior. Desse modo, o recolhimento do ICMS é antecipado sem que se disponha de bases de cálculo que tenham o condão de dimensionar o fato gerador, haja vista que ele não se verificou (fato gerador presumido). Não se tem a ocorrência prévia do fato gerador e o posterior recolhimento do tributo. Nesse caso, tem-se a antecipação do recolhimento do tributo levando em consideração fatos geradores futuros (Figura 3.9). Há uma espécie de presunção dos fatos geradores que ocorrerão na cadeia de circulação, e isso faz que o recolhimento do tributo devido em todas as etapas subsequentes ocorra na

origem, pelo substituto. Verifica-se a antecipação do pagamento do tributo que será devido futuramente, mas não a antecipação dos próprios fatos geradores, visto que estes ocorrerão (ou não) em época própria. Exemplo: veículos novos, ao serem levados das indústrias para as concessionárias (art. 150, § 7º, CF).

FIGURA 3.9 Substituição tributária para a frente

Substituição tributária "para a frente" é o pagamento antecipado do ICMS no início da cadeia produtiva.

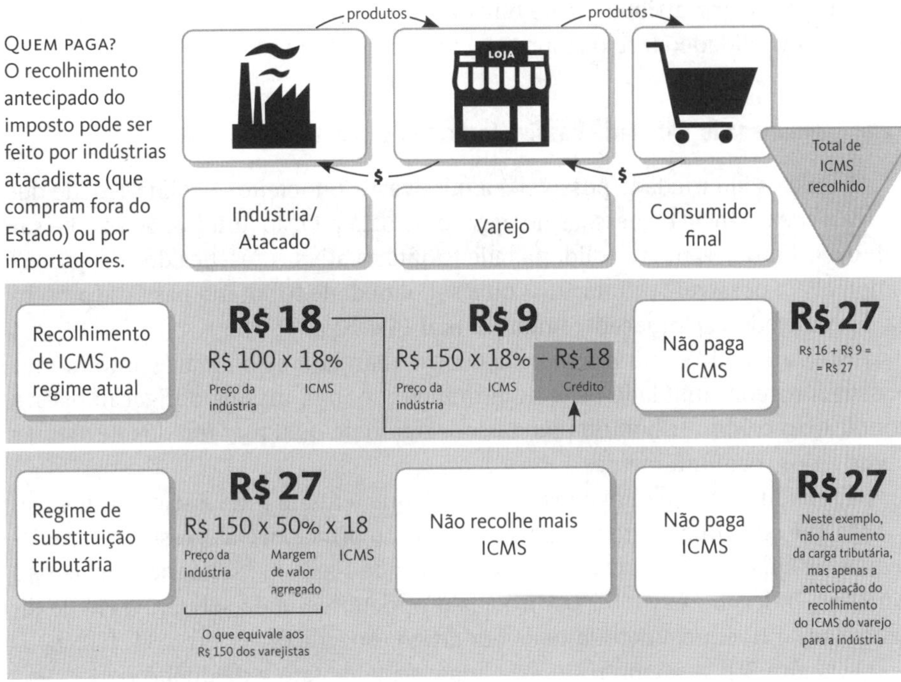

Fonte: adaptado de Constituição Federal de 1988 e do Código Tributário Nacional, Lei n. 5.172/1966.

Por **transferência** (derivada ou de segundo grau) pode ocorrer em duas situações:

- Quando, após a verificação do fato gerador *in concreto*, a lei impõe a uma terceira pessoa, sem relação pessoal e direta com o fato imponível, a obrigação do pagamento do tributo.
- Quando a obrigação tributária, depois de ter surgido contra uma pessoa determinada (que seria o sujeito passivo direto), entretanto, em virtude de fato posterior, transfere-se para outra pessoa diferente, que será o sujeito passivo indireto.

A responsabilidade tributária por transferência comporta três hipóteses distintas: solidariedade, sucessão e responsabilidade de terceiros.

3.28 RESPONSABILIDADE TRIBUTÁRIA POR TRANSFERÊNCIA

Ocorre responsabilidade tributária na hipótese em que a lei atribui de modo expresso à terceira pessoa que não praticou o fato gerador e, portanto, não originou a obrigação tributária, e possua referido encargo tributário, assumindo o ônus. Para que possa ser atribuído este ônus a essa terceira pessoa, deve ocorrer um nexo de causalidade entre o responsável e o contribuinte.

3.28.1 Solidariedade Tributária Passiva (arts. 124 e 125, CTN)

"A única solidariedade possível é a passiva." Com efeito, a solidariedade demarca a coexistência de pessoas no mesmo polo da relação jurídica. Se esta versar sobre o tributo, teremos a solidariedade tributária ativa (presença do cocredores, "anomalia"; possível "tributação") ou a solidariedade tributária passiva (presença de codevedores; situação comum; arts. 124 e 125, CTN).

A solidariedade tributária passiva ocorre quando dois ou mais contribuintes possuem responsabilidade pelo cumprimento de uma mesma obrigação. Nessa condição, o crédito tributário poderá ser exigido de qualquer um dos devedores ou de todos, conjuntamente.

São solidariamente obrigadas as pessoas que tenham interesse comum na situação que constitua o fato gerador da obrigação principal e as pessoas expressamente designadas em lei. O art. 124, CTN, dispõe acerca da solidariedade de fato (inciso I, codevedores do IPTU – irmãos proprietários) e da solidariedade de direito (inciso II, aquela determinada em artigo específico; ver art. 134, CTN).

O Quadro 3.1, a seguir, resume solidariedade de fato e de direito.

QUADRO 3.1 Solidariedade de fato e de direito

Solidariedade de fato (art. 124, I, CTN)	Quando há uma pluralidade com interesse comum na situação que constitua o fato gerador da obrigação principal. Exemplo: duas pessoas, em conjunto, importam determinada mercadoria estrangeira, caso em que ambas serão responsáveis, como contribuintes, perante a Fazenda Pública pelo pagamento do Imposto de Importação.
Solidariedade de direito (art. 124, II, CTN)	Resulta de determinação expressa da lei, pelo que uma pessoa, mesmo que não tenha interesse comum na situação que constitua o fato gerador da obrigação tributária, pode vir a responder solidariamente com o sujeito passivo direto pelo pagamento do tributo. Exemplo: casos referidos no art. 134, CTN.

Fonte: Código Tributário Nacional, Lei n. 5.172/1966.

3.28.1.1 Benefício de ordem

Quando há solidariedade, os contribuintes estão elevados na condição de devedores principais, inexistindo benefício de ordem entre si (art. 124, parágrafo único, CTN).

A solidariedade tributária passiva não admite benefício de ordem, podendo o Estado determinar que um dos devedores responda pelo cumprimento total da obrigação tributária *in solidum*, não observando qualquer ordem de vocação. O pagamento feito por um beneficia os demais; a isenção ou remissão a um beneficia os outros, salvo se for pessoal; a interrupção da prescrição para um dos obrigados favorece ou prejudica os demais.

3.28.1.2 Efeitos da solidariedade – art. 125, CTN

O pagamento efetuado por um aproveita aos demais.

A isenção ou remissão (remitir, na acepção de "perdoar") aproveita a todos, exceto se o favor legal for concedido pessoalmente a um dos destinatários. Este será "premiado", e o saldo será cobrado dos demais.

A interrupção da prescrição (art. 174, parágrafo único, I a IV, CTN) tem seus efeitos irradiados sobre todos.

O Quadro 3.2, a seguir, resume os efeitos da solidariedade.

QUADRO 3.2 Efeitos da solidariedade

Efeitos da solidariedade em matéria tributária (art. 125, CTN)	O pagamento efetuado por um dos obrigados aproveita aos demais, ou seja, extingue-se a relação jurídico-tributária entre o Fisco e todos os devedores. O devedor solidário que efetuar pagamento poderá, com base na relação jurídica interna entre ele e os demais devedores, recuperar dos codevedores as suas quotas.
	A isenção ou remissão do crédito exonera os obrigados, salvo se outorgada pessoalmente a um deles, subsistindo, nesse caso, a solidariedade quanto aos demais, pelo saldo. Assim, se concedida a todos os devedores, ficará extinto o crédito tributário; mas se concedida somente a um ou alguns deles, os demais respondem pelo valor da obrigação restante.
	A interrupção da prescrição, em favor ou contra um dos obrigados, favorece ou prejudica os demais. Os casos de interrupção do prazo prescricional a favor do Fisco encontram-se enumerados no art. 174, CTN, e o parágrafo único do art. 169 refere-se à interrupção do prazo prescricional contra o Fisco no caso de pagamento indevido.

Fonte: Código Tributário Nacional, Lei n. 5.172/1966.

3.28.2 Domicílio fiscal

Segundo o Código Civil, o domicílio da pessoa natural é o local onde ela se estabelece com *animus* definitivo. O sujeito passivo da obrigação tributária, seja ele o contribuinte ou o responsável, deve eleger seu domicílio tributário (art. 127,

CTN). O contribuinte indica à autoridade administrativa tributária competente o local onde pode ser encontrado para fins fiscais, e essa informação ficará no banco de dados do órgão público competente, sendo que todas as intimações e comunicações fiscais de qualquer espécie serão remetidas a esse endereço.

Na falta de eleição, considera-se domicílio:

- **De pessoas naturais** – a sua residência habitual, ou, sendo esta incerta ou desconhecida, o centro habitual de sua atividade.
- **De pessoas jurídicas de direito privado ou firmas individuais** – o lugar da sua sede, ou, em relação aos atos ou fatos que derem origem à obrigação, o de cada estabelecimento.
- **De pessoas jurídicas de direito público** – qualquer de suas repartições no território da entidade tributante.

Caso a aplicação das regras fixadas no art. 127 não tenha cabimento, considerar-se-á como domicílio tributário do contribuinte ou responsável o lugar da situação dos bens ou da ocorrência dos atos ou fatos que deram origem à obrigação (art. 127, § 1º, CTN). A autoridade pode recusar o domicílio eleito, quando impossibilite ou dificulte a arrecadação ou a fiscalização do tributo (art. 127, § 2º, CTN). Nesse caso, serão aplicadas as regras do § 1º do art. 127, CTN.

3.28.3 Reponsabilidade por Sucessões

Quando uma pessoa se torna obrigada por um determinado débito de origem tributária que não seja satisfeito, diante de uma relação jurídica que passa do anterior devedor ao adquirente do direito, ocorre a responsabilidade por sucessão, ou seja, quando dívidas tributárias anteriores são sub-rogadas ao adquirente de determinado direito (art. 129, CTN). Podem ser objeto de sucessão todos os fatos geradores ocorridos antes da sucessão, mesmo que o lançamento seja realizado posteriormente.

São responsáveis tributários por sucessão:

- Os adquirentes de bens imóveis pelos tributos devidos relativamente ao bem, salvo nos casos de arrematação em hasta pública.
- Na hipótese de arrematação em hasta pública, dispõe o parágrafo único do art. 130, CTN, que a sub-rogação do crédito tributário, decorrente de impostos cujo fato gerador seja a propriedade do imóvel, ocorre sobre o respectivo preço, que por eles responde; tais créditos, até então assegurados pelo bem, passam a ser garantidos pelo referido preço da arrematação, recebendo o adquirente o imóvel desonerado dos ônus tributários devidos até a data da realização da hasta.

- O adquirente ou remitente (entendido este como o que der quitação à dívida e recuperar o bem) pelos tributos relativos ao bem.
- O sucessor a qualquer título (aquele que adquire a propriedade) e o cônjuge meeiro que, por força do evento morte do antigo proprietário, passam a exercer propriedade são responsáveis pelos tributos relativos aos bens adquiridos até o limite dos respectivos bens.
- O espólio quanto aos tributos devidos pelo *de cujus* até a abertura da sucessão.
- A pessoa jurídica que resultar de fusão, transformação ou incorporação é responsável pelos tributos devidos até a data do respectivo ato pela pessoa jurídica fusionada, transformada ou incorporada.
- O sócio ou seu espólio, quando, ocorrendo extinção da pessoa jurídica, continuar a atividade antes exercida.
- O adquirente de fundo de comércio ou de estabelecimento que continuar a atividade exercida responde pelos tributos devidos relativos ao fundo ou estabelecimento adquirido integralmente, se o alienante cessar a exploração da atividade econômica, e subsidiariamente, se ele prosseguir na exploração ou reiniciá-la dentro de seis meses da data de alienação.

No Quadro 3.3 e na Figura 3.10, a seguir, encontram-se um resumo das diferenças entre contribuinte e responsável e da responsabilidade tributária dos sucessores, respectivamente.

QUADRO 3.3 Diferenças entre contribuinte e responsável

Itens	Contribuinte	Responsável
Tributos devidos até a morte	*De cujus*	Espólio
Tributos devidos até a morte e não pagos até a partilha	*De cujus*	Herdeiros
Tributos devidos após a morte	Espólio	Inventariante (solidária)

Fonte: adaptado ALEXANDRINO, Marcelo; VICENTE, Paulo. *Direito administrativo descomplicado*. 15. ed. Rio de Janeiro: Editora Impetus, 2008.

FIGURA 3.10 Responsabilidade tributária dos sucessores

Sucessão
Na sucessão, a obrigação tributária se transfere para outro devedor, sendo que o devedor originariamente designado pela lei desaparece da relação. Os **arts. 130 a 133, CTN**, relacionam as hipóteses de sucessão:

Art. 130. Os créditos tributários relativos a impostos cujo fato gerador seja a propriedade, o domínio útil ou a posse de **bens imóveis**, e bem assim os relativos a taxas pela prestação de serviços referentes a tais bens, ou a contribuição de melhoria, subrogam-se na pessoa dos respectivos **adquirentes**, salvo quando conste do título a prova de sua quitação. **Parágrafo único.** No caso de arrematação em hasta pública, a sub-rogação ocorre sobre o respectivo preço.	Sucessão de imóveis
Art. 131. São **pessoalmente responsáveis**: I – o **adquirente** ou **remitente**, pelos tributos relativos aos **bens** adquiridos ou remidos.	Sucessão de quaisquer bens
II – o **sucessor** a qualquer título e o **cônjuge meeiro**, pelos tributos devidos pelo *de cujus* até a data da partilha ou adjudicação, limitada esta responsabilidade ao montante do quinhão do legado ou da meação; III – o **espólio**, pelos tributos devidos pelo *de cujus* até a data da abertura da sucessão.	Sucessão *causa mortis*

Fonte: Código Tributário Nacional, Lei n. 5.172/1966.

3.28.3.1 AQUISIÇÃO DE BENS IMÓVEIS

A responsabilidade do sucessor adquirente de imóvel é subsidiária, abarcando, pois, impostos, taxas de serviço e contribuições de melhoria. A única possibilidade de o adquirente ver-se livre da responsabilidade tributária é dispondo de prova de quitação dos tributos. A prova de quitação é realizada mediante apresentação das guias de pagamento dos tributos relativos aos últimos cinco anos (art. 130, CTN).

O arrematante não pode figurar como responsável tributário, nem quando o preço for insuficiente para cobrir o débito tributário, haja vista que ele recebe o bem livre de qualquer ônus (art. 130, parágrafo único, CTN). Os tributos estão sub-rogados no preço pago pelo imóvel em hasta pública, por meio de leilão judicial, quando do lance aceito pelo leiloeiro oficial. Porém, não raro aparecem débitos posteriores à arrematação do bem, ensejando a cobrança do adjudicatário do bem imóvel.

3.28.3.2 AQUISIÇÃO DE BENS MÓVEIS

Com relação à aquisição de bens móveis, a regra que prevalece é a de que o adquirente ou remitente ficam responsáveis pelos débitos anteriores à aquisição do bem. Não podem ser aproveitadas as exceções do art. 130, CTN, no tocante à aquisição em hasta pública ou certidão (art. 131, I, CTN).

3.28.3.3 AQUISIÇÃO DECORRENTE DE FUSÃO, TRANSFORMAÇÃO, INCORPORAÇÃO OU CISÃO

A pessoa jurídica de direito privado que resultar de fusão, transformação ou incorporação de outra ou em outra é responsável pelos tributos devidos até a data do ato pelas pessoas jurídicas de direito privado fusionadas, transformadas ou incorporadas (art. 132, CTN – sucessão nas operações societárias). Ocorrerá o mesmo com a cisão (Lei n. 6.404/1976).

Quando se tratar de caso de extinção de pessoa jurídica, deve-se obedecer ao art. 132, parágrafo único, CTN, segundo o qual caso algum sócio reinicie e dê prosseguimento à atividade, sob a mesma ou outra razão social ou sob firma individual, será responsabilizado pelos débitos tributários daquela.

3.28.3.4 AQUISIÇÃO DE ESTABELECIMENTO EMPRESARIAL

Quando a pessoa natural ou jurídica de direito privado que adquirir de outra, por qualquer título, estabelecimento empresarial, industrial ou profissional, e continuar a respectiva exploração sob a mesma ou outra razão social ou sob firma individual, responderá integralmente pelos tributos relativos ao fundo ou estabelecimento de comércio adquirido (art. 133, CTN).

Tratando-se de débitos tributários, estes sub-rogam na pessoa dos respectivos adquirentes, que se responsabilizam da seguinte forma:

- **Responsabilidade integral** – Quando o alienante, no período de seis meses contados da publicação da transferência do estabelecimento empresarial, não estabelece nova atividade, seja no mesmo ou em outro ramo de atividade em seu nome (art. 133, I, CTN).
- **Responsabilidade subsidiária** – Quando, dentro do prazo de seis meses contados da publicação da transferência do estabelecimento empresarial, o alienante se estabelece com outro negócio, seja no mesmo ou em outro ramo de atividade (art. 133, II, CTN).

Essas atribuições de responsabilidade não se aplicam em processo de falência ou recuperação judicial (art. 133, § 1º, I, CTN).

3.28.4 Responsabilidade de terceiros – art. 134, CTN

A lei poderá atribuir responsabilidade a terceira pessoa nos casos em que não encontre o contribuinte ou que este esteja impossibilitado de cumprir com a efetiva obrigação tributária. A responsabilidade de terceiros (art. 134, CTN) mostra os diversos entes que responderão solidariamente com o contribuinte caso este esteja impossibilitado de cumprir a obrigação principal, isso em relação aos atos que intervierem ou pelas omissões de que forem responsáveis.

Verificando a impossibilidade de exigência do cumprimento da obrigação principal pelo contribuinte, respondem solidariamente:

- Os pais, pelos tributos devidos por seus filhos menores.
- Os tutores e curadores, pelos tributos devidos por seus tutelados ou curatelados.
- Os administradores de bens de terceiros, pelos tributos devidos por estes.
- O inventariante, pelos tributos devidos pelo espólio.
- O administrador judicial, pelos tributos devidos pela massa falida e pela fiscalização do cumprimento da recuperação judicial.
- Os tabeliães, escrivães e demais serventuários de ofício, pelos tributos devidos sobre os atos praticados por eles, ou perante eles, em razão do ofício.
- Os sócios, no caso de liquidação de sociedade simples.

O parágrafo único do art. 134, CTN, estabelece que a responsabilidade se dá apenas com o crédito tributário principal e multa de mora, não abarcando multa de caráter punitivo.

As pessoas enumeradas no art. 135, CTN, são pessoalmente responsáveis pelos créditos correspondentes a obrigações tributárias resultantes de atos praticados com excesso de poderes ou infração de lei, contrato social ou estatutos.

Respondem por excesso de poderes:

- As pessoas referidas no art. 134, CTN.
- Os mandatários, prepostos e empregados.
- Os diretores, gerentes ou representantes de pessoas jurídicas de direito privado.

O Quadro 3.4, a seguir, resume a responsabilidade de terceiros conforme arts. 134 e 135, CTN.

QUADRO 3.4 Responsabilidade de terceiros

Art. 134 do CTN	Art. 135 do CTN
O terceiro e o contribuinte respondem solidariamente pelas obrigações tributárias. Os terceiros respondem pelos tributos, pelas multas moratórias (há controvérsias), pelos juros de mora e pela correção monetária.	A responsabilidade é pessoal, plena e exclusiva do terceiro, restando excluída a do contribuinte.

Fonte: Código Tributário Nacional, Lei n. 5.172/1966.

A responsabilidade pessoal dos administradores (sócio que conduz a sociedade com poderes de gestão) – contribuinte = empresa –, está prevista no art. 135, III, CTN, vindo condicionada ao exercício do poder de gerência/controle diretivo pelo administrador/sócio. Trata-se, portanto, da aplicação condicionada da teoria da desconsideração da pessoa jurídica (*disregard of legal entity*). Mesmo que o administrador detenha "poder de gerência", será possível afastar a responsabilização alegando a inocorrência das expressões do *caput*: excesso de poderes e infração à lei.

Para a doutrina majoritária e para o Superior Tribunal de Justiça (STJ), a expressão "infração à lei" indica a simples falta de pagamento do tributo por problemas contingenciais pelos quais tenha passado a empresa; não indica, por si só, o dolo, fraude ou *animus* sonegatório ensejadores da teoria da desconsideração da pessoa jurídica.

Nunca as figuras dos sócios, diretores, gerentes e representantes de seus administradores estiveram tão vulneráveis como nesses últimos tempos, especialmente no que diz respeito ao temível instituto jurídico do redirecionamento a tais pessoas de processos de execução fiscal originariamente de titularidade substancial de suas respectivas corporações, a teor de uma interpretação primária da própria literalidade do art. 135, III, CTN, em face de atos eventualmente praticados com excesso de poderes ou com infração de lei, de contrato social e de estatutos.

De fato, por conta do precitado artigo e de uma exacerbada vontade arrecadatória estatal tributária, passaram aquelas figuras a sentir os efeitos das sombrias expectativas das dívidas fiscais, então cobradas em face das empresas sob suas gerências, serem redirecionadas, agora, às suas próprias pessoas, com a peculiar agravante de que, em já constando os seus nomes das respectivas certidões de dívida ativa das cobranças executivas, passariam a deter a totalidade do intricado ônus probatório quanto ao não cometimento (prova negativa) de qualquer ato pessoal ilícito e doloso, nos termos daquele dispositivo legal.

A responsabilidade por infrações da legislação tributária é objetiva, ou seja, não está condicionada à intenção do agente, até mesmo se agiu dolosa ou culposamente (art. 136, CTN). Contudo, segundo o art. 137, CTN, a responsabilidade é pessoal ao agente:

- Quanto às infrações conceituadas por lei como crimes ou convenções, salvo quando praticadas no exercício regular de administração, mandato, função, cargo ou emprego, ou no cumprimento de ordem expressa emitida por quem de direito.
- Quanto às infrações em cuja definição o dolo específico do agente seja elementar.
- Quanto às infrações que decorram direta e exclusivamente de dolo específico:
  - das pessoas referidas no art. 134 contra aquelas por quem respondem;
  - dos mandatários, prepostos ou empregados contra seus mandantes, preponentes ou empregadores;
  - dos diretores, gerentes ou representantes de pessoas jurídicas de direito privado contra essas (art. 137, CTN).

- Quanto às obrigações tributárias resultantes de atos praticados com excesso de poderes ou infração de lei, contrato social ou estatuto, respondem pessoalmente as pessoas referidas no art. 134, CTN, os mandatários, prepostos e empregados e, o que é mais comum, os diretores, gerentes representantes e pessoas jurídicas de direito privado (art. 135, III, CTN).

A Figura 3.11, a seguir, mostra, esquematicamente, as referências legais às situações em que a responsabilidade é transferida a terceiros.

FIGURA 3.11 Responsabilidade por transferência

Fonte: Código Tributário Nacional, Lei n. 5.172/1966.

3.29 RESPONSABILIDADE DOS SÓCIOS E ADMINISTRADORES PELO CUMPRIMENTO DAS OBRIGAÇÕES TRIBUTÁRIAS

Toda vez que é praticado um ato que, segundo previsto na legislação, enseja o nascimento da obrigação tributária e o dever de a empresa efetuar o recolhimento de tributo aos cofres públicos, indaga-se quem é o responsável por tal pagamento.

Sem dúvida, o responsável pelo cumprimento da obrigação tributária é a pessoa que praticou o ato. Mas, no caso de inadimplência, pode o Fisco cobrá-la do sócio ou do administrador?

O CTN, em seu art. 124, prevê que, na omissão do contribuinte, a obrigação tributária pode ser cobrada do administrador, que por ela deve responder solidariamente. Isto quer dizer que, na impossibilidade de pagamento por parte do devedor principal, responde o administrador.

Ainda, o CTN, em seu art. 135, dispõe que administradores e sócios somente serão pessoalmente responsáveis quando tiverem agido com excesso de poder ou infração à lei ou ao contrato social.

Portanto, quando há o simples inadimplemento pelo fato de a empresa não possuir condições financeiras de pagar o tributo, deve o Fisco cobrá-lo da empresa, e somente se esta não puder arcar com a obrigação é que poderá cobrar dos administradores que tiverem relação com o fato que gerou a obrigação tributária, ou seja, que naquele momento faziam parte do corpo decisório da empresa.

Nessa hipótese, segundo o CTN, o administrador responde pelo débito de forma solidária, ou seja, pode o Fisco cobrar da pessoa jurídica, do administrador ou de ambos. Contudo, nesse ponto, existe uma divergência no CTN, pois não parece lógico e razoável tratar do mesmo modo o contribuinte e o responsável tributário que tenha agido com absoluta correção na gestão da empresa, e adotado as melhores práticas administrativas possíveis nas circunstâncias de fato, mas que não tenham se consubstanciado no recolhimento do tributo por razões alheias à sua vontade. Nesse caso, entende-se que o responsável somente pode ser cobrado pelo débito depois de esgotados todos os meios de cobrança do contribuinte, respondendo, portanto, subsidiariamente.

Se for demonstrado, porém, que o administrador ou o sócio agiu com a finalidade de burlar o Fisco, pode ocorrer que este responda isoladamente pelo pagamento do débito, excluindo a responsabilidade da pessoa jurídica.

3.30 DENÚNCIA ESPONTÂNEA

A denúncia espontânea ocorre quando o contribuinte, antes de qualquer ato inicial da autoridade administrativa decorrente do seu poder de fiscalizar o cumprimento das obrigações tributárias, recolhe o tributo a destempo, corrigido monetariamente e acrescido de juros de mora, notificando o fato à autoridade competente, como forma de afastar a imposição de multa (art. 138, CTN). Ocorre quando o próprio contribuinte leva ao conhecimento da autoridade fazendária sua irregularidade.

A responsabilidade é excluída pela denúncia espontânea da infração, acompanhada, se for o caso, do pagamento do tributo devido e dos juros de mora ou do depósito da importância arbitrada pela autoridade administrativa, quando o montante do tributo dependa de apuração. A denúncia espontânea afasta a cobrança da multa, mas só fica caracterizada se acompanhada do pagamento do tributo devido e antes que o Fisco tenha tomado qualquer medida em relação à infração. Não configura denúncia espontânea aquela efetuada quando já iniciado algum procedimento administrativo relacionado com a infração, tampouco descumprimento da obrigação acessória.

A confissão de dívida acompanhada de pedido de parcelamento desta não configura denúncia espontânea. A confissão de dívida antes do início do procedimento fiscal, acompanhada do pagamento do débito, configura denúncia espontânea, conforme Súmula n. 208 do extinto TFR. O instituto da denúncia espontânea não se aplica aos casos de descumprimento de obrigação acessória.

A solicitação e concessão de parcelamento não configuram denúncia espontânea, não excluindo a incidência de multas (art. 155-A, § 1º, CTN). O STJ possui jurisprudência pacífica, segundo a qual as multas decorrentes de infrações meramente formais (descumprimento de obrigações acessórias), como multas por atraso na entrega de declarações, não ficam excluídas com a denúncia espontânea (para o STJ, não se aplica o art. 138, CTN, às infrações meramente formais).

Súmula n. 360, STJ – O benefício da denúncia espontânea não se aplica aos tributos sujeitos a lançamento por homologação regularmente declarados, mas pagos a destempo.

3.30.1 Responsabilidade por infrações

A responsabilidade por infrações decorre do descumprimento de uma obrigação principal ou de uma obrigação acessória, e independe da intenção do agente ou do responsável. Portanto, aquele que descumpriu a obrigação que lhe cabia deverá arcar com a multa que desse descumprimento decorre. Essa, na verdade é a essência de tal modalidade de responsabilidade.

Tratando-se de infração tributária penal, são seguidas as regras do Direito Penal. Independe da intenção ou dolo do agente. Em princípio, o autor do crime só pode ser pessoa física, maior de 18 anos.

Nos crimes praticados por associação ou sociedade, vigora a regra de que o sujeito ativo do delito não será a pessoa jurídica, mas a pessoa física que por meio dela praticou o ato. A responsabilidade penal, portanto, em regra, é sempre pessoal, da pessoa física.

Há uma exceção, porém, e esta se refere às infrações penais contra o meio ambiente. Nestas, e apenas nestas, pode uma pessoa jurídica vir a responder por ilícito penal cometido por decisão de seus dirigentes no interesse ou benefício desta (art. 3º, Lei n. 9.605/1998, e art. 225, § 3º, CF).

3.30.2 Elisão, evasão, conluio e elusão

Pode-se conceituar:

- **Elisão** consiste na economia lícita de tributos, deixando-se de fazer determinadas operações ou realizando-as da forma menos onerosa possível para o contribuinte. Trata-se de ação perfeitamente lícita, de planejamento tributário ou economia fiscal. Por exemplo, o engarrafamento de certa bebida, em recipiente de 3 litros, à alíquota de 8% em vez de fazê-lo em recipiente de 1 litro, à alíquota de 10%. Exemplo de **elisão fiscal (lícita)**: planejamento tributário no que concerne ao aproveitamento de créditos de PIS/Cofins.

- **Evasão**, ao contrário, consiste na lesão ilícita do Fisco, não se pagando tributo devido, ou pagando-se menos que o devido, de forma deliberada ou por negligência. A evasão proposital poderia ocorrer por sonegação ou por fraude. A sonegação teria lugar após o fato gerador, com a ocultação deste perante o Fisco e o não pagamento do tributo. A fraude (na evasão) seria arquitetada antes do fato gerador, com artifícios e simulações no sentido de afastar a incidência do tributo. A distinção não parece adequada, pois a sonegação pode também ter conotação fraudulenta. Exemplo de **evasão fiscal (ilícita)**: escrituração de notas fiscais por valor inferior ao da operação de circulação de mercadorias ou de prestação de serviços.
- **Conluio**, por sua vez, consiste no ajuste de duas ou mais pessoas para a prática de evasão fiscal.
- **Elusão fiscal** (ou elisão ineficaz) é a situação em que o contribuinte simula determinado negócio jurídico com a finalidade de dissimular a ocorrência do fato gerador. Trata-se de um ardil caracterizado primordialmente pelo que a doutrina denomina de abuso das formas, pois o sujeito passivo adota uma forma jurídica atípica, a rigor lícita, com escopo de escapar artificiosamente da tributação. Exemplo de **elusão fiscal (ilícita)**: alguém realiza, de fato, uma *doação* (ITCMD estadual), mas o contribuinte confere ao negócio forma jurídica de uma *compra-e-venda* (ITBI municipal), por saber que alíquota deste (municipal) é menor do que a daquele (estadual).

CASO PRÁTICO 3.1

Até 2014, o sr. José da Silva exerceu a função de sócio com poderes de gestão da Acampados Turismo S.A., tendo, posteriormente, se desligado da sociedade. Em fevereiro de 2018, foi surpreendido ao ser citado em execução fiscal para responder por débitos fiscais pendentes relativos ao IRPJ e pela falta de recolhimento de contribuições previdenciárias dos funcionários, as quais foram devidamente descontadas, ambos referentes a período de apuração em que José administrava a empresa. Pergunta-se:

a) É possível a cobrança integral do ex-sócio dos montantes tributários e previdenciários devidos e não recolhidos pela companhia quando ele já não exercia mais atos de administração da S.A.?
b) Houve infração legal imputável a José da Silva?

Sim, para a contribuição previdenciária; conforme art. 135, III, CTN, os diretores, gerentes ou representantes de pessoas jurídicas de direito privado são pessoalmente responsáveis pelos créditos correspondentes a obrigações tributárias resultantes de atos praticados com excesso de poderes ou infração de lei, contrato social ou estatutos.

Não, em relação ao IRPJ, visto que, neste caso, se trata de inadimplemento da obrigação tributária, razão pela qual deve ser aplicada a Súmula n. 430 do STJ.

Nas Sociedades Anônimas, os diretores não respondem pessoalmente pelas obrigações contraídas em nome da sociedade, mas respondem para com esta e para com terceiros, solidária e ilimitadamente, pelo excesso de mandato e pelos atos praticados com violação do estatuto ou lei (art. 158, I e II, da Lei n. 6.404/1976).

Por substituição, os sócios (diretores, gerentes ou representantes da pessoa jurídica) são responsáveis pelos créditos correspondentes a obrigações tributárias resultantes da prática de ato ou fato eivado de excesso de poderes ou com infração de lei, contrato social ou estatutos, nos termos do art. 135, III, CTN.

O referido dispositivo trata da responsabilidade por substituição. Aqueles que representam a sociedade e agem de má-fé merecem, por inteiro, o peso da responsabilidade tributária decorrente de atos praticados sob essas circunstâncias.

Sempre que a empresa deixa de recolher o tributo na data do respectivo vencimento, a impontualidade ou a inadimplência é da pessoa jurídica, não do sócio-gerente (ou diretor). Ademais, o simples inadimplemento não caracteriza infração legal (Súmula 430 STJ). Contudo, a falta de recolhimento das contribuições previdenciárias descontadas dos empregados se afigura em infração à lei, constituindo apropriação indébita.

LEITURA SELECIONADA

O Brasil exporta seus custos

Depois de acaloradas discussões, a recente conversão da Medida Provisória n. 627 pôs fim a cinco meses de queda de braço entre a Receita Federal e o setor privado, a respeito da tributação em bases universais a partir de 2015.

A perda foi do setor privado, como de hábito, em relação a esse assunto. Como resultado, suas empresas passarão a tributar a 34%, no Brasil, os lucros de quaisquer sociedades por elas controladas no exterior, independentemente do que ocorra: sejam eles reinvestidos em novas atividades, sejam eles gerados por sociedades direta ou indiretamente controladas, domiciliadas ou não em país com o qual o Brasil tenha assinado acordos que impeçam essa tributação.

A regra não gera qualquer efeito para a empresa brasileira que tenha apenas investimentos diretos feitos em países com os quais o Brasil não tenha assinado tais acordos: ainda que por via diversa, a norma anterior, ratificada pelo Supremo Tribunal Federal (STF) em 2013, dava mesmo tratamento aos lucros derivados de tais investimentos. A conta, no entanto, ficou inevitavelmente mais cara para empresas que tenham estruturas mais sofisticadas envolvendo consolidações de investimentos em países signatários de acordos com o Brasil.

Apesar de receber essa conta, o setor privado foi apresentado como autor da solicitação, o que é por si só incoerente: não se pode atribuir a ele essa antiga vontade da Receita Federal, agora oficialmente em Lei Ordinária, mas originalmente ensaiada em 2002, por meio da Instrução Normativa n. 213, e em 2013, por meio da Solução de Consulta n. 18 – e, evidentemente, por meio de fiscalizações federais durante esses anos.

Qualquer profissional que acompanhe o assunto sabe que o Brasil é o único país que implementa sistema desse tipo: países europeus em geral adotam sistema de isenção (*participation exemption*), e os Estados Unidos adotam a tributação se e quando os lucros operacionais forem efetivamente distribuídos.

Sem parâmetro externo, portanto, nosso modelo tem como pano de fundo a mera vontade – historicamente alegada pelas autoridades fiscais – de cortar pela raiz as possibilidades de transferência de lucros para controladas em outros países com o propósito de tributá-los de forma reduzida (ou até mesmo de não tributá-los).

Ora, a presunção sobre a qual esse modelo trabalha é incorreta: como regra, grupos empresariais se expandem para ampliar mercados, e não especificamente para transferir lucros – lucros de controladas no exterior são gerados naquelas localidades, por meio de vendas locais seguindo as regras idem, inclusive as tributárias. Se os concorrentes de controlada em determinado país estão sujeitos a uma tributação de 20%, por exemplo, a controlada deve estar sujeita ali ao mesmo benefício.

Na medida em que nossa legislação tributária atribua à controladora no Brasil o pagamento da diferença de 14%, o grupo econômico como um todo perde competitividade e o sentido em se expandir: não se amplia atividades no exterior para perder dinheiro.

Se entendermos que a postura do novo sistema é meramente arrecadatória e que não esteja na pauta a internacionalização das nossas empresas, como parece ser o caso, o raciocínio acima não fará qualquer diferença, o que é uma pena.

Ainda assim, os argumentos da Receita Federal para o sistema continuam incorretos. Uma transferência disfarçada de lucros para o exterior já é endereçada pelas regras de preços de transferência. Como a própria Receita as reformou em 2012, é justo que se presuma que sejam modernas e, assim, de fato evitem as temidas transferências indevidas de lucros. Exceções que eventualmente venham a permitir tais transferências devem ser tratadas como tal.

A Receita Federal tem também constantemente acenado pela correção do novo sistema com o argumento de que ele seria positivamente inovador porque permite a consolidação de lucros de coligadas, bem como o diferimento de pagamento do tributo devido sobre eles no Brasil. Se o argumento anterior para o sistema era falho, esse também não foge à regra: a consolidação, antes permitida no exterior a qualquer caso que apresentasse substância, passa a ser permitida no Brasil e apenas a alguns casos (ainda assim, apenas pelos próximos oito anos), e o diferimento é autorizado desde que o tributo seja ajustado por juros e a empresa abra mão de discutir qualquer assunto relativo a esse tópico. Não pode haver negócio melhor – mas apenas para a Receita Federal.

Infelizmente, as empresas estão hoje sozinhas nessa discussão: a Receita Federal se deu por satisfeita com as novas regras e os outros países continuarão tributando os lucros das controladas com a soberania que sempre tiveram. A tais empresas, portanto, restará depender de decisões administrativas ou judiciais sobre o conteúdo da legislação. Razoável seria que, ao contrário, o país deixasse de tratar igualmente regras e exceções, cumprisse o espírito de seus acordos e desincentivasse seu contencioso.

FERRAZ, Luiz Felipe C. O Brasil exporta seus custos. Blog Fio da Meada, *Valor Econômico*, maio 2014. Disponível em: <https://www.valor.com.br/legislacao/3547966/o-brasil-exporta--seus-custos>. Acesso em: 30 out. 2018.

EXERCÍCIOS DE FIXAÇÃO

— QUESTÕES DE MÚLTIPLA ESCOLHA

1. Com relação a lançamentos contábeis, indique a opção correta.

   a) Na única forma de retificação de lançamento contábil, que é o estorno, o histórico do lançamento deverá precisar o motivo da retificação, a data e a localização do lançamento de origem.
   b) O estorno consiste em lançamento inverso àquele feito erroneamente, anulando-o totalmente.
   c) O lançamento de estorno promove a regularização de conta indevidamente debitada ou creditada, por meio da transposição do valor para a conta mais adequada.
   d) O lançamento de estorno é aquele que vem, posteriormente, complementar o histórico original, sem, contudo, aumentar ou reduzir o valor anteriormente registrado.

2. Do ponto de vista legal, o livro mais importante da contabilidade é o Diário. Este livro está sujeito a certas formalidades quanto à sua apresentação e registros. Identifique as formalidades intrínsecas:

   a) Livro encadernado com costura, com as páginas numeradas mecanicamente, devendo os lançamentos obedecer a uma ordem cronológica.
   b) Deve possuir termos de abertura e de encerramento e a escrituração deverá relatar fielmente o fato contábil ocorrido.
   c) Não pode conter registro nas entrelinhas e nas margens e a escrituração deve seguir um método uniforme.
   d) Deverá estar rubricado, em todas as páginas, pelo funcionário da Junta ou do Cartório com competência para este fim, e não pode conter nos registros rasuras, borrões ou emendas.

3. Escrituração é a técnica contábil que tem por fim:

   a) Agrupar fatos patrimoniais para fins de análise.
   b) Controlar e identificar o registro contábil com o documento de origem do registro.
   c) Memoriar os fatos administrativos/contábeis.
   d) Intervir ou revisar a contabilidade de qualquer entidade.

4. O método de escrituração corresponde a:

   a) Maneira própria de raciocinar em contabilidade, adotando-se uma forma sistemática de raciocínio.
   b) Estudo do método contábil.
   c) Desenvolvimento das técnicas contábeis.
   d) Conjunto de normas que estabelecem caminhos a serem seguidos na escrituração dos fatos contábeis.

5. Caracterizam o livro Diário todos os atributos a seguir mencionados, **exceto**:

   a) Registro de todos os atos e fatos administrativos ocorridos na empresa.
   b) Registro no órgão do comércio.
   c) Ordem cronológica de escrituração.
   d) Faculdade de escrituração em partidas mensais.

6. A movimentação do patrimônio ocorre por meio de negócios realizados entre a empresa e as entidades que com ela se relacionam. Essa movimentação gera a escrituração, que se processa para fins de elaboração dos relatórios contábeis, por intermédio:

a) Do direcionamento contábil.
b) Da objetividade.
c) Do lançamento.
d) Da união real dos valores patrimoniais.

7. "A escrituração da companhia será mantida em registros____________________, com obediência aos preceitos da legislação____________________ e desta Lei e aos princípios fundamentais de contabilidade, devendo observar métodos ou critérios contábeis uniformes no tempo e registrar as mutações patrimoniais segundo o regime de competência."

Completam corretamente o art. 177 da Lei n. 6.404/1976, que trata da escrituração, retrotranscrito com duas omissões, as palavras:

a) Permanentes e tributária.
b) Confiáveis e comercial.
c) Individualizados e comercial.
d) Contábeis e fiscal.

8. Quanto a seu mecanismo de débito e crédito, assinale a afirmação verdadeira:

a) As contas do passivo são debitadas quando obrigações assumidas são liquidadas.
b) As contas do patrimônio líquido são debitadas quando se lhes incorpora a correção monetária do exercício.
c) As contas da despesa são debitadas em contrapartida com conta específica, para a apuração do resultado do exercício.
d) As contas do ativo são debitadas quando há saída de bens ou direitos no patrimônio.

9. Em relação ao texto a seguir, assinale a afirmativa **falsa**:

O Princípio Básico do Método das Partidas Dobradas, de que não há débito sem crédito correspondente, permite que se chegue às seguintes conclusões:

a) A soma dos débitos é sempre igual à soma dos créditos.
b) A soma dos saldos devedores é sempre igual à soma dos saldos credores.
c) A soma das despesas (débito) é sempre igual à soma das receitas (crédito).
d) A um débito ou mais de um débito em uma ou mais contas deve corresponder um crédito equivalente em uma ou mais contas.

CAPÍTULO 4 Classificação jurídica dos tributos

OBJETIVOS

- Dar ao estudante a oportunidade de desenvolver-se na gestão dos tributos que incidem sobre as atividades empresariais.
- Capacitá-lo a identificar alternativas e desenvolver estratégias que, de acordo com a legislação tributária vigente, contribuam para a melhoria da competitividade e do desempenho das empresas.

4.1 LEIS TRIBUTÁRIAS

A Constituição Federal (CF) rege o Sistema Tributário Nacional. É nela que se encontram as normas básicas do direito tributário, definindo competências e determinando a forma e os limites de acordo com os quais as normas infraconstitucionais serão criadas, modificadas e extintas. Assim, toda a normatização tributária, seja por leis, decretos, portarias, decisões judiciais ou administrativas, convênios e mesmo tratados e convenções internacionais, será interpretada sob a luz da Constituição Federal.

Em decorrência do princípio da legalidade, temos que o tributo só pode ser instituído por meio de lei. Partindo-se desse princípio, e verificando-se o disposto no art. 145 e incisos, CF, é de se afirmar que a União é competente para a edição de leis tributárias federais, instituindo, assim, tributos federais. Já aos Estados compete instituir tributos estaduais; aos Municípios, tributos municipais; e, finalmente, ao Distrito Federal, cabe a edição de leis tributárias distritais, instituindo os tributos estaduais e municipais.

A Constituição Federal estabelece o campo de atuação de cada uma das leis, delimitando a incidência destas e, por esse motivo, já fora mencionado que tal diploma legal é denominado carta das competências. Esta faculdade de instituir tributos, conferida pelo diploma a cada um dos entes políticos, é denominada competência tributária, e só pode advir de expressa previsão constitucional, sendo indelegável.

Assim, obedecidos os dispositivos da Constituição, é de se entender que as normas instituídas por quaisquer dos ditos "entes tributantes" (União, Estados, Distrito Federal e Municípios) encontram-se no mesmo plano jurídico, não havendo qualquer hierarquia entre elas. Só é possível falar em hierarquia entre normas jurídicas quando umas extraem das outras a validade e a legitimidade.

Invadida a competência de uma entidade política por meio da edição de lei por ente incompetente, esta norma será considerada inconstitucional. Assim, para tratar de um determinado tributo, é necessária a existência de uma única lei, sob pena de uma segunda lei ser considerada inconstitucional, por invadir esfera de competência que não lhe pertence.

4.2 CLASSIFICAÇÃO DOS TRIBUTOS

Classificar é dividir um conjunto de seres (coisas, objetos) em categorias, de acordo com critérios preestabelecidos. A classificação jurídica dos tributos baseia-se nas normas jurídicas tributárias em vigor, estabelecidas na Constituição Federal, tendo sofrido modificação no decorrer do tempo.

Inicialmente, defendia-se a classificação bipartite, que arrolava duas espécies de tributo: impostos e taxas. Posteriormente, surgiu a classificação tripartite, que determina a existência de três espécies de tributo: impostos, taxas e contribuições. Há corrente que defende esta última classificação, em decorrência de expressa previsão no art. 5º, CTN e art. 145, CF e, além disso, esse entendimento doutrinário baseia-se na afirmação de que os empréstimos compulsórios e as contribuições especiais são tributos que podem ser exteriorizados como taxa ou imposto, ou seja, não são outras espécies tributárias. Entretanto, deve-se ter em mente a classificação trazida pela Constituição, adiante mencionada.

Já foi decidido pelo Supremo Tribunal Federal (STF) que a classificação adotada pelo constituinte foi a quinquipartite, segundo a qual o gênero tributo é dividido em cinco espécies: impostos, taxas, contribuição de melhoria, contribuições especiais e empréstimos compulsórios. Esta teoria é a adotada pelo Supremo Tribunal Federal, vez que, segundo sua jurisprudência, os empréstimos compulsórios (Recurso Extraordinário n. 111.954/PR, DJU de 24 de junho de 1988) e as contribuições especiais (AI-AgR n. 658576/RS, Relator: Min. Ricardo Lewandowski, 1ª Turma, Julgado em 27 de novembro de 2007; AI-AgR n. 679355/RS, Relator: Min. Ricardo Lewandowski, 1ª Turma, Julgado em 27 de novembro de 2007) são espécies tributárias autônomas, ostentando natureza jurídica própria que as distingue dos impostos, taxas e contribuições de melhoria.

No entanto, não houve unanimidade em tal decisão, havendo voto pela classificação em quatro espécies (quadripartide): impostos, taxas, contribuições e empréstimos compulsórios.

Finalmente, é de se concluir que as classificações mencionadas não se substituíram gradativamente, pois ainda interagem. Entretanto, deve-se ter por vetor a classificação dada pelo guardião da Constituição, o qual acolheu a divisão em cinco espécies.

A definição de tributo somente poderá ser feita por meio de Lei Complementar (art. 146, III, *a*, CF).

4.2.1 Impostos

Previstos como a primeira modalidade de tributo, arrolados no inciso I do art. 145, CF, a teor do que dispõe o art. 16, CTN, "imposto é o tributo cuja obrigação tem por fato gerador uma situação independente de qualquer atividade estatal específica relativa ao contribuinte". Sua arrecadação não tem, em regra, uma destinação específica (art. 167, IV, CF). Sempre que possível, os tributários terão caráter pessoal e serão graduados segundo a capacidade econômica do contribuinte, facultado à administração tributária identificar, respeitados os direitos individuais e nos termos da lei, o patrimônio, os rendimentos e as atividades econômicas daquele.

Imposto é modalidade de tributo que tem por hipótese de incidência um comportamento do contribuinte ou de uma situação jurídica na qual ele se encontra, e nunca uma atuação estatal. É um tributo de caráter genérico, que independe de qualquer atividade ou serviço do Poder Público em relação ao contribuinte. Com efeito, por comportamento do contribuinte pode-se entender a aquisição de um imóvel, a venda de uma mercadoria ou a prestação de um serviço. Sobre estas transações há a incidência, respectivamente, do Imposto sobre Transmissão *Inter Vivos* (ITBI), Imposto sobre Circulação de Mercadorias e Prestação de Serviços de Transporte Interestadual ou Intermunicipal e Comunicação (ICMS) e Imposto sobre Serviços (ISS).

A situação jurídica na qual o contribuinte se encontra é exemplificada pelo caso de ser proprietário de um imóvel, o que o obriga ao pagamento de Imposto sobre a Propriedade Predial e Territorial Urbana (IPTU), enquanto a propriedade de um imóvel rural o obriga ao pagamento de Imposto sobre a Propriedade Territorial Rural (ITR).

O imposto é simplesmente exigido, sem contraprestação e sem indicação prévia sobre a sua destinação. A aplicação posterior será para o custeio da administração e para serviços em benefício de toda a comunidade, em geral, como ocorre, por exemplo, com os serviços de saúde pública, sem destinatário específico. Como exceção, pode haver vinculação da receita de impostos para a saúde pública, para a manutenção e desenvolvimento do ensino, para a realização de atividades da administração tributária e para oferecer garantias de débitos para com a União (art. 167, IV, CF). A arrecadação dos impostos extraordinários tem destinação específica, qual seja, o motivo que ensejou sua instituição: guerra ou sua iminência (art. 154, II, CF).

4.2.1.1 COMPETÊNCIA DOS IMPOSTOS

A competência para instituição de impostos divide-se em Federal, Estadual e Municipal, segundo dispõem os arts. 153, 155 e 156, CF (Figura 4.1):

- A União tem competência para instituir impostos federais.
- Os Estados, impostos estaduais.
- Os Municípios instituem impostos municipais.
- O Distrito Federal tem competência dúplice: institui impostos estaduais e municipais, a depender da matéria que esteja regulando (arts. 155 a 157, CF).

FIGURA 4.1 Competência dos impostos

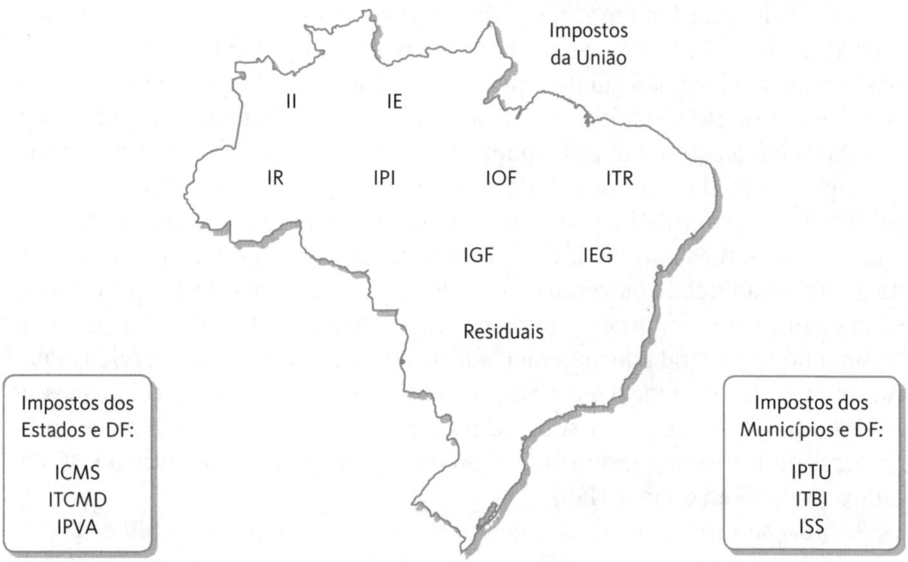

Fonte: Constituição da República Federativa do Brasil de 1988.

A seguir, encontram-se relacionados os impostos, de acordo com a competência para sua instituição:

a) Impostos federais – arts. 153 e 154, CF

- Imposto sobre Importação (II).
- Imposto sobre a Exportação (IE).
- Imposto sobre a Renda e Proventos (IR).
- Imposto de Produtos Industrializados (IPI).
- Imposto sobre Operações Financeiras (IOF).
- Imposto sobre a Propriedade Territorial Rural (ITR).

- Imposto sobre Grandes Fortunas (IGF).
- Imposto Extraordinário de Guerra (IEG).
- Impostos Residuais.

b) Impostos estaduais e do Distrito Federal - art. 155, CF

- Imposto sobre Transmissão *Causa Mortis* e Doações (ITCMD).
- Imposto sobre Circulação de Mercadorias e Prestação de Serviços de Transporte Interestadual ou Intermunicipal e Comunicação (ICMS).
- Imposto sobre Propriedade de Veículos Automotores (IPVA).

c) Impostos municipais e do Distrito Federal – arts. 156 e 147, *in fine*, CF

- Imposto sobre a Propriedade Predial Territorial Urbano (IPTU).
- Imposto sobre Transmissão *Inter Vivos* (ITBI).
- Imposto sobre Serviços (ISS).

A União tem a denominada "competência residual", uma vez que pode instituir impostos não previstos no art. 153, CF, desde que por meio de Lei Complementar, não cumulativos e que não tenham fato gerador ou base de cálculo próprios de outros impostos discriminados na Carta Magna. Tal previsão é encontrada no art. 154, I, CF, e tal competência residual é tida como infinita pois, desde que cumpra as limitações ditas, não sofre qualquer restrição. A título de exemplo, pode ser citado o imposto sobre arrematações.

Cumpre ressaltar que dita "competência residual" limita-se apenas aos impostos e não a qualquer tributo. Interessante mencionar que a competência absoluta para a instituição de impostos, determinada pelos artigos supramencionados, pode ser elidida por expressa previsão constitucional. Assim, no caso de guerra externa ou quando esta se demonstrar iminente, o art. 154, II, CF, autoriza que a União institua impostos extraordinários, compreendidos ou não em sua competência tributária. Isto significa que, nestes casos particulares, a invasão de competência das outras entidades tributantes é constitucionalmente autorizada. Em decorrência da falta de expressa previsão em relação à espécie legislativa, os tributos, em geral, devem ser criados por lei ordinária. Exceção a esta regra encontra-se nos impostos de competência impositiva residual da União, previstos no art. 154, I, CF, nos empréstimos compulsórios (art. 148, CF) e na contribuição para seguridade social (art. 195, § 4º, CF), os quais devem ser criados por meio de Lei Complementar.

4.2.1.2 CLASSIFICAÇÃO DOS IMPOSTOS

A doutrina apresenta classificação dos impostos, a depender das características que determinam sua exigibilidade. Assim, temos as seguintes classificações:

a) **Quanto à base econômica:**

- Sobre o comércio exterior – Incidem sobre operações de importação ou exportação. Exemplos: Imposto sobre a Importação (II) e Imposto sobre a Exportação (IE).
- Sobre o patrimônio e a renda – Incidem sobre a propriedade de bens móveis e imóveis e sobre o ganho do trabalho ou do capital. Exemplos: Imposto de Renda (IR), Imposto Territorial Rural (ITR), Imposto sobre Grandes Fortunas (IGF), Imposto sobre a Transmissão Causa Mortis e Doações (ITCMD), Imposto sobre a Propriedade de Veículos Automotores (IPVA), Impostos sobre a Transmissão de Bens Imóveis (ITBI) e Imposto sobre a Propriedade Territorial e Urbana (IPTU).
- Sobre a produção e a circulação – Incidem sobre a circulação de bens ou valores, bem como a produção de bens. Exemplos: Imposto sobre a Produção Industrial (IPI), Imposto sobre Operações Financeiras (IOF), Impostos sobre operações relativas à Circulação de Mercadorias e sobre prestações de Serviços de transporte interestadual, intermunicipal e de comunicação (ICMS) e Imposto sobre Serviços (ISS).

b) **Quanto à alíquota:**

- Fixos – O valor a ser pago é fixado pela lei, independente do valor da mercadoria, serviço ou patrimônio tributado. Exemplos: ISS dos autônomos, pago mensalmente em valores fixos.
- Proporcionais – A alíquota é um percentual, ou seja, *ad valorem*. É, portanto, variável de acordo com a base de cálculo. Exemplos: a maioria dos impostos, como ICMS, IR, IPI, IOF, II, IE, ITBI, ISS e IGF. Os impostos proporcionais podem ser progressivos ou regressivos, quando suas alíquotas respectivamente aumentam ou diminuem de acordo com determinado critério, tais como base de cálculo, como no caso do IR (art. 153, § 2º, I, CF), cumprimento da função social da propriedade, como no caso do IPTU (art. 156, § 1º, CF), ou propriedade rural, como no caso do ITR (art. 153, § 4º, CF).
- Progressivos – São aqueles cujo percentual aumenta de acordo com a capacidade econômica do contribuinte; cujas alíquotas são diferenciadas, aumentando à medida que os rendimentos ficam maiores, como IRPF, IRPJ, ITR, IPVA e ITCMD.
- Regressivos – São aqueles que não consideram o poder aquisitivo nem a capacidade econômica do contribuinte; com isso, quem gasta praticamente tudo o que ganha no consumo de produtos, como é o caso de muitos assalariados, proporcionalmente contribui mais do que aqueles que têm possibilidade de poupar ou de investir. Exemplo: ICMS.

c) **Quanto ao objeto da incidência:**

- Pessoais – Impostos que incidem sobre a pessoa do contribuinte (têm caráter pessoal). São aqueles que guardam diferenças tributárias em razão das condições próprias de cada um dos contribuintes. Como exemplo, temos o Imposto sobre a Renda e Proventos de qualquer Natureza de pessoa física, que verifica questões de cunho pessoal de cada um dos contribuintes para consumar a cobrança (número de dependentes, renda auferida no exercício etc.), e outros.
- Reais – Incidem sobre a res, o bem, a coisa, seja ela mercadoria, produto ou patrimônio. Na maioria das vezes, desconsidera absolutamente a figura do contribuinte. Impostos que incidem igualmente para todas as pessoas que realizam o fato imponível, não levando em consideração as condições pessoais, isto é, considerando apenas aspectos objetivos (nunca subjetivos) do contribuinte. Temos, como exemplo de imposto real, o IPTU, que incide sobre o contribuinte desde que este possua imóvel, e também estes: ITR, ITCMD, II, IE, IPI, IOF, IGF, ICMS, IPVA, ISS e ITBI.

d) **Quanto à forma de percepção:**

- Diretos – Recaem diretamente sobre o contribuinte, sendo este impossibilitado de transferir tributariamente o ônus financeiro para terceiros. São classificados os impostos que reúnem no sujeito passivo as condições de contribuinte de fato e de direito. Saliente-se que contribuinte de fato é aquele sobre quem recai o ônus do imposto, enquanto contribuinte de direito responsabiliza-se pelo cumprimento de todas as obrigações tributárias previstas na legislação. Exemplo disso é o Imposto sobre Serviços de autônomos (ISS fixo), assim como o IR, IPTU, ITR, ITCMD, ITBI e IPVA, os quais praticam o fato imponível e são os próprios obrigados a saldar o débito.
- Indiretos – São aqueles em que o contribuinte de fato não é o mesmo que o de direito. O exemplo clássico é o ICMS. É falsa a ideia de que o comerciante é sempre quem paga esse imposto; em geral, ele simplesmente recebe do consumidor e recolhe ao Estado o imposto que está embutido no preço da mercadoria vendida. Exemplo: ICMS, IPI, ISS. São passíveis de repasse do ônus financeiro para terceiros, na maioria das vezes recaindo tal ônus sobre o consumidor final, sendo suportados pelo contribuinte de fato.

Tais impostos surgem quando, na relação jurídico-tributária estabelecida entre Estado e sujeito passivo que, neste caso, se demonstra contribuinte de direito, este último paga o tributo correspondente e, posteriormente, se indeniza, ao cobrar de terceiro (contribuinte de fato), por meio da inclusão do imposto no preço. Como anteriormente mencionado, aquele que paga o imposto e mantém a relação pessoal e direta com o Estado denomina-se contribuinte de direito;

o terceiro, estranho à relação jurídico-tributária (embora vinculado ao fato gerador), é denominado contribuinte de fato (porque, de fato, foi ele quem suportou o ônus do imposto). É o fenômeno econômico da transladação ou repercussão dos tributos. Como exemplo, o ICMS, no qual o consumidor final paga pelo produto, que inclui o valor do bem e o valor do tributo (incidente sobre o produto). O consumidor final não é o atingido diretamente; ele é o contribuinte de fato, e não o contribuinte de direito.

Há expressa previsão, no art. 166, CTN, no sentido de que a repetição dos chamados impostos indiretos só é possível quando o contribuinte de direito não tiver repassado ao contribuinte de fato a carga econômica do tributo ou quando, tendo havido tal repasse, o contribuinte de direito estiver expressamente autorizado, pelo contribuinte de fato, a ingressar com o pedido de repetição. Podemos citar, por exemplo, o caso de o contribuinte recolher ICMS a mais. Neste caso, ele só poderá pedir a repetição se ocorrer uma das hipóteses mencionadas no art. 166, CTN. No entanto, essas situações não são verificadas corriqueiramente, uma vez que, em geral, há o repasse ao contribuinte de fato, sendo impossível, em tese, a obtenção de autorização deste.

De acordo com a Súmula n. 546, STF, "cabe restituição do tributo pago indevidamente quando reconhecido por decisão que o contribuinte *de jure* não recuperou do contribuinte *de facto* o *quantum* respectivo".

4.2.1.3 PRINCÍPIO INFORMADOR DOS IMPOSTOS

Princípio é vetor; algo que ordena, dá direção. Assim, princípio informador dos impostos é aquele que determina suas premissas, estabelece suas bases. No Brasil, em decorrência de expressa previsão constitucional situada na primeira parte do § 1º do art. 145, CF, temos que o princípio da capacidade contributiva deverá reger as relações entre os sujeitos ativo e passivo quando da instituição e cobrança daqueles tributos. Segundo referido dispositivo "sempre que possível os impostos terão caráter pessoal e serão graduados segundo a capacidade econômica do contribuinte".

O princípio mencionado extrai forças do princípio da igualdade e ajuda a realizar os ideais republicanos, visando a tributar com maior intensidade aqueles que têm maiores condições, e de maneira menos intensa aqueles que possuem menor potencial contributivo. Por meio das denominadas alíquotas progressivas é que se busca alcançar o princípio da capacidade contributiva. Tal progressividade de alíquotas funciona da seguinte forma: quanto maior a base de cálculo sobre a qual incide o tributo, tanto maior a alíquota a ser suportada pelo contribuinte. A título de exemplo, temos o IR, que possui várias alíquotas diferentes a serem verificadas de acordo com os valores auferidos em determinado exercício.

É importante salientar que o princípio da capacidade contributiva não é um princípio absoluto, vale dizer, deve ser aplicado "sempre que possível", a teor do disposto no art. 145, § 1º, CF. Assim, quer destacar a Carta Magna que há impostos aos quais se faz impossível imprimir qualquer caráter pessoal. Podemos citar, como exemplo, o ICMS, que não respeita o princípio em estudo, pois é o consumidor final quem suporta a carga econômica, e este suportará sempre a mesma alíquota, pouco importando a sua capacidade contributiva. Outro exemplo a ser mencionado é o IPI, que também não respeita esse princípio.

Finalmente, interessante informar que o ICMS, previsto no art. 155, II, CF, e o IPI, verificado no art. 153, IV, CF, embora não respeitem o princípio da capacidade contributiva, são impostos seletivos em razão das mercadorias e serviços e da essencialidade dos produtos industrializados, respectivamente.

FIGURA 4.2 Tributos sobre a atividade econômica

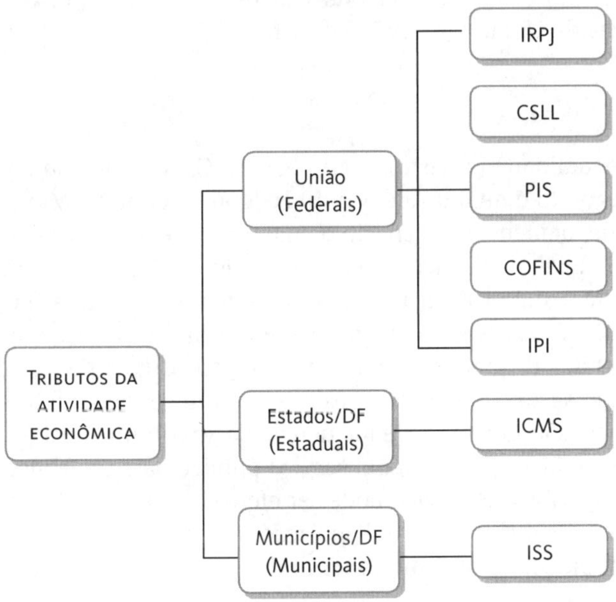

Fonte: Constituição da República Federativa do Brasil de 1988.

CASO PRÁTICO 4.1

O Estado do Acre criou imposto novo, cujo fato gerador é a venda de sacolas de plástico para embalagem, dispondo que o produto de sua arrecadação seria utilizado para o financiamento de medidas de preservação do meio ambiente. Os vendedores de embalagens plásticas foram eleitos como contribuintes do referido imposto, uma vez que tais embalagens são nocivas ao meio ambiente.

Analisando todos os elementos que constituem a norma tributária em questão, independentemente de sua constitucionalidade ou inconstitucionalidade, qual a natureza jurídica específica do tributo instituído pelo Estado de Acre? A instituição do tributo em questão e constitucional?

O tributo, pelo descrito, tem natureza de imposto, pois tem como fato gerador uma situação independente da atuação do Estado em relação ao contribuinte (art. 16, CTN). No entanto, por nascer previamente afetado, afronta o art. 167, IV, CF, sendo, portanto, inconstitucional.

4.2.1.4 TRIBUTOS CRIADOS POR LEI COMPLEMENTAR

Imposto sobre Grandes Fortunas (art. 153, VII, CF), Empréstimo Compulsório (art. 148, CF), Impostos Residuais da União (art. 154, I, CF) e Contribuições Previdenciárias da União (art. 195, § 4º, CF).

4.2.2 Taxa

Trata-se de modalidade prevista no art. 145, II, CF, combinado com os arts. 77 e 78, CTN, segundo o qual taxa é tributo Federal, Estadual e Municipal que tem por hipótese de incidência o exercício regular do poder de polícia ou a utilização, efetiva ou potencial, de serviço público específico e divisível prestado ao contribuinte ou posto à sua disposição. É instituída por lei ordinária (LO).

O art. 77, CTN, que teve sua regra repetida pela Constituição, estabelece que a atuação estatal, a depender de sua natureza, pode originar a taxa de serviço ou taxa de polícia. Assim, somente a prestação de um serviço público ou a prática de ato de polícia são hipóteses de incidência deste tributo. Taxa é um tributo relacionado com a prestação de algum serviço público para um beneficiário identificado ou identificável. O serviço pode ser efetivo ou potencial, considerando-se como potencial o serviço posto à disposição, ainda que não utilizado. Exemplo de serviço potencial: o consumo mínimo de água tratada cobrado mesmo sem a utilização efetiva.

As taxas não poderão ter base de cálculo própria de impostos (art. 145, § 2º, CF), e sua arrecadação é destinada a custear o serviço público prestado ou a atividade de fiscalização exercida. No que concerne à vedação da taxa ter por base de cálculo aquela própria dos impostos, foi editada a Súmula Vinculante n. 29, disciplinando que "é constitucional a adoção, no cálculo do valor de taxa, de um ou mais elementos da base de cálculo própria de determinado imposto, desde que não haja integral identidade entre uma base e outra".

Salienta-se que, no ordenamento jurídico, existem apenas:

- Serviço público – taxa de serviço (taxa de utilização).
- Poder de polícia – taxa de polícia (de fiscalização).

Outrossim, qualquer outra pretensa modalidade de taxa deve ser repugnada por absoluta inconstitucionalidade.

4.2.2.1 TAXA DE SERVIÇO – ART. 79, CTN

É modalidade de taxa que tem por hipótese de incidência um serviço público específico e divisível prestado ao contribuinte ou colocado à sua disposição. O serviço público é a prestação de utilidade material usufruível individualmente sob o regime de direito público. É dito público todo serviço submetido ao regime de.

a) Específicos (singulares)

Serviços públicos específicos (singulares ou *uti singuli*) - Serviços prestados em unidades autônomas de utilização; portanto, não se trata de serviço prestado indistintamente. São os que alcançam pessoas individualmente consideradas, referindo-se diretamente a alguém. Aqueles serviços em que é possível determinar quanto cada um dos usuários deles se utilizou no mês anterior (Art. 145, II, CF c/c arts. 77 e 79, III, CTN).

São divisíveis, quantificáveis, individualizáveis (possibilidade de aferir-se a utilização efetivo-potencial individualmente considerada) e, por esse motivo, devem ser pagos por aqueles que os aproveitaram. Estes devem ser tributados por meio de taxas devido à sua divisibilidade e possibilidade de identificação de cada um dos contribuintes.

Em razão do que dispõe o art. 79, III, CTN, divisibilidade é a possibilidade de o contribuinte aferir a utilização efetiva ou potencial, individualmente considerada.

No Brasil, a taxa pode ser cobrada de quem efetivamente se utiliza do serviço público ou de quem tem a disponibilidade do serviço público. A simples disponibilidade já dá ensejo à cobrança da taxa. É exemplo de serviço público específico o serviço de fornecimento domiciliar de água potável, de energia elétrica, de gás, de esgoto etc.

Os serviços *uti singuli*, ou individualizáveis, dividem-se em compulsórios ou facultativos:

- **Compulsórios** - Aqueles que o beneficiário não pode recusar, como o serviço de esgoto. Os serviços compulsórios são remunerados por taxa (tributo).
- **Facultativos** - Aqueles que o beneficiário pode aceitar ou recusar, como o serviço de telefone; são remunerados por tarifa ou preço público, podendo ser cortados por falta de pagamento.

Somente os serviços públicos específicos, por serem de utilização individual e mensurável, podem ser custeados mediante taxas de serviço, ocorrendo o mesmo com os atos de polícia, que devem ser específicos e divisíveis para serem custeados mediante taxas de polícia, (art. 145, II, CF e art. 77, CTN).

Não é muito clara a questão de se saber se o serviço deve ser cobrado por taxa ou por tarifa; a escolha varia um tanto, conforme a época e a conjuntura política do Estado.

Tem-se entendido, de modo geral, que no caso de ato de império, de imposição do Estado, trata-se de taxa. Se, ao contrário, o ato tem caráter contratual, em regime de direito privado, trata-se de tarifa ou preço público.

b) Gerais (universais)

Serviços públicos gerais (universais ou *uti universi*) – São os que não podem ensejar taxa. Têm amplo espectro, alcançando a comunidade considerada como um todo, sem se referir a ninguém, diretamente.

A iluminação pública é cobrada por meio de Contribuição de Iluminação Pública (CIP ou Cosip), instituída por lei ordinária (EC n. 39/2002). Trata-se de tributo municipal (art. 149-A, CF).

Não se pode determinar quanto cada um dos cidadãos, individualmente considerado, aproveitou da atividade estatal. É serviço prestado indistintamente a toda a coletividade. São prestados *uti universi* e, por esse motivo, devem ser custeados pelas receitas gerais da pessoa política que os presta, e nunca mediante taxas, posto que não podem ser divididos entre os contribuintes. Como exemplo, temos o serviço de segurança pública, o serviço diplomático, o serviço de defesa da soberania nacional e o serviço de iluminação pública, entre outros.

c) Fruíveis

Em obediência ao que determina o art. 145, II, CF, o serviço público a ser tributado por meio de taxa necessita estar, no mínimo, à disposição do contribuinte. Neste caso, diz-se que o serviço é potencialmente utilizado. Entretanto, não é necessário que o contribuinte utilize efetivamente o serviço, bastando o preenchimento deste requisito mínimo acima mencionado.

Assim, para que o serviço público possa servir como fato gerador da taxa, deve este ser:

- específico e divisível;
- prestado ao contribuinte ou posto à sua disposição;
- utilizado, efetiva ou potencialmente, pelo contribuinte.

Conforme aduz a Súmula Vinculante n. 19, a taxa cobrada exclusivamente em razão dos serviços públicos de coleta, remoção e tratamento ou destinação de lixo ou resíduos provenientes de imóveis não viola o art. 145, II, CF.

Há discussão que ainda não teve solução, que faz referência à natureza jurídica do pedágio. Quanto a isso, temos que uma parte da doutrina define o pedágio como uma taxa de serviço, com base no art. 150, V, CF, cuja divisibilidade somente se manifesta no momento da utilização da via pública. Outra corrente doutrinária defende tratar-se de um preço público. Quanto a esse tema, já houve decisão pelo Supremo Tribunal Federal, no sentido de que o pedágio tem natureza jurídica de taxa (STF, 2ª Turma, unânime, RE n. 181.475-6-RS, DJU-e-1 de 25 de junho de 1999). Entretanto, a doutrina ainda diverge, fazendo diferenciação com base nas características de caso a caso. Assim, deverá ser verificada, inicialmente, a existência de compulsoriedade no pagamento. Sendo compulsório o pagamento, estaremos diante de uma taxa. Caso contrário, sendo o pagamento facultativo, estaremos diante de um preço público (ou tarifa).

De acordo com Cassone,[1] a compulsoriedade pode se caracterizar pela inexistência de via alternativa para passagem, além daquela em que se cobra o pedágio. Portanto, se não houver margem para escolha do contribuinte, estaremos diante da cobrança de uma taxa. Outrossim, se houver possibilidade de o indivíduo optar pela passagem por tal ou qual rodovia, estaremos diante de um preço público (tarifa).

4.2.2.2 TAXA DE POLÍCIA – ART. 78, CTN

É a espécie de tributo que tem por hipótese de incidência um ato de polícia de efeitos concretos, ou seja, um ato que se refere diretamente ao contribuinte e que envolve o exercício regular do chamado poder de polícia. Considera-se poder de polícia a atividade da Administração Pública que, limitando ou disciplinando direito, interesse ou liberdade, regula a prática de ato ou abstenção de fato em razão de interesse público concernente à segurança, à higiene, à ordem, aos costumes, à disciplina da produção e do mercado, ao exercício de atividades econômicas dependentes de concessão ou autorização do Poder Público, à tranquilidade pública ou ao respeito à propriedade e aos direitos individuais ou coletivos. Exemplos: Taxa de Alvará (localização ou de funcionamento) e Taxa de Fiscalização Ambiental (TFA).

> É possível haver uma taxa de polícia "potencial"? (Potencial atividade fiscalizatória)
> Não, pois deve haver o regular poder de polícia, isto é, a efetiva e concreta atividade fiscalizatória.

---

1. CASSONE, Vitório. *Direito tributário*. 16. ed. São Paulo: Atlas, 2004.

CASO PRÁTICO 4.2

A Corta Pinheiro Ltda., empresa madeireira regularmente estabelecida e em dia com suas obrigações fiscais, recebeu, há pouco, boleto para pagamento de duas taxas: a Taxa de Controle e Fiscalização Ambiental (TCFA), instituída por lei federal, que confere ao Ibama poderes para controlar e fiscalizar atividades potencialmente poluidoras e utilizadoras de recursos naturais, que deve ser paga trimestralmente, e a Taxa de Conservação das Vias e Logradouros Públicos (TCVLP), do município onde a Corta Pinheiro Ltda. está sediada, esta com exação anual. Após uma breve pesquisa, o departamento jurídico da empresa atesta que, no último ano, o Ibama, apesar de manter o órgão de controle em funcionamento, não procedeu a qualquer fiscalização da empresa, e que o município, efetivamente, mantém órgão específico responsável pela conservação das vias e logradouros públicos. Pergunta-se:

a) Qual é a principal diferenciação entre a natureza jurídica da TCFA e a TCVLP e como ela influencia o caso em tela?
b) As taxas são devidas?

a) A questão versa sobre duas espécies de taxas – aquela relativa ao exercício do poder de polícia e a taxa de serviço público. O STF tem entendimento pacificado da desnecessidade da vistoria ou fiscalização "porta a porta" para a cobrança da taxa relativa ao exercício do poder de polícia.
b) Para o Pretório Excelso, basta a existência do órgão competente na estrutura do ente federativo que exercite o poder de polícia, que não se restringe a atos fiscalizadores, mas compreende qualquer ato necessário para atestar a conformidade da atuação do contribuinte às normas ambientais, no caso em tela. Deste modo, a TCFA é devida. Já em relação à TCVLP, o CTN exige que a possibilidade da exação encontre fundamento somente quando o serviço público prestado for específico e divisível o que não confere com a essência da TCVLP que, portanto, é indevida.

4.2.2.3 BASE DE CÁLCULO E ALÍQUOTA

No art. 145, § 2º, CF, verifica-se que as taxas não podem ter base de cálculo própria de impostos. Assim:

- Base de cálculo do imposto corresponde a um valor.
- Base de cálculo da taxa corresponde a um custo.

Deve-se entender que as taxas não se destinam a angariar fundos, e sim a fazer frente aos gastos experimentados na prestação de um serviço público ou no exercício do poder de polícia. Acredita-se, por isso, que a taxa deve ter por base de cálculo dimensão inerente ao serviço prestado pelo Estado.

O STF editou a Súmula n. 595, segundo a qual "é inconstitucional a taxa municipal de conservação de estradas de rodagem cuja base de cálculo seja idêntica à do imposto territorial rural". Na maioria das vezes, esta modalidade de tributo é estabelecida em quantias prefixadas. Entretanto, há possibilidade de o legislador preferir indicar uma base de cálculo e uma alíquota. Também é possível que a determinação do valor da taxa seja feita em razão de outros elementos, como a área do imóvel que foi beneficiado pelo serviço público. É constitucional a adoção, no cálculo do valor de taxa, de um ou mais elementos da base de cálculo própria de determinado imposto, desde que não haja integral identidade entre uma base e outra (Súmula Vinculante n. 29).

Sendo o fato gerador da taxa a utilização, efetiva ou potencial, de serviços públicos de atribuição do ente tributante, a taxa de serviço só pode ser criada caso exista um serviço público efetiva ou potencialmente utilizado pelo contribuinte, e desde que esse serviço seja específico e divisível (art. 145, II, CF c/c arts. 77 e 79, II, III, CTN).

4.2.2.4 COMPETÊNCIA PARA INSTITUIR E COBRAR TAXAS

A competência para a instituição e a cobrança de taxas é da pessoa jurídica de direito público competente para a realização da atividade à qual se vincule o fato gerador respectivo. Assim, como referido no art. 80, CTN, a entidade estatal competente para o desempenho da atividade é competente, por consequência, para instituir e cobrar a taxa correspondente.

A cobrança de taxa fica a critério do ente tributante, não havendo impedimento à prática de um ato de polícia a título gratuito, como o serviço de vacinação. Com apoio do art. 206, IV, CF, temos que o serviço público que, necessariamente, deve ser gratuito é o de ensino quando prestado em estabelecimento oficial de ensino.

4.2.2.5 PRINCÍPIO INFORMADOR DAS TAXAS

Conforme Carrazza,[2] o princípio norteador das taxas é o da retributividade. Isto é, por intermédio da taxa a pessoa política se ressarce, compensa-se dos gastos que teve para prestar o serviço público ou para praticar o ato de polícia. Sendo este o princípio que dá base à sua cobrança, é lógica a necessidade de existência de correlação entre o custo do serviço e o valor da taxa, tendo-se por vetor, também, certo critério de razoabilidade.

A taxa e o imposto são tributos totalmente diferentes em sua essência, e a primeira não pode ser cobrada para enriquecer os cofres públicos, papel cumprido pelo imposto, mas para recompor o erário das despesas experimentadas quando da prestação do serviço. A taxa, enquanto contraprestação a uma atividade do Poder Público, não pode superar a relação de razoável equivalência

---

2. CARRAZZA, Roque Antonio. *ICMS*. 17. ed. São Paulo: Malheiros, 2015.

que deve existir entre o custo real da atuação estatal referida ao contribuinte e o valor que o Estado pode exigir de cada contribuinte, considerados, para esse efeito, os elementos pertinentes às alíquotas e à base de cálculo fixadas em lei.

4.2.2.6 TARIFA (OU PREÇO PÚBLICO)

O preço público, ou tarifa, não possui natureza tributária. Entretanto, não raras vezes é extremamente difícil precisar, no caso concreto, qual das figuras está presente. Entre outros fatores de complicação, encontramos uma significativa variedade de critérios distintivos construídos pela doutrina jurídica.

A tarifa é o preço público pago pela utilização de serviços facultativos (e não compulsórios) que a Administração Pública ou seus delegados colocam à disposição da população.

O Quadro 4.1, a seguir, resume as diferenças entre taxa e tarifa, ou preço público.

QUADRO 4.1 Diferença entre taxa e tarifa

Taxa	Tarifa (preço público)
É tributo.	Não é tributo.
Enquadra-se no regime jurídico de direito público.	Enquadra-se no regime jurídico de direito privado.
Criado por lei.	Criado por contrato.
Obrigação *ex lege*.	Obrigação *ex voluntate*.
Compulsoriedade.	Facultatividade.
Receita derivada. Exemplo: Taxa de Renovação de Alvará. R$ (dinheiro) deriva do patrimônio particular.	Receita originária. Exemplo: bens públicos locados ou vendidos. Valores pagos = preços. R$ (dinheiro) deriva do patrimônio próprio. Exemplo: tarifa de ônibus.
Não admite rescisão.	Admite rescisão.
Cobrança não proporcional à utilização.	Pagamento proporcional à utilização.
Sujeita aos princípios tributários.	Não sujeição aos princípios tributários.

Fonte: Código Tributário Nacional, Lei n. 5.172/1966.

Deve-se ter bem presente a diferença entre taxa e preço público. Taxa é tributo, sendo cobrada compulsoriamente por força da prestação de serviço público de utilização compulsória ou do qual, de qualquer maneira, o indivíduo não possa abrir mão. O preço público, por sua vez, não é tributo, constituindo, sim, receita originária corrente da contraprestração por um bem, utilidade ou serviço em uma relação de cunho negocial em que está presente a voluntariedade (não há obrigatoriedade do consumo). A obrigação de prestar, pois, no caso de taxa, decorre direta e exclusivamente da lei, enquanto, no caso de preço público, decorre da vontade do contratante. Por ter suporte no poder de tributar do Estado, submetendo os contribuintes de forma cogente, a exigência de taxas está sujeita às limitações constitucionais ao poder de tributar (art. 150, CF). A fixação do preço público, de outro lado, independe de lei; não sendo tributo, não está sujeito às limitações do poder de tributar.

A diferença entre taxa e preço público é determinada pela sua obrigatoriedade (compulsoriedade), a teor do disposto na Súmula n. 545 do Supremo Tribunal Federal: "Preços de serviços públicos e taxas não se confundem, porque estas, diferentemente daqueles, são compulsórias e têm sua cobrança condicionada à prévia autorização orçamentária, em relação à lei que as instituiu". O preço é cabível quando se está diante de coisa em comércio. O preço público é uma prestação pecuniária, decorrente da livre manifestação do comprador, exigida pelo Estado, por órgão estatal ou por entidade ligada ao Poder Público, pela venda de um bem material ou imaterial.

> Súmula n. 407, STJ – É legítima a cobrança da tarifa de água fixada de acordo com as categorias de usuários e as faixas de consumo.

A comparação que segue entre taxa e tarifa (preço público) foi retirada do art. 77, CTN, sendo: enquanto a taxa é compulsória e remunera serviços públicos fundamentais prestados diretamente pelo Estado, a tarifa, ou preço público, não é espécie de tributo, pois é facultativa.

Atualmente, os serviços de fornecimento de telefonia, energia elétrica e água são remunerados por preço público (ou tarifa). Observe-se que não são serviços de utilização compulsória. Subsiste, em relação a eles, a possibilidade de serem contratados ou obtidos por meio de vários fornecedores e por inúmeros meios.

Por oportuno, ressalte-se que a taxa de renovação de alvará é constitucional. O STF definiu, em repercussão geral, que é constitucional a cobrança da taxa de renovação de alvará de localização e funcionamento de estabelecimento comerciais e industriais, desde que a base de cálculo não infrinja o CTN. Não é preciso que a fiscalização seja feita *in loco* pelo município para a realização do poder de polícia. O fato de se deferir ou não a renovação já é uma fiscalização. Para que a cobrança seja constitucional é preciso apenas que o município disponha de um órgão de fiscalização.

Preços de serviços públicos e taxas não se confundem, porque estas, diferentemente daqueles, são compulsórias e têm sua cobrança condicionada à prévia autorização orçamentária, em relação à lei que as instituiu. Caso haja prestação de serviço público por concessionárias ou permissionárias, o valor pago pelo usuário não possui natureza de tributo, mas natureza contratual, sendo exigida tarifa.

A Figura 4.3, a seguir, apresenta, esquematicamente, taxas de polícia e de serviço, enquanto o Quadro 4.2 apresenta as principais diferenças entre impostos e taxas relativamente a atividade e arrecadação.

FIGURA 4.3 Fato gerador da taxa

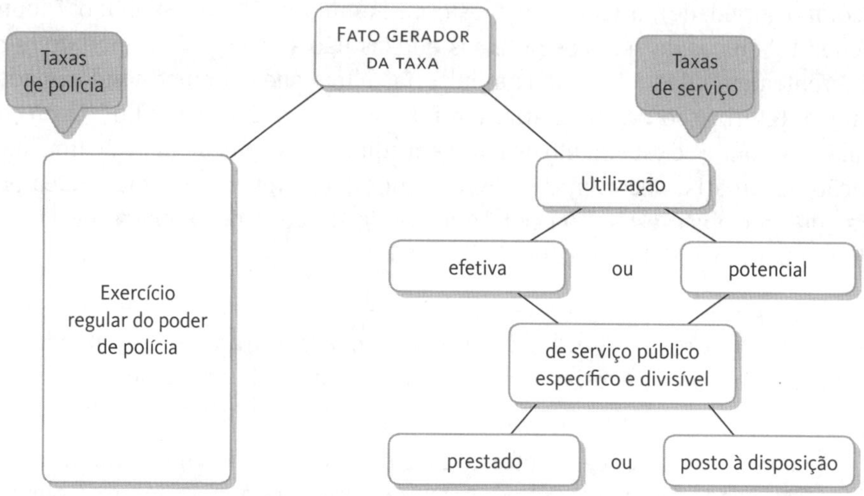

Fonte: Código Tributário Nacional, Lei n. 5.172/1966.

QUADRO 4.2 Impostos e taxas quanto à arrecadação

	Impostos	Taxas
Atividade estatal	Não guarda relação.	Guarda relação.
Arrecadação	Não possui finalidade específica (salvo art. 167, IV, CF).	Possui finalidade específica.

Fonte: elaborado pelo autor.

CASO PRÁTICO 4.3

O município de Inaciolândia (GO) editou lei instituindo duas taxas. A primeira, taxa de coleta de lixo e limpeza pública, em razão da prestação de serviços de limpeza de logradouros públicos e de coleta domiciliar de lixo; a segunda, pela conservação e manutenção de vias públicas.

Dada a situação hipotética apresentada, responda se a instituição das taxas de coleta de lixo e limpeza pública e de conservação e manutenção de vias públicas se coaduna com a lei e com a jurisprudência que versam sobre o tema. Disserte, ainda, acerca da distinção entre taxa de polícia e taxa de serviço.

Quanto à taxa de coleta de lixo, sim, uma vez que esta pode ser divisível e específica, pode se justificar por taxa; a segunda taxa, porém, não se justifica, uma vez que a limpeza pública não é específica e individual (art. 77, CTN e art. 145, II, CF).

Taxa de serviço é cobrada por tarifa, sendo facultado o uso do serviço público específico colocado à sua disposição (art. 79, CTN), e taxa de polícia é obrigação instituída em lei, tendo por hipótese de incidência um ato de polícia de efeitos concretos, sendo específico e divisível (art. 78, CTN).

4.2.3 Contribuição de melhoria

Prevista no art. 145, III, CF, nos arts. 81 e 82, CTN, e regulamentada pelo Decreto n. 195/1967, contribuição de melhoria é a modalidade de tributo, instituído por lei ordinária, que tem por hipótese de incidência uma atuação estatal indiretamente referida ao contribuinte. É um tributo sobre a valorização de imóvel particular, em decorrência de obras públicas realizadas. É bilateral, contraprestacional e sinalagmático (significa uma relação de obrigação contraída entre duas partes de comum acordo de vontades, em que cada parte condiciona a sua prestação à contraprestação da outra). Diz-se que a atuação estatal é indiretamente referida, uma vez que se faz necessário que o contribuinte experimente uma valorização imobiliária que decorra de obra pública. Assim, seria diretamente referida ao contribuinte caso a simples existência de obra pública permitisse a cobrança do tributo.

Dessa forma, a contribuição de melhoria tem como fato gerador a valorização do imóvel do contribuinte em decorrência de obra pública. Havendo tal valorização, decorrente da obra, os beneficiários diretos devem entregar contraprestação em razão da valorização. Assim, o tributo busca evitar o enriquecimento sem causa dos beneficiários, e estes, de forma reflexa, arcam com seu custo, total ou parcial, observados os limites para cobrança, previstos no art. 81, CTN. É, portanto, tributo vinculado, e sua cobrança advém de uma atuação estatal, consistente de uma obra pública. Com efeito, obra pública é a edificação, a ampliação, a reforma total ou parcial de um bem imóvel pertencente ou incorporado ao patrimônio público. Assim, a título de fixação, deve-se lembrar da necessidade de valorização imobiliária decorrente de obra pública, sendo que a última deu causa à primeira. O entendimento corrente, apesar de algumas manifestações em sentido contrário na doutrina, é no sentido de que este tributo só pode ser cobrado depois que a obra pública estiver concluída, quando só então se perceberá a valorização do imóvel, o *quantum* valorativo experimentado em função de sua realização.

O valor dessa contribuição, que cada contribuinte beneficiário da valorização imobiliária paga, não pode ser superior ao acréscimo de valor do imóvel, nem o total das contribuições arrecadadas poderá ser superior ao custo da obra.

Há, então, dois limites: um global - valor da obra - e outro individual - valor da valorização do imóvel. Existe, ainda, outro limite para o valor anual da contribuição de melhoria: 3% do valor venal do imóvel (art. 12, DL n. 195/1967).

A arrecadação dessa contribuição deve ser destinada exclusivamente para custear a obra pública empreendida.

No que diz respeito à contribuição de melhoria, o CTN não exige que seja realizada a consulta prévia aos proprietários dos imóveis beneficiados quanto à vantagem da realização da obra pública. Suponha-se que determinado ente da Federação pretenda instituir contribuição de melhoria para fazer face ao custo da construção de uma linha de metrô que beneficiará certa região metropolitana com valorização imobiliária. O orçamento do custo da obra deverá ser previamente publicado, e o prazo para a sua impugnação administrativa pelos interessados não poderá ser inferior a 30 dias (art. 82, II, CTN).

A instituição e a cobrança da contribuição de melhoria dependem da realização de uma série de atos:

- orçamento sobre o custo gasto para a realização da obra pública;
- definição da área beneficiada;
- memorial descritivo do projeto;
- limite individual.

Quando o ente federativo criar a contribuição de melhoria, deverá, por lei, dar publicidade aos seguintes itens:

- dados da obra (delimitação da área e descrição da obra);
- valor da obra;
- *quantum* da valorização e do rateio entre os proprietários.

4.2.3.1 BASE DE CÁLCULO E ALÍQUOTA

A contribuição de melhoria, como tributo que é, tem base de cálculo e alíquota que devem ser apontadas em lei. A base de cálculo possível da contribuição de melhoria é o *quantum* da valorização experimentada pelo imóvel, valorização esta decorrente da obra pública.

No tocante à alíquota, esta será um percentual desse *quantum*.

Importante lembrar que a contribuição de melhoria só pode ser cobrada uma vez para cada obra pública que valorize o imóvel. Ainda, trata-se de "tributo social", pois visa a devolver à sociedade uma parte do enriquecimento experimentado pelo contribuinte, já que o dono do imóvel valorizado por uma obra pública, custeada pela sociedade, prestará sua retribuição com o pagamento dessa modalidade tributária.

A CF não estabelece que o limite total da contribuição de melhoria seja o valor da despesa realizada pela obra pública que lhe deu causa. O art. 81, CTN dispõe acerca dos limites individual e total da contribuição de melhoria, tendo como limite total a despesa realizada e como limite individual o acréscimo de valor que da obra resultar para cada imóvel beneficiado.

Assim, é legal a majoração do valor do aluguel de um imóvel valorizado locado, conforme o art. 8º, § 2º, do Decreto-Lei n. 195/1967:

> Art. 8º – Responde pelo pagamento da Contribuição de Melhoria o proprietário do imóvel ao tempo do seu lançamento, e esta responsabilidade se transmite aos adquirentes e sucessores, a qualquer título, do domínio do imóvel.
>
> § 2º No imóvel locado é lícito ao locador exigir aumento de aluguel correspondente a 10% (dez por cento) ao ano da Contribuição de Melhoria efetivamente paga.

É constitucional uma taxa de pavimentação asfáltica?

Não é taxa porque não é específica.

Para o STF, não pode haver taxa de asfaltamento, pois a pavimentação asfáltica só pode ensejar a contribuição de melhoria. A repavimentação de uma via pública caracteriza serviço de manutenção *uti universi* e deve ser remunerada por meio da receita dos impostos.

4.2.3.2 COMPETÊNCIA PARA INSTITUIR E COBRAR CONTRIBUIÇÃO DE MELHORIA

Tem competência para instituir e cobrar contribuição de melhoria a pessoa política (União, Estados, Distrito Federal e Municípios) responsável pela obra pública que ocasionou a valorização imobiliária.

A contribuição de melhoria é um tributo que só pode ser exigido uma única vez para cada obra, mesmo que haja sobrevalorização imobiliária posteriormente.

4.2.3.3 PRINCÍPIO INFORMADOR DA CONTRIBUIÇÃO DE MELHORIA

A contribuição de melhoria é guiada pelo princípio da proporcionalidade ao especial benefício experimentado pelo proprietário do imóvel em razão da obra pública.

Em decorrência desse princípio norteador, temos que o tributo será cobrado proporcionalmente, isto é, em razão do benefício que cada um dos proprietários do imóvel experimenta. Assim, há proprietários que terão uma prestação maior, enquanto outros terão uma menor.

A Figura 4.4, a seguir, resume contribuição de melhoria.

FIGURA 4.4 Contribuição de melhoria

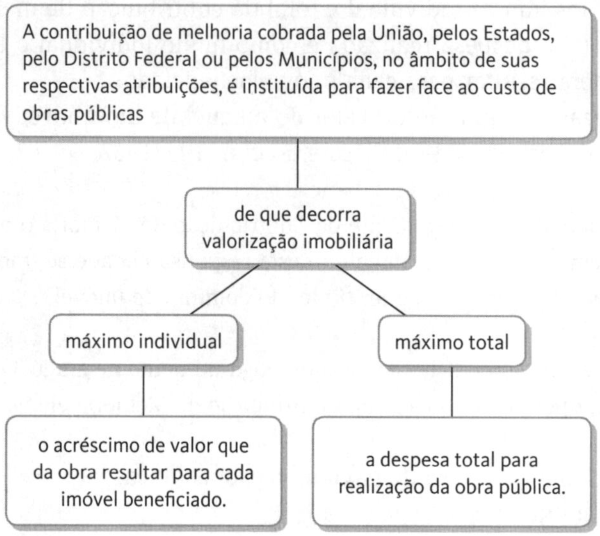

Fonte: Código Tributário Nacional, Lei n. 5.172/1966.

4.3 OBSERVAÇÕES FINAIS

A utilização do serviço público pode ser efetiva ou potencial. Ou seja, se a utilização do serviço for compulsória, se o contribuinte não tiver opção senão utilizar-se de tal serviço, bastará que ele seja colocado à sua disposição para que o tributo seja devido. De se frisar, em tempo, que as taxas e contribuições de melhoria são tributos vinculados a certa atuação estatal. Isto ocorre porque tais tributos têm, por hipótese de incidência, uma atuação estatal de algum modo referida ao contribuinte, lembrando que taxas decorrem de atuação estatal diretamente referida (prestação de serviço público ou atos de poder de polícia potencialmente aproveitados pelo contribuinte), enquanto contribuições de melhoria decorrem de atuação estatal indiretamente referida (valorização imobiliária decorrente de obra de responsabilidade do ente público tributante).

Finalmente, é de se recordar que esses tributos, vinculados por natureza, nascem sempre de fatos regidos pelo direito público, obedecendo sempre a esse regime.

A Figura 4.5, a seguir, apresenta um resumo das espécies tributárias.

FIGURA 4.5 Quadro geral das espécies tributárias

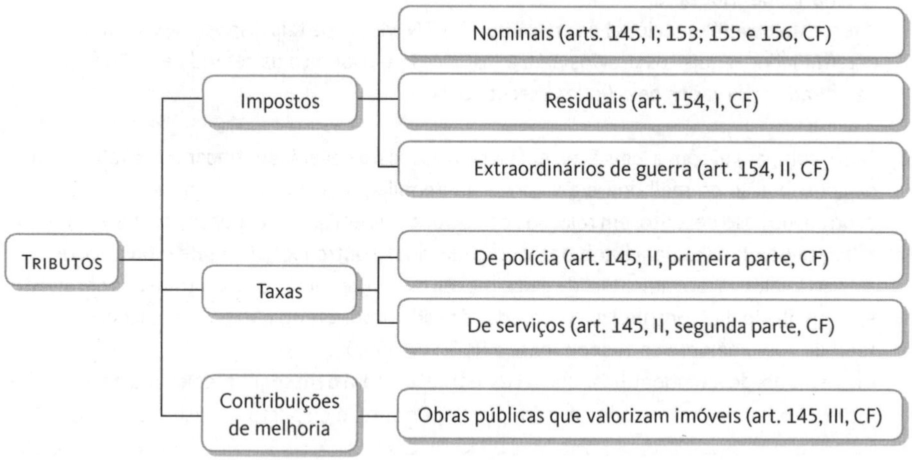

Fonte: Código Tributário Nacional, Lei n. 5.172/1966.

CASO PRÁTICO 4.4

Durante o primeiro semestre de 2018, um município situado na Região Sul do Brasil realizou serviços e obras de rede de água potável e esgoto de certo bairro, o que resultou na valorização de 100 imóveis da região. O custo total da obra correspondeu a R$ 3.500.000,00. Com isso, o município editou decreto em 2 de setembro de 2018, a fim de disciplinar a instituição e cobrança de contribuição de melhoria incidente sobre os imóveis alcançados pela valorização imobiliária em questão.

A municipalidade, para efetuar a respectiva cobrança, considerou somente a diferença entre o valor venal dos referidos imóveis antes da realização das obras e seu valor venal ao término das obras públicas, com base no cadastro do IPTU local. Em 10 de outubro de 2018 os contribuintes foram notificados, mediante recebimento de cobrança, para, no prazo máximo de 30 dias, efetuarem o pagamento da referida exação fiscal.

a) Discuta a correção da cobrança da exação, como realizada pela municipalidade, justificando com base na legislação e sua interpretação.
b) Analise o cálculo feito pela municipalidade para encontrar o valor devido pelos contribuintes, esclarecendo se é compatível com a legislação em vigor.

a) A questão envolve a aplicação do princípio da legalidade previsto no art. 150, I, CF, bem como o princípio da anterioridade tributária, constante no art. 150, III, *b* e *c*, CF. Nessa linha, deverá identificar que a lei seria o veículo adequado para instituição e cobrança da contribuição

de melhoria (art. 97, I, CTN), o que restou não observado pelo Poder Executivo ao instituí-la mediante simples edição de decreto, violando frontalmente os princípios da legalidade e da anterioridade tributária.
A resposta deverá mencionar os arts. 81 e 82, CTN, visto que tais dispositivos legais impõem determinados requisitos prévios para a instituição e cobrança da referida exação fiscal que não foram observados pelo Poder Executivo local.

b) Não é compatível com a legislação em vigor. A resposta deverá identificar que o fato gerador da contribuição de melhoria é a valorização imobiliária decorrente da obra pública, o que ocorreu, no caso descrito, em relação aos 100 imóveis em questão, porém o art. 81, CTN, estabelece dois limites para a cobrança: um individual e outro local. O limite individual deverá ater-se à valorização individual de cada imóvel, e o limite total, ao custo total das obras, isto é, o somatório das contribuições cobradas de cada proprietário não poderá exceder o limite total do custo da obra correspondente a R$ 3.500.000,00.
Desse modo, deverá identificar que o custo total da obra nem sequer foi levado em consideração pelo Poder Executivo local, infringindo, portanto, o disposto previsto no art. 81, CTN.

EXERCÍCIOS DE FIXAÇÃO

— QUESTÕES DE MÚLTIPLA ESCOLHA

1. As taxas são os tributos que têm por hipótese de incidência uma atuação estatal. Assinale a alternativa que delimite corretamente tal atuação, nos termos da Constituição Federal e da legislação tributária:

   a) Os serviços públicos universais (*uti universi*) podem ser custeados por meio de taxas, já que alcançam a coletividade considerada como um todo, o mesmo não se pode dizer a respeito dos atos de polícia.
   b) Tanto os serviços públicos *uti universi* como os *uti singuli*, também chamados singulares, na medida em que são mensuráveis e divisíveis, podem ser custeados por meio de taxas, juntamente com os atos de polícia.
   c) Somente os serviços públicos específicos, por serem de utilização individual e mensuráveis, podem ser custeados mediante taxas de serviços, ocorrendo o mesmo com os atos de polícia, que devem ser específicos e divisíveis para serem custeados mediante taxas de polícia.
   d) A atuação estatal suscetível de ser custeada mediante taxa é aquela que se refere indiretamente ao contribuinte, tal como uma obra pública que causa valorização imobiliária, aumentando o valor de mercado dos imóveis localizados em suas imediações.

2. Márcio, contribuinte do IPTU, reside em imóvel de sua propriedade, diante de uma praça municipal. A prefeitura local canalizou ali um córrego e asfaltou as ruas adjacentes à praça, arborizando-a.

Por consequência, a casa de Márcio aumentou de valor e, em razão da valorização de sua propriedade, Márcio está potencialmente:

a) Sujeito ao pagamento de taxa pelo exercício do poder de polícia.
b) Sujeito ao pagamento de contribuição social.
c) Sujeito ao pagamento de contribuição de melhoria.
d) Sujeito ao pagamento de taxas pela utilização de serviços públicos, específicos e divisíveis.

3. As taxas podem ter como fato gerador:

a) Uma situação independente de qualquer atividade estatal específica relativa aos contribuintes.
b) Uma conjuntura que exija a absorção temporária de poder aquisitivo.
c) A utilização efetiva ou potencial de serviço específico e divisível, prestado ao contribuinte ou posto à sua disposição.
d) Situação de calamidade pública, que exija reforço suplementar de recursos tributários.

4. A valorização imobiliária decorrente de obra pública é fato gerador de:

a) Taxa imobiliária.
b) Contribuição especial.
c) Contribuição de melhoria.
d) Contribuição parafiscal.

5. Consiste na espécie de tributo cuja obrigação tem por fato gerador uma situação independente de qualquer atividade estatal específica, relativa ao contribuinte. Trata-se de:

a) Taxa.
b) Contribuição de melhoria.
c) Imposto.
d) Tarifa.

6. O imposto é um tributo que:

a) Sendo geral, admite sua vinculação a órgão, programa, fundo ou despesa.
b) Apresenta-se vinculando seu fato gerador a uma atuação estatal em favor do contribuinte.
c) Tem por função arrecadar recursos para custear as despesas gerais da administração em favor da coletividade ou de grupos sociais específicos.
d) Tem por fato gerador uma situação independente de qualquer atividade estatal específica, relativa ao contribuinte.

7. Identifique a afirmativa correta:

a) A taxa deve ter por base de cálculo a dimensão inerente ao serviço prestado pelo Estado.
b) As obras públicas realizadas pelo Estado, das quais resulte evidente valorização dos imóveis particulares por ela beneficiados, podem ser remuneradas por meio de Taxa de Melhoramentos Urbanos, se instituída.
c) O fato de o indivíduo socorrer-se do Poder Judiciário para a tutela de seus direitos presta-se a servir como fato gerador de taxa.
d) A taxa, segundo seu delineamento constitucional, é modalidade tributária hábil para servir como adicional dos impostos de menor expressão econômico-financeira, ou insuficientemente cobrados, mesmo porque é de aplicação imperativa o princípio da capacidade contributiva.

8. Para a cobrança de taxa, é necessário que ocorra a efetiva prestação de:

a) Serviço de realização de obra pública.
b) Atividade econômica.
c) Serviço social.
d) Serviço público específico e divisível.

9. Preencha as lacunas do texto a seguir e, depois, escolha a opção que contém a sequência correta.

Para fins de instituição e cobrança de taxas, o Código Tributário Nacional considera os serviços públicos: ________________, quando suscetíveis de utilização, separadamente, por parte de cada um dos seus usuários; ______________________, quando possam ser destacados em unidades autônomas de intervenção, de utilidade ou de necessidade públicas; _______________________, utilizados pelo contribuinte, quando por ele usufruídos a qualquer título.

a) Individuais/autônomos/virtualmente.
b) Utilizáveis/independentes/normalmente.
c) Potenciais/necessários/essencialmente.
d) Divisíveis/específicos/efetivamente.

10. A Constituição da República Federativa do Brasil, atualizada pela Emenda Constitucional n. 42/2003, no título VI, que trata da tributação e do orçamento, submete à reserva de lei diversos institutos, lei essa que pode ser complementar ou ordinária, dependendo da hipótese. Assinale, a seguir, o caso em que não há expressa reserva de Lei Complementar:

a) Definição de tributos.
b) Instituição de taxas.
c) Prescrição.
d) Decadência.

CAPÍTULO 5 Empréstimo compulsório e contribuições especiais

OBJETIVOS

- Preparar o estudante para utilizar as técnicas contábeis e a legislação fiscal na elaboração de planos que possibilitem a economia tributária e, consequentemente, por meio da gestão eficiente e eficaz de tributos e contribuições.
- Otimizar os resultados das organizações empresariais.

5.1 EMPRÉSTIMO COMPULSÓRIO

Trata-se de tributo finalisticamente afetado, isto é, gravame atrelado a uma finalidade singularizada (art. 4º, II, CTN). É figura tributária "exótica", pois se caracteriza pela possibilidade de restituição do valor pago. Este tributo não é definido pelo fato gerador, como acontece com impostos, taxas e contribuições de melhoria, aos quais, como se sabe, se aplica o art. 4º, CTN. O empréstimo compulsório é tributo cobrado exclusivamente pela União, mediante Lei Complementar, em dois possíveis casos: despesa extraordinária decorrente de calamidade pública ou guerra externa, podendo ser instituído e cobrado no mesmo ano em que ocorrer a publicação de sua lei, e investimento público de caráter urgente e de relevante interesse nacional, caso em que só poderá ser exercido a partir do primeiro dia útil do ano seguinte (art. 150, III, *b*, CF). Modalidade tributária prevista no art. 148, CF, os empréstimos compulsórios são tributos restituíveis, e os principais traços que o identificam como espécie tributária própria são a restituibilidade e a causalidade.

Ser restituível é faceta que não ocasiona ao empréstimo compulsório a perda de sua natureza tributária pois, apesar de o produto arrecadado voltar ao contribuinte, o art. 4º, II, CTN, estabelece que a natureza jurídica do tributo é determinada pelo fato gerador em abstrato, e não pela destinação do produto da sua arrecadação. Sua menção pela Constituição Federal (art. 148) e o fato de satisfazer plenamente as cláusulas que compõem a redação do art. 3º, CTN, deixam nítida a configuração tributária do instituto, tornando-se difícil sustentar posições dissonantes.

Ademais, a Constituição Federal trata do empréstimo compulsório no capítulo referente ao Sistema Tributário Nacional, incidindo sobre ele, portanto, o regime jurídico tributário. De acordo com a hipótese de incidência, os empréstimos compulsórios poderão assumir quaisquer formas que correspondam às espécies de tributo (imposto, taxa ou contribuição de melhoria); normalmente, acabam revestindo-se da natureza de imposto.

No empréstimo forçado, segundo Baleeiro,[1] não há acordo de vontades nem contrato de qualquer natureza. Unilateralmente, o Estado compele alguém, sob sua jurisdição, a entregar-lhe dinheiro, prometendo o reembolso sob certas condições ou dentro de certo prazo".

Somente a União, por meio de Lei Complementar, pode instituir empréstimos compulsórios e, quando o fizer, deverá permanecer dentro de seu campo de competência tributária. Não poderia, por exemplo, criar empréstimo compulsório sobre venda de mercadorias, uma vez que essa atribuição é de competência dos Estados-membros. Também medida provisória não pode criar nem alterar empréstimos compulsórios, pois a conversão da medida provisória em lei depende de maioria simples, enquanto a Lei Complementar depende do quórum de maioria absoluta, conforme previsto no art. 69, CF.

A aplicação dos recursos provenientes desse tributo deve ser vinculada à despesa que o fundamentou (art. 148, parágrafo único, CF) e, cessado o motivo que deu causa à sua instituição, deverá ser o tributo extinto. Esse dispositivo representa uma garantia ao contribuinte. Uma vez presente o motivo que justifica a criação do empréstimo compulsório, poderá a União instituí-lo (por Lei Complementar) e, assim, eleger a base de cálculo do tributo, que poderá ser qualquer um dos impostos federais.

5.1.1 Hipóteses do inciso I

Conforme art. 148, I, CF, a União, mediante Lei Complementar, poderá instituir empréstimos compulsórios "para atender a despesas extraordinárias, decorrentes de calamidade pública, de guerra externa ou sua iminência".

Nesses casos, não se aplica o princípio da anterioridade, pois as situações expostas nesse inciso são urgentes e de graves proporções, ou seja, são incompatíveis com a cobrança no exercício financeiro seguinte.

Com efeito, guerra externa ou sua iminência são justificativas para a criação de duas modalidades tributárias: empréstimo compulsório (art. 148, I) e/ou imposto extraordinário (art. 154, II).

---

1. BALEEIRO, Aliomar. *Limitações constitucionais ao poder de tributar*. 8. ed. Rio de Janeiro: Forense, 2010.

5.1.2 Hipóteses do inciso II

Conforme art. 148, II, CF, a União, mediante Lei Complementar, poderá instituir empréstimos compulsórios "no caso de investimento público de caráter urgente e de relevante interesse nacional, observado o disposto no art. 150, III, *b*".

Nesses casos, a aplicação do princípio da anterioridade (art. 150, III, *b*) é obrigatória por expressa previsão constitucional.

Alguns doutrinadores, entretanto, criticam a aplicação desse princípio, como Celso Ribeiro Bastos, segundo o qual:[2]

> Poder-se-á objetar que o princípio da anterioridade torna desnecessário o caráter de urgência a que se refere o inc. II, visto que não há como considerar de urgência empréstimo que, uma vez aprovado, só poderá ser exigido no exercício seguinte.

Assim, com amparo nessa crítica, poderiam alguns afirmar que o conteúdo desta espécie tributária estaria esvaziado, pois o investimento público, que fora classificado como de caráter urgente, só seria custeado pelo empréstimo no exercício seguinte. Portanto, não haveria urgência, uma vez que as verbas não seriam arrecadadas em breve espaço temporal. Portanto, nada obsta a que o empréstimo compulsório se constitua com adicional de imposto, o que sempre aconteceu.

Exemplos:

- 1983 - Decreto-Lei n. 2.047 - Empréstimo calamidade - adicional de IR.
- 1986 - Decreto-Lei n. 2.088 - Empréstimo sobre a aquisição de veículos e consumo de combustível - adicional de ICM.

5.1.3 Observações

Fenômenos como calamidade pública, guerra externa, iminência de guerra externa e investimento público são apenas alguns dos pressupostos necessários e suficientes para que o empréstimo compulsório seja criado. Tais fenômenos não são hipóteses de incidência do tributo, uma vez que à Lei Complementar cabe determinar tais hipóteses.

É de se entender que os empréstimos compulsórios têm caráter dúplice. Assim, em um dado momento, a relação jurídica é tributária e, posteriormente, demonstra-se relação jurídico-administrativa. Nos empréstimos compulsórios residem duas relações jurídicas:

2. BASTOS, Celso Ribeiro. *Curso de direito constitucional*. 22. ed. São Paulo: Malheiros, 2010. p. 31.

- **Relação jurídico-tributária** – Aquela na qual figura como sujeito ativo a União e como sujeito passivo, o contribuinte. Assim, saldada a obrigação, restará extinta esta primeira relação jurídica (a jurídico-tributária).
- **Relação jurídico-administrativa** – Aquela que surge com o desaparecimento da relação jurídico-tributária e que, por sua vez, tem por sujeito ativo o contribuinte e por sujeito passivo, a União, tendo em vista que a obrigação de pagar, nessa relação, é da União.

Com efeito, trata-se de duas relações jurídicas, pois há inversão dos polos da obrigação.

5.1.4 Restituição

Representando a relação jurídico-administrativa, a restituição reputa-se obrigatória. Portanto, decorrido o prazo e preenchidas as condições, deverá o sujeito ativo (outrora devedor do tributo) ser restituído do valor pago, devidamente corrigido. Os prazos e condições de resgate deverão ser fixados na própria lei que institui o tributo, criando assim, ao contribuinte, o direito subjetivo de receber o valor "emprestado" compulsoriamente à União.

Faz-se oportuno frisar que a restituição deve ser integral e com valores devidamente atualizados, efetuada em moeda, cumprindo assim princípio constitucional que veda o confisco.

5.2 CONTRIBUIÇÕES PARAFISCAIS (OU SOCIAIS)

5.2.1 Introdução

A característica viabilizadora da natureza jurídica específica das contribuições sociais, parafiscais ou especiais é o fato de o produto da arrecadação destes tributos estar vinculado a determinados fins de interesse público na administração direta ou indireta ou na atividade de entes que colaboram com a administração. A este traço distintivo denomina-se afetação. É uma modalidade tributária prevista no art. 149, CF, e completada nos arts. 149-A, 195 e 239, CF. As contribuições parafiscais são instituídas pela União.

A parafiscalidade traduz-se pela delegação da capacidade tributária ativa, com a consequente utilização do montante arrecadado pela entidade autorizada (entidade beneficiada pela delegação). Tal benesse é concedida por meio de lei, só podendo se voltar em favor de pessoas jurídicas de direito público, como autarquias, e de pessoas jurídicas de direito privado perseguidoras de finalidade pública, como Sesi, Sesc, Senai e Senac (art. 240, CF).

A contribuição social tem destinação certa, sendo recolhida com uma finalidade predeterminada, indicada na lei que a instituiu. Assim, contribuições parafiscais ou sociais são tributos arrecadados por pessoas diversas daquelas que procederam na sua instituição. A hipótese de incidência da contribuição parafiscal determinará sua natureza, que poderá ser de imposto ou de taxa. Trata-se de um tributo finalístico, ou seja, atrelado a uma finalidade. O fato gerador, portanto, é irrelevante, e às contribuições sociais não se aplica o art. 4º, I e II, CTN; a finalidade delas é o financiamento de atividades relacionadas à ordem social, que têm como objetivo o bem-estar e a justiça social (art. 193, CF).

- O tributo é federal?
  Sim, caso a contribuição esteja prevista no caput do art. 149, CF; nesse caso, então, ele será de competência da União, ou seja, federal. Porém, cuidado, pois o art. 149, § 1º, CF, anuncia a existência de contribuições não federais, como é o caso de contribuições previdenciárias cobradas de servidores públicos pelos Estados, Municípios e DF. Contudo, não podem cobrar contribuição assistencial.

- Qual é a lei que cria a contribuição?
  Como regra, a contribuição será instituída/majorada por lei ordinária, nada impedindo que esta seja substituída por uma medida provisória. Entretanto, a contribuição previdenciária residual (art. 195, IV, CF), ao depender de Lei Complementar, repudia a medida provisória.

As contribuições sociais não incidirão sobre as receitas de exportação, mas incidirão sobre a importação de produtos estrangeiros ou de serviços (art. 149, § 2º, I e II, CF). Por sua vez, a pessoa natural destinatária das operações de importação poderá, na forma da lei, ser equiparada a pessoa jurídica. Note-se que as hipóteses em que incidirão uma única vez devem ser definidas em lei.

5.2.2 Classificação das contribuições (art. 149, CF)

As contribuições sociais (parafiscais) possuem finalidades específicas e, de acordo com essas, classificam-se da maneira a seguir.

5.2.2.1 CONTRIBUIÇÕES SOCIAIS GERAIS

São aquelas instituídas para financiar atividades ligadas à ordem social, com exceção da seguridade social, que têm como objetivo o bem-estar e a justiça social (art. 193, CF). O que deve ser destacado de seu regime jurídico-tributário é a aplicação da regra geral da anterioridade. Nesse sentido, tanto a anterioridade anual quanto a nonagesimal devem ser cumpridas. Exemplo de contribuição geral é a contribuição ao salário-educação, conforme já decidiu o Supremo Tribunal Federal (STF) (art. 212, § 5º, CF).

O PIS e o Pasep estão disciplinados no art. 239, CF, enquanto outras contribuições relacionadas à área social, como saúde, previdência social e assistência social, estão no art. 149, *caput*, CF.

5.2.2.2 PROGRAMA DE INTEGRAÇÃO SOCIAL (PIS)

O PIS é um programa criado pelo Governo Federal, que tem a finalidade de promover a integração do empregado na vida e no desenvolvimento das empresas, viabilizando melhor distribuição da renda nacional.

- A quem se destina?
  Ao empregador do setor privado, a quem cabe providenciar o cadastramento do trabalhador admitido e que não comprove estar inscrito no PIS ou no Pasep (Programa de Formação do Patrimônio do Servidor Público).

- Como funciona?
  O cadastramento no PIS é feito pelo empregador, na primeira admissão do trabalhador, por meio do formulário Documento de Cadastramento do Trabalho (DCT), que pode ser impresso na página de documentos para *download*. Depois disso, o empregado recebe um cartão contendo o seu número de inscrição, documento este que lhe permite fazer consulta e saques dos benefícios sociais a que tiver direito, como FGTS e seguro-desemprego, por exemplo.

São contribuintes do PIS as pessoas jurídicas de direito privado e as que lhes são equiparadas pela legislação do Imposto de Renda, inclusive empresas prestadoras de serviços, empresas públicas e sociedades de economia mista e suas subsidiárias, excluídas as microempresas e as empresas de pequeno porte submetidas ao regime do Simples Nacional (LC n. 123/2006).

5.2.2.3 CONTRIBUIÇÃO PARA O FINANCIAMENTO DA SEGURIDADE SOCIAL (Cofins)

Contribuição para o Financiamento da Seguridade Social, instituída pela Lei Complementar n. 70, de 30 de dezembro de 1991, a Cofins, atualmente, é regida pela Lei n. 9.718/1998, com as alterações subsequentes, e constitui espécie tributária prevista no art. 195, *b*, Constituição Federal, que tem como base de cálculo a totalidade das receitas auferidas pela pessoa jurídica.

São contribuintes da Cofins as pessoas jurídicas de direito privado em geral, inclusive as pessoas a elas equiparadas pela legislação do Imposto de Renda, exceto as microempresas e as empresas de pequeno porte submetidas ao regime do Simples Nacional (LC n. 123/2006).

A Contribuição para o PIS/Pasep e a Cofins, além das duas regras gerais de apuração (incidência não cumulativa e incidência cumulativa), possuem ainda diversos regimes especiais de apuração. Desse modo, temos:

a) **Regime de incidência cumulativa**

Nesse regime, a base de cálculo é o total das receitas da pessoa jurídica, independentemente de sua denominação ou classificação contábil, sem deduções em relação a custos, despesas e encargos. Aqui, a alíquota da contribuição para o PIS/Pasep é de 0,65% e a da Cofins, de 3%, não sendo permitido o creditamento de quaisquer valores.

As pessoas jurídicas de direito privado e as que lhes são equiparadas pela legislação do Imposto de Renda, ou seja, que apuram o IRPJ com base no Lucro Presumido ou Arbitrado, estão sujeitas à incidência cumulativa.

As pessoas jurídicas, ainda que sujeitas à incidência não cumulativa, submetem à incidência cumulativa as receitas elencadas no art. 10, VII a XXV, da Lei n. 10.833, de 2003.

Observação: as receitas provenientes de venda de álcool para fins carburantes, de produtos sujeitos à substituição tributária, de venda de veículos usados de que trata o art. 5º da Lei n. 9.716/1998 e de venda de energia elétrica, no âmbito do Mercado Atacadista de Energia Elétrica (MAE), pelas pessoas jurídicas submetidas ao regime especial de que trata o art. 47 da Lei n. 10.637/2002, também são considerados de incidência cumulativa, apenas por não estarem alcançadas pela incidência não cumulativa estabelecida pelas Leis n. 10.637/2002, e n. 10.833/2003, embora tenham características próprias de incidência.

b) **Regime de incidência não cumulativa**

Regime de incidência da contribuição para o PIS/Pasep e da Cofins instituídos em dezembro de 2002 e fevereiro de 2004, respectivamente. O diploma legal da contribuição para o PIS/Pasep não cumulativa é a Lei n. 10.637/2002, e o da Cofins é a Lei n. 10.833/2003. Ambas as leis permitem o desconto de créditos apurados com base em custos, despesas e encargos da pessoa jurídica. Nesse regime, a alíquota da contribuição para o PIS/Pasep é de 1,65% e da Cofins, de 7,6%.

As pessoas jurídicas de direito privado e as que lhes são equiparadas pela legislação do Imposto de Renda, isto é, as que apuram o IRPJ com base no Lucro Real, estão sujeitas à incidência não cumulativa, exceto as seguintes: instituições financeiras, cooperativas de crédito, pessoas jurídicas que tenham por objeto a securitização de créditos imobiliários e financeiros, operadoras de planos de assistência à saúde, empresas particulares que exploram serviços de vigilância e de transporte de valores de que trata a Lei n. 7.102/1983, e sociedades cooperativas, exceto aquelas de produção agropecuária e as de consumo.

As pessoas jurídicas submetidas à incidência não cumulativa integram a essa incidência as receitas obtidas nas vendas de bens submetidos a alíquotas diferenciadas, excetuadas as receitas de venda de álcool para fins carburantes, que permanecem excluídas da incidência não cumulativa (Lei n. 10.637/2002; Lei n. 10.833/2003; Lei n. 10.865/2004; Lei n. 10.925/2004; IN SRF n. 404/2004).

c) **Regimes especiais**

A característica comum é alguma diferenciação em relação à apuração da base de cálculo e/ou alíquota. A maioria dos regimes especiais refere-se à incidência especial em relação ao tipo de receita e não a pessoas jurídicas, devendo a pessoa jurídica calcular ainda a contribuição para o PIS/Pasep e a Cofins no regime de incidência não cumulativa ou cumulativa, conforme o caso, sobre as demais receitas.

De modo geral, os regimes especiais podem ser subdivididos em:

- **Instituições financeiras** – Excluídas da incidência não cumulativa, as instituições financeiras, inclusive as cooperativas de crédito e as pessoas jurídicas que tenham por objeto a securitização de créditos imobiliários, financeiros e agrícolas, têm direito a deduções específicas para a apuração da sua base de cálculo que incide sobre o total das receitas. Além disso, estão sujeitas à alíquota de 4% para cálculo da Cofins.
  Observação: a alíquota da Cofins de 4% aplica-se aos Agentes Autônomos de Seguros Privados e às Associações de Poupança e Empréstimo (ADI SRF n. 21/2003).

- **Entidades sem fins lucrativos** – As entidades sem fins lucrativos, de que trata o art. 13 da MP n. 2.158-35/2001, calculam a contribuição para o PIS/Pasep com base na folha de salários, à alíquota de 1%.
  As sociedades cooperativas, além da incidência da contribuição para o PIS/Pasep e da Cofins sobre o faturamento, também apuram a contribuição para o PIS/Pasep com base na folha de salários relativamente às operações referidas na MP n. 2.158-35/2001, art. 15, I a V (IN SRF n. 247/2002, art. 33; MP n. 2.158/2001, art. 15).
  As sociedades cooperativas de crédito e de transporte rodoviário de cargas, na apuração dos valores devidos a título de Cofins e de contribuição para o PIS/Pasep incidente sobre o faturamento, poderão excluir da base de cálculo os ingressos decorrentes do ato cooperativo, aplicando-se, no que couber, o disposto no art. 15 da Medida Provisória n. 2.158-35, de 24 ago. 2001, e demais normas relativas às cooperativas de produção agropecuária e de infraestrutura (Lei n. 11.051/2004, art. 30).

- **Pessoas jurídicas de direito público interno** – Estas apuram a contribuição para o PIS/Pasep com base nas receitas correntes arrecadadas e nas transferências correntes e de capital recebidas, e não estão sujeitas a Cofins (Lei n. 9.715/1998, arts. 2º, III, 7º e 15).

5.2.2.4 CONTRIBUIÇÃO SOCIAL SOBRE O LUCRO LÍQUIDO(CSLL)

A Contribuição Social sobre o Lucro Líquido (CSLL) foi instituída pela Lei n. 7.689/1988.

Aplicam-se à CSLL as mesmas normas de apuração e de pagamento estabelecidas para o Imposto de Renda das pessoas jurídicas, mantidas a base de cálculo e as alíquotas previstas na legislação em vigor (Lei n. 8.981/1995, art. 57).

Dessa forma, além do IRPJ, a pessoa jurídica optante pelo Lucro Real, Presumido ou Arbitrado deverá recolher a CSLL também pela forma escolhida. Não é possível, por exemplo, a empresa optar por recolher o IRPJ pelo Lucro Real e a CSLL pelo Lucro Presumido.

Escolhida a opção, deverá proceder à tributação, tanto do IRPJ quanto da CSLL, pela forma escolhida.

a) Base de cálculo da CSLL

Lucro Presumido

A partir de 1º set. 2003, por força do art. 22 da Lei n. 10.684/2003, a base de cálculo da CSLL devida pelas pessoas jurídicas optantes pelo Lucro Presumido corresponderá a:

- 12% da receita bruta nas atividades comerciais, industriais, serviços hospitalares e de transporte;
- 32% para:
  - prestação de serviços em geral, exceto a de serviços hospitalares e transporte;
  - intermediação de negócios; administração, locação ou cessão de bens imóveis, móveis e direitos de qualquer natureza;
  - administração, locação ou cessão de bens imóveis, móveis e direitos de qualquer natureza.

Lucro Real

A base de cálculo para as pessoas jurídicas optantes pelo Lucro Real é o lucro contábil, ajustado pelas adições e exclusões previstas na legislação.

Deduções da receita bruta

Da receita bruta, poderão ser deduzidas as vendas canceladas, os descontos incondicionalmente concedidos e os impostos não cumulativos cobrados destacadamente do comprador ou contratante e do qual o vendedor dos bens ou o prestador dos serviços seja mero depositário (IPI e ICMS Substituição Tributária).

A partir da publicação da IN n. 104/1998, a receita bruta poderá ser considerada pelo regime de caixa.

Adições à base de cálculo

Deverão, ainda, ser somadas à base de cálculo da CSLL no Lucro Presumido:

1. Os ganhos de capital, as demais receitas e os resultados positivos decorrentes de receitas não compreendidas na atividade, inclusive:
   a) Os rendimentos auferidos nas operações de mútuo realizadas entre pessoas jurídicas controladoras, controladas, coligadas ou interligadas, exceto se a mutuária for instituição autorizada a funcionar pelo Banco Central do Brasil.
   b) Os ganhos de capital auferidos na alienação de participações societárias permanentes em sociedades coligadas e controladas e de participações societárias que permaneceram no ativo da pessoa jurídica até o término do ano-calendário seguinte ao de suas aquisições.
   c) Os ganhos auferidos em operações de cobertura (*hedge*) realizadas em bolsas de valores, de mercadorias e de futuros ou no mercado de balcão.
   d) A receita de locação de imóvel, quando não for este o objeto social da pessoa jurídica, deduzida dos encargos necessários à percepção da mesma.
   e) Os juros relativos a impostos e contribuições a serem restituídos ou compensados.
   f) As variações monetárias ativas.
   A partir de 1º jan. 2000, as receitas decorrentes das variações monetárias dos direitos de créditos e das obrigações deverão, em razão da taxa de câmbio, considerar uma das seguintes opções para efeitos da base de cálculo:
      - no momento da liquidação da operação correspondente ("regime de caixa");
      - pelo regime de competência, aplicando-se a opção escolhida para todo o ano-calendário.
   g) Os juros remuneratórios do capital próprio pagos ou creditados por sociedade da qual a empresa seja sócia ou acionista.

2. Os rendimentos e ganhos líquidos auferidos em aplicações financeiras de renda fixa e renda variável.
3. O resultado do cálculo do preço de transferência, decorrente de operações externas de exportação ou de mútuo com empresas vinculadas ou domiciliadas em países com tributação favorecida. Nesta hipótese, serão somados 12% correspondentes à diferença da receita de exportações, e o valor integral da receita com mútuo apurado segundo as regras do IRPJ.

5.2.2.5 CONTRIBUIÇÃO DO SALÁRIO-EDUCAÇÃO

A educação básica pública terá como fonte adicional de financiamento a contribuição social do salário-educação, recolhida pelas empresas na forma da lei (art. 212, § 5º, CF). É devido pelas empresas (qualquer firma individual ou sociedade que assume o risco de atividade econômica, urbana ou rural, com fins lucrativos ou não, bem como as empresas e demais entidades públicas ou privadas, vinculadas à Seguridade Social) e calculado com base na alíquota de 2,5% sobre o total de remunerações pagas ou creditadas, a qualquer título, aos segurados empregados.

5.2.2.6 CONTRIBUIÇÕES SOCIAIS PARA A SEGURIDADE SOCIAL

Esta é a contribuição que possui bases mais sólidas na Constituição, havendo menção a ela no art. 195, I, II e III e § 6º, e art. 194, VII, os quais se demonstram os pilares de sustentação desta espécie de contribuição social. Na instituição de contribuições sociais devem ser observados os princípios da legalidade e da anterioridade. As contribuições sociais para a seguridade social têm por finalidade o financiamento da seguridade social que, de acordo com o art. 194, CF, compreende um conjunto integrado de ações destinados a assegurar os direitos referentes à saúde, à previdência e à assistência social, possuindo caráter parafiscal e constituindo tributos qualificados pela finalidade. Dentro do seu campo de competência, a União pode criar, por meio de lei ordinária, taxas ou impostos relacionados a quaisquer desses fins. Assim, tais contribuições não caracterizam nova espécie de tributo, mas taxas ou impostos de finalidade específica.

O art. 149, § 1º, CF (alterado pela EC n. 41/2003), traz uma exceção ao *caput*, pois autoriza os Estados, o Distrito Federal e os Municípios a instituírem contribuições sociais para o custeio da Seguridade Social estadual, distrital e municipal, desde que mantenham sistemas próprios de previdência e assistência social para seus funcionários.

São tributos financiados por toda a sociedade, de forma direta e indireta, nos termos da lei, mediante recursos provenientes dos orçamentos da União, dos Estados, do Distrito Federal e dos Municípios. No art. 195, I a IV, CF, encontram-se arroladas as contribuições sociais existentes, como se passa a verificar.

- O inciso I trata das contribuições patronais (em que o sujeito passivo é o empregador, a empresa e a entidade a ela equiparada nos termos da lei) que se revestem da natureza dos impostos, dado que sua hipótese de incidência é fato desvinculado de uma atuação estatal, e incidem sobre:
  - A folha de salários e os demais rendimentos do trabalho pagos ou creditados, a qualquer título, à pessoa física que lhe preste serviço, mesmo sem vínculo empregatício.
  - A receita ou o faturamento (Cofins e PIS/Pasep).
  - O lucro (CSLL).

- O inciso II trata das contribuições dos empregados (o trabalhador e os demais segurados da Previdência Social). Essas contribuições revestem-se da natureza jurídica das taxas, uma vez que são cobradas em decorrência de o serviço de Previdência Social ter sido colocado à disposição do empregado. É de se salientar que, consoante este inciso, não é possível incidir referida contribuição sobre aposentadoria e pensão concedidas pelo regime geral da Previdência Social.
- O inciso III trata das contribuições incidentes sobre a receita dos concursos de prognósticos. Tal expressão refere-se aos jogos fomentados pelo Poder Público. Como exemplo temos a loto, a sena, entre outros.
- O inciso IV (introduzido pela EC n. 42/2003) trata das contribuições incidentes sobre o importador de bens ou serviços do exterior, ou de quem a lei a ele equiparar.

Todas as contribuições, como regra, estão sujeitas ao princípio da anterioridade do exercício financeiro e à noventena de que trata o art. 150, III, CF. No art. 195, § 6º, CF, encontra-se uma regra específica sobre o princípio da anterioridade para essa espécie tributária. É a denominada **anterioridade mitigada ou nonagesimal**. Segundo tal parágrafo, as contribuições previstas no art. 195 podem ser exigidas 90 dias após a publicação da lei que as instituiu ou aumentou.

As contribuições sociais devidas pelo empregador e pelas pessoas jurídicas em geral (art. 195, I, CF) poderão ter alíquotas ou bases de cálculo diferenciadas, em razão da atividade econômica intensiva de mão de obra, do porte da empresa ou da condição estrutural do mercado de trabalho (art. 195, § 9º, CF).

5.2.2.7 CONTRIBUIÇÃO DE INTERVENÇÃO NO DOMÍNIO ECONÔMICO (CIDE)

Tributo de competência exclusiva da União, a Contribuição de Intervenção no Domínio Econômico (Cide) possui como finalidade, via intervenção no domínio econômico, incentivar determinado setor da economia com a destinação do produto de sua arrecadação. Como todas as contribuições especiais, sua característica marcante é a finalidade. Nesse caso, a finalidade é a intervenção sobre o domínio econômico, a parcela da atividade econômica em que atuam agentes do setor privado, excluindo-se as atividades cobertas por serviço público, possuindo função meramente extrafiscal. A Cide não se destina, portanto, à arrecadação de recursos financeiros.

Embora a Constituição tenha feito referência à intervenção **no** domínio econômico, tem-se como mais adequado falar em intervenção **sobre o** domínio econômico, uma vez que com esse tributo não haverá uma atuação direta do Estado nas atividades econômicas, mas uma atuação financiada pelos recursos da Cide, tendente a induzir comportamentos dos agentes privados. A Cide, nos termos concebidos pela Lei n. 10.168/2000, deveria incidir sobre os contratos que implicassem transferência de tecnologia, por ocasião de pagamento, crédito, entrega, remessa ou emprego de valores ao residente no exterior.

Posteriormente, a Lei n. 10.332/2001 ampliou a hipótese de incidência da Cide para abranger também os casos que envolvam pagamento, crédito, entrega, remessa ou emprego de *royalties* a qualquer título (mesmo sem transferência de tecnologia) a residente no exterior, o que gera direito a crédito para o contribuinte desse tributo no Brasil no caso de contratos de exploração de patentes e uso de marcas. São exemplos desse tipo de contribuição a Cide-remessas (ou *royalties*) e a Cide-petróleo. A Cide-combustíveis (art. 177, § 4º, CF) incidirá sobre as atividades de importação ou comercialização de petróleo e seus derivados, gás natural e seus derivados e álcool combustível. É uma importante exceção aos princípios da legalidade e anterioridade anual (art. 177, § 4º, I, *b*, CF).

Ademais, o art. 149, § 2º, I, CF, demarca uma importante imunidade para a contribuição previdenciária e para as Cides em geral – aquela relacionada às receitas decorrentes de exportação.

O STF, todavia, chancelou interpretação um pouco mais abrangente, permitindo a incidência de contribuições sociais (PIS e Cofins) sobre as operações com combustíveis (Súmula n. 659, STF).

As Cides poderão ter alíquotas:

- ***Ad valorem***: percentual sobre o faturamento, a receita bruta, o valor da operação ou o valor aduaneiro, no caso de importação (art. 149 § 2º, III, *a*, CF).
- **Específica**: determinado valor tendo por base a unidade de medida adotada (art. 149, § 2º, III, *b*, CF).

Tais alíquotas não incidirão sobre as receitas de exportação, mas sim sobre a importação de produtos estrangeiros ou serviços (art. 149, § 2º, I e II, CF). A pessoa natural destinatária das operações de importação poderá, na forma da lei, ser equiparada a pessoa jurídica, e as hipóteses em que incidirão uma única vez deverão ser definidas em lei.

5.2.2.8 CONTRIBUIÇÃO DE INTERESSE DAS CATEGORIAS PROFISSIONAIS OU ECONÔMICAS (CORPORATIVAS)

As contribuições de interesse de categorias profissionais e econômicas são de competência exclusiva da União e possuem como finalidade o financiamento de atividades de interesse de instituições representativas ou fiscalizatórias das categoriais profissionais e econômicas. Há certas atividades profissionais que são destinatárias de um controle fiscalizatório, cuja manifestação se dá por meio do tributo conhecido por contribuição profissional. Com efeito, os profissionais vinculados a certas entidades corporativas são chamados a pagar anuidades, cuja natureza jurídica é "de tributo". Exemplos: CRC, CRA, CRM, Crea, CRO, OAB (anuidades) etc.

Note que são entidades – quase sempre autarquias – que se atêm aos interesses estritamente corporativos, diferentemente do que ocorre, via de regra, com a OAB.

- A contribuição sindical é um tributo (parte final do art. 8º, CF), sendo, desta forma, fixada em lei e devida por todos os trabalhadores, filiados ou não ao sindicato da categoria. A finalidade dessa contribuição é financiar atividades de interesse das categorias profissionais ou econômicas (art. 149, CF). Exemplo: contribuição à OAB.
- A contribuição confederativa não é tributo, sendo fixada por assembleia geral da categoria e devida apenas por filiados ao sindicato (art. 8º, IV, CF).

O Quadro 5.1, a seguir, apresenta as diferenças entre contribuição sindical e confederativa.

QUADRO 5.1 Comparação da contribuição sindical com a contribuição confederativa

Contribuição sindical	Contribuição confederativa
É tributo.	Não é tributo.
Compulsório.	Voluntário.
Obrigação *ex lege*.	Obrigação *ex voluntate*.
Lei.	Contrato.
Poder Legislativo.	Assembleia geral.
Princípios gerais tributários.	—
Art. 8º, IV, parte final, e art. 578 e ss., CLT.	Art. 8º, IV, parte final, CLT.
Obs.: É tributo (contribuição profissional ou corporativa).	Obs.: Ler a Súmula n. 666 do STF.

Fonte: Constituição da República Federativa do Brasil de 1988.

5.2.2.9 CONTRIBUIÇÃO PARA O CUSTEIO DO SERVIÇO DE ILUMINAÇÃO (Cosip)

Essa contribuição é da competência dos Municípios e do Distrito Federal (art. 149-A, CF). Como as demais contribuições especiais, é exceção à isonomia tributária, devendo obedecer à legalidade, à irretroatividade e à regra geral da anterioridade.

A Cosip é um tributo de fato gerador vinculado a uma atividade estatal específica – a prestação do serviço de iluminação pública –, sendo facultada a sua cobrança na fatura de consumo de energia elétrica.

5.2.2.10 COMPETÊNCIA TRIBUTÁRIA DAS CONTRIBUIÇÕES ESPECIAIS

Em regra, é a União que detém a competência tributária das contribuições especiais. As exceções são a contribuição social para a seguridade social, para financiar o regime próprio de previdência dos servidores públicos, que é de competência comum dos Estados, do Distrito Federal e dos Municípios (art. 149, § 1º, CF), e a Cosip, que é de competência dos Municípios e do Distrito Federal (art. 149-A, CF).

Todas as contribuições podem ser instituídas por meio de lei ordinária, exceto aquelas de seguridade social residuais, incidentes sobre base econômica, diferentes das discriminadas no art. 195, I a IV, CF, que exigem Lei Complementar (art. 195, § 4º, CF).

As contribuições podem ter fatos geradores e bases de cálculos próprios de impostos.

5.2.2.11 CONTRIBUIÇÕES PREVIDENCIÁRIAS RESIDUAIS

O art. 195, § 4º, CF, avoca a análise, em confronto com o art. 154, I, CF. A dúvida é: este comando será àquele integralmente aplicado?

Para o STF, a aplicação deve ser parcial. Assim, a Contribuição Previdenciária Residual:

1. Deverá ser instituída por Lei Complementar, diferentemente das contribuições nominadas (art. 195, I a IV, CF), não podendo ser Medida Provisória.
2. Deverá obedecer ao princípio da não cumulatividade, evitando a incidência em cascata. Relembre que tal postulado se prende ao ICMS, ao IPI e ao Imposto Residual.
3. Poderá, e este é o ponto mais delicado, ter coincidentes o Fato Gerador (FG) e a Base de Cálculo (BC) dos impostos com o FG/BC dela própria. Isso quer dizer que a proibição de não coincidência se atrela às outras contribuições nominadas (art. 195, I a IV, CF).

Concluindo, a Contribuição Previdenciária Residual não poderá ter fato gerador e base de cálculo idênticos ao fato gerador e base de cálculo de outra contribuição (art. 195, I a IV, CF). Isso, na verdade, reforça a principal característica das contribuições, como nítidos tributos finalísticos, não se lhes aplicando o art. 4º, I e II, CTN.

O art. 195, § 4º, CF, hospeda a competência residual ou remanescente. Além dos fatos geradores previstos expressamente no art. 195, § 4º, CF, a União poderá criar contribuições dessa espécie sobre outros fatos geradores dentro de sua competência residual, observados os requisitos do art. 154, I, CF. Tais contribuições deverão ser instituídas por Lei Complementar e obedecer à não cumulatividade (art. 195, § 12, CF) das contribuições de Seguridade Social incidentes sobre a receita ou o faturamento e das contribuições do importador para determinados setores de atividade econômica definidos em lei.

A regra geral é que todas as contribuições possam ser instituídas por meio de Lei Ordinária. As contribuições podem ter fato gerador e base de cálculo próprios dos impostos. O que diferencia as contribuições dos impostos é o destino da arrecadação. Enquanto a arrecadação dessas contribuições é vinculada, a dos impostos não poderá sê-lo, por conta do art. 167, IV, CF.

Quanto ao princípio da anterioridade, as únicas exceções são:

- As contribuições sociais de seguridade social, inclusive o PIS/Pasep, que estão sujeitas apenas a anterioridade nonagesimal prevista no art. 195, § 6º, CF.
- A Cide-combustíveis que, no caso específico de restabelecimento das alíquotas, não se sujeita à anterioridade do exercício financeiro.

As Figuras 5.1 e 5.2, a seguir, resumem contribuições parafiscais ou especiais e espécies tributárias, respectivamente.

FIGURA 5.1 Contribuições parafiscais ou especiais

Fonte: Constituição da República Federativa do Brasil de 1988.

FIGURA 5.2 Quadro geral das espécies tributárias

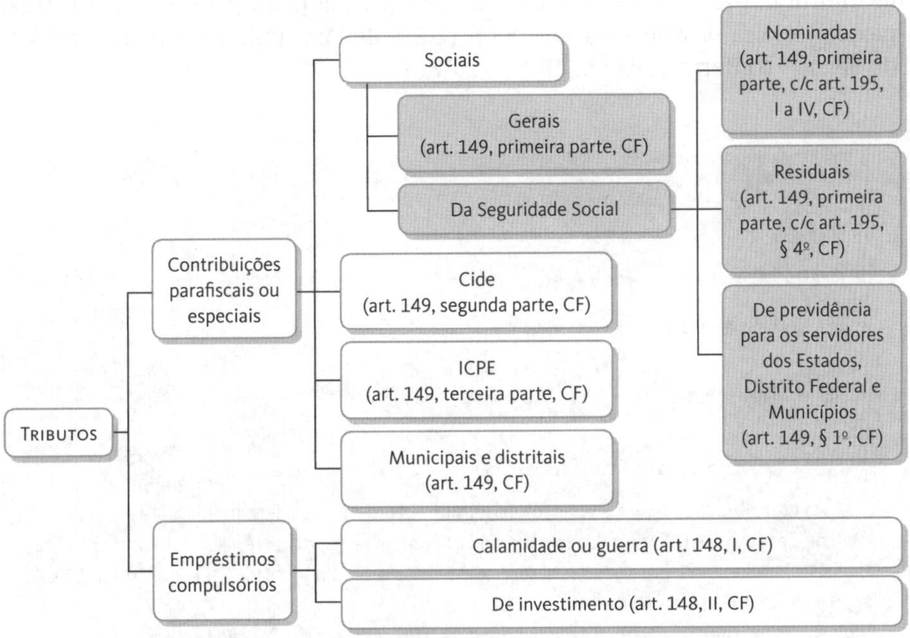

Fonte: Constituição da República Federativa do Brasi de 1988.

5.3 FUNRURAL

Funrural é o nome pelo qual ficou conhecida a contribuição previdenciária do setor agrícola. A partir da Lei n. 8.870/1994, as empresas passaram a recolher à União 2,5% sobre a receita obtida com a venda da produção.

Em fevereiro de 2010, os ministros decidiram que a contribuição ao Funrural viola o art. 154, CF, que exige edição de Lei Complementar para instituir novas contribuições, sendo a decisão confirmada, em repercussão geral, em agosto de 2011.

Além da falta de Lei Complementar para o Funrural, as empresas têm um segundo argumento para levar ao STF sobre a inconstitucionalidade da contribuição: a dupla incidência de tributos sobre uma mesma base de cálculo, no caso, o faturamento, o que viola a Constituição Federal. Ou seja, além do Funrural, a União exige o PIS e a Cofins sobre a receita bruta das empresas. O Tribunal Regional Federal da 4ª Região reconheceu a bitributação, e ainda que o Funrural se refira à receita bruta proveniente da comercialização da produção rural, essa grandeza é coincidente com o conceito de faturamento-fato gerador e base de cálculo da Cofins.

Em 1996, o STF declarou inconstitucional a cobrança prevista na Lei n. 8.870/1994, mas ela foi novamente instituída pela Lei n. 10.256/2001.

A partir de 1º de janeiro de 2018, a alíquota do Funrural para o produtor rural pessoa física, empregador ou agricultor familiar passou a ser de 1,5% (1,2% de Funrural, 0,1% de SAT e 0,2% do Senar). A alíquota para o produtor rural pessoa jurídica passou a ser de 2,85% (2,5% de Funrural, 0,1% de SAT e 0,2% do Senar), conforme a Lei n. 13.606/2018.

EXERCÍCIOS DE FIXAÇÃO

— QUESTÕES DE MÚLTIPLA ESCOLHA

Extraídas e adaptadas de Exames da OAB e diversos concursos.

1. Sobre as contribuições parafiscais, assinale a alternativa correta:

   a) As contribuições de intervenção no domínio econômico podem incidir sobre a importação de produtos estrangeiros, assim como sobre as receitas decorrentes de exportação.
   b) Os Estados e o Distrito Federal têm competência para a instituição de contribuição para o custeio do serviço de iluminação pública.
   c) Os Municípios têm competência para a instituição de contribuição previdenciária.
   d) Apenas a União, os Estados e o Distrito Federal têm competência para a instituição de contribuições de interesse das categorias profissionais e econômicas.

2. Relativamente à contribuição devida ao Crea pelos profissionais inscritos em seus quadros, assinale a alternativa correta:

   a) Contribuição de interesse das categorias profissionais ou econômicas.
   b) Taxa.
   c) Imposto sindical
   d) Empréstimo compulsório.

3. O sujeito ativo das contribuições sociais criadas pela União para a seguridade, cobradas sobre a folha de salários, é:

   a) A União.
   b) O INSS.
   c) O Iapas.
   d) O Inamps.

4. Lei Complementar da União instituiu empréstimo compulsório para absorver temporariamente o poder aquisitivo da população, diante da tendência à hiperinflação. Esse empréstimo compulsório:

a) É inconstitucional, por ter sido instituído por Lei Complementar.
b) Deveria ter sido instituído por lei ordinária federal.
c) É constitucional, por ter sido instituído por Lei Complementar.
d) É inconstitucional, pois não corresponde às hipóteses constitucionais de empréstimo compulsório.

5. No tocante aos empréstimos compulsórios, de acordo com a Constituição Federal, assinale a opção incorreta:

a) Por Lei Complementar, é possível a União instituir empréstimo compulsório, em virtude de calamidade pública.
b) A União, por Lei Complementar, pode instituir empréstimo compulsório no caso de investimento público de caráter urgente e de relevante interesse nacional.
c) A União pode, por Lei Complementar, instituir empréstimo compulsório em caso de conjuntura econômica que exija absorção temporária de poder aquisitivo.
d) A receita proveniente do empréstimo compulsório será vinculada à despesa que fundamentou sua instituição.

6. Avalie as formulações seguintes, relativas a tributo e suas espécies, consideradas as pertinentes disposições da Constituição Federal e do Código Tributário Nacional e, ao final, assinale a opção que corresponde à resposta correta:

I. Imposto, taxa, preço público e contribuição de interesse de categorias profissionais são espécies tributárias.
II. A natureza jurídica específica do tributo é determinada pelo fato gerador da respectiva obrigação, sendo irrelevantes para qualificá-la: (a) a denominação e as demais características formais adotadas pela lei; (b) a destinação legal do produto da sua arrecadação.
III. Empréstimo compulsório, contribuição de melhoria, contribuição de intervenção no domínio econômico e contribuição para a seguridade social são espécies tributárias.
IV. Contribuição de interesse de categorias econômicas, taxa, imposto e encargo de reparação de guerra são espécies tributárias.

a) Apenas as formulações II e III são corretas.
b) Apenas as formulações III e IV são corretas.
c) Apenas as formulações I e III são corretas.
d) Apenas a formulação II é correta.

7. As contribuições sociais instituídas pela União:

a) Não incidirão sobre as receitas decorrentes de exportação.
b) Não incidirão sobre a importação de produtos estrangeiros ou serviços.
c) Não poderão ter alíquota específica, tendo por base a unidade de medida adotada.
d) Podem ser criadas por decreto.

8. As contribuições de intervenção no domínio econômico podem ser cobradas sobre bases de cálculo:

a) Fixadas em regulamento, provenientes de valores obtidos no mercado interno, inclusive sobre a importação e a exportação de produtos ou serviços estrangeiros.
b) Fixadas em lei, provenientes de valores obtidos no mercado interno, inclusive sobre a importação e a exportação de produtos ou serviços estrangeiros.
c) Fixadas em lei, provenientes de valores obtidos no mercado interno, inclusive sobre a importação de produtos ou serviços estrangeiros, não incidindo sobre as receitas de exportação.
d) Fixadas em regulamento, provenientes de valores obtidos no mercado interno, inclusive sobre a importação e a exportação de produtos ou serviços estrangeiros, e com alíquotas estabelecidas por ato do Poder Executivo.

9. Acerca do empréstimo compulsório, assinale a opção correta:

a) Em casos de relevância e urgência, é lícito à União instituir empréstimos compulsórios mediante medida provisória.
b) A importância arrecadada com a cobrança do empréstimo compulsório tem aplicação vinculada à despesa que ensejou sua instituição.
c) Constitui hipótese de instituição de imposto extraordinário a ocorrência de calamidade pública.
d) São fatos geradores do empréstimo compulsório a calamidade pública, a guerra externa ou o investimento público de caráter urgente e de relevante interesse nacional.

10. Lei ordinária, aprovada pelo Congresso Nacional, institui empréstimo compulsório para atender as vítimas de epidemia de dengue do município do Rio de Janeiro e a despesas extraordinárias decorrentes de calamidade pública. Diante dessa premissa, referido empréstimo será cobrado no mesmo exercício financeiro para a sua instituição, sendo estabelecida a sua devolução, em moeda corrente, três anos após o seu recolhimento.

Com relação a este fato é possível dizer:

a) A instituição do empréstimo compulsório é inconstitucional, por ser cobrado no mesmo exercício financeiro em que foi instituído.
b) A instituição do empréstimo compulsório é constitucional, por ter estabelecido a forma de sua devolução.
c) A instituição do empréstimo compulsório é inconstitucional, por ter sido instituído por lei ordinária.
d) A instituição do empréstimo compulsório é inconstitucional, por não ser regulado pela Constituição Federal.

CAPÍTULO 6 Princípios constitucionais tributários

OBJETIVOS

- Apresentar e justificar os princípios constitucionais tributários.
- Contribuir para a tomada de decisões adequadas e diferenciadas dentro da legislação, analisando a incidência dos tributos e seus impactos.
- Contribuir para a elaboração de um planejamento tributário eficaz, que gere valor para cada tipo de organização empresarial.

6.1 INTRODUÇÃO

Princípio é regra básica implícita ou explícita que, por sua grande generalidade, ocupa posição de destaque no ordenamento jurídico, por isso mesmo vinculando o entendimento e a boa aplicação, seja dos simples atos normativos, seja dos próprios mandamentos constitucionais. Demonstra regra superior, mesmo que não positivada, à qual devem se amoldar as disposições legais, visto que os princípios indicam a direção que deve ser tomada pelo exegeta ou pelo legislador.

Sempre que houver uma dupla interpretação da norma ou uma interpretação dúbia, deve-se recorrer aos princípios, a fim de encontrar a solução interpretativa. Em uma Constituição, deve-se entender que há normas constitucionais que não possuem o mesmo grau de importância, pois algumas simplesmente veiculam regras enquanto outras são verdadeiros princípios, que representam vigas mestras de um ordenamento jurídico. A Constituição brasileira, no capítulo referente ao Sistema Tributário Nacional, art. 145 em diante, traz vários princípios a serem observados no âmbito do direito tributário, os quais constituem verdadeiras limitações ao poder de tributar, ou seja, limitações que o Estado se autoimpõe em relação ao seu próprio poder de tributar.

O princípio é, portanto, um vetor para as soluções interpretativas; uma regra básica, com âmbito de validade maior, que exerce, dentro do sistema jurídico, função axiologicamente mais importante que a regra, mesmo a constitucional. Assim, ao interpretar, o aplicador do direito não pode contrariar o sentido demonstrado, devendo caminhar na direção indicada por tal princípio, sob pena de feri-lo, o que tornará inconstitucional a interpretação. Também deve respeito aos princípios o legislador, uma vez que, ignorando suas disposições, criará lei contaminada pela inconstitucionalidade.

Não importa a forma que se exterioriza o princípio, importando, na realidade, sua existência ou não. Assim, pode o princípio constitucional ser implícito ou explícito, o que não retira seu caráter de regra orientadora. A título de exemplo, temos o princípio da isonomia das pessoas políticas, o qual é implícito; existe o princípio da legalidade, expressamente previsto no art. 150, I, CF.

As limitações ao poder de tributar devem ser observadas sob dois aspectos: o primeiro diz respeito aos princípios, os quais regulam, norteiam a competência dos entes políticos; o segundo, às imunidades, regras que proíbem a tributação sobre certos bens, pessoas ou fatos a fim de proteger determinados conteúdos axiológicos na Constituição, razão pela qual tais limitações representam importantes conquistas político-jurídicas dos contribuintes.

6.2 PRINCÍPIO DA LEGALIDADE

O princípio da legalidade consiste em um dos fundamentos do Estado Democrático de Direito. Notável conquista da humanidade, na medida em que suprime da vontade do detentor do poder a fixação da obrigatoriedade das condutas, não poderia deixar de estar presente no universo tributário. Nesse sentido, a obrigação de o cidadão transferir parte de seu patrimônio para os cofres do Poder Público pode prescindir da edição da lei competente.

Disposto no art. 5º, II, CF, o princípio da legalidade é um princípio universal, não sendo de aplicação exclusiva à esfera tributária, e seu teor é o seguinte: "ninguém será obrigado a fazer ou deixar de fazer alguma coisa senão em virtude de lei".

No campo tributário, este princípio quer significar que ninguém é obrigado a recolher tributo sem que, anteriormente, haja lei que traga sua definição. Por outro lado, tal princípio guarda determinação de que é vedado às pessoas políticas criar tributos sem lei anterior que os estabeleça, ou seja, que preveja sua hipótese de incidência, os sujeitos ativo e passivo, a base de cálculo e a alíquota.

Os arts. 5º, II, e 150, I, CF, c/c art. 97, I e II, CTN, preveem que somente mediante lei é possível instituir ou majorar tributos, incluindo definições sobre o fato gerador, base de cálculo e alíquota; estabelecer penalidades (multas) e reduzi-las; tratar das hipóteses de exclusão (anistia e isenção), suspensão e extinção do crédito tributário.

O prazo para o pagamento do tributo pode estar previsto em ato infralegal, uma vez que não consta da lista citada. Porém, apesar de ser obrigação exclusiva do contribuinte, o pagamento está diretamente ligado ao princípio da anterioridade, tanto anual quanto nonagesimal, para que o contribuinte seja protegido e não seja surpreendido.

Por quê?

A lei representa o produto da vontade popular – o povo deve se tributar. Exige lei ordinária. Exemplo: IPTU (lei ordinária municipal) e IPVA (lei ordinária estadual).

A previsão constitucional que trata do princípio em comento traz em si regra explícita, no sentido de que tudo o que é importante em matéria tributária deve encontrar prévia e expressa previsão legal. Nesta linha de raciocínio, temos que somente a lei poderá diminuir e isentar tributos, parcelar e perdoar débitos tributários, criar "obrigações acessórias" etc. Obrigações acessórias são deveres impostos pela lei ao contribuinte ou à terceira pessoa a ele relacionada, visando ao perfeito funcionamento do sistema tributário. Esses deveres podem consistir em um "fazer" (apresentar livros), um "não fazer" (não retirar livros de dentro do estabelecimento) ou um "suportar" (permitir que fiscal entre em seu estabelecimento comercial).

No intento de conferir caráter mais rígido às normas tributárias, é de se salientar que, no direito tributário, vigora, além do princípio da legalidade, o princípio da estrita legalidade (também denominado princípio da reserva absoluta da lei formal). Tal princípio, que impossibilita qualquer margem de discricionariedade ao exegeta, leva ao princípio da tipicidade fechada da tributação. O princípio em tela não pode ser excepcionado de forma alguma, não obstante o art. 153, § 1º, CF, prever "aparente" exceção. O dispositivo legal mencionado faculta ao Poder Executivo (Presidente da República – art. 76, CF) alterar, por meio de decreto, as alíquotas dos impostos sobre importação, exportação, produtos industrializados (IPI) e operações de crédito (IOF), dentro dos parâmetros da lei, observando-se os ditames legais. No entanto, nesse caso, a possibilidade de aumento refere-se apenas à alíquota, e não à base de cálculo, o que não desrespeita, de forma alguma, o princípio da legalidade.

Esses impostos têm finalidade extrafiscal e são usados como reguladores do mercado. Têm por finalidade garantir os direitos e os deveres individuais e coletivos, uma vez que, nos estados democráticos, não apenas os indivíduos são subordinados à lei, mas também a própria Administração Pública (art. 150, I, CF). A legalidade, como princípio fundamental do Estado de Direito, não se limita a vedar ou proibir a tributação sem lei, mas, fundamentalmente, a garantir a todo cidadão segurança jurídica, econômica e social.

6.2.1 Decretos e o princípio da legalidade

No Brasil, os únicos regulamentos válidos em matéria tributária são os executivos, vale dizer, aqueles destinados a dar fiel execução às determinações legais e que se encontram inteiramente subordinados à lei. Subordinados à lei tributária, tais regulamentos não podem criar ou aumentar tributos, nem mesmo podem estabelecer quaisquer ônus ou encargos que possam repercutir no patrimônio ou na liberdade dos contribuintes e, assim, os regulamentos só podem ser *secundum legem,*[1] não podendo destoar da determinação contida na norma tributária, a qual estará complementando para a sua correta execução.

Sendo fonte secundária de Direito, o regulamento também se encontra limitado ao princípio da legalidade e, consequentemente, as portarias, os pareceres normativos, a ordem de serviço e os atos administrativos tributários que, em geral, estão abaixo do regulamento, também devem observar o princípio da legalidade.

- **Portaria** – É um ato interorgânico que serve para disciplinar as questões internas da repartição fazendária, como o estabelecimento de escala de férias, de horários etc.
- **Parecer normativo** – É a "opinião oficial" da Fazenda Pública acerca do significado, do conteúdo e do alcance de certo ato normativo.
- **Ordem de serviço** – É a determinação que o chefe faz ao seu subordinado para que este realize dada diligência; pressupõe a existência de vínculo hierárquico.
- **Atos administrativos tributários em geral** – Atos destinados à aplicação da lei tributária de ofício, como o lançamento, que identifica oficialmente o contribuinte e desvenda a quantia devida a título de tributo, constituindo o mais importante ato administrativo tributário.

6.2.2 Tributos que são instituídos por Lei Complementar

- Empréstimos compulsórios (art. 148, CF).
- Impostos residuais da União (art. 154, I, CF).
- Contribuições previdenciárias (art. 195, § 4º, CF).
- Imposto sobre Grandes Fortunas (art. 153, VII, CF).

A EC n. 33/2001 prevê mais duas exceções:

- Cide-Combustíveis: contribuição (art. 177, § 4º, I, *b*, CF).
- ICMS-Combustíveis: imposto estadual (art. 155, § 4º, IV, *c*, CF); suas alíquotas são definidas mediante deliberação dos Estados e do Distrito Federal.

É facultado ao Poder Executivo, atendidas as condições e os limites estabelecidos em lei, alterar as alíquotas dos impostos: Importação, Exportação, sobre Produtos Industrializados e sobre Operações Financeiras, conforme o art. 153, § 1º, CF.

Por quê? Porque se trata de tributos que regulam o mercado e/ou a economia do país (tributos extrafiscais); eles têm, portanto, extrafiscalidade.

---

1. *Secundum legem*: os costumes contidos nessa classificação seriam aqueles que retratam prática idêntica ao comportamento exigido pela lei. Seria o costume correspondente à vontade da lei.

6.2.3 Exceções ao princípio da legalidade

São exceções ao princípio da legalidade:

- **II, IE, IPI, IOF** – O art. 153, § 1º, CF, possibilita que as alíquotas desses impostos, observadas as condições e os limites legais, sejam alteradas por ato do Poder Executivo. Tal possibilidade está fundamentada na finalidade extrafiscal que esses impostos possuem.
- **Cide-Combustíveis** – O art. 177, § 4º, I, *b*, CF, possibilita que a alíquota da contribuição seja reduzida e restabelecida por ato do Poder Executivo, sem a necessidade de se observar o princípio da anterioridade (art. 150, III, *b*, CF).
- **ICMS monofásico incidente sobre combustíveis e lubrificantes** – O art. 155, § 4º, IV, *c*, CF, possibilita que a alíquota do imposto seja fixada, reduzida e restabelecida por deliberação dos Estados e do Distrito Federal (Confaz), sem a necessidade de observância do princípio da anterioridade (art. 150, III, *b*, CF).

Note-se que as exceções dizem respeito somente às alíquotas, e não à base de cálculo, que, quando alteradas de forma a onerar o tributo, equipara-se à sua majoração. Porém, situação diversa ocorre na simples atualização do valor monetário da base de cálculo (art. 97, § 2º, CTN).

Observações:

1. **Emenda Constitucional n. 32/2001** – Segundo a Constituição Federal, promulgada em 1988, tal emenda permitiu que a Medida Provisória viesse a ser instrumento idôneo para criar ou aumentar impostos no Brasil (art. 62, § 2º, CF).

   IMPORTANTE: para o Supremo Tribunal Federal (STF), entretanto, a MP poderá abranger outras espécies tributárias diversas de impostos – é o que ocorre com a MP 164/2004, que instituiu o PIS Importação e Cofins Importação – Contribuições.

   DICA: de acordo com o art. 62, § 1º, III, CF, se o tributo exigir Lei Complementar, a Medida Provisória não será a norma apta. Exemplo: o Empréstimo Compulsório não poderá ser instituído por MP.

2. **Art. 97, §§ 1º e 2º, CTN** – A base de cálculo deve estar prevista em lei (art. 97, IV, CTN); entretanto, o art. 97, §§ 1º e 2º, CTN, prevê a possibilidade de o Poder Executivo alterar a base de cálculo do tributo, desde que tal alteração não signifique majoração, traduzindo-se apenas em atualização da base de cálculo com índices oficiais da correção monetária do período. **Deve-se atentar, ainda, para** o art. 183, CTN, que sujeita também o assunto "garantias do crédito tributário" à reserva legal.

6.3 PRINCÍPIO DA ISONOMIA

A lei, em princípio, não deve dar tratamento desigual a contribuintes que se encontrem em situação equivalente (art. 150, II, CF). A União, os Estados, o Distrito Federal e os Municípios não poderão instituir tratamento tributário desigual entre contribuintes que se encontrem na mesma situação. Assim, o princípio da isonomia confere interpretação objetiva diante da ocorrência do fato gerador, independentemente da ocupação ou função desempenhada pelo contribuinte ou da denominação do rendimento, título ou direito. Trata-se de outro princípio com raio de ação superior ao universo tributário. Verdadeiro elemento conformador da ordem jurídica como um todo, fixa a premissa de que todos são iguais perante a lei (art. 5º, CF).

Segundo Coelho,[2]

> [...] o princípio da igualdade da tributação impõe ao legislador:
> - discriminar adequadamente os desiguais, na medida de suas desigualdades;
> - não discriminar entre os iguais, que devem ser tratados igualmente.

A própria formulação constitucional do princípio, presente no art. 150, II, CF, proíbe qualquer distinção de tratamento tributário em razão de ocupação profissional, função exercida ou denominação jurídica dos rendimentos, títulos ou direitos. O princípio da isonomia é dirigido ao legislador (igualdade na lei) e ao aplicador do Direito (igualdade perante a lei).

Quem realiza o fato gerador será chamado a pagar o tributo, independentemente da capacidade civil, da licitude do ato etc., ou seja, todos que realizarem o fato gerador (bicheiros, prostitutas, menores etc.) serão chamados a pagar o tributo.

O fato de a atividade ser ilícita é problema do Direito Penal. Para o direito tributário, se o indivíduo aufere renda e realiza o fato gerador, pelo Princípio da Isonomia Tributária ele será chamado a pagar. A capacidade tributária passiva é plena. O princípio preconiza que o fato gerador deve ser interpretado pelo aspecto objetivo, não sendo relevantes os aspectos subjetivos, ou seja, aqueles atinentes à pessoa destinatária da cobrança do tributo. Assim, todos que realizarem o fato gerador devem, em princípio, pagar o tributo.

Como exceção, existe a possibilidade da concessão de tratamento diferenciado às microempresas (ME), às empresas de pequeno porte (EPP) e às Cooperativas, porque estão em situações diferentes das outras empresas.

O tributo progressivo, com alíquotas crescentes por faixas de renda, por exemplo, não fere o princípio da isonomia, pois a igualdade aparece aqui de forma bastante elaborada na proporcionalidade da incidência em função da utilidade marginal da riqueza. Em outras palavras, quanto maior a disponibilidade

2. COÊLHO, Sacha Calmon Navarro. *Curso de direito tributário brasileiro*. Rio de Janeiro: Forense, 1998.

econômica, maior será a parcela desta com utilizações distantes do essencial e próximas do consumo supérfluo e da poupança.

Também não ferem o princípio da isonomia as isenções de caráter não geral, destinadas, na qualidade de incentivos fiscais, a promover o equilíbrio do desenvolvimento regional (art. 151, I, CF).

Não são raras as situações de tratamento desigual consagradas na legislação tributária como formas de realização do princípio da isonomia. Com efeito, a vantagem ou o benefício conferido pela legislação efetiva uma compensação pela existência de uma desvantagem (fática) observada na realidade econômica e social. Pode-se arrolar os seguintes exemplos, em que a distinção é razoável (ADInMC n. 1.643): tratamento favorecido às microempresas e às empresas de pequeno porte (ADInMC n. 2.006), isenção de IPI para taxistas e portadores de deficiência física na aquisição de veículos e isenção de IPVA para os proprietários de veículos destinados a transporte escolar (ADInMC n. 1.655).

O STF, por sua vez, já declarou inconstitucional:

- A lei estadual que estabelecia isenção de IPVA para os proprietários de veículos destinados a transporte escolar vinculados a uma determinada cooperativa local (ADInMC n. 1.655).
- A lei municipal que concedia isenção de IPTU para servidores públicos estaduais (Agrag n. 157.871).

As contribuições especiais, arts. 149 e 149-A, CF, por conferir tratamento diferenciado aos contribuintes, são exceções ao princípio da isonomia.

6.4 PRINCÍPIO DA IRRETROATIVIDADE

O princípio da irretroatividade veda a aplicação retroativa de lei que institua ou majore tributo. Nesse sentido está o art. 150, III, *a*, CF, ao proibir a cobrança do tributo em relação a fatos geradores ocorridos antes do início da vigência da lei que os houver instituído ou aumentado, pois a lei tributária só vale em relação a fatos geradores ocorridos depois do início da vigência da lei que os houver instituído ou aumentado (CF, art. 150, III, *a*). A União, os Estados, o Distrito Federal e os Municípios não podem cobrar tributos em relação a fatos geradores ocorridos antes do início da vigência da lei que os houver instituído ou aumentado.

Tem-se por regra que a lei não retroage para afetar fatos no passado. A legislação tributária é aplicada aos fatos geradores futuros e aos pendentes, assim considerados aqueles cuja ocorrência teve início, mas não se completou (art. 105, CTN).

Admite-se, porém, a retroatividade quando esta favorece o contribuinte (retroatividade benéfica, art. 106, CTN).

A lei será retroativa, aplicando-se ao fato gerador passado, quando:

- For expressamente interpretativa, mas a aplicação de penalidade imposta à infração dos dispositivos interpretativos não retroagem.
- Se tratar de ato que não esteja definitivamente julgado.
- Quando esse ato deixar de ser infração.
- Quando esse ato deixar de ser tratado.
- Quando prevista uma penalidade menos severa do que aquela prevista na lei vigente.

Assim:

- Com relação à alíquota, deverá ser aplicada sempre aquela constante da lei do momento do fato gerador, não importando se tenha ficado menor ou maior durante o tempo.
- Com relação à multa, caso seja mais benéfica, deverá haver a retroatividade.

A presença do princípio da irretroatividade da lei é um imperativo de um ambiente caracterizado pela segurança jurídica. Não seria civilizado, razoável ou aceitável a aplicação da lei a fatos ou situações passadas. Nesse sentido, a irretroatividade, salvo quando meramente interpretativa ou benéfica, possui o *status* de princípio geral de direito.

As ressalvas ao princípio geral da irretroatividade também valem no campo tributário. A mera interpretação pode ser aplicada ao passado, assim como a redução de penalidade (multa), porque benéfica, pode retroagir. Mesmo a exoneração tributária pode atingir o passado. Exemplo desta última assertiva está na Lei Complementar n. 85/1996, que instituiu isenções da Cofins e expressamente fixou a retroatividade de seus efeitos a partir de 1º de abril de 1992.

Tormentoso problema do direito tributário reside na relação entre o princípio da irretroatividade e os fatos geradores "complexivos", complexos ou não instantâneos, isto é, aqueles que se completam ao final de um certo período e exigem a ocorrência de uma série de fatos ou atos anteriores. Teoricamente, nesse caso, são três as possibilidades:

1. Na primeira hipótese, teríamos a aplicação de lei editada depois do último instante do período ou lapso temporal. Aqui, é irrecusável a violação ao princípio da irretroatividade.
2. Na segunda hipótese, admitiríamos a aplicação de lei editada depois do primeiro e antes do último instante do período. Sob certo aspecto, a Súmula

n. 584 do Supremo Tribunal Federal sufragou os casos anteriores ao estatuir: "Ao Imposto de Renda calculado sobre os rendimentos do ano-base, aplica-se a lei vigente no exercício financeiro em que deve ser apresentada a declaração".

3. Na terceira e última hipótese, aceitaríamos a aplicação de lei editada antes do primeiro instante do período ou lapso temporal.

Analisadas as decisões mais recentes do Supremo Tribunal Federal, concluímos que foi sufragada a possibilidade de a lei editada no final do ano-base poder atingir a renda apurada durante todo o ano (RE n. 104.259, RE n. 194.612, RE n. 197.790, RE n. 199.352 e RE n. 232.084). Encontra-se, também, uma forte reprovação à teoria do fato gerador complexivo (RE n. 197.790).

Por fim, mesmo após a ocorrência do fato gerador, é admitida a aplicação ao lançamento da legislação posterior que tenha instituído novos critérios de apuração ou processos de fiscalização, art. 144, § 1º, CTN.

6.5 PRINCÍPIO DA ANTERIORIDADE

O princípio da anterioridade preserva a segurança jurídica em relação à tributação, ao vedar a cobrança de tributos:

- No mesmo exercício financeiro em que tenha sido publicada a lei que os instituiu ou aumentou (art. 150, III, *b*, CF).
- Antes de decorridos 90 dias da data em que tenha sido publicada a lei que os instituiu ou aumentou (art. 150 III, *c*, CF).

A primeira hipótese pode ser denominada anterioridade anual e a segunda, anterioridade nonagesimal. Convém destacar que, como regra geral, para que seja instituído ou majorado determinado tributo devem ser observadas, de forma cumulativa, tanto a anterioridade anual como a nonagesimal.

Entende-se por princípio da não surpresa do contribuinte a adoção de uma técnica que permita o conhecimento antecipado da instituição ou do aumento de tributos. Assim, o sujeito passivo poderia realizar um planejamento adequado de suas atividades econômicas, levando em conta os ônus tributários a serem experimentados no futuro.

Disposto no art. 150, III, *b*, CF, trata-se de princípio exclusivamente tributário. De acordo com esse princípio, a lei que cria ou majora (aumenta) determinado tributo, ao entrar em vigor, fica com sua eficácia suspensa até o início do próximo exercício financeiro, quando, só então, produzirá todos os seus efeitos próprios.

No Brasil, o exercício financeiro tem início em 1º de janeiro e término em 31 de dezembro, havendo, assim, correspondência entre o ano civil e o ano fiscal. Portanto, determinada lei criada em um exercício só poderá entrar em vigor e incidir sobre fatos praticados, a partir do dia 1º de janeiro do exercício seguinte, pois, como verificamos há pouco, em decorrência do que determina o princípio em exposição, a lei que cria ou aumenta um tributo deve entrar em vigor em um exercício financeiro, incidindo apenas no exercício seguinte.

O princípio da anterioridade reafirma o princípio da segurança jurídica, abrigando a ideia de que o contribuinte não deve ser tomado de surpresa pelo Fisco e, por outro lado, visa à possibilidade de preparação do ente tributante para a correta cobrança do pretenso tributo. Tal princípio (anterioridade) refere-se à eficácia da norma, e não à sua vigência. Com efeito, a vigência estará ligada ao Princípio da Irretroatividade Tributária. Assim, a lei tributária passa a viger – quase sempre, na data da publicação – em um ano X, e a eficácia ocorrerá no ano X + 1. Daí se falar em princípio da eficácia diferida ou princípio da anterioridade. Para o STF, o princípio da anterioridade é uma garantia individual fundamental e, portanto, é cláusula pétrea, prevista no art. 60, § 4º, IV, CF.

É entendimento majoritário na doutrina que este princípio tem por escopo o favorecimento do contribuinte; assim, segundo essa maioria, uma lei que isenta ou reduz um tributo poderá ter incidência imediata, devendo obediência ao princípio apenas aqueles tributos criados ou aumentados.

Ainda de acordo com a corrente acima mencionada, incide o princípio em comento sobre determinada lei que revoga uma isenção anteriormente concedida. Não obstante a posição quase uníssona da doutrina, há alguns que determinam a não necessidade de atendimento a tal princípio, apoiando-se no que determina a Súmula n. 615 do STF, a qual dispõe que "a lei que revoga a isenção de ICMS não precisa atender à anualidade".

Quanto a essa Súmula, os doutrinadores da corrente majoritária pugnam por sua inconstitucionalidade, visto que a revogação da isenção de um tributo o estará recriando.

Existem exceções ao princípio em estudo, as quais podem ser encontradas no art. 150, § 1º, CF, citados a seguir:

- Imposto sobre a Importação (art. 153, I, CF).
- Imposto sobre a Exportação (art. 153, II, CF).
- Imposto sobre Produtos Industrializados (art. 153, IV, CF).
- Imposto sobre operações de crédito, câmbio e seguro (art. 153, V, CF).
- Imposto extraordinário lançado por motivo de guerra (art. 154, II, CF).

Ainda são exceções:

- Contribuições para a Seguridade Social.
- ICMS sobre combustíveis (art. 155, § 4º, IV, *c*, CF).
- Cide-combustíveis (art. 177, § 4º, I, *b*, CF).

As contribuições destinadas à Seguridade Social devem obediência ao princípio da anterioridade nonagesimal, determinado pelo art. 195, § 6º, CF, só podendo ser exigidas após decorridos 90 dias da data da publicação da lei que as houver instituído ou modificado.

Com exceção do imposto extraordinário previsto no art. 154, II, CF, os quatro primeiros impostos poderão ter suas alíquotas aumentadas por meio de decreto, a teor do disposto no art. 153, § 1º, CF. Também, no art. 148, I, CF, encontra-se exceção ao princípio da anterioridade, uma vez que, por motivos lógicos, os empréstimos compulsórios para atender às despesas extraordinárias decorrentes de calamidade pública, guerra externa ou sua iminência não devem obediência ao princípio em comento.

6.5.1 Princípio da anterioridade qualificada

A Emenda Constitucional n. 42/2003, acrescentou a seguinte alínea (*c*) ao inciso III do art. 150, CF: "(É vedado cobrar tributos) antes de decorridos noventa dias da data em que haja sido publicada a lei que os instituiu ou aumentou, observado o disposto na alínea *b*".

Assim, com a edição da Emenda Constitucional referida, a fragilidade do princípio da anterioridade, em sua feição original, restou superada. A consequência prática da alteração constitucional é que a instituição ou majoração de tributo precisa ser publicada até o fim do mês de setembro para produzir efeitos no mês de janeiro do ano e exercício subsequentes.

A denominação "anterioridade qualificada" ainda pode ser denominada "privilegiada" ou "nonagesimal".

6.5.2 Exceções

Registrem-se algumas singulares diferenças entre as exceções à vedação do inciso III, *b* (anterioridade), e à vedação do inciso III, *c* (anterioridade qualificada):

- São exceções comuns os empréstimos compulsórios: arts. 148, I, 153, I, II e V e 154, II, CF.
- É exceção somente à anterioridade: art. 153, IV, CF.
- São exceções à "anterioridade qualificada": arts. 153, III, 155, III (fixação da base de cálculo), e 156, I (fixação da base de cálculo), CF.

O Quadro 6.1, a seguir, resume as exceções de anterioridade e de anterioridade qualificada, enquanto as Figuras 6.1 e 6.2 sumarizam o princípio da anterioridade e as exceções à anterioridade nonagesimal, respectivamente.

QUADRO 6.1 As exceções na Constituição Federal

Anterioridade	Anterioridade qualificada
Art. 148, I (empréstimo compulsório para despesas extrordinárias)	Art. 148, I (empréstimo compulsório para despesas extrordinárias)
Art. 153, I (II)	Art. 153, I (II)
Art. 153, II (IE)	Art. 153, II (IE)
Art. 153, V (IOF)	Art. 153, V (IOF)
Art. 154, II (impostos extraordinários)	Art. 154, II (impostos extraordinários)
Art. 153, IV (IPI)	Art. 153, III (IR)
Contribuições para a Seguridade Social	Art. 155, III (IPVA – base de cálculo)
Outras de Seguridade Social	Art. 156, I (IPTU – base de cálculo)
Art. 155, § 4º, IV, *c* ICMS-combustíveis	
Art. 177, § 4º, I, *b* Cide-combustíveis	

Fonte: Constituição da República Federativa do Brasil de 1988.

FIGURA 6.1 Síntese do princípio da anterioridade

Art. 150. Sem prejuízo de outras garantias asseguradas ao contribuinte, é vedado, à União, aos Estados, ao Distrito Federal e aos Municípios:

III – cobrar tributos:

a) em relação a fatos geradores ocorridos antes do início da vigência da lei que os houver instituído ou aumentado;

b) no mesmo exercício financeiro em que haja sido publicada a lei que os instituiu ou aumentou;

c) antes de decorridos noventa dias da data em que haja sido publicada a lei que os instituiu ou aumentou, observando o disposto na alínea *b*;

Ex.: lei publicada em **dezembro** de determinado ano → tributo só poderá ser exigido a partir de **março** do ano seguinte.

PRINCÍPIO DA ANTERIORIDADE

A lei que instituir ou aumentar tributos só surtirá efeitos a partir do 1º dia do exercício (ano) seguinte ao da sua publicação.

As **exceções** são listadas no § 1º desse mesmo artigo:

II – IE – IPI – IOF – IEG.

- **Empréstimo compulsório** (calamidade pública/guerra externa).
- Contribuições de seguridade social.
- Cide-combustível.
- ICMS-combustível.

PRINCÍPIO DA ANTERIORIDADE NONAGESIMAL

Deve haver um prazo (*vacatio legis*) de 90 dias entre a data da lei e sua exigência efetiva.

Essas duas regras devem ser observadas em conjunto.

As exceções são listadas no § 1º desse mesmo artigo:

II – IE – IOF – IEG – IR.

- Empréstimo compulsório (calamidade pública/guerra externa).
- Fixação da base de cálculo: IPTU – IPVA.

Fonte: Constituição da República Federativa do Brasil de 1988.

FIGURA 6.2 Exceções à anterioridade nonagesimal

A CF, em seu art. 150, § 1º elenca vários tributos com exceções aos **princípios da anterioridade** (art. 150, III, *b*, CF) e **anterioridade mínima** (art. 150, III, *c*).

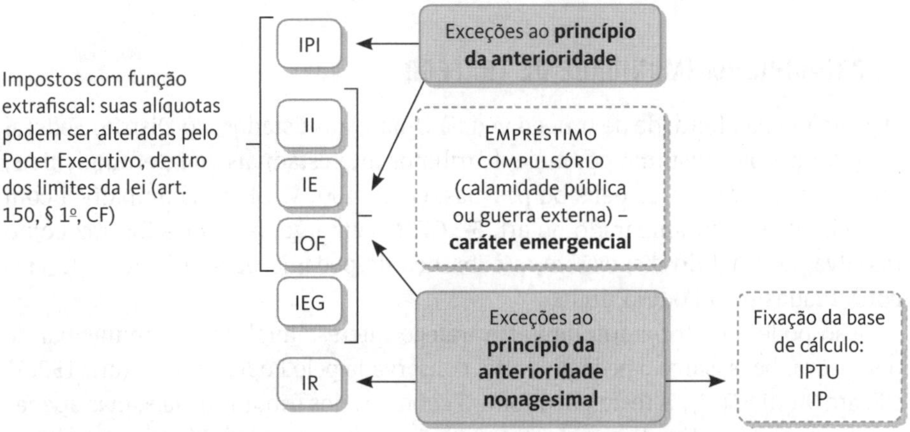

Fonte: Constituição da República Federativa do Brasi de 1988.

6.6 PRINCÍPIO DA VEDAÇÃO DE EFEITOS CONFISCATÓRIOS

O princípio da vedação ao confisco, previsto no art. 150, IV, CF, deve ser interpretado de forma a proibir a criação de tributos que sejam excessivamente onerosos ao contribuinte. Nesse caso, cada hipótese deve ser analisada individualmente, uma vez que a mesma porcentagem de uma alíquota pode, em certos tributos, caracterizar o confisco, enquanto em outros, não. A vedação ao confisco pretende que a cobrança do tributo não seja tão onerosa a ponto de prejudicar o desenvolvimento da atividade econômica do contribuinte ou de retirar seus bens, devendo, para tanto, estar de acordo com uma razoabilidade. Exemplo: IPTU na alíquota de 20%.

Trata-se de um princípio de difícil configuração jurídica, a exemplo do princípio da moralidade administrativa. É certo, no entanto, sua pretensão de evitar o tributo excessivamente oneroso, o tributo utilizado para destruir sua própria fonte ou para absorver, total ou quase totalmente, a propriedade ou a renda. O que resta a ser fixado, aqui residindo a sede das dificuldades, é o limite do tolerável, do razoável. Proíbe tributos excessivamente onerosos, levando à aniquilação de uma atividade ou de um patrimônio.

Parte ponderável da doutrina tributária afirma que a proibição se dirige a cada tributo (gênero) e, também, à carga tributária (conjunto dos tributos incidentes sobre determinado contribuinte). Esta última premissa foi consagrada pelo STF no reconhecimento da inconstitucionalidade da contribuição previdenciária dos servidores públicos federais no absurdo patamar de 25% (ADInMC n. 2.010).

Por outro lado, o STF já decidiu pela aplicação do princípio às multas ou penalidades tributárias no percentual de 300% sobre o valor da mercadoria no caso de não emissão de nota fiscal no ato de venda (ADInMC n. 1.075).

Esse princípio se aplica às multas? Sim, de acordo com o STF, esse princípio pode ser estendido às multas (penalidades).

6.7 PRINCÍPIO DA IMUNIDADE DE TRÁFEGO

O princípio da liberdade de tráfego veda à União, aos Estados, ao Distrito Federal e aos Municípios instituir, por meio de tributos interestaduais ou intermunicipais, limitações ao tráfego de bens ou pessoas, O art. 150, V, CF está compatível com o direito de ir e vir amparado no art. 5º, CF. No entanto, a própria CF traz como ressalva, ao final do dispositivo, a cobrança de pedágio pela utilização de vias conservadas pelo Poder Público.

Não pode a lei tributária limitar o tráfego interestadual ou intermunicipal de pessoas ou bens, salvo o pedágio de via conservada pelo Poder Público (art. 150, V, CF; art. 9º, III, CTN). A regra não proíbe a cobrança dos tributos usuais, mas apenas a cobrança eventual pela simples travessia de fronteiras estaduais ou municipais.

Segundo Machado,[3] isso não significa que as operações interestaduais devam ser imunes à tributação. De acordo com o autor, o que não pode haver é o agravamento do ônus tributário pelo fato de a operação ser interestadual ou intermunicipal.

O Supremo Tribunal Federal já consignou que o pedágio possui a natureza jurídica de taxa (RE n. 181.475).

6.8 PRINCÍPIO DA UNIFORMIDADE GEOGRÁFICA

O art. 151, I, CF veda à União instituir tributo que não seja uniforme em todo o território nacional ou que implique distinção ou preferência em relação a Estado, ao Distrito Federal ou a Município, em detrimento de outro. Dessa forma, os tributos devem ser uniformes sem que ocorra distinção tributária para Estados diversos. O próprio dispositivo constitucional, no entanto, admite a concessão de incentivos fiscais destinados a promover o equilíbrio do desenvolvimento socioeconômico entre as diferentes regiões do país. O tributo da União deve ser igual em todo o território geográfico, sem distinção entre os Estados. A União deverá instituir tratamento tributário uniforme a todas as unidades da Federação.

Por exemplo, a União não pode estabelecer alíquota de 10% do IPI sobre veículos automotores no Rio de Janeiro, e, nos demais Estados, alíquota de 17%.

---

3. MACHADO, Hugo de Brito. *Curso de direito tributário*. 38. ed. São Paulo: Malheiros, 2017.

Isso seria uma ofensa aos princípios da isonomia e da uniformidade geográfica; portanto, não pode acontecer.

A Lei Maior admite expressamente os incentivos fiscais destinados a promover o desenvolvimento regional. Se houver necessidade de equilibrar social e economicamente uma determinada região do país, a União poderá dar incentivos fiscais, como é o caso da Zona Franca de Manaus, por exemplo.

6.9 PRINCÍPIO DA VEDAÇÃO DE DISTINÇÃO EM RAZÃO DE PROCEDÊNCIA OU DESTINO

Conforme art. 152, CF, é vedado aos Estados, ao Distrito Federal e aos Municípios estabelecer diferença tributária entre bens e serviços de qualquer natureza em razão de sua procedência ou destino. O mesmo artigo da Carta Magna veda o manejo de alíquotas, de bases de cálculo ou de qualquer outra fórmula tributária em benefício ou prejuízo da economia de entes estatais específicos. O princípio pretende afastar os mecanismos fiscais protetivos e discriminatórios em um ambiente de verdadeira "guerra fiscal". Assim, não podem prosperar as políticas fiscais ofensivas ao pacto federativo e ao mercado de âmbito nacional.

Assim como a regra convive com as exceções, o princípio em tela convive com preceitos constitucionais que imunizam certas operações ou permitem alíquotas distintas em razão da origem ou do destino das mercadorias.

6.10 PRINCÍPIO DA CAPACIDADE CONTRIBUTIVA

Faz parte da isonomia, também, tratar os desiguais de modo desigual, devendo, assim, o tributo ser cobrado de acordo com as possibilidades de cada um (art. 145, § 1º, CF). Não existe uniformidade quanto ao entendimento acerca da capacidade contributiva (capacidade econômica do contribuinte). Os impostos devem ser graduados segundo a medida da possibilidade econômica dos contribuintes de pagar tributos. Nesse caso, há dois critérios a considerar:

- **Critério subjetivo** – Refere-se à condição pessoal do contribuinte (capacidade econômica real).
- **Critério objetivo** – Leva em conta manifestações objetivas de riqueza do contribuinte (bens imóveis, títulos etc. – signos presuntivos de capacidade tributária ou de riqueza).

Não há como objetar que a ordem jurídico-tributária assimilou o critério objetivo. Com efeito, a lei instituidora do tributo considera a aptidão abstrata para suportar a carga tributária. Não se admite, por exemplo, ação judicial para afastar a tributação pela efetiva incapacidade de pagá-la. Um operário, por exemplo, com rendimentos mensais inferiores a dois salários mínimos e proprietário de um apartamento luxuoso, não pode se esquivar do pagamento do IPTU. Por outro lado, a cláusula constitucional "sempre que possível", em tese, pode referir-se ao caráter pessoal dos tributos ou à observância do princípio em comento. Existe uma nítida inclinação doutrinária pela primeira hipótese. Afinal, sempre é possível, pelos mais diversos meios, a observância do princípio da capacidade contributiva.

O princípio da capacidade contributiva tem a finalidade de alcançar a chamada justiça fiscal. Nesse sentido, a Constituição estabelece que o IR e o ITR serão progressivos – alíquotas maiores para valores de base de cálculo mais elevados – e que o IPTU também poderá ser (arts. 153, § 2º, I, 153, § 4º, I, 156, § 1º, I, CF).

A Figura 6.3, a seguir, resume o princípio da capacidade contributiva.

FIGURA 6.3 Princípio da capacidade contributiva

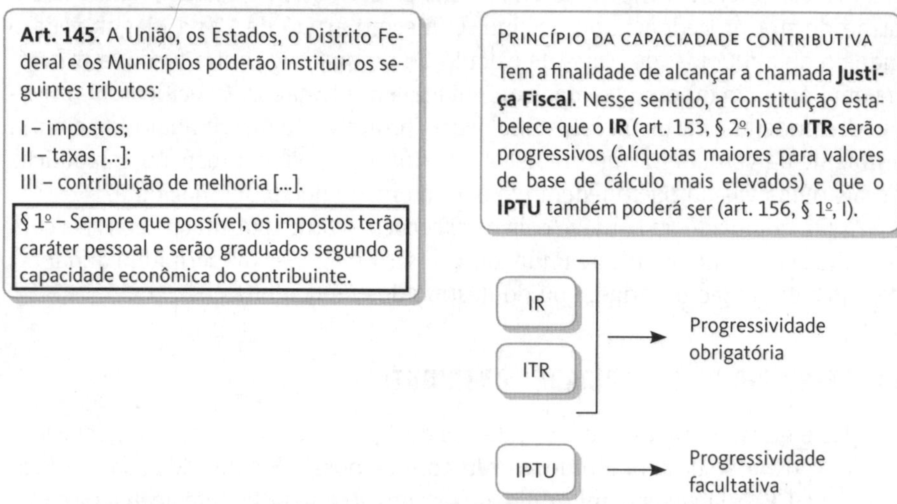

Fonte: Constituição da República Federativa do Brasil de 1988.

6.10.1 Progressividade das alíquotas

Quanto maior a base de cálculo, maior será a alíquota. A progressividade é um meio de exteriorização da capacidade tributária que se entrelaça com a isonomia. De fato, a progressividade é a técnica de incidência de alíquotas variáveis, por meio da qual se permite onerar mais gravosamente aquele que detiver maior riqueza tributável. Quem ganha mais paga mais. Quem ganha menos paga menos.

Antes do aprofundamento do tema progressividade, vale ressaltar que a expressão "sempre que possível", que consta da parte inicial do art. 145, § 1º, CF, sinaliza que há outros meios de exteriorização da capacidade contributiva, como proporcionalidade e seletividade. Há quem sinalize a progressividade implícita para o IPVA; contudo, o artigo não explicita isso (o termo progressividade está ausente no art. 155, § 6º, CF – EC n. 42).

Técnicas para aferir a capacidade contributiva:

- **Proporcionalidade** – A tributação proporcional realiza a capacidade contributiva na medida em que se considera uma alíquota fixa para diversas bases de cálculo, as quais representam o grau de manifestação de riqueza dos sujeitos passivos.
- **Progressividade fiscal de alíquotas** – É a fixação de alíquotas diversas, segundo o aumento da base de cálculo do imposto ou mesmo de dados outros que exteriorizem a manifestação de riqueza (exemplo: alíquotas diferenciadas de IPTU segundo a localização do imóvel urbano).

Impostos que são progressivos (progressividade obrigatória):

- IR – art. 153, § 2º, I, CF.
- IPTU – art. 156, § 1º, I e II, CF, c/c art. 182, § 4º, II, CF.
- ITR – art. 153, § 4º, I, CF, e EC n. 42/2003.

6.10.2 Regressividade

Um tributo é regressivo à medida que tem uma relação inversa com o nível de renda do contribuinte. O inverso ocorre quando o imposto é progressivo, pois aumenta a participação do contribuinte à medida que cresce sua renda. Como exemplo, cite-se o ITR: quanto "maior" a produtividade do imóvel rural, "menor" será a alíquota.

6.10.3 Seletividade

A seletividade de um imposto busca atenuar o impacto negativo da regressividade. Em produtos considerados essenciais, colocam-se ICMS e IPI menores; em produtos supérfluos, e nos desaconselháveis (exemplo: cigarros), colocam-se maiores.

Na CF, há dois impostos seletivos: o ICMS e o IPI. O ICMS é caracterizado por uma seletividade facultativa, em razão da forma como se disciplinou o tema no art. 155, § 2º, III, CF. Quanto ao IPI, a seletividade é considerada obrigatória (art. 153, § 3º, I, CF).

6.10.4 Princípio da imunidade recíproca

Segundo art. 150, VI, *a*, CF, a União, os Estados, o Distrito Federal e os Municípios não podem instituir impostos sobre:

- Patrimônio, renda ou serviço uns dos outros.
- Os entes da Federação, dado que estes não podem tributar entre si. Exemplo: o Estado não pode exigir IPVA de carro da prefeitura. (A imunidade recíproca só atinge os impostos.)
- As autarquias e fundações mantidas pelo Poder Público que possuam finalidade pública.

- Templos de qualquer culto, podendo a imunidade tributária ser estendida a patrimônio, renda e serviços que tenham finalidade religiosa. Exemplos: o estacionamento de um local de culto só estará imune se for utilizado apenas pelos fiéis, mediante pagamento de um valor irrisório, ou a venda de santinhos só terá imunidade se o dinheiro arrecadado for revertido integralmente para a finalidade religiosa do templo.
- Partidos políticos, entidades sindicais de trabalhadores, entidades de educação e entidades de assistência social, que terão imunidade sobre patrimônio, renda e serviços, desde que atendam à sua finalidade essencial. Tais entidades deverão ser constituídas sem fins lucrativos, atendendo aos requisitos da Lei Complementar (art. 14, CTN, e art. 146, II, CF). As entidades de assistência social sem fins lucrativos também não pagam contribuição para a seguridade social (art. 195, § 7º, CF).
- Livros, jornais, periódicos e papel destinado à sua impressão.

A Figura 6.4, a seguir, trata do princípio da imunidade tributária.

FIGURA 6.4 Princípio da imunidade tributária

Art. 150. Sem prejuízo de outras garantias asseguradas ao contribuinte, é vedado à União, aos Estados, ao Distrito Federal e aos Municípios:

VI – instituir impostos sobre:

a) patrimônio, renda ou serviços, uns dos outros;

b) templos de qualquer custo;

c) patrimônio, renda ou serviços dos partidos políticos, inclusive suas fundações, das entidades sindicais dos trabalhadores, das instituições de educação e de assistência social sem fins lucrativos, atendidos os requisitos da lei;

d) livros, jornais, periódicos e o papel destinado a sua impressão.

IMUNIDADE TRIBUTÁRIA

IMUNIDADE
Não incidência do tributo prevista na própria Constituição Federal.

≠

ISENÇÃO
Não incidência estabelecida em lei da Unidade Federativa competente para instituir o tributo.

IMUNIDADE RECÍPROCA

Impede que os entes federados cobrem impostos uns dos outros.

Importante

1) A imunidade refere-se apenas aos impostos sobre Patrimônio (ITR, IGF, ITCMD, IPVA, IPTU, ITBI), Renda (IR) e Serviços (ISS, ICMS – Serviços).
Portanto **não ocorre imunidade recíproca** quanto aos impostos sobre comércio exterior (II, IE), produção (IPI) e circulação (IOF, ICMS – mercadorias).

2) A imunidade é extensiva às autarquias e às fundações instituídas e mantidas pelo Poder Público no que se refere ao patrimônio à renda e aos serviços, vinculados a suas finalidades essenciais ou às delas decorrentes.

Fonte: Constituição da República Federativa do Brasil de 1988.

6.11 PRINCÍPIO DA TIPICIDADE

O tributo só incide no caso de fato ou de situação típica, ou seja, de fato ou de situação previamente descrita em lei. Os princípios tributários podem ser considerados uma forma de limitação ao poder de tributar.

O tipo tributário, ou seja, a diferenciação das espécies tributárias, é definido pela integração lógica de dois fatores: hipótese de incidência e base de cálculo. Assim, se o legislador diz ter instituído uma taxa, mas elege base de cálculo mensuradora de atividade estranha ao Poder Público, então a espécie tributária será, na realidade, um imposto, como já destacamos.

É neste sentido que aponta o princípio tratado no art. 145, § 2º, CF.

6.12 PRINCÍPIOS CONSTITUCIONAIS TRIBUTÁRIOS ESPECÍFICOS

6.12.1 Princípio da não cumulatividade

Os tributos que possuem incidência plurifásica, por incidirem em mais de uma fase na cadeia produtiva, são cumulativos (quando o valor já pago não for descontado na fase atual) ou não cumulativos (quando existir a compensação dos valores). O valor do tributo pago em uma operação deve ser compensado na próxima operação.

A não cumulatividade é aplicada aos seguintes casos:

- IPI (art. 153, § 3º, II, CF).
- ICMS (art. 155, § 2º, I, CF).
- Impostos residuais da União (art. 154, I, CF).
- Contribuições residuais destinadas a garantir a manutenção ou a expansão da Seguridade Social (art. 195, § 4º, CF).

A não cumulatividade é facultativa para as contribuições sociais para a seguridade social de incidentes sobre a receita, sobre o faturamento e sobre a importação (arts. 153, § 3º, II, e 155, § 2º, I, e 154, I, CF).

É de observar que os setores de atividade econômica nos quais as contribuições sociais destinadas à Seguridade Social incidentes sobre a receita, o faturamento e a importação serão não cumulativas devem ser definidos em lei (art. 195, § 12, CF).

CASO PRÁTICO 6.1

Em caso que considerou de grande relevância e urgência, o Presidente da República editou medida provisória, publicada em 25 de outubro e convertida em lei no dia 9 de novembro do mesmo ano, majorando as alíquotas do Imposto Territorial Rural a partir de 1º de janeiro do ano seguinte.

a) Nessa situação hipotética, a majoração das alíquotas do referido imposto foi estabelecida de acordo com o previsto na Constituição Federal?
b) A partir de que momento poderia o imposto com as novas alíquotas ser cobrado?
Fundamente ambas as respostas.

a) Não foi observado o princípio da anterioridade nonagesimal, especificado no art. 150, III, *c*, CF, a seguir transcrito:

> **Art. 150**
> Sem prejuízo de outras garantias asseguradas ao contribuinte, é vedado à União, aos Estados, ao Distrito Federal e aos Municípios:
> [...]
> III – cobrar tributos:
> [...]
> b) no mesmo exercício financeiro em que haja sido publicada a lei que os instituiu ou aumentou;
> c) antes de decorridos noventa dias da data em que haja sido publicada a lei que os instituiu ou aumentou, observado o disposto na alínea *b*; (Incluído pela Emenda Constitucional n. 42, de 19 de dezembro de 2003)

b) Dessa forma, o imposto com as novas alíquotas só poderia ser cobrado após 90 dias contados de 30 de outubro, data de publicação da medida provisória. Assim dispõe a Constituição Federal:

> **Art. 62**
> Em caso de relevância e urgência, o Presidente da República poderá adotar medidas provisórias, com força de lei, devendo submetê-las de imediato ao Congresso Nacional.
> [...]
> § 2º Medida Provisória que implique instituição ou majoração de impostos, exceto os previstos nos arts. 153, I, II, IV, V, e 154, II, só produzirá efeitos no exercício financeiro seguinte se houver sido convertida em lei até o último dia daquele em que foi editada.

É correto indicar como data o dia 1º de janeiro do segundo ano seguinte ao da publicação da MP, em razão da determinação legal de que o fato gerador do Imposto Territorial Rural ocorre em 1º de janeiro (Lei n. 9.393/1996).

EXERCÍCIOS DE FIXAÇÃO

— QUESTÕES DE MÚLTIPLA ESCOLHA

1. Do princípio da legalidade tributária decorre a inconstitucionalidade:

   a) Da lei que confere tratamento diferenciado a contribuintes que se encontrem em situações equivalentes.
   b) Do decreto que determina majoração do imposto.
   c) Da lei que institui imposto sobre templos de qualquer culto.
   d) Da lei que institui imposto com efeito de confisco.

2. São limitações ao poder de tributar, estabelecidas pelo legislador constituinte, **exceto**:

   a) Utilizar tributo com efeito de confisco.
   b) Instituir imposto sobre grandes fortunas por Lei Complementar.
   c) Cobrar tributos em relação a fatos geradores ocorridos antes do início da vigência de lei que os houver instituído ou aumentado.
   d) Instituir impostos sobre jornais.

3. O princípio da capacidade contributiva significa que:

   a) Nenhum tributo pode ser exigido ou aumentado sem lei anterior que o estabeleça.
   b) É vedado à União, aos Estados, ao Distrito Federal e aos Municípios instituir impostos sobre patrimônio, renda ou serviços uns dos outros.
   c) Qualquer subsídio ou isenção relativos a impostos, taxas ou contribuições só pode ser concedido mediante lei específica, Federal, Estadual ou Municipal, que regule exclusivamente as matérias enumeradas ou o correspondente tributo ou contribuição.
   d) Sempre que possível, os impostos terão caráter pessoal e serão graduados segundo a capacidade econômica do contribuinte.

4. Em 20 de novembro de 2012 foi publicada lei majorando as alíquotas dos seguintes tributos: Imposto sobre a Propriedade Territorial Rural, Contribuição para a Seguridade Social e Imposto sobre Operações de Financeiras. As alíquotas majoradas podem ser aplicadas, respectivamente:

   a) No exercício seguinte, 90 dias após e imediatamente.
   b) No exercício seguinte, imediatamente e 90 dias após.
   c) Imediatamente, 90 dias após e no exercício seguinte.
   d) No exercício seguinte, 90 dias após e 90 dias após.

5. Prédio de propriedade da União não pode ser submetido à incidência do Imposto sobre a Propriedade Predial e Territorial Urbana, por força do princípio constitucional da:

   a) Imunidade tributária objetiva.
   b) Isenção tributária.
   c) Imunidade tributária recíproca.
   d) Não diferenciação tributária.

6. Lei da União, publicada em 16 de janeiro de 2012, instituiu contribuição em favor da Seguridade Social incidente sobre concurso de prognósticos. É **correto** afirmar que essa contribuição:

a) É exigível 45 dias após a data da publicação da lei.
b) Só poderá ser exigida 90 dias após a data da publicação da lei instituidora.
c) Pode ser exigível a partir da publicação da lei que a criou.
d) É inconstitucional, pois falece competência à União para instituí-la.

7. O Poder Executivo, atendidas as condições e os limites estabelecidos em lei, pode alterar as alíquotas dos seguintes tributos:

a) IR, IPI, II e IE.
b) ITR, IOF, II e IE.
c) IOF, IPI, II e IE.
d) II, IE, ICMS e ISS.

8. Lei federal que fixa alíquotas aplicáveis ao Imposto sobre Produtos Industrializados estabeleceu que a alíquota referente a navios produzidos no Estado do Rio de Janeiro é de 1%, e a dos produzidos no resto do país, 8%. Tal disposição vulnera o princípio constitucional da:

a) Seletividade do imposto sobre produtos industrializados.
b) Uniformidade geográfica da tributação.
c) Liberdade de trânsito.
d) Capacidade contributiva.

9. A vedação de estabelecer limitações ao tráfego interestadual de mercadorias refere-se a:

a) Taxa.
b) Multa.
c) Tributo.
d) Imposto.

10. A chamada imunidade recíproca, que beneficia a União, os Estados, o Distrito Federal e os Municípios, não impede que uma dessas pessoas de direito público interno lance sobre as outras:

a) Todos os tributos de sua competência, excetuadas as taxas.
b) Taxas e contribuições de melhoria.
c) Impostos sobre renda, patrimônio, produção e circulação.
d) Impostos sobre serviços, produção e circulação e comércio exterior.

CAPÍTULO 7 Imunidades tributárias

OBJETIVO

- Demonstrar, justificar e identificar a importância e a efetividade das imunidades tributárias na limitação da competência tributária.

7.1 DISTINÇÃO ENTRE INCIDÊNCIA, NÃO INCIDÊNCIA, IMUNIDADE E ISENÇÃO

As distinções são as seguintes:

- **Incidência** – Verifica-se quando o fato concreto (fato imponível) subsume-se (ajusta-se) à hipótese prevista na norma (hipótese de incidência). Corresponde ao fato ou à situação em que o tributo é devido. Dado o fato gerador concreto, recai ou incide sobre ele o tributo previsto na lei.
- **Não incidência** – Verifica-se quando não ocorre nenhum fato ou quando ocorre um fato tributariamente irrelevante (fato não imponível). Corresponde a um fato ou a uma situação que ficou fora do alcance da norma tributária. Pode decorrer de imunidade ou de isenção, podendo ser também pura e simples, como quando o Poder Público se abstém de tributar determinada operação, embora nada o impeça de fazê-lo. Por vezes, porém, fatos tributariamente irrelevantes podem tornar-se tributariamente relevantes, bastando que o ente político o defina como fato imponível. Exemplo: possuir grande fortuna – a União pode criar o Imposto sobre Grandes Fortunas, dado que a Constituição Federal de 1988 prevê sua competência legislativa para tanto.
- **Imunidade** – Hipótese de não incidência tributária constitucionalmente qualificada.
- **Isenção** – Hipótese de não incidência tributária legalmente qualificada.

Os regimes jurídicos da imunidade e da isenção são diversos, embora o efeito seja o mesmo: o não pagamento de tributo. Sustenta-se que as hipóteses de imunidade constituem cláusulas pétreas (garantias individuais).

7.1.1 Imunidades

A imunidade tributária pode ser entendida como uma proibição constitucional, imposta aos entes políticos, ao exercício do poder de tributar em determinadas situações enumeradas pela Constituição. São situações em que a norma tributária é afastada por uma norma constitucional. Trata-se de uma limitação da competência tributária dos entes federativos determinada pela Constituição ou uma não incidência por ela qualificada (art. 146, II, e art. 150, VI, CF). A imunidade consiste na vedação constitucional do tributo. A Constituição Federal proíbe a instituição de tributos em certos casos; então, imunidades são hipóteses de não incidência tributária constitucionalmente qualificada.

Desobedecer a uma situação de imunidade equivale a desobedecer à Constituição. Baleeiro, citado por Carrazza,[1] é claro nesse sentido: "Imunidades tornam inconstitucionais as leis ordinárias que as desafiam".

Imunidade vem de *imunitas*, que significa "guarda, proteção". A imunidade ocorre quando a regra constitucional impede a incidência da regra jurídica de tributação, criando um direito subjetivo público de exigir que o Estado se abstenha de cobrar tributos. Logo, o que é imune não pode ser tributado por ausência de competência tributária para tanto.

Os casos de imunidade só existem em relação a impostos: art. 150, VI, CF (tributos não vinculados). Não há imunidade com relação a taxas ou contribuições.

O art. 150, VI, *c*, CF, não é autoaplicável, pois depende de Lei Complementar para regular as limitações constitucionais ao poder de tributar, devendo, portanto, obedecer aos requisitos do art. 14 e incisos, CTN, *in verbis*:

Art. 14.

O disposto na alínea *c* do inciso IV do art. 9º é subordinado à observância dos seguintes requisitos pelas entidades nele referidas:

I - não distribuírem qualquer parcela de seu patrimônio ou de suas rendas, a qualquer título;

II - aplicarem integralmente, no país, os seus recursos na manutenção dos seus objetivos institucionais;

III - manterem escrituração de suas receitas e despesas em livros revestidos de formalidades capazes de assegurar sua exatidão.

§ 1º Na falta de cumprimento do disposto neste artigo, ou no § 1º do art. 9º, a autoridade competente pode suspender a aplicação do benefício.

§ 2º Os serviços a que se refere a alínea *c* do inciso IV do art. 9º são, exclusivamente, os diretamente relacionados com os objetivos institucionais das entidades de que trata este artigo, previstos nos respectivos estatutos ou atos constitutivos.

---

1. CARRAZZA, Roque Antonio. *ICMS*. 17. ed. São Paulo: Malheiros, 2015. p. 29.

Há uma aparente exceção (art. 5º, XXXIV, CF). Aparente, porque o termo **taxa** foi empregado em sentido leigo: "São a todos assegurados, independentemente do pagamento de taxas [...]". Taxas, neste caso, têm o significado de emolumentos. São proibições absolutas, previstas na Constituição Federal, ao exercício da competência tributária (poder de tributar). É o instituto constitucional, materializando uma dispensa constitucional de pagamento de tributo.

As isenções são hipóteses de exclusão do crédito tributário previstas em lei. Na isenção existe a hipótese de incidência; o fato gerador ocorre, mas impede-se a constituição do crédito tributário. Se não houver exclusão direta pelo texto constitucional, mas sim previsão de que uma lei exclua, não teremos imunidade. Exemplo: o art. 156, § 3º, II, CF, diz que, em relação ao ISS, "cabe à Lei Complementar excluir da sua incidência exportações de serviços para o exterior". Isto é uma isenção.

O Quadro 7.1, a seguir, tece um comparativo entre imunidades e isenções.

QUADRO 7.1 Comparação de imunidades com isenções

Imunidades	Isenções
Previsão na Constituição Federal.	Previsão na lei.
Impede a atuação do legislador.	Impede a atividade administrativa do lançamento.
Exclui a hipótese de incidência.	Não exclui a hipótese de incidência.
Não há obrigação tributária.	Há obrigação tributária.
Não há crédito tributário.	Não há crédito tributário.

Fonte: Constituição da República Federativa do Brasil de 1988.

A Constituição prevê hipóteses de imunidades ao IPI (art. 153 § 3º, III), ao ITR (art. 153, § 4º, II), ao ICMS (art. 155, § 2º, *x*) e ao ITBI (art. 156, § 2º, I).

7.1.2 Imunidades subjetivas, objetivas e mistas

Outra classificação das imunidades está voltada para a forma de previsão ou a maneira de sua incidência.

A imunidade tributária é sempre subjetiva porque beneficia pessoas. Na teoria clássica, as imunidades tributárias subjetivas ou pessoais são aquelas conferidas de acordo com a condição de determinada pessoa, atribuída a sujeitos, em função da presença de elementos objetivos, como o patrimônio, a renda ou os serviços relacionados com as finalidades essenciais das entidades beneficiadas ou dela oriundas, conforme prevê o art. 150, §§ 2º e 4º, CF.

A imunidade subjetiva é atributo de personalidade jurídica de certos entes. As pessoas atingidas pelo direito da imunidade tributária subjetiva não têm capacidade tributária para figurar no polo passivo do vínculo obrigacional decorrente de aplicações fiscais abrangidas pela norma vedante. Como exemplo de imunidades subjetivas temos a imunidade recíproca de pessoas políticas, autarquias e fundações instituídas e mantidas pelo Poder Público, assim como a de templos, entidades sindicais de trabalhadores, partidos políticos e suas fundações, instituições de educação e assistência social sem fins lucrativos. Refere-se à imunidade de impostos sobre o patrimônio, a renda e os serviços de partidos políticos, fundações, entidades sindicais dos trabalhadores, instituições de educação e de assistência social sem finalidade lucrativa, desde que atendam os requisitos exigidos pela lei.

As imunidades objetivas ou reais estão relacionadas a determinados fatos, bens ou situações e versam sobre coisas, embora também beneficiem pessoas. De maneira exemplificada, temos a imunidade tributária sobre livros, jornais e periódicos, e sobre o papel destinado à impressão destes, de acordo com a disposição do art. 150, VI, *d*, CF.

Carrazza[2] pende para uma terceira classificação, a imunidade mista, que alcança a pessoa em razão de sua natureza jurídica e relacionada a determinados fatos bens ou situações. Essa imunidade é chamada de objetiva, pois pouco importa a quem pertença o livro ou o jornal, recaindo a imunidade especificamente sobre a coisa, sem discriminação ou escolha, em hipótese alguma, sobre o conteúdo material cultural em questão. O papel destinado a impressão nada mais é que o suporte físico desse conhecimento e dessas informações, daí que o constituinte também deu a ele o tratamento da imunidade.

O exemplo de imunidade mista é a casuística prevista no art. 153, § 4º, CF, que exonera o Imposto Territorial Rural para "pequenas glebas rurais, definidas em lei, quando as explore o proprietário que não possua outro imóvel".

As imunidades subjetivas reportam-se aos impostos diretos e as imunidades objetivas, aos impostos indiretos.

7.1.3 Imunidades ontológicas e políticas

As imunidades ontológicas são reconhecidas *de jure* como resultado de um princípio constitucional, tendo a isonomia em suas variadas manifestações a ligação que identifica as imunidades dessa natureza, seja diante do princípio da capacidade contributiva ou, com efeito, do princípio da autonomia das pessoas políticas. Como exemplo, temos a imunidade conferida às instituições de educação e de assistência social sem fins lucrativos. A imunidade, neste caso, é decorrente do relevante serviço público prestado e da ausência de capacidade contributiva de tais instituições, pois estas devem canalizar seus parcos recursos para sua atividade-fim. O ente beneficiado pode ter capacidade econômica, mas pode não ter capacidade contributiva.

---

2. CARRAZZA, 2015.

Não pode haver entendimento que a capacidade contributiva está diretamente relacionada à capacidade econômica. No caso específico das entidades de educação e de assistência social sem fins de lucro, suas atividades estão voltadas para o atendimento de serviço público de alto alcance e relevo social, e mesmo que seu patrimônio ou renda tenha valores pecuniários consideráveis do ponto de vista econômico, isto não induz à capacidade contributiva, devendo ser considerado para efeito das imunidades tributárias o papel de caráter público desempenhado pelas instituições beneficiadas.

Quanto às imunidades políticas, estas são conferidas para prestigiar outros princípios constitucionais e podem beneficiar pessoas que têm capacidade contributiva. Como exemplos temos a imunidade dos templos, das entidades sindicais de trabalhadores, dos partidos políticos e suas fundações, dos jornais, periódicos e do papel destinado à sua impressão.

7.1.4 Imunidades explícitas e implícitas

A regra geral do nosso ordenamento jurídico é a existência de normas exonerativas da incidência tributária de formas explícitas, perfeitamente identificáveis no texto constitucional. As imunidades políticas, destacadas em linhas volvidas, são exemplos.

Quanto às imunidades implícitas, mesmo diante da inexistência de normas expressas que as alberguem, são buscadas de princípios do nosso sistema jurídico. Exemplificadamente, temos as imunidades recíprocas, que derivam da incapacidade contributiva das pessoas políticas e dos princípios federativo e da autonomia municipal, e ainda as imunidades cotejadas às entidades de educação e de assistência social sem fins lucrativos, também norteadas na incapacidade contributiva e no princípio da isonomia.

O elenco das imunidades aos tributos é aberto e incompleto, sendo as imunidades implícitas aquelas relativas à profissão, à família, ao acesso à Justiça e à personalidade do cidadão.

7.1.5 Imunidades incondicionadas e condicionáveis

A norma constitucional imunizante tem eficácia plena e aplicabilidade imediata; a imunidade é incondicionada. Como exemplo, citam-se as imunidades recíprocas das pessoas políticas.

Caso a norma constitucional que alberga a imunidade seja de eficácia contida e aplicabilidade imediata, com restrições, temos a imunidade **condicionável**, sendo sua fruição estatuída ou não pelo legislador infraconstitucional. Como exemplo temos as imunidades das instituições de educação e assistência social sem fins lucrativos que, para auferirem o benefício, devem atender a requisitos da Lei Complementar.

7.2 PRINCIPAIS HIPÓTESES DE IMUNIDADE

A imunidade não compreende os impostos incidentes sobre a produção e a circulação de riquezas, como o IPI e o ICMS (art. 153, § 3º, II; art. 155, § 2º, X; e art. 150, VI, § 3º, CF).

Observações:

1. **Imunidade concedida a empresa pública**

   A Empresa Brasileira de Correios e Telégrafos (ECT) está abrangida pela imunidade tributária recíproca prevista no art. 150, VI, *a*, CF, haja vista tratar-se de prestadora de serviço público de prestação obrigatória e exclusiva do Estado ("**Art. 150.** Sem prejuízo de outras garantias asseguradas ao contribuinte, é vedado à União, aos Estados, ao Distrito Federal e aos Municípios: [...] VI – instituir impostos sobre: a) patrimônio, renda ou serviços, uns dos outros"). Com base nesse entendimento, a 2ª Turma reformou acórdão do TRF da 4ª Região que, em sede de embargos à execução opostos por Município, entendera que a atual Constituição não concedera tal privilégio às empresas públicas, tendo em conta não ser possível o reconhecimento de que o art. 12 do Decreto-Lei n. 509/1969 garanta o citado benefício à ECT. Afastou-se, ainda, a invocação ao art. 102, III, *b*, CF, porquanto o tribunal *a quo* decidira que o art. 12 do mencionado Decreto-Lei não fora, no ponto, recebido pela CF de 1988. Salientou-se, ademais, a distinção entre empresa pública como instrumento de participação do Estado na economia e empresa pública prestadora de serviço público RE 407.099/RS – Rio Grande do Sul.

   > Recurso Extraordinário. Relator(a): Min. Carlos Velloso. Julgamento: 22.06.2004, órgão julgador: 2ª Turma.
   > EMENTA CONSTITUCIONAL. TRIBUTÁRIO. EMPRESA BRASILEIRA DE CORREIOS E TELÉGRAFOS: IMUNIDADE TRIBUTÁRIA RECÍPROCA: CF, art. 150, VI, *a*. EMPRESA PÚBLICA QUE EXERCE ATIVIDADE ECONÔMICA E EMPRESA PÚBLICA PRESTADORA DE SERVIÇO PÚBLICO: DISTINÇÃO. I – As empresas públicas prestadoras de serviço público distinguem-se das que exercem atividade econômica. A Empresa Brasileira de Correios e Telégrafos é prestadora de serviço público de prestação obrigatória e exclusiva do Estado, motivo por que está abrangida pela imunidade tributária recíproca: CF, art. 150, VI, *a*. II – RE conhecido em parte e, nessa parte, provido.

2. **Imunidade concedida a sociedade de economia mista**[3]

   Nos autos de Recurso Extraordinário n. 583.345/RO (Caerd x Município de Ji-Paraná), Ministro Eros Grau, foi proferida decisão de mérito favorável à Caerd,

---

3. Caerd consegue imunidade tributária no STF. *Gente de Opinião*. Disponível em: <http://www.gentedeopiniao.com.br/lerConteudo.php?news=35365>. Acesso em: 14 nov. 2018.

garantindo-lhe a imunidade tributária. Nos autos de Agravo de Instrumento n. 686.611/RO (Caerd x Município de Pimenta Bueno), Ministro Gilmar Mendes, foi proferida decisão de mérito favorável à Caerd, garantindo-lhe a imunidade tributária. Na oportunidade, após citar vários precedentes do STF, o Ministro Presidente do STF à época, proclamou: "Assim, conheço do recurso e dou-lhe provimento (art. 557, § 1º-A, do CPC) para declarar a imunidade da agravante quanto à cobrança de impostos. Determino a inversão dos ônus da sucumbência. A jurisprudência ficou consolidada ainda nos seguintes julgamentos: AC 1.549/RO, Ministro Celso de Mello, referendada a unanimidade pela 2ª Turma; AC 1.550/RO, Ministro Gilmar Mendes, referendada a unanimidade pela 2ª Turma; AC 1.582/RO, Ministro Joaquim Barbosa, também referendada.

3. **Concessão de efeito suspensivo e situação excepcional**
O Tribunal concedeu medida cautelar em ação cautelar ajuizada pela Companhia de Águas e Esgotos de Rondônia (Caerd) para suspender os efeitos de acórdão proferido pelo Tribunal de Justiça do referido Estado-Membro em apelação, até julgamento de agravo de instrumento interposto contra decisão que não admitira recurso extraordinário da empresa no qual pretende seja reconhecido seu direito à imunidade recíproca incidente sobre o fato gerador do IPTU (CF, art. 150, VI, a). Entendeu-se que, em situações excepcionais, nas quais são patentes a plausibilidade jurídica do pedido - decorrente do fato de a decisão recorrida contrariar jurisprudência ou súmula do STF - e o perigo de dano irreparável ou de difícil reparação - consubstanciado pela execução do acórdão recorrido -, o Tribunal poderá deferir a medida cautelar mesmo que o recurso extraordinário tenha sido objeto de juízo negativo de admissibilidade e o agravo de instrumento interposto contra essa decisão ainda não se encontre sob a jurisdição do STF. Considerou-se que, no caso, o acórdão objeto do recurso extraordinário parece afrontar jurisprudência da Corte firmada no julgamento do RE 407.099/RS (DJU, 06.08.2004), tendo em conta que a Caerd é sociedade de economia mista prestadora do serviço público obrigatório de saneamento básico, portanto abrangida pela aludida imunidade tributária. Além disso, ressaltou-se ser manifesta a urgência da pretensão cautelar, porquanto, com a execução do acórdão recorrido, a companhia será obrigada a pagar os débitos tributários em discussão, gerando a inscrição em dívida ativa e as consequências oriundas desse fato.
AC 1.550 MC/RO, Relator: Min. Gilmar Mendes, 06 de fevereiro de 2007 (AC-1550).

7.2.1 Imunidades genéricas

- **Imunidade recíproca** (Art. 150, VI, *a*, CF) - É vedado às pessoas políticas instituir impostos sobre o patrimônio, renda ou serviços umas das outras. Protege o pacto federativo (art. 60, § 4º, I, CF) e não abrange os impostos indiretos. Esta imunidade estende-se às autarquias e fundações mantidas pelo Poder Público somente no que se refere ao patrimônio, renda e serviços vinculados às finalidades essenciais dessas instituições (art. 150, § 2º, CF) e não se aplica às sociedades de economia mista e às empresas públicas (art. 150, § 3º, CF).

- **Imunidade dos templos de qualquer culto** (Art. 150, VI, *b*, CF), desde que não sejam ofensivos à moral, aos bons costumes ou à segurança nacional – Cabe ao ente político provar que o culto é imoral ou atentatório aos bons costumes ou à segurança nacional. A imunidade, nesse caso, tem por finalidade assegurar a liberdade de crença e o livre-exercício dos cultos religiosos.

Há uma tendência em favorecer os cultos e, nesse sentido, têm-se alcançado a loja maçônica e os templos positivistas. Também são considerados imunes os anexos do templo, todas as atividades que viabilizam o culto (exemplo: casa paroquial, abadia, seminário, convento etc.). O fundamento encontra-se no art. 150, § 4º, CF: a imunidade compreende apenas o patrimônio, a renda e os serviços relacionados com as finalidades essenciais das entidades nelas mencionadas.

Pela teoria moderna, o templo suplanta os conceitos clássicos de **coisa** e de **atividade** (locais mais anexos), sendo demarcado como entidade. A teoria do "templo-entidade" define-o de modo abrangente, como Igreja ou Instituição. Com efeito, o sentido foi de atrelá-lo à organização ou à instituição. O art. 150, § 4º, CF, menciona, expressamente, entidade, ratificando a inteligência da teoria moderna.

A entidade, conceitualmente, extrapola o plano *universitas serum* (conjunto de coisas), aproximando-se de todas as manifestações, relevantes ao fenômeno tributário que tendem à difusão do culto. Ademais, o art. 150, § 4º, CF, dispõe acerca da finalidade "relacionada" com as finalidades essenciais, o que parece justificar ainda mais a teleologia da teoria moderna. Assim, deve-se afastar a incidência de impostos sobre as atividades do templo – essenciais ou não –, desde que se comprovem, tais como o reinvestimento do valor arrecadado na consecução dos objetivos institucionais da Igreja (exemplo: renda de aluguéis de prédio, de estacionamento etc.). Já se a Igreja aluga o imóvel para a realização de seus cultos, o proprietário deste não se torna imune aos impostos incidentes.

A Constituição Federal objetivou a liberdade religiosa, defendida igualmente no preâmbulo constitucional, que menciona a proteção de Deus, sem demonstrar qualquer sectarismo.

7.2.1.1 PARTIDOS POLÍTICOS

A atividade política é fundamental para a sustentação do regime democrático, devendo a liberdade política ser difundida; entretanto, a imunidade só abrange os partidos devidamente registrados no Tribunal Superior Eleitoral (TSE).

A imunidade abrange os partidos políticos e suas fundações, os sindicatos de empregados e as instituições de educação e assistência social sem fins lucrativos, obedecidos os requisitos apontados na Lei (art. 150, VI, *c*, CF): essa lei, conforme dispõe o art. 146, II, CF, é Lei Complementar. As instituições de educação pagam as contribuições sociais para a seguridade social, enquanto as instituições de assistência social não pagam tais contribuições. O art. 14, CTN, dispõe acerca dos requisitos necessários à fruição desta imunidade. Note-se que a regulamentação das imunidades é matéria de Lei Complementar, e tais requisitos somente poderão ser modificados por lei deste porte.

O art. 150, VI, *c*, CF não é autoaplicável; depende de Lei Complementar (art. 146, II, CF) para regular as limitações constitucionais ao poder de tributar; devem obedecer, portanto, aos requisitos do art. 14 e incisos CTN. Note-se que a regulamentação das imunidades é matéria de Lei Complementar e tais requisitos somente poderão ser modificados por lei deste porte.

7.2.1.2 INSTITUIÇÕES DE ASSISTÊNCIA SOCIAL

A política de assistência social é realizada por meio de um conjunto integrado de ações e de iniciativas públicas e da sociedade. Esta atuação da sociedade ocorre por meio das organizações, instituições e entidades de assistência social, que não possuem fins lucrativos e que desenvolvem, de forma permanente, continuada e planejada, atividades de atendimento e assessoramento, e que atuam na defesa e garantia de direitos.

As entidades de assistência social fazem parte do Sistema Único de Assistência Social como prestadoras complementares de serviços socioassistenciais e como cogestoras, por meio da participação nos conselhos de assistência social.

7.2.1.3 ENTIDADES SINDICAIS

Visa à proteção da liberdade sindical, com vista ao fortalecimento do lado mais fragilizado da relação laboral; dessa forma, só são imunes a impostos os sindicatos dos empregados ou as entidades obreiras, mas apenas aquelas representativas dos hipossuficientes.

7.2.1.4 INSTITUIÇÕES DE EDUCAÇÃO

A imunidade visa à difusão do ensino e da cultura (art. 150, VI, *c*, CF), abrangendo todos os tipos de ensino, escolas, universidades, cursos de idiomas etc., desde que sem fins lucrativos (art. 14, CTN).

Para o Supremo Tribunal Federal, a lista telefônica, as apostilas didáticas e os álbuns de figurinhas são imunes, assim como os periódicos, independentemente da ausência de caráter noticioso e/ou literário.

De acordo com a Súmula n. 657 do STF, "A imunidade prevista no art. 150, VI, *d*, CF, abrange os filmes e papéis fotográficos necessários à publicação de jornais e periódicos".

O livro, o jornal e o periódico, bem como o papel destinado à sua impressão (art. 150, VI, *d*, CF): a Constituição objetiva a liberdade de imprensa e a livre difusão do pensamento, não importando seu conteúdo.

O papel que não se destina à impressão não está imune à tributação. Os livros raros e o livro eletrônico são abrangidos pela imunidade. Sobre os insumos (tinta, cola, máquina impressora etc.), o STF decidiu que não são livres dos impostos; a imunidade restringe-se aos livros, jornais, periódicos e ao papel destinado à sua impressão.

Livros que não estão imunes: livro de ata, livro de bordo, livro de ouro, livro-diário etc., porque não se destinam à propagação de pensamentos.

Essa imunidade é **objetiva**; refere-se apenas ao objeto (livro, periódico ou papel de impressão), e não subjetiva (pessoa); portanto, o autor do livro ou o dono do jornal pagam seus impostos pessoais, normalmente.

- **Art. 150, § 2º, CF:** são imunes a tributos por meio de impostos as autarquias e as fundações públicas, pois descendem diretamente das pessoas políticas.
- **Art. 150, § 3º, CF:** estabelece que a imunidade de que desfrutam as pessoas políticas, suas autarquias e fundações não alcança as atividades regidas pelo direito privado e os serviços públicos em que haja pagamento de taxa ou tarifa pelo usuário, tampouco desonera o promitente comprador de seus imóveis do dever de pagar ITBI.

A Súmula n. 724 do STF expressamente se refere às entidades mencionadas no art. 150, VI, *c*, CF.

As imunidades tributárias específicas dizem respeito a um único imposto.

- **Art. 153, § 3º, III, CF – IPI:** são imunes ao IPI as exportações de produtos industrializados.

Todos aqueles componentes que, de alguma maneira, contribuírem para a finalização do produto a ser exportado, como peças de geladeira destinadas ao exterior, são também favorecidos por essa imunidade tributária específica. Para o Poder Público, contudo, apenas o exportador imediato é imune ao pagamento do IPI.

- **Art. 153, § 4º, II, CF – ITR:** não incidirá ITR sobre pequenas glebas rurais, definidas em lei, quando as explore o proprietário que não possua outro imóvel.

A Constituição Federal de 1988 remeteu à Lei Complementar a tarefa de dizer o que é pequena gleba rural.

- **Art. 155, § 2º, X, CF – ICMS:** não incidirá ICMS sobre operações que destinem mercadorias para o exterior, nem sobre serviços prestados a destinatários no exterior, assegurados a manutenção e o aproveitamento do montante do imposto cobrado nas operações e prestações anteriores.

Surgiu, então, a Lei Complementar n. 87/1996 (Lei Kandir), que em seu art. 3º, II, isenta de ICMS quaisquer outras exportações (produtos semielaborados ou primários). Questiona-se a constitucionalidade dessa lei, que retira dos Estados sua competência tributária.

Também não incidirá ICMS sobre operações que destinem a outros Estados petróleos, inclusive lubrificantes, combustíveis líquidos e gasosos dele derivados, e energia elétrica. E igualmente sobre o ouro, quando for ativo financeiro ou instrumento cambial.

- **Imunidade das instituições de educação:** as instituições de educação sem fins lucrativos, desde que atendam aos requisitos da lei, estão imunes aos impostos sobre patrimônio, renda e serviços, e às contribuições sociais para a Seguridade Social.
- **Imunidade das instituições de assistência social:** as instituições de assistência social sem fins lucrativos, desde que atendam aos requisitos da lei, estão imunes aos impostos sobre patrimônio, e à renda, aos serviços, e às contribuições sociais para a Seguridade Social.
- **As operações interestaduais com energia elétrica e petróleo (combustíveis líquidos e gasosos resultantes de petróleo):** a Lei Kandir (art. 3º, III) restringiu a imunidade a operações interestaduais para fins de comercialização ou industrialização – outro artigo de constitucionalidade duvidosa, pois se trata de lei infraconstitucional que restringe disposição constitucional. Operações com ouro, quando utilizado como ativo financeiro ou instrumento cambial (art.3º, IV, LC 87/1996).
- **Art. 156, II, *in fine*, CF – ITBI:** não incide ITBI sobre os direitos reais de garantias que recaem sobre imóveis (hipoteca e anticrese). Hipoteca é o direito real de garantia incidente sobre o imóvel do devedor ou de terceiro, sem transmissão de sua posse ao credor (arts. 1.473 e ss., CC). Anticrese é o direito real de garantia incidente sobre o imóvel do devedor ou de terceiro, com transmissão de sua posse ao credor para que este perceba e receba seus frutos, imputando-os ao débito (arts. 1.506 e ss., CC).
- **Art. 156, § 2º, I, CF – ITBI:** não incide ITBI sobre a transmissão de bens ou direitos incorporados ao patrimônio de pessoa jurídica em realização de capital, nem sobre a transmissão de bens ou direitos decorrentes de fusão, incorporação, cisão ou extinção de pessoa jurídica, salvo se, nesses casos, a atividade preponderante do adquirente for a compra e venda desses bens ou direitos, locação de bens imóveis ou arrendamento mercantil.

- **Art. 184, § 5º, CF:** são "imunes" de impostos federais, estaduais e municipais as transferências de imóveis desapropriados para fins de reforma agrária. Trata-se de imunidade, não de isenção, pois, quando a não incidência de impostos é constitucionalmente qualificada, tem-se a imunidade.

Além das imunidades presentes no art. 150, VI, podem-se constatar outras dispersas na Constituição Federal, conforme se vê no Quadro 7.2, a seguir.

QUADRO 7.2 Outras imunidades existentes na Constituição Federal

Art. 5º, XXXIV	Exercício do direito de petição e obtenção de certidões.
Art. 153, § 3º	Produtos industrializados destinados ao exterior.
Art. 153, § 4º, II	Pequenas glebas rurais.
Art. 155, § 2º, X, *a*	Operações que destinem mercadorias para o exterior.
Art. 155, § 2º, X, *b*	Operações que destinem a outros Estados petróleo, inclusive lubrificantes, combustíveis líquidos e gasosos dele derivados, e energia elétrica.
Art. 155, § 2º, X, *d*	Prestação de serviços de comunicação nas modalidades de radiodifusão sonora e de sons e imagens de recepção livre e gratuita.
Art. 155, § 3º	Operações relativas a energia elétrica, serviços de telecomunicações, derivados de petróleo, combustíveis e minerais do país.
Art. 156, II	Transmissão de direitos reais de garantia (penhor, hipoteca e anticrese).
Art. 156, § 2º	Transmissão de bens ou direitos incorporados ao patrimônio de pessoa jurídica em realização de capital e a transmissão de bens ou direitos decorrentes de fusão, incorporação, cisão ou extinção de pessoa jurídica.
Art. 156, § 3º	Exportação de serviços para o exterior.
Art. 184, § 5º	Operações de transferência de imóveis desapropriados para fins de reforma agrária.
Art. 195, II	Aposentadoria e pensão concedidas pelo regime geral de previdência social.
Art. 195, § 7º	Entidades beneficentes de assistência social que atendam às exigências estabelecidas em lei.

Fonte: Constituição da República Federativa do Brasil de 1988.

7.3 IMUNIDADE DE TAXAS

São imunes de taxas os seguintes serviços públicos:

- Impetração de *habeas corpus* e *habeas data* e a propositura de ação popular (art. 5º, LXXIII e LXXVII, CF).
- Registro civil de nascimento e certidão de óbito para os reconhecidamente pobres (art. 5º, LXXVI, CF), bastando para o reconhecimento da condição de pobre uma declaração do próprio interessado ou a rogo do analfabeto com duas testemunhas (art. 30, Lei n. 6.015/1973).

- Celebração de casamento civil (art. 226, § 1º, CF) – a celebração do casamento é imune, mas o registro não.
- Assistência jurídica para quem não possuir recursos (art. 5º, LXXIV, CF).
- Petições aos Poderes Públicos em defesa de direitos ou contra ilegalidade ou abuso de poder, bem como certidões fornecidas por repartições públicas na defesa de direitos pessoais (art. 5º, XXXIV, CF).

7.4 IMUNIDADE DE CONTRIBUIÇÕES ESPECIAIS

São imunes de contribuições sociais (gerais e para Seguridade Social) e das Cides as receitas decorrentes de exportação (art. 149, § 2º, I, CF).

As entidades beneficentes de assistência social têm imunidade das contribuições para a Seguridade Social, conforme os requisitos da lei (art. 195, § 7º, CF). Essa lei deve ser complementar, em virtude da interpretação conjunta com o art. 146, II, CF. Cumpre essa função o art. 14 CTN.

As aposentadorias e pensões do regime geral da previdência (trabalhadores da iniciativa privada) estão imunes às contribuições sociais para a Seguridade Social (art. 195, II, CF).

7.5 IMUNIDADES E OBRIGAÇÕES ACESSÓRIAS

As pessoas imunes não estão dispensadas de cumprimento das obrigações acessórias.

CASO PRÁTICO 7.1

A empresa Xantom, importadora de revistas estrangeiras, foi surpreendida pela cobrança, por parte do Fisco Federal, de Imposto de Importação (II) e Imposto sobre Produtos Industrializados (IPI) sobre a importação de revistas norte-americanas, especificamente *Playboy*, *Hustler* e *Penthouse* (revistas de entretenimento e fotos de homens e mulheres nus). Alegou o Fisco Federal que, apesar da importação de tais produtos ser permitida pela legislação em vigor, não constituindo qualquer espécie de prática ilícita, as referidas revistas não continham qualquer conteúdo intelectual ou cultural que justificasse o não pagamento de tributos na importação. Como advogado da empresa Xantom, que argumentos poderão ser utilizados em sua defesa? Fundamente.

Deve ser alegada a imunidade a impostos dos livros, jornais, periódicos e o papel destinado a sua impressão, previsto no art. 150, VI, *d*, CF. O conteúdo do periódico não é motivo para restringir a imunidade. Assim, periódicos que contenham fotos de modelos nus ou matérias de entretenimento também estão albergados pela imunidade tributária.

EXERCÍCIOS DE FIXAÇÃO

— QUESTÕES DE MÚLTIPLA ESCOLHA

1. O instituto da imunidade tributária implica:

a) Dispensa do cumprimento da obrigação tributária.
b) Vedação ao poder de tributar.
c) Desconstituição do crédito tributário.
d) Obrigação de lançar mas não cobrar o tributo.

2. Imunidade é:

a) Dispensa legal do pagamento do tributo ou penalidade pecuniária.
b) Limitação constitucional ao poder de tributar.
c) Limitação à cobrança de tributos estaduais e municipais, imposta pela União, por meio de Lei Complementar nacional.
d) Forma especial de exclusão do crédito tributário.

3. É vedado à União, aos Estados, ao Distrito Federal e aos Municípios instituir impostos sobre patrimônio, renda ou serviços das instituições de educação e de assistência social sem fins lucrativos. No entanto, de acordo com o Código Tributário Nacional, tal imunidade tributária é subordinada à observância, pelas referidas instituições, do seguinte requisito, entre outros:

a) aplicar integralmente no Brasil ou em suas controladas no exterior os seus recursos na manutenção dos seus objetivos institucionais.
b) Não distribuir qualquer parcela de seu patrimônio ou de suas rendas, a qualquer título.
c) No caso de instituições de educação, oferecer gratuitamente pelo menos 50% das vagas de seus cursos regulares a alunos carentes.
d) Não remunerar seus empregados com salários superiores aos pagos por empresas públicas, quando se tratar de cargos de iguais atribuições.

4. Pode-se afirmar, quanto às imunidades, que:

a) A lei da pessoa política titular da competência tributária que a instituiu deve identificar todas as condições necessárias para o seu gozo, além de identificar a classe de contribuintes beneficiada.
b) A denominada imunidade recíproca não alcança as autarquias e as fundações instituídas e mantidas pelo Poder Público.
c) As instituições de educação e de assistência social sem fins lucrativos são imunes às contribuições para o financiamento da Seguridade Social.
d) A imunidade conferida aos templos de qualquer culto não é ampla e irrestrita.

5. De acordo com a Constituição Federal, é **correto** afirmar:

a) Sobre o salário de R$ 10.000,00 do pastor da Igreja Evangélica Valha-me Deus não incide Imposto sobre a Renda e Proventos de qualquer Natureza, em virtude de imunidade tributária.
b) Sobre os terrenos pertencentes à Universidade de Brasília, localizados no Plano-Piloto de Brasília, utilizados nas suas finalidades essenciais, não incide IPTU, em virtude de imunidade tributária.
c) Os sindicatos dos trabalhadores estão sujeitos ao pagamento do IPVA, IPTU e ITR incidentes sobre os automóveis e terrenos urbanos e rurais de sua propriedade, mesmo que vinculados às suas finalidades essenciais, uma vez que não gozam de imunidade tributária.
d) As Representações Diplomáticas sediadas em Brasília, desde que haja reciprocidade entre seus países e o Brasil, não pagam IPTU e IPVA sobre seus imóveis e automóveis, em virtude de imunidade tributária.

6. Assinale a única alternativa correta:

a) Os templos de qualquer culto têm imunidade de taxas.
b) As fundações mantidas pelos partidos políticos têm imunidade de impostos.
c) O edifício-sede de uma entidade sindical de trabalhadores é imune à contribuição de melhoria.
d) O papel com que uma editora empacota cinco livros a serem entregues a um cliente é imune a impostos.

7. Tratando-se das limitações constitucionais ao poder de tributar, é **correto** afirmar que:

a) Desde que respeitada a anterioridade constitucional, é possível a majoração de qualquer tributo mediante decreto do Executivo.
b) É possível a cobrança de ICMS no mês de janeiro, desde que a lei que o instituiu tenha sido publicada no mês de dezembro do exercício financeiro anterior.
c) É imune o patrimônio, a renda ou o serviço das pessoas jurídicas de direito público interno, exceto na hipótese de exploração de atividade econômica regida pelas normas aplicáveis a empreendimentos privados, bem como aquelas remuneradas por preços ou tarifas.
d) É possível determinado tributo alcançar fato anterior à publicação da lei que o tenha instituído, desde que o vencimento da obrigação se dê em observância à anterioridade aplicável à espécie.

8. Segundo a Constituição Federal, é **correto** dizer, sobre as imunidades:

a) As aposentadorias e pensões concedidas pelo regime geral de previdência social são imunes às contribuições sociais.
b) As instituições de educação e de assistência social, em qualquer caso, são imunes à instituição de impostos sobre o seu patrimônio, renda ou serviço.
c) Os serviços de comunicação, nas modalidades de radiodifusão sonora e de sons e imagens, são imunes ao ICMS (imposto sobre a circulação de mercadorias e serviços de transporte interestadual e intermunicipal e de comunicações).
d) A imunidade recíproca entre União, Estados, Distrito Federal e Municípios alcança quaisquer tributos.

9. O patrimônio das instituições de educação é:

a) Totalmente imune a tributos.
b) Imune a impostos, desde que observados os requisitos estabelecidos em Lei Complementar.
c) Imune a tributos, desde que observados os requisitos estabelecidos em lei ordinária.
d) Isento de tributos, desde que observados os requisitos estabelecidos em Lei Complementar.

10. Cobrar impostos sobre o papel destinado exclusivamente à impressão de jornais periódicos e livros é vedado:

a) À União.
b) Aos Estados federados e aos Municípios.
c) A todos os entes mencionados.
d) A nenhum deles.

CAPÍTULO 8 Impostos federais

OBJETIVO

- Instrumentalizar o estudante para a compreensão da legislação fiscal em nível federal, do registro de impostos incidentes, da aplicação dos procedimentos técnicos adequados e do cálculo dos impostos e registros contábeis.

8.1 IMPOSTO SOBRE IMPORTAÇÃO DE PRODUTOS ESTRANGEIROS (II)

O Imposto de Importação (II), também chamado *tarifa aduaneira* (relativo à aduana ou à alfândega), está disciplinado nos arts. 153, I, CF, e 19 a 22, CTN, e tem função regulatória, ou seja, extrafiscal.

Pode ser usado como instrumento de proteção à economia nacional, sendo, por isso, exceção aos princípios da legalidade (art. 153, § 1º, CF) e da anterioridade (art. 150, § 1º, CF). Suas alíquotas podem ser alteradas pelo Poder Executivo (Presidente da República: art. 21, CTN), por meio de decreto, desde que obedecidos os limites da lei, para vigorar de imediato.

QUADRO 8.1 Aplicação dos Princípios da Legalidade e Anterioridade ao Imposto de Importação

Legalidade	Anterioridade
Não observa	Não observa
Alíquotas por decreto	Cobrança imediata

Fonte: Constituição da República Federativa do Brasil de 1988.

8.1.1 Tarifa Externa Comum (TEC)

Como previsto no Tratado de Assunção, a partir de 1º de janeiro de 1995 os quatro Estados-Partes do Mercosul adotaram a Tarifa Externa Comum (TEC), com base na Nomenclatura Comum do Mercosul (NCM), com os direitos de importação incidentes sobre cada um desses itens.

Segundo as diretrizes estabelecidas, desde 1992, a TEC deve incentivar a competitividade dos Estados-Partes e seus níveis tarifários devem contribuir para evitar a formação de oligopólios ou de reservas de mercado. Também foi acordado que a TEC deveria atender aos seguintes critérios: (a) ter pequeno número de alíquotas; (b) baixa dispersão; (c) maior homogeneidade possível das taxas de promoção efetiva (exportação) e de proteção efetiva (importação); (d) que o nível de agregação para o qual seriam definidas as alíquotas era de seis dígitos.

A aprovação da TEC também incluiu alguns mecanismos de ajuste das tarifas nacionais, por meio de listas de exceções, com prazos definidos para a convergência aos níveis da TEC.

A TEC foi implantada no Brasil pelo Decreto n. 1.343, de 23 de dezembro de 1994.

A partir de 1º de janeiro de 2007, entrou em vigor no Brasil a nova versão da NCM, adaptada à IV Emenda do Sistema Harmonizado de Designação e Codificação de Mercadorias, aprovada pelo Conselho de Cooperação Aduaneira (SH-2007).

A adaptação à IV Emenda do Sistema Harmonizado, assim como a TEC correspondente, foi aprovada pelo Grupo Mercado Comum, por sua Resolução n. 70/2006, e publicada no Brasil pela Resolução Camex n. 43, de 22 de dezembro de 2006. Esta Resolução da Camex incorporou também as modificações de NCM e da TEC decididas no âmbito do Mercosul pelas Resoluções GMC n. 42/2006 e n. 68/2006.

8.1.2 Competência

O Imposto de Importação é de competência da União Federal; liga-se diretamente às relações do Brasil com outros países, razão pela qual se exige a uniformidade do tratamento tributário, projetando-se, no cenário internacional, a personalidade jurídica e política da Federação como um todo e não de cada Estado-Membro.

O art. 153, I, CF, estabelece ser a competência da União, uma vez que somente esta, no exercício pleno de sua soberania, pode impor um critério uniforme de tratamento em relação às importações praticadas em todo o território nacional.

8.1.3 Contribuinte

O contribuinte do Imposto de Importação é o importador ou quem a ele a lei equiparar (art. 22, I, CTN). É considerado importador qualquer pessoa, jurídica ou natural, regularmente estabelecida ou não, sendo suficiente a introdução da mercadoria no território nacional com intenção de que aqui permaneça de forma definitiva.

Também será considerado contribuinte do Imposto de Importação (art. 22, II, CTN) o arrematante de produtos apreendidos ou abandonados em leilão realizado pela Alfândega, que poderá lançá-lo por homologação, uma vez que o contribuinte efetue o pagamento do tributo antes da ocorrência da fiscalização, conforme exige a lei.

8.1.4 Função

O Imposto de Importação tem função nitidamente extrafiscal, na medida em que não deve significar, como não significa, grande fonte de receita, antes, sim, instrumento de proteção da indústria nacional. Sua majoração implica a dificuldade da entrada de mercadorias importadas por meio do aumento do custo nessas operações, o que possibilita um aumento de competitividade dos bens produzidos internamente em relação aos produzidos internacionalmente, muitas vezes em condições de custo e produção melhores.

8.1.5 Fato gerador

De acordo com o art. 19, CTN, o fato gerador do Imposto de Importação é a entrada de produto estrangeiro no território nacional.

A mercadoria nacional ou nacionalizada exportada que retorna ao país (a exemplo de peças que são exportadas e posteriormente importadas ao Brasil) será considerada, para fins de incidência do imposto, como estrangeira, estando, portanto, sujeita ao Imposto de Importação, exceto quando ocorrer uma das hipóteses do art. 1º, § 1º, do Decreto-Lei n. 37/1966, alterado pelo Decreto-Lei n. 2.472/1988:

- Enviada em consignação e não se for vendida no prazo autorizado.
- Devolvida por motivo de reparo técnico, para conserto ou substituição.
- Devolvida por motivo de modificação na sistemática de importação por parte do país importador.
- Devolvida por motivo de guerra, calamidade pública ou outros fatores alheios à vontade do exportador.

Tal fato gerador ocorre na data da entrada dos produtos estrangeiros no território nacional. Se houver alteração da alíquota no período entre a obtenção da guia de importação e o desembaraço aduaneiro ou o efetivo desembarque, caberá solucionar a questão de qual alíquota deve ser aplicada: a maior ou a menor.

Esclarece Machado:[1]

> Obtida a guia de importação ou a forma equivalente de autorização da importação, se necessária, ou efetuado o contrato de câmbio, e efetivada a aquisição do bem no exterior, o importador tem direito a que a importação se complete no regime jurídico então vigente. Se ocorre redução de alíquota do Imposto de Importação antes do desembaraço aduaneiro, é razoável admitir-se que o imposto seja pago pela alíquota menor. Se ocorre aumento, devem ser respeitadas as situações jurídicas já constituídas. O art. 150, inciso III, alínea *a*, combinado com o art. 5º, inciso XXXVI, da Constituição Federal, o determinam.

1. MACHADO, Hugo de Brito. *Curso de direito tributário*. 38. ed. São Paulo: Malheiros, 2017.

Se o importador já estiver juridicamente vinculado à situação cujo desfazimento lhe causará prejuízo significativo, evidentemente estará incorporado a seu patrimônio o direito de ter consumada a importação à luz do regime jurídico, inclusive tributário, então vigente, salvo se as alterações desse regime jurídico o favorecerem, pois neste caso, não se aplicará o princípio da irretroatividade.

Com efeito, a não ser assim, estaria inviabilizada a importação como atividade empresarial. O governo poderia levar à ruína qualquer importador com um simples ato de elevação de alíquota do Imposto de Importação, o que, efetivamente, não é compatível com o Estado de Direito que assegura a livre iniciativa econômica.

Não basta a entrada física do produto no país, já que, para a incidência do Imposto de Importação, os produtos devem ser destinados ao Brasil. Aeronaves com mercadorias estrangeiras que pousam em nosso território para fins de abastecimento não sofrem a incidência do tributo.

8.1.6 Base de cálculo

Estabelece o art. 20, CTN, que a base de cálculo do imposto de importação é:

- Expressa na unidade de medida adotada pela lei tributária, quando se trata de alíquota específica.
- O preço normal de venda que o produto ou seu similar alcançaria ao tempo de importação, em condições de livre-concorrência, para entrega no lugar de entrada no país.
- O preço de arrematação, no caso de produto levado a leilão, por motivo de apreensão ou abandono.

8.1.7 Alíquota

As alíquotas atuais do Imposto de Importação constam da TEC, tabela que faz uso de nomenclatura comum a todos os países integrantes do Mercosul.

Aplicam-se dois tipos de alíquotas: a específica e a *ad valorem*.

- **Alíquota específica** – Expressa por uma quantia determinada, em razão da unidade de quantificação dos bens importados (valor por unidade de medida). Assim, diz-se que o imposto corresponderá a tantos reais por cada metro, ou quilômetro, ou outra unidade qualquer de medida do produto.
- **Alíquota *ad valorem*** – Indicada em porcentagem a ser calculada sobre o valor do bem (base de cálculo).

No caso de produto apreendido ou em leilão, a alíquota é calculada sobre o preço da arrematação.

8.1.8 Lançamento

O lançamento do Imposto de Importação é feito, geralmente, mediante declaração prestada pelo exportador. A autoridade da Administração Tributária poderá recusar qualquer dos elementos dessa declaração.

8.1.9 Considerações especiais

- O referido imposto não está sujeito ao princípio da anterioridade da lei, porque nele há a predominância de sua função extrafiscal, podendo sofrer aumento durante o mesmo exercício financeiro (art. 150, III, *b* e *c*, CF). Além disso, o mencionado tributo também é considerado uma exceção ao princípio da legalidade pois, a Constituição Federal, em seu art. 153, § 1º, autoriza a alteração de suas alíquotas (somente), dentro dos parâmetros legais, por intermédio de um decreto do Poder Executivo.
- Caberá a restituição do Imposto de Importação sempre que este for pago em excesso, por motivo de erro de cálculo ou de aplicação da alíquota, ou se houver dano, extravio ou perda do produto.
- A Zona Franca de Manaus é uma área de livre comércio de importação e exportação e de incentivos fiscais especiais, criada pelo Decreto-Lei n. 288/1967. Foi criada com a finalidade de desenvolver a Amazônia e tem benefício fiscal previsto até 2023 (art. 92, Ato das Disposições Constitucionais Transitórias. - ADCT).
- *Drawback* é uma forma de proteção da indústria nacional, mediante a qual o produtor, quando exporta o produto acabado, é ressarcido do Imposto de Importação incidente sobre a própria importação de insumos.
- *Dumping* é quando se pratica a venda de mercadorias estrangeiras por preços abaixo do custo praticado na indústria nacional, em potencial prática de lesão às leis de trabalho e comerciais do país destinatário do bem.
- Acordo Geral sobre Tarifas e Comércio (GATT) é um acordo celebrado em 1947, do qual o Brasil é signatário. Caracteriza-se por um pacto que visa a estabelecer e administrar regras para o procedimento em comércio internacional, ajudar os governos a reduzir tarifas alfandegárias ou aduaneiras e abolir as barreiras comerciais entre as partes contratantes.
- Regulamento Aduaneiro (RA) normatiza as atividades aduaneiras, conforme o Decreto n. 91.030/1985.
- Segundo a legislação, considera-se estrangeira e, salvo disposição em contrário, pode sobre ela incidir o Imposto de Importação (salvo se por outra razão seja verificada sua não incidência), mercadoria nacional que retorna ao país.

O Quadro 8.2, a seguir, sumariza os principais aspectos do Imposto de Importação.

QUADRO 8.2 Principais aspectos do Imposto de Importação

Aspectos	Discriminação
Material	Entrada do produto estrangeiro no território nacional.
Temporal	A data da declaração de importação.
Espacial	Território nacional.
Pessoal	Sujeito ativo: União. Sujeito passivo: contribuinte (o importador ou quem a ele a lei equiparar).
Quantitativo	Base de Cálculo: Alíquota *ad valorem* – Valor aduaneiro definido no art. 7º, GATT; Alíquota específica – Quantidade de mercadoria expressa na unidade de medida estabelecida na legislação tributária.

Fonte: Constituição da República Federativa do Brasil de 1988.

CASO PRÁTICO 8.1

O Decreto n. 88.888, de 5 de fevereiro de 2013, alterou a alíquota do Imposto de Importação (II) dos automóveis provenientes da Argentina, majorando-a para 50%, e os revendedores e importadores, sentindo-se prejudicados, procuraram o seu escritório. Dê o seu parecer de forma fundamentada.

O art. 153, § 1º, CF faculta ao Poder Executivo, atendidas as condições e os limites estabelecidos em lei, alterar a alíquota do Imposto de Importação. Isto ocorre porque esse é um imposto com caráter extrafiscal e, portanto, é constitucional tal decreto.

8.2 IMPOSTO SOBRE EXPORTAÇÃO DE PRODUTOS NACIONAIS OU NACIONALIZADOS (IE)

O Imposto de Exportação (IE) está disciplinado no art. 153, II, CF, e nos arts. 23 a 28, CTN.

8.2.1 Competência

De acordo com o art. 153, II, CF, compete à União instituir e cobrar impostos sobre “exportação, para o exterior, de produtos nacionais ou nacionalizados”.

8.2.2 Função

O IE tem função predominantemente extrafiscal; portanto, a ele não se emprega o princípio da anterioridade (art. 150, § 1º, CF), e o princípio da legalidade se mostra atingido pelo art. 153, § 1º, CF. Tal fato se dá por ser o IE instrumento da política econômica, fonte de recursos financeiros para o Estado.

QUADRO 8.3 Aplicação dos Princípios da Legalidade e Anterioridade ao Imposto de Exportação

Legalidade	Anterioridade
Não observa	Não observa
Alíquotas por decreto	Cobrança imediata

Fonte: Constituição da República Federativa do Brasil de 1988.

Estabelece o art. 28, CTN, que "a receita líquida do imposto destina-se à formação de reservas monetárias na forma da lei", em razão de o imposto ter função ligada à política econômica relacionada com o comércio internacional.

8.2.3 Fato gerador

O fato gerador do IE é a saída, do território nacional, de produto nacional ou nacionalizado, indicado em lista aprovada pelo Poder Executivo (art. 23, CTN, e art. 1º, § 3º, do Decreto-Lei n. 1.578/1977).

Considera-se ocorrido o fato gerador no momento da expedição da guia de exportação ou de documento equivalente.

8.2.4 Alíquotas

Existem duas espécies de alíquotas no Imposto de Exportação:

- **Alíquota específica** – Expressa por uma quantia determinada, em função da unidade de quantificação dos bens exportados. Assim, diz-se que o imposto corresponderá a tantos reais por cada metro, ou quilômetro, ou outra unidade qualquer de medida do produto.
- **Alíquota *ad valorem*** – Indicada em porcentagem a ser calculada sobre o valor do bem.

São os seguintes os impostos, segundo a CF, que não incidirão sobre produtos industrializados para o exterior:

- Imunidades:
  - IPI, art. 153, § 3º, III, CF;
  - ICMS, art.155, § 2º, X, *a*, CF.
- Isenção:
  - ISS, art. 156, § 3º, II, CF e art. 2º, LC 116/2003.

8.2.5 Base de cálculo

Conforme estabelece o art. 24, CTN, é base de cálculo do Imposto de Exportação:

- A unidade de medida adotada pela lei, quando se tratar de produto sujeito à alíquota específica.
- O preço normal que o produto alcançaria, ao tempo da exportação, quando se tratar de produto sujeito a alíquota *ad valorem*.

Ao Conselho Monetário Nacional compete a expedição de normas sobre a determinação de base de cálculo do imposto e a fixação dos critérios específicos. Compete-lhe também estabelecer pauta de valor mínimo, para os casos nos quais o preço do produto for de difícil apuração ou suscetível de oscilações bruscas no mercado internacional (Decreto-Lei n. 1.578/1977).

8.2.6 Contribuinte

Segundo o art. 27, CTN, o contribuinte desse imposto é o exportador ou quem a lei a ele equiparar.

Exportador, por sua vez, é aquele que remete a mercadoria, a qualquer título, para o exterior, ou a leva consigo, não sendo necessário que seja empresário, já que a exportação, como fato gerador do imposto em causa, pode ser eventual e sem intuito de lucro. Porém, de modo geral, exportador é um empresário que habitualmente realiza as operações de exportação profissional.

8.2.7 Lançamento

O lançamento do IE é feito, em geral, mediante declaração prestada pelo exportador. A autoridade da Administração Tributária poderá recusar qualquer dos elementos dessa declaração.

8.2.8 Considerações especiais

A utilização do IE é eventual, ficando sua incidência sob a dependência de certas situações ocasionais, ligadas à conjuntura econômica.

O Quadro 8.4, a seguir, sumariza os principais aspectos do Imposto de Exportação.

QUADRO 8.4 Principais aspectos do Imposto de Exportação

Aspectos	Discriminação
Material	A saída do território nacional para o estrangeiro de produtos nacionais ou nacionalizados.
Temporal	Registro da operação de exportação no Siscomex.
Espacial	Território nacional.
Pessoal	Sujeito ativo: União. Sujeito passivo: contribuinte (o exportador ou quem a ele a lei equiparar).
Quantitativo	Base de Cálculo: Alíquota *ad valorem* - Preço normal que o produto, ou seu similar, alcançaria, ao tempo da exportação, em uma venda em condições de livre concorrência. Alíquota específica - Unidade de medida adotada pela lei tributária.

Fonte: Constituição da República Federativa do Brasil de 1988.

8.3 IMPOSTO SOBRE A RENDA E PROVENTOS DE QUALQUER NATUREZA (IR)

O Imposto sobre a Renda e Proventos de Qualquer Natureza está disposto no art. 153, III, da CF, nos arts. 43 a 45, CTN, e no Decreto n. 3.000/1999 (RIR).

A competência para criar o imposto é da União, de acordo com o § 2º do art. 153, § 2º, CF.

Com relação ao princípio da anterioridade, segue a regra do exercício seguinte, ou seja, a lei que institua ou majore o IR entrará em vigor no primeiro dia do exercício seguinte àquele no qual foi publicada (art. 150, § 1º, CF), previsto no art. 150, III, *b*, CF.

Várias são as leis que lhe dão suporte, estando regulamentado pelo Decreto n. 3.000/1999 (RIR - Regulamento do Imposto de Renda).

Trata-se de um imposto progressivo e informado por critérios de (art. 153, § 2º, I, CF):

- **Generalidade** - Deve alcançar todos os que experimentem acréscimos patrimoniais, sem diferenciações entre pessoas.
- **Universalidade** - Deve alcançar todos os fatos que se ajustem à hipótese de incidência, sem que haja a incidência de critérios de seletividade.
- **Progressividade** - Exige-se que a tributação guarde relação de proporcionalidade com o acréscimo patrimonial.

8.3.1 Função

O IR é um imposto cuja função é claramente fiscal, haja vista que representa a principal fonte de receita da União. Não se pode negar, contudo, certa função extrafiscal, porquanto consiste em um instrumento de intervenção do Poder Público no domínio econômico.

8.3.2 Fato gerador

O art. 43, CTN, estatui que o fato gerador do IR vem a ser a aquisição de disponibilidade econômica (recebimento efetivo de acréscimo pecuniário) ou jurídica de renda decorrente do capital, do trabalho ou da conjugação de ambos e de proventos de qualquer natureza (registro contábil de crédito de valor a favor do contribuinte).

Dessa forma, o CTN acabou por incluir qualquer tipo de aumento do patrimônio da pessoa física ou jurídica como fato gerador do Imposto de Renda, e é justamente esse incremento que constituirá a base de cálculo do imposto.

Entende-se por rendas e proventos de qualquer natureza:

- **Renda de capital** – Aluguel, *royalties*, recebimentos advindos de aplicações financeiras, lucros etc.
- **Renda do trabalho** – Salário, honorários, *pró-labore*, comissões etc.
- **Renda da combinação de capital e trabalho** – Pró-labore, lucro, dividendos etc.
- **Proventos de qualquer natureza** – Aposentadorias, pensões, ganho em loterias, doações, acréscimos patrimoniais não justificáveis etc.

O fato gerador é a receita líquida, isto é, o total das receitas auferidas e deduzidas das despesas e gastos autorizados.

8.3.3 Base de cálculo

A base de cálculo poderá ser apurada de três formas (art. 44, CTN) sobre o lucro:

- **Real** – Para pessoas físicas, determinando-se pelo somatório de todos os rendimentos anuais (salários, aplicações financeiras, ganhos na alienação de bens etc.). Para pessoas jurídicas, o regime de apuração pode ser traduzido como o lucro contábil (receitas menos as despesas do exercício), ajustado por adições, exclusões ou compensações prescritas ou autorizadas pela legislação tributária (art. 6º do Decreto-Lei n. 1.598/1977 e art. 43, CTN).
- **Presumido** – É o lucro apurado mediante a aplicação de coeficientes legais sobre a receita, conforme a natureza da empresa, dispensando-a de manter escrituração contábil detalhada para o imposto. Somente podem optar pelo Lucro Presumido empresas que tenham receita anual igual ou inferior a R$ 78.000.000,00 (art. 13, Lei n. 9.678/1998, com redação dada pela Lei n. 12.814/2013). Para empresas em geral, o percentual mais comum é de 8% sobre a receita, e para empresas de prestação de serviços de profissões regulamentadas, por exemplo, advogados, é de 32% (art. 15, Lei n. 9.249/1995).
- **Arbitrado** – É calculado com base na receita bruta da empresa com um percentual um pouco maior que o Presumido: 9,6% para empresas em geral e 38,4% para empresas de prestação de serviços de profissões regulamentadas (art. 16, Lei n. 9.249/1995).

Ocorrerá o arbitramento em algumas hipóteses, como falta de escrituração ou falhas na escrituração, podendo ocorrer ainda o autoarbitramento, quando a própria empresa sofrer algum evento que a impeça de apurar o Lucro Real ou Presumido (exemplo: um incêndio) (art. 47, Lei n. 8.981/1995). Caso a receita bruta não seja conhecida, o Lucro Arbitrado poderá ser determinado mediante os seguintes cálculos: 0,05% do patrimônio líquido, 0,07% do capital, 0,4% do valor das compras e 0,4% da folha de pagamento (art. 51, Lei n. 8.981/1995).

CASOS PRÁTICO 8.2

A Canta Galo S.A. é uma empresa que se dedica ao comércio atacadista de artigos para decoração. Tendo em vista sua projeção de resultados, a sociedade optou pela tributação, para fins do imposto de renda, segundo a sistemática do Lucro Real. No mês de setembro de 2018, a Canta Galo S.A. decidiu efetuar uma agressiva política de vendas, efetuando gastos substanciais com a propaganda de seus produtos. Segundo seus cálculos, os gastos assim efetuados teriam seu impacto reduzido, tendo em vista terem os pagamentos sido efetuados a pessoas jurídicas domiciliadas no país, conferindo-lhe, daí, crédito relativo à Contribuição para o Financiamento da Seguridade Social (Cofins). Nos termos da legislação em vigor, está correto o raciocínio da Canta Galo S.A.? Por quê?

Não está correto. O art. 3º da Lei n. 10.833/2003 arrola as hipóteses em que se conferem créditos. No caso de serviços, vê-se que, de regra, eles somente darão direito a crédito se utilizados como insumo na prestação de serviços e na produção ou fabricação de bens ou produtos destinados à venda. No caso, os serviços não se relacionam com a produção, não dando direito a crédito.

CASO PRÁTICO 8.3

O sr. Amaral, sócio majoritário de uma sociedade limitada, tributada pelo Lucro Presumido, pretende investir no mercado de ações, aproveitando o bom momento do mercado financeiro. Todavia, ele tem dúvidas a respeito da forma fiscalmente menos onerosa de efetuar seus investimentos, ou seja, se deve investir como pessoa física ou capitalizar a sua empresa e, então, efetuar a aplicação por meio da pessoa jurídica, uma vez que o art. 10 da Lei n. 9.249/1995 garante a isenção tributária dos dividendos distribuídos às pessoas físicas.
Considerando que, como regra, os ganhos com ações são tributados na fonte a 15% pelo Imposto de Renda e projetando um resultado estimado de ganho no valor de R$ 100.000,00, você orientaria o sr. Amaral a investir como pessoa física ou como pessoa jurídica, visando, obviamente, à obtenção da menor tributação possível?

É menos onerosa a aplicação feita por pessoa física, pois haverá apenas a retenção de 15% a título de Imposto de Renda. No caso de se investir como pessoa jurídica, embora o valor retido de 15% possa ser compensado posteriormente, haverá a incidência das alíquotas de 15% e adicional de 10%, além de PIS e Cofins.

8.3.4 Recolhimentos

Apesar de ser tributo de apuração anual (podendo ser trimestral para empresas), tanto pessoas físicas como jurídicas estão obrigadas a fazer antecipações mensais.

Na Declaração de Ajuste, havendo saldo devedor (total das antecipações inferior ao devido), deverá ocorrer recolhimento suplementar. Se, por situação inversa, o saldo for credor, a pessoa física receberá a restituição corrigida pela taxa Selic e a pessoa jurídica poderá contabilmente compensar o crédito que possui nas antecipações do exercício seguinte, também com atualização da Selic.

A majoração do IR não observa o princípio da anterioridade nonagesimal, mas somente aquela do exercício seguinte, nos termos do art. 150, § 1º, CF.

8.3.5 Alíquotas do Imposto de Renda de pessoas jurídicas tributadas pelo Lucro Real, Presumido ou Arbitrado

A alíquota do Imposto de Renda é de 15% sobre o Lucro Real, Presumido ou Arbitrado, apurado pelas pessoas jurídicas em geral, seja comercial ou civil o seu objeto (art. 3º, Lei n. 9.249/1995).

Para as pessoas físicas (IRPF), o rendimento mensal é tributado após as deduções com dependentes e pensão alimentícia, havendo um ajuste anual, no qual outras despesas, como despesas médicas e contribuição à previdência, podem ser deduzidas. Se no ajuste anual apurar-se que houve retenção mensal maior que o imposto devido, então haverá direito à restituição. Nesse caso, as alíquotas são de 7,5%, 15%, 22,5% e 27,5%, conforme o montante da renda (progressividade).

8.3.5.1 ADICIONAL

A parcela do Lucro Real que exceder o resultado da multiplicação de R$ 20.000,00 pelo número de meses do respectivo período de apuração sujeita-se à incidência do adicional, à alíquota de 10%. Também se encontra sujeita ao adicional a parcela da base de cálculo estimada mensal, no caso das pessoas jurídicas que optaram pela apuração do Imposto de Renda sobre o Lucro Real Anual, Presumido ou Arbitrado, que exceder a R$ 20.000,00 (art. 3º, § 1º, Lei n. 9.249/1995).

Em relação às pessoas jurídicas que optarem pela apuração do Lucro Presumido ou Arbitrado, o adicional incide sobre a parcela que exceder o valor resultante da multiplicação de R$ 20.000,00 pelo número de meses do respectivo período de apuração. A alíquota do adicional é única para todas as pessoas jurídicas, inclusive instituições financeiras e sociedades seguradoras e assemelhadas.

O adicional incide, também, sobre os resultados tributáveis de pessoa jurídica que explore atividade rural (art. 3º, § 3º, Lei n. 9.249/1995). No caso de atividades mistas, a base de cálculo do adicional será a soma do Lucro Real apurado nas atividades em geral com o Lucro Real apurado na atividade rural.

8.3.6 Princípio da capacidade contributiva

O IR não realiza plenamente o princípio da capacidade contributiva porque há apenas quatro patamares de alíquotas (art. 145, § 1º, CF).

8.3.7 Não incidência de Imposto de Renda

Não incide o IR nos seguintes casos:

- Férias não gozadas por necessidade do serviço (Súmula n. 125 do STJ).
- Licença-prêmio não gozada por necessidade do serviço (Súmula n. 136 do STJ).
- Programa de Incentivo à Demissão Voluntária (Súmula n. 215 do STJ).
- Aviso-prévio, possuindo caráter indenizatório.
- Férias proporcionais e o respectivo adicional (Súmula n. 386 do STJ)

> Súmula n. 394 do STJ:
> É admissível, em embargos à execução, compensar os valores de Imposto de Renda retidos indevidamente na fonte com os valores restituídos apurados na declaração anual.

8.3.8 Contribuinte

É a pessoa física ou jurídica, titular de renda ou provento de qualquer natureza, podendo a lei atribuir à fonte pagadora da renda a responsabilidade pela retenção e recolhimento do imposto (art. 45, CTN).

8.3.9 Lançamento

O lançamento do Imposto sobre a Renda decorre da declaração que o contribuinte fornece ao Fisco sobre o fato gerador do tributo.

Em face dessa determinação, surge a dúvida se haveria lançamento por declaração (art. 147, CTN) ou por homologação (art. 150, CTN).

Essa questão é controversa na doutrina e na jurisprudência, porquanto influi no termo inicial da contagem do prazo decadencial. Pode-se afirmar, no entanto, que a corrente mais forte se manifesta a favor do art. 150, CTN (lançamento por homologação).

O Quadro 8.5, a seguir, sumariza os principais aspectos do Imposto de Renda.

QUADRO 8.5 Principais aspectos do Imposto de Renda

Aspectos	Discriminação
Material	Aquisição da disponibilidade econômica ou jurídica de renda ou proventos de qualquer natureza.
Temporal	IRPF – 31 de dezembro de cada ano fiscal. IRPJ – 31 de dezembro de cada ano fiscal.
Espacial	Renda percebida no território nacional ou no estrangeiro, neste último caso, o contribuinte seja residente ou domiciliada no Brasil.
Pessoal	Sujeito ativo: União. Sujeito passivo: Contribuinte.
Quantitativo	Base de Cálculo: montante, real, Arbitrado ou Presumido da renda ou dos proventos tributáveis. Alíquota: fixada na legislação federal.

Fonte: Constituição da República Federativa do Brasil de 1988.

8.3.10 Repartição da Receita

Pertence aos Estados e ao Distrito Federal 100% do produto da arrecadação do IRRF sobre rendimentos pagos, a qualquer título, por eles, suas autarquias e pelas fundações que instituírem e mantiverem (art. 157, CF).

Aos Estados-Membros e ao Distrito Federal pertence 20% do produto da arrecadação do imposto que a União instituir no exercício da competência residual (art. 154, I, CF).

Pertence aos Municípios 100% do produto da arrecadação do IRRF sobre rendimentos pagos, a qualquer título, por eles, suas autarquias e pelas fundações que instituírem e mantiverem (art. 158, I, CF).

Na repartição indireta da receita da União, 48% da arrecadação total do IPI é destinada aos fundos constitucionais (art. 159, I, CF).

A distribuição dar-se-á da seguinte forma:

- Fundo de Participação dos Estados e do Distrito Federal: 21,5%.
- Fundo de Participação dos Municípios: 22,5%, sendo:

- 1 % no primeiro decêndio do mês de dezembro de cada ano;
- 3 % para a aplicação em programas de financiamento ao setor produtivo das Regiões Norte, Nordeste e Centro-Oeste, por meio de suas instituições financeiras de caráter regional, de acordo com os planos regionais de desenvolvimento.

8.4 IMPOSTO SOBRE PRODUTOS INDUSTRIALIZADOS (IPI)

O Imposto sobre Produtos Industrializados está disposto no art. 153, IV, CF, e nos arts. 46 a 51, CTN. É uma importante fonte de renda da União, já que representa grande parcela da arrecadação federal, partilhada entre os demais entes federativos e os Municípios. Tem ainda função extrafiscal, na medida em que é submetido ao princípio da seletividade em razão da essencialidade do produto, sendo, por isso, exceção ao princípio da legalidade (art. 153, § 1º, CF).

O IPI foi instituído pela Lei n. 4.502/1964, e seu regulamento atual foi editado pelo Decreto n. 7.212/2010 (RIPI).

8.4.1 Competência

O art. 153, IV, CF, estabelece ser de competência da União a instituição de IPI.

8.4.2 Produtos industrializados

Consideram-se produtos industrializados os modificados ou aperfeiçoados para o consumo (art. 46, parágrafo único, CTN). A industrialização consiste em beneficiamento, transformação, montagem, acondicionamento ou renovação.

8.4.3 Fato gerador

O IPI tem como fato gerador:

- O desembaraço aduaneiro do produto, quando de procedência estrangeira (art. 46, I, CTN).
- A saída do produto do estabelecimento de importador, industrial, comerciante ou arrematante. No caso de comerciante, o IPI só é devido em produtos sujeitos ao imposto e se estes forem vendidos para um industrial (art. 51, III, CTN).
- Arrematação em leilão de produto apreendido ou abandonado (art. 46, III, CTN).

8.4.4 Contribuinte

Dependendo da ocorrência do fato gerador, teremos um sujeito passivo determinado, que poderá ser (art. 51, CTN):

- O importador ou quem a lei a ele equiparar.
- O industrial ou a quem a ele a lei equiparar.
- O comerciante de produtos sujeitos ao imposto, que os forneça a industriais ou a estes equiparados.
- O arrematante de produtos apreendidos ou abandonados, levados a leilão.

8.4.5 Seletividade

O IPI tem alíquota maior ou menor, conforme a essencialidade do produto (art. 153, § 3º, I, CF). Por exemplo: remédios e produtos da cesta básica devem ter alíquota menor que a de produtos menos essenciais, como cigarros e bebidas alcoólicas.

A variação da alíquota de acordo com a essencialidade do produto é obrigatória para o IPI, mas facultativa para o ICMS (art 153, § 3º, CF).

8.4.6 Não cumulatividade

O IPI pago em uma operação deduz-se do IPI a ser pago na operação seguinte, na passagem da mercadoria de uma empresa para outra ou de um estabelecimento para outro da mesma empresa (art. 49, CTN), mas não entram no cômputo produtos destinados ao Ativo Permanente, que não fazem parte do processo de industrialização.

Na contabilidade, o IPI que foi pago anteriormente, pelos fornecedores, figura como **crédito**, e o IPI a ser pago na saída do produto final figura como **débito**. Haverá imposto a recolher se, no período, o débito for maior que o crédito.

A Súmula n. 495 do STJ dispõe que "a aquisição de bens integrantes do Ativo Permanente da empresa não gera direito a creditamento de IPI".

8.4.7 Não anterioridade

Segundo dispõe o art. 153, § 1º, CF, o IPI poderá ter suas alíquotas modificadas por ato do Poder Executivo. Ademais, caso haja modificação deste imposto, nos termos do art. 150, § 1º, CF, somente haverá necessidade de observância do princípio da nonagesimal (art. 150, III, *c*, CF).

8.4.8 Não incidência à exportação

Não incide IPI em produtos destinados ao exterior (art. 153, § 3º, III, CF). Tecnicamente, trata-se de imunidade, uma vez que a dispensa é dada pela própria Constituição Federal.

8.4.9 Aquisição de bens de capital

Segundo o art. 153, § 3º, IV, CF, haverá atenuação legal do impacto do IPI sobre a aquisição de bens de capital pelo contribuinte do imposto.

8.4.10 IPI na base de cálculo do ICMS

O ICMS não terá compreendido em sua base de cálculo o montante do IPI quando a operação, realizada entre contribuintes e relativa a produto destinado à industrialização ou à comercialização, configurar fato gerador dos dois impostos (art. 155, § 2º, XI, CF).

8.4.11 Legislação aplicável

Art. 153, IV, CF; arts. 46 a 51, CTN; Lei n. 4.502/1964; Decreto n. 7.212/2010, Regulamento do IPI.

8.4.12 Base de cálculo

São diferentes as bases de cálculo do IPI para cada um dos fatos geradores (art. 47, CTN). Estas podem ser: o valor da operação de saída, o preço normal e o próprio preço da arrematação.

No mesmo sentido, a base de cálculo do imposto varia de acordo com o fato gerador, podendo ser o valor da operação de saída do produto ou o preço normal acrescido do II e das taxas aduaneiras, ou, ainda, o preço de arrematação do produto apreendido ou abandonado.

8.4.13 Alíquotas

As alíquotas do IPI não são progressivas, a elas se aplicando o princípio da proporcionalidade. Ademais, por expressa menção constitucional, este imposto deverá ser seletivo em razão da essencialidade dos produtos (art. 153, § 3º, I, CF) e, ainda, não cumulativo, compensando-se o que for devido em cada operação com o montante cobrado nas operações anteriores.

As alíquotas variam de 0% a 365,63%, no caso de cigarros.

O IPI será calculado mediante a aplicação da alíquota do produto (constante da Tabela de incidência do IPI (Tipi), que tem por base a NCM, constante do Decreto n. 2.376/1997, sobre o respectivo valor tributável).

8.4.14 Tipo de lançamento

O IPI está sujeito ao lançamento por homologação e tem sistemática de apuração similar à do ICMS. O contribuinte lança o valor das operações nos livros de entrada e saída de produtos, destacando, nos campos próprios, os créditos de matérias-primas e insumos adquiridos e os débitos, para a apuração do saldo do tributo a recolher ou para eventual crédito do imposto para a compensação em mês subsequente.

8.4.15 Repartição das receitas

Na repartição indireta da receita da União, 48% da arrecadação total do IPI destina-se aos fundos constitucionais (art. 159, I, CF).

A distribuição é feita da seguinte forma:

- Fundo de Participação dos Estados e do Distrito Federal: 21,5%;
- Fundo de Participação dos Municípios: 22,5%, sendo:
  - 1% (um por cento) no primeiro decêndio do mês de dezembro de cada ano;
  - 3% (três por cento) para aplicação em programas de financiamento ao setor produtivo das Regiões Norte, Nordeste e Centro-Oeste, por meio de suas instituições financeiras de caráter regional, de acordo com os planos regionais de desenvolvimento.

CASO PRÁTICO 8.4

Uma fábrica de refrigerantes recolheu a maior o IPI incidente sobre a saída dos respectivos produtos vendidos à distribuidora de bebidas. Verificado o equívoco, a distribuidora postulou em juízo o creditamento relativo ao IPI indevidamente pago pela fabricante, mas embutido no preço do produto. Nesse caso, a distribuidora tem legitimidade para requerer a repetição do indébito?

De acordo com o art. 166, CTN, a restituição da quantia paga a título de tributo indireto deve ser feita ao potencial sujeito passivo da obrigação correspondente, quando este demonstre, de forma inequívoca, que não repassou o encargo respectivo, ou, tendo havido a transferência do ônus a terceiro, contribuinte de fato, deverá ser por este autorizado a receber a quantia a maior que tiver sido paga.

No caso do IPI, tributo indireto, a pessoa legitimada a requerer a repetição do indébito tributário será aquela que estiver no polo passivo da relação obrigacional correspondente, caso a tributação tenha ocorrido de forma regular (contribuinte de direito); na hipótese em pauta, a fábrica de refrigerantes.

Em resumo, a fábrica que industrializa o refrigerante se enquadra como contribuinte do IPI, visto praticar o fato gerador deste imposto resultante do processo de industrialização com posterior venda, sendo certo que o IPI compõe o preço final do produto a ser vendido, ocorrendo, portanto, o repasse da carga econômica do imposto a terceiro (contribuinte de fato).

Pelo exposto, conclui-se que a distribuidora de bebidas não tem legitimidade para propor ação de repetição do indébito tributário, visto não se enquadrar como contribuinte de direito, na forma da legislação tributária (art. 46, parágrafo único c/c art. 51, CTN);

De acordo com os arts. 46, II, e 51, II, CTN, o contribuinte de fato é aquele que arca com o pagamento do tributo que está embutido no preço do produto. A distribuidora, efetivamente, não pode assim ser qualificada, visto que não está no fim do ciclo de produção, mas sim o consumidor final.

A distribuidora não tem com o Fisco qualquer relação jurídica, não participa da relação jurídica tributária.

O Quadro 8.6, a seguir, sumariza os principais aspectos do Imposto sobre Produtos Industrializados.

QUADRO 8.6 Principais aspectos do Imposto sobre Produtos Industrializados

Aspectos	Discriminação
Material	Importar produto industrializado do exterior ou promover operações com produtos industrializados.
Temporal	Desembaraço aduaneiro ou a saída do produto do estabelecimento industrial ou equiparado a industrial.
Espacial	Territorial.
Pessoal	Sujeito ativo: União. Sujeito passivo: contribuinte – o importador ou quem a lei a ele equiparar; o industrial ou quem a lei a ele equiparar; o comerciante de produtos sujeitos ao IPI, que os forneça aos industriais contribuintes.
Quantitativo	Base de cálculo: valor aduaneiro mais o imposto de importação, as taxas e os encargos cambiais; ou, o valor da operação. Alíquota: é fixada pela legislação federal.

Fonte: Constituição da República Federativa do Brasil de 1988 e Código Tributário Nacional, Lei n. 5.172/1966.

8.5 IMPOSTO SOBRE OPERAÇÕES DE CRÉDITO, CÂMBIO E SEGURO, OU RELATIVAS A TÍTULOS OU VALORES MOBILIÁRIOS (IOC)

Mais conhecido como Imposto sobre Operações Financeiras (IOF), o Imposto sobre Operações de Crédito, Câmbio e Seguros ou Relativas a Títulos ou Valores Mobiliários (IOC), regulamentado pelo Decreto n. 6.306/2007 (RIOF), tem função predominantemente extrafiscal, como regulador do mercado de crédito, câmbio e seguro, constituindo instrumento da política financeira.

8.5.1 Competência

É da competência privativa da União (art. 153, V, CF) a instituição deste tributo, cuja matéria, também por força do art. 22, I e VII, CF, é da competência legislativa da União.

O fato gerador, o contribuinte e a base de cálculo são definidos por Lei Complementar (arts. 63 e 67, CTN).

8.5.2 Fato gerador

O IOF incide sobre as seguintes operações (art 63, CTN, e Decreto n. 6.306/2007):

- Efetivação de uma operação de crédito, pela entrega total ou parcial do montante ou do valor que constitua objeto da obrigação, ou sua colocação à disposição do interessado.
- Efetivação de uma operação de câmbio, pela entrega de moeda nacional ou estrangeira, ou de documento que a represente, ou sua colocação à disposição do interessado, em montante equivalente à moeda estrangeira ou nacional, ou posta à disposição por este.
- Efetivação de uma operação de seguro, pela emissão da apólice ou do documento equivalente, ou recebimento do prêmio, na forma da lei aplicável.
- Emissão, pagamento ou resgate de títulos e valores mobiliários, na forma da lei aplicável.

Incide IOF também sobre o ouro, quando definido por lei como ativo financeiro (art. 153, § 5º, CF). Nesse caso:

- O IOF será devido na operação de origem.
- A alíquota mínima será de 1%.
- A arrecadação será repartida entre o Estado de origem (30%) e o Município de origem (70%).

8.5.3 Não anterioridade

Nos termos do art. 153, § 1º, CF, o IOF poderá ter suas alíquotas modificadas por ato do Poder Executivo. Ademais, caso haja modificação deste imposto, nos termos do art. 150, § 1º, CF, não haverá necessidade de observância do princípio da anterioridade.

QUADRO 8.7 Aplicação dos Princípios da Legalidade e Anterioridade ao Imposto sobre Operações Financeiras

Legalidade	Anterioridade
Não observa	Não observa
Alíquotas por decreto	Cobrança imediata

Fonte: Constituição da República Federativa do Brasil de 1988 e Código Tributário Nacional, Lei n. 5.172/1966.

8.5.4 Contribuinte

Qualquer das partes envolvidas em uma das operações sujeitas ao IOF pode ser definida como contribuinte (art. 66, CTN), sendo:

- Pessoas físicas e jurídicas tomadoras de crédito.
- Compradores e vendedores de moeda estrangeira (câmbio).
- Pessoas físicas ou jurídicas seguradas.
- Adquirentes de títulos ou valores mobiliários.
- Titulares das operações financeiras.

8.5.5 Base de cálculo

Considera-se base de cálculo, segundo o art. 64, CTN:

- Quanto às operações de crédito, o montante da obrigação, compreendendo o principal e os juros.
- Quanto às operações de câmbio, o respectivo montante em moeda nacional, recebido, entregue ou posto à disposição.
- Quanto às operações de seguro, o montante do prêmio.
- Quanto às operações relativas a títulos e valores mobiliários:
  - na emissão, o valor nominal mais o ágio, se houver;
  - na transmissão, o preço ou valor nominal, ou o valor da cotação em bolsa como determinar a lei;
  - no pagamento ou resgate, o preço.

8.5.6 Alíquotas

As alíquotas do IOF seguem o princípio da proporcionalidade e variam de acordo com a natureza das operações financeiras.

Nas operações com ouro, quando definido em lei como ativo financeiro ou instrumento cambial, o IOF será devido na operação de origem e terá alíquota mínima de 1%, nos termos do art. 153, § 5º, CF.

O Decreto n. 6.339/2008 alterou as alíquotas do IOF, sendo:

- **Operações de crédito** – A alíquota máxima é de 1,5% ao dia e incide sobre o valor das operações de crédito (art. 6º, Decreto n. 6.306/2007).
- **Operações de câmbio** – A alíquota máxima é de 25% (art. 15 do Decreto n. 6.306/2007) e incide sobre o montante em moeda nacional, recebido, entregue ou posto à disposição, correspondente ao valor, em moeda estrangeira, da operação de câmbio
- **Operações de seguro** – A alíquota máxima é de 25% e incide sobre o valor dos prêmios de seguro pagos (art. 22 do Decreto n. 6.206/2007).

- **Operações relativas a títulos ou valores mobiliários** – A alíquota máxima é de 1,5% ao dia (art. 29 do Decreto n. 6.306/2007).
- **Operações com ouro (ativo financeiro ou instrumento cambial)** – Sujeita-se, exclusivamente, à incidência do IOF, uma vez que o imposto incide na primeira aquisição do ouro, ativo financeiro ou instrumento cambial, efetuada por instituição autorizada integrante do Sistema Financeiro Nacional (art. 40 do Decreto n. 6.306/2007). A Alíquota é de 1%, e a base de cálculo do IOF é o preço de aquisição do ouro, desde que dentro dos limites de variação da cotação vigente no mercado doméstico no dia da operação (arts. 38 e 39 do Decreto n. 6.306/2007).

O Decreto n. 7.454, de 25 de março de 2011, alterou o Decreto n. 6.306, de 14 de dezembro de 2007, aumentando a alíquota do IOF nas compras com cartão de crédito no exterior. A medida eleva de 2,3% para 6,38% o imposto cobrado nessas operações.

8.5.7 Legislação aplicável

Art. 153, V, CF; arts. 63 a 67, CTN; Lei n. 5.143/1966; Lei n. 8.894/1994; DL n. 1.783/1980; Lei n. 8.033/1990; Lei n. 9.779/1999; Lei n. 9.718/1998, Decreto n. 6.306/2007 e Decreto n. 6.339/2008.

8.5.8 Tipo de lançamento

O IOF é tributo sujeito ao lançamento por homologação, em que os responsáveis tributários adiantam seu pagamento, cuja regularidade fica na dependência de posterior verificação e homologação pelo Fisco.

8.5.9 Não incidência

Não pode haver incidência de IOF sobre os depósitos judiciais (Súmula n. 185 do STJ).

O Quadro 8.8, a seguir, sumariza os principais aspectos do Imposto sobre Operações Financeiras.

QUADRO 8.8 Principais aspectos do Imposto sobre Operações Financeiras

Aspectos	Discriminação
Material	Operações de crédito, câmbio, seguro, relativas a títulos ou valores mobiliários e ouro, na condição de ativo financeiro ou instrumento cambial.
Temporal	• Operação de crédito: momento da entrega ou colocação à disposição do interessado; • Operação de câmbio: momento da liquidação da operação de câmbio; • Operação de seguro: momento da emissão da apólice ou do recebimento do prêmio; • Operação relativa a títulos e valores mobiliários: momento da emissão, transmissão, pagamento ou resgate; • Operação com ouro, ativo financeiro ou instrumento cambial: data da primeira aquisição ou no momento do desembaraço aduaneiro.

Aspectos	Discriminação
Espacial	Território Nacional.
Pessoal	• Sujeito ativo: União. • Sujeito passivo: contribuinte (qualquer das partes na operação tributada.
Quantitativo	Base de Cálculo: • Operação de crédito: montante da obrigação, compreendendo o principal e os juros. • Operação de câmbio: o respectivo montante em moeda nacional, recebido, entregue ou posto à disposição. • Operação de seguro: o montante do prêmio. • Operação relativa a títulos e valores mobiliários: na emissão, o valor nominal mais o ágio, se houver; na transmissão, o preço ou o valor nominal, ou o valor da cotação em Bolsa, como determinar a lei; no pagamento ou resgate, o preço. • Operação com ouro, ativo financeiro ou instrumento cambial: o preço de aquisição do ouro, desde que dentro dos limites de variação da cotação vigente no mercado doméstico, no dia da operação; tratando-se de ouro físico, oriundo do exterior, o preço de aquisição, em moeda nacional, será determinado com base no valor de mercado doméstico na data do desembaraço aduaneiro. • Alíquota: é a fixada na legislação federal.

Fonte: Constituição da República Federativa do Brasil de 1988 e Código Tributário Nacional, Lei n. 5.172/1966.

8.5.10 Repartição da receita

O ouro, quando definido em lei como ativo financeiro ou instrumento cambial, sujeita-se exclusivamente à incidência do IOF devido na operação de origem, assegurada a transferência do montante da arrecadação nos seguintes termos (art. 153, § 5º, CF):

- Para o Estado, o Distrito Federal ou o Território, conforme a origem: 30%.
- Para o Município de origem: 70%.

8.6 IMPOSTO SOBRE A PROPRIEDADE TERRITORIAL RURAL (ITR)

O ITR, regulamentado pelo Decreto n. 4.382/2002 (RITR), tem função extrafiscal, ou seja, não tem, objetivamente, função arrecadatória. Predomina a função extrafiscal, haja vista que ele funciona como instrumento auxiliar do disciplinamento estatal da propriedade rural, objetivando dar cabo à assistência de latifúndios improdutivos.

O fato gerador, o contribuinte e a base de cálculo são definidos por Lei Complementar (arts. 29 a 31, CTN).

8.6.1 Competência

É competência da União (art. 153, VI, CF), disciplinado pela Lei n. 9.393/1996, mas 50% é repassado para os Municípios, relativamente aos imóveis neles situados (art. 158, III, CF). Contudo, caso o Município, na forma da lei, opte por fiscalizar e cobrar o imposto (desde que a opção não implique a redução do imposto ou qualquer outra forma de renúncia fiscal), a ele caberá a totalidade da arrecadação (arts. 153, § 4º, III, e 158, II, CF).

8.6.2 Fato gerador

O fato gerador do ITR é a propriedade, domínio útil ou posse de terra, fora da zona urbana, em 1º de janeiro de cada ano, conforme art. 29 CTN.

Não importa a destinação efetiva do imóvel, agrícola ou residencial. O que vale é a sua localização fora a zona urbana (art. 32, §§ 1º e 2º, CTN). O ITR só incide sobre a terra, e não sobre construções, instalações e benfeitorias.

A lei refere como tributável o imóvel por natureza (art. 29, CTN), que é "o solo com sua superfície, os seus acessórios e adjacências naturais, compreendendo as árvores e frutos pendentes, o espaço aéreo e o subsolo" (art. 43, I, CC). Edifícios ou construções não são imóveis por acessão (art. 43, III, CC).

Conceitos pertinentes ao ITR:

- **Propriedade** – É a soma de todos os direitos que alguém possa ter sobre uma coisa.
- **Domínio útil** – É um aspecto da propriedade, que pode ser destacado e entregue a outrem. O usufrutuário, por exemplo, tem o domínio útil da coisa, podendo fruir as utilidades e frutos dela, enquanto estiver a mesma temporariamente em regime de usufruto, destacando da propriedade.
- **Posse** – É a detenção de uma coisa em nome próprio. Inquilinos e depositários não são *possuidores*, e sim meros detentores, pois detêm a coisa em nome alheio, e não em nome próprio.
- **Zona rural** – O conceito de zona rural dá-se por exclusão, ou seja, a zona que não for urbana é zona rural. E zona urbana, por sua vez, é aquela que estiver assim definida por lei municipal (art. 32, §§ 1º e 2º, CTN).

8.6.3 Contribuinte

Segundo o art. 31, CTN, o contribuinte é o proprietário, o titular do domínio útil e o possuidor a qualquer título.

8.6.4 Seletividade

O ITR deve ser seletivo, com alíquotas fixadas de forma a desestimular a manutenção de propriedades improdutivas, não incidindo sobre pequenas glebas rurais, definidas em lei, quando as explore o proprietário que não possua outro imóvel (art. 153, § 4º I, CF).

8.6.5 Imunidade

Os imóveis imunes do ITR são os referidos no art. 153, § 4º, II, CF, e no art. 2º da Lei n. 9.393/1996, sendo considerada pequena gleba rural o imóvel com área igual ou inferior a:

- 100 hectares, se localizado em município compreendido na Amazônia ocidental ou no Pantanal Matogrossense e sul matogrossense oriental.
- 50 hectares, se localizado em município compreendido na Amazônia oriental ou no Polígono das Secas.
- 30 hectares, se localizado em qualquer outro município.

Também são imunes do ITR:

- O imóvel rural pertencente à União, aos Estados, ao Distrito Federal ou aos Municípios.
- O imóvel rural pertencente à autarquia ou fundação instituída e mantida pelo Poder Público, desde que vinculado às suas finalidades essenciais ou às delas decorrentes.
- O imóvel rural pertencente à instituição de educação e de assistência social, sem fins lucrativos, desde que vinculado às suas finalidades essenciais, atendidos os requisitos do art. 14, CTN, com a redação dada pelo art. 1º da LC n. 104, de 10 de janeiro de 2001, e da Lei n. 9.532, de 10 de dezembro de 1997, art. 12.

8.6.6 Isenção

Conforme o art. 3º da Lei n. 9.393/1996, os imóveis rurais isentos do ITR são:

- O imóvel rural compreendido em programa oficial de reforma agrária, caracterizado pelas autoridades competentes como assentamento que, cumulativamente, atenda aos seguintes requisitos:
  - seja titulado em nome coletivo;
  - seja explorado por associação ou cooperativa de produção.
- O conjunto de imóveis rurais de um mesmo proprietário, titular do domínio útil ou possuidor a qualquer título, cujo somatório das áreas não ultrapasse os limites estabelecidos para a pequena gleba rural em cada região, desde que, cumulativamente, o proprietário, o titular do domínio útil ou o possuidor:
  - explore-o (admitida ajuda eventual de terceiros);
  - não possua imóvel urbano.

8.6.7 Declarações que o contribuinte deve fazer

O contribuinte ou o seu sucessor deve comunicar anualmente à Secretaria da Receita Federal do Brasil, por meio do preenchimento do DIAC, integrante da DITR, as informações cadastrais correspondentes a cada imóvel rural e a seu titular (art. 41, Decreto n. 4.382/2002, c/c art. 6º, Lei n. 9.393/1996).

As informações de que trata este artigo integrarão o Cafir, cuja administração caberá à Receita Federal do Brasil (RFB), que poderá, a qualquer tempo, solicitar informações visando à sua atualização.

Devem ser obrigatoriamente comunicadas à Secretaria da Receita Federal as seguintes alterações cadastrais relativas ao imóvel rural (art. 42, Decreto n. 4.382/2002, c/c art. 6º, Lei n. 9.393/1996), sendo:

I - desmembramento;

II - anexação;

III - transmissão, por alienação da propriedade ou dos direitos a ela inerentes, a qualquer título;

IV - sucessão *causa mortis*;

V - cessão de direitos;

VI - constituição de reservas ou usufruto.

A comunicação de alterações cadastrais deve ser feita no prazo de 60 dias, contados da data da ocorrência da alteração.

O contribuinte deve prestar anualmente à RFB as informações necessárias ao cálculo do ITR e apurar o valor do imposto correspondente a cada imóvel rural, por meio do preenchimento do Documento de Informação e Apuração do ITR (Diat), integrante da DITR (Lei n. 9.393/1996, art. 8º).

As pessoas isentas do pagamento ou imunes do ITR estão dispensadas de preencher o Diat (art. 8º, § 3º, Lei n. 9.393/1996).

8.6.8 Base de cálculo

A base de cálculo do ITR é o valor fundiário do imóvel (art. 30, CTN, c/c art. 8º, Lei n. 9.393/1996, e com o art. 32, Decreto n. 4.382/2002). Entende-se que tal valor corresponde ao Valor da Terra Nua (VTN), que refletirá o preço de mercado de terras apurado em 1º de janeiro do ano.

A apuração e o pagamento do ITR serão efetuados pelo contribuinte, independentemente de prévio procedimento da Administração Tributária, nos prazos e condições estabelecidos pela RFB, sujeitando-se à homologação posterior (Lei n. 9.393/1996, art. 10).

O imposto é apurado aplicando-se sobre a base de cálculo a alíquota indicada no Anexo da Lei n. 9.393/1996. A base de cálculo é o Valor da Terra Nua Tributável (VTNt) (art. 11, Lei n. 9.393/1996).

O Programa Gerador da Declaração do ITR da Receita Federal realiza todos os cálculos.

8.6.9 Alíquota

A alíquota deve observar o princípio da progressividade e da proporcionalidade prevista na Constituição (art. 153, § 4º, CF); tem a finalidade de desestimular a manutenção de propriedades improdutivas (alíquotas regressivas), analisando-se, para tanto, o grau de utilização da terra na exploração agrícola, florestal e pecuária, a produtividade da terra, a área do imóvel rural etc.

Assim, considera-se:

- **Área aproveitável** – É a área passível de exploração agrícola, pecuária, granjeira, alíquota ou florestal (excluídas as áreas ocupadas por benfeitorias e as áreas de preservação permanente, de interesses ecológicos e imprestáveis (art. 10, § 1º, IV, Lei n. 9.393/1996).
- **Área efetivamente utilizada** – É a porção do imóvel que no ano anterior tenha servido para atividades agrícolas, pastoris, extrativas, granjeiras, de acordo com os requisitos dados pelo art. 10, § 1º, V, da Lei n. 9.393/1996.

A alíquota utilizada para cálculo do ITR é estabelecida para cada imóvel rural, com base em sua área total e no respectivo grau de utilização, conforme a tabela seguinte (Lei n. 9.393/1996, art. 11):

TABELA 8.1 Alíquota para cálculo do ITR

Área total do imóvel (em hectares)	Grau de utilização (em %)				
	Maior que 80	Maior que 65 até 80	Maior que 50 até 65	Maior que 30 até 50	Até 30
Até 50	0,03	0,20	0,40	0,70	1,00
Maior que 50 até 200	0,07	0,40	0,80	1,40	2,00
Maior que 200 até 500	0,10	0,60	1,30	2,30	3,30
Maior que 500 até 1.000	0,15	0,85	1,90	3,30	4,70
Maior que 1.000 até 5.000	0,30	1,60	3,40	6,00	8,60
Acima de 5.000	0,45	3,00	6,40	12,00	20,00

Fonte: Receita Federal.

8.6.10 Tipo de lançamento

O lançamento do ITR será por declaração do contribuinte sobre os dados da propriedade, após a imposição do tributo pela administração federal.

8.6.11 Legislação aplicável

Lei n. 9.393/1996, Decreto n. 4.382/2002 (RITR) e arts. 29 a 31, CTN.

8.6.12 Considerações finais

O ITR incide sobre o imóvel declarado de interesse social para fins de reforma agrária, enquanto não transferida a propriedade, exceto se houver imissão prévia na posse (art. 2º, § 1º, I e II, Decreto n. 4.382/2002).

O imóvel que pertencer a mais de um município deverá ser enquadrado no município da sede do imóvel e, se esta não existir, será enquadrado no município onde se localize a maior parte do imóvel (art. 7º, § 1º, Decreto n. 4.382/2002).

A propriedade de sítios de recreio pode ser considerada fato gerador do IPTU, se estiver localizada em zona urbana, isto é, se atender aos requisitos do art. 32, CTN. O que deve ser considerado é a localização do imóvel, conforme a Lei n. 9.393/1996. Deve seguir os arts. 29 e 32, CTN.

O domicílio tributário é o do município do imóvel, sendo vedada a eleição de qualquer outro.

É inconstitucional a Taxa Municipal de Conservação de Estradas de Rodagem cuja base de cálculo seja idêntica à do ITR (Súmula n. 595, STF).

Também caberá aos Municípios e ao Distrito Federal 50% do produto da arrecadação do ITR, relativamente aos imóveis neles situados (art. 158 II, CF); porém, caso optem, na forma prevista na Lei n. 11.250/2005, por fiscalizar e cobrar o ITR, caber-lhes-á 100% da arrecadação.

CASO PRÁTICO 8.5

Em janeiro de 2012, o agricultor Manoel Moura Santos teve sua extensa propriedade invadida por 50 famílias de camponeses. Inconformado, ele moveu, tempestivamente, ação de reintegração de posse com pedido de medida liminar, no intuito de ser reintegrado na posse do imóvel, a qual foi prontamente deferida, embora, por inércia do poder público, siga pendente de cumprimento.

Com base na situação apresentada, responda, fundamentadamente, como repercute a incidência do Imposto Territorial Rural.

O fato gerador do tributo é a situação ou circunstância com previsão legal suscetível de originar obrigação de natureza tributária.

O ITR tem como hipótese de incidência tributária, segundo o já citado art. 29, CTN: "a propriedade, o domínio útil, ou o seu possuidor a qualquer título".

Desde 2010, o proprietário não detém o direito de usar, gozar e dispor do imóvel em decorrência da invasão pelos integrantes das famílias camponesas e o direito de reavê-lo não lhe é assegurado pelo Estado.

Houve, portanto, o completo esvaziamento do conteúdo do direito de propriedade, que se mantém apenas formalmente, não configurando o fato gerador do ITR.

O ITR é inexigível ante o desaparecimento da base material do fato gerador.

O mesmo Estado que se omite na salvaguarda de direitos fundamentais, mesmo após decisão judicial exigindo a sua intervenção, não pode utilizar a aparência do direito para cobrar o tributo que pressupõe a incolumidade da titularidade do domínio não apenas formalmente, mas também materialmente.

O Quadro 8.9, a seguir, sumariza os principais aspectos do Imposto sobre a Propriedade Territorial Rural.

QUADRO 8.9 Principais aspectos do Imposto sobre a Propriedade Territorial Rural

Aspectos	Discriminação
Material	Propriedade, o domínio útil ou a posse de imóvel por natureza, como definido no Código Civil.
Temporal	1º de janeiro de cada exercício.
Espacial	Território nacional.
Pessoal	Sujeito ativo: União. Sujeito passivo: contribuinte (proprietário do imóvel, o titular de seu domínio útil, ou o seu possuidor a qualquer título.
Quantitativo	Base de Cálculo: valor fundiário. Alíquota: é fixada na legislação federal.

Fonte: Código Tributário Nacional, Lei n. 5.172/1966.

8.7 IMPOSTO SOBRE GRANDES FORTUNAS (IGF)

O IGF é tributo de competência da União (art. 153, VII, CF) cuja instituição deverá ser efetivada por Lei Complementar. Em relação a este imposto, a União ainda não exerceu sua competência tributária.

CASO PRÁTICO 8.6

Suponha que a União Federal tenha editado Lei Ordinária n. X em 14 de maio de 2017, a fim de disciplinar o Imposto sobre Grandes Fortunas (IGF), dispondo, em seu Art. 1º, exclusivamente, as seguintes hipóteses de incidência:

- A aquisição de disponibilidade econômica ou jurídica de renda, assim entendido o produto do capital, do trabalho ou da combinação de ambos com valor acima de 1 milhão de reais.
- Quaisquer outros acréscimos patrimoniais não entendidos no inciso anterior.

De acordo com o exposto, é possível a instituição e a cobrança do referido IGF? Justifique, apontando os dispositivos legais pertinentes.

O IGF encontra-se previsto no Art. 153, VII, CF, possibilitando à União Federal instituí-lo de acordo com as regras constitucionais previstas, sendo certo que deverá o IGF ser instituído mediante Lei Complementar, o que não foi observado.

Ademais, tem-se o mesmo fato gerador do Imposto de Renda, o que caracteriza dupla incidência sobre o mesmo fato gerador já previsto no Art. 43, I e II, CTN.

Desse modo, a lei em questão é inconstitucional.

8.8 IMPOSTO EXTRAORDINÁRIO DE GUERRA (IEG)

O Imposto Extraordinário de Guerra é de competência prevista no art. 154, II, CF, sendo tal competência denominada extraordinária. O IEG será instituído na iminência ou no caso de guerra externa.

O fato gerador deste imposto pode estar compreendido ou não na competência tributária da União. Por exemplo, em caso de guerra externa, a União poderá instituir um imposto federal sobre operações relativas à circulação de mercadorias, que estão originariamente na competência tributária dos Estados e do Distrito Federal.

É uma exceção ao princípio da anterioridade, podendo ser cobrado no mesmo exercício financeiro e publicada a lei que o instituiu ou aumentou.

QUADRO 8.10 Aplicação dos Princípios da Legalidade e Anterioridade ao Imposto Extraordinário de Guerra.

Legalidade	Anterioridade
Observa	Não observa
Instituído por lei ordinária	Cobrança imediata

Fonte: Constituição da República Federativa do Brasil de 1988.

Comparando-se o IEG e os empréstimos compulsórios instituídos em razão de guerra ou sua iminência, temos:

QUADRO 8.11 Imposto Extraordinário de Guerra *versus* empréstimos compulsórios

Imposto de guerra	Empréstimo compulsório
Lei ordinária	Lei Complementar
Tributo não restituível	Tributo restituível
Cobrança imediata	Cobrança imediata

Fonte: Constituição da República Federativa do Brasil de 1988.

8.9 IMPOSTOS RESIDUAIS

O art. 154, I, CF, estabelece que a União pode instituir, mediante Lei Complementar, impostos não previstos no art. 153, desde que sejam não cumulativos e não tenham fato gerador e base de cálculo próprios dos impostos discriminados no texto constitucional. Além disso, do resultado da arrecadação de tais impostos, 20% deve ser repartido com os Estados e o Distrito Federal (art. 157, II, CF).

A União é o único ente político que tem condições de aumentar o número de impostos que possui. Para os demais entes, a competência é restrita àquela determinada pela Constituição Federal.

8.10 IMPOSTOS REGULATÓRIOS

Os impostos regulatórios, como o próprio nome indica, têm a função regulatória de atividades econômicas, isto é, existem como instrumento ordinatório. Não visam simplesmente à arrecadação tributária, função típica de imposto de natureza fiscal. São impostos regulatórios aqueles previstos no art. 153, I, II, IV e V, CF, quais sejam: II, IE, IPI e IOF.

Os impostos de importação e de exportação (II e IE) têm por objetivo regular o comércio exterior, sempre sujeito a variações conjunturais. Por isso, estão livres tanto do princípio da anterioridade (art. 150, § 1º, CF) como do princípio da legalidade, no que diz respeito à alteração de alíquotas "nos limites e condições estabelecidas em lei" (art. 153, § 1º, CF). A Constituição outorgou ao Executivo instrumento normativo ágil para, nos limites da lei, ofertar rápida resposta às situações anômalas supervenientes no plano do comércio exterior.

A função regulatória do IPI, igualmente dispensada da observância dos dois princípios constitucionais apontados, repousa no caráter seletivo em função da essencialidade do produto, conceito que varia no tempo e no espaço.

O IOF tem a sua função ordinatória baseada na fixação da política de câmbio, crédito e seguro, e também de títulos e valores mobiliários. O efeito arrecadatório é mera consequência do exercício da função extrafiscal.

Assim, os impostos regulatórios apresentam-se como:

- Exceção à anterioridade: II, IE e IOF não obedecem a qualquer regra da anterioridade.
- IPI segue, somente, a anterioridade nonagesimal.

8.10.1 Regime Tributário Unificado (RTU)

A Lei n. 11.898, de 8 de janeiro de 2009, instituiu o Regime Tributário Unificado (RTU) na importação de mercadorias procedentes do Paraguai. O regime terá alíquota única que engloba quatro impostos federais:

- Impostos de Importação (II).
- Imposto sobre Produtos Industrializados (IPI).
- Contribuição para o Financiamento da Seguridade Social incidente na importação (Cofins-Importação).
- Contribuição para o PIS/Pasep incidente na importação (PIS/Pasep-Importação).

O teto dessa alíquota é de 42,5% do preço de aquisição da mercadoria importada e somente poderá optar pelo regime a microempresa (aquela que tem faturamento anual de até R$ 360.000,00) que tenha optado pelo Simples Nacional.

A alíquota relativamente a cada imposto ou contribuição federal corresponde a:

- 18% a título de Imposto de Importação;
- 15% a título de Imposto sobre Produtos Industrializados;
- 7,60% a título de Cofins-Importação;
- 1,65% a título de Contribuição para o PIS/Pasep-Importação.

8.10.2 Microempreendedor Individual (MEI)

A Lei Complementar n. 128, de 19 de dezembro de 2008, cria a figura do Microempreendedor Individual (MEI), com vigência a partir de 1º de julho de 2009.

Considera-se MEI o empresário individual a que se refere o art. 966 da Lei n. 10.406, de 10 de janeiro de 2002, CC, que tenha auferido receita bruta, no ano-calendário anterior, de até R$ 60.000,00, optante pelo Simples Nacional.

No caso de início de atividades, o limite de receita será de R$ 5.000,00 multiplicados pelo número de meses compreendido entre o início da atividade e o final do respectivo ano-calendário, consideradas as frações de meses como um mês inteiro.

8.10.2.1 TRIBUTAÇÃO

O MEI será enquadrado no Simples Nacional e ficará isento dos tributos federais (IR, PIS, Cofins, IPI e CSLL). Assim, pagará apenas o valor fixo mensal de R$ 34,90 (comércio ou indústria) ou de R$ 38,90 (prestação de serviços), ou de R$ 39,90 (comércio e serviços), que será destinado à Previdência Social e ao ICMS ou ao ISS. Essas quantias serão atualizadas anualmente, de acordo com o salário mínimo.

Com essas contribuições, o MEI tem acesso a benefícios como auxílio-maternidade, auxílio-doença, aposentadoria, entre outros.

O MEI não estará sujeito à incidência do IRPJ, do IPI, da CSLL, da Cofins, do PIS e do INSS patronal; portanto, não estará sujeito ao recolhimento das alíquotas previstas nas tabelas do Simples Nacional.

8.10.2.2 VEDAÇÕES

Não poderá optar pela sistemática de recolhimento pelo MEI:

- Aquele cuja atividade seja tributada pelos Anexos IV ou V da Lei Complementar n. 123/2006, salvo autorização relativa a exercício de atividade isolada na forma regulamentada pelo comitê gestor.
- Aquele que possua mais de um estabelecimento.
- Aquele que participe de outra empresa como titular, sócio ou administrador.
- Aquele que contrate empregado, exceto em relação ao empresário individual que possua um único empregado que receba exclusivamente um salário mínimo ou o piso salarial da categoria profissional.

8.10.3 Enquadramento

A opção pelo Simei:

- Será irretratável para todo o ano-calendário.
- Para a empresa já constituída, deverá ser realizada no mês de janeiro, até seu último dia útil, produzindo efeitos a partir do primeiro dia do ano-calendário da opção.

Para as empresas em início de atividade com data de abertura constante do CNPJ a partir de 1º de julho de 2009, a realização da opção pelo Simei será simultânea à inscrição no CNPJ.

O empreendedor individual com data de abertura constante do CNPJ até 30 de junho de 2009 não poderá optar pelo Simei no ano-calendário de 2009.

8.10.4 Condições

Para poder se enquadrar na figura de microempreendedor individual, o trabalhador deverá ser optante pelo Simples Nacional, e não ser titular, sócio ou administrador de outra empresa. Também não poderá ter filiais e poderá ter, no máximo, um empregado que receba até um salário mínimo ou o salário mínimo da categoria. O microempreendedor também não poderá realizar "cessão" ou "locação" de mão de obra. Isso significa que o benefício fiscal é destinado ao microempreendedor, e não à empresa que o contrata, como informou o comitê gestor do Simples Nacional.

Segundo o comitê gestor, a criação do microempreendedor não tem a finalidade de "fragilizar as relações de trabalho". Desse modo, o regime não deve ser utilizado por empresas para a "transformação em microempreendedor de pessoas físicas que lhes prestam serviços".

"Isso não impede que o MEI preste serviços à pessoa jurídica, desde que os serviços não constituam necessidade contínua e que a prestação de serviços não ocorra nas dependências da empresa contratante, e nem de terceiros indicada pela contratante", informou o governo.

Exemplos:

- Uma fábrica de bolas de futebol não poderá contratar, segundo o governo, um MEI para participar do processo de fabricação, mesmo que nas dependências do microempreendedor. "Caso a mesma fábrica necessite de um cozinheiro para seu refeitório, também não poderá contratar MEI, haja vista que a necessidade é permanente. A mesma fábrica de bolas poderá contratar MEI, por exemplo, para lavar os tapetes da recepção da fábrica, desde que tal atividade seja eventual, não periódica e efetuada nas dependências do MEI", informou o comitê do Simples.
- O microempreendedor que exercer as atividades de hidráulica, eletricidade, pintura, alvenaria, carpintaria e manutenção ou reparo de veículos pode, entretanto, efetuar cessão de mão de obra. Nesse caso, segundo o governo, a empresa contratante deverá considerá-lo autônomo (contribuinte individual) e recolher a cota patronal previdenciária de 20% juntamente com a cota previdenciária do segurado (11%). Essas obrigações subsistem, mesmo que a contratação ocorra por empreitada.

8.10.5 Relatório Mensal das Receitas Brutas

Todo mês, até o dia 20, o MEI deve preencher (pode ser manualmente) o Relatório Mensal das Receitas que obteve no mês anterior.

Deve anexar ao Relatório as notas fiscais de compras de produtos e de serviços, bem como as notas fiscais que emitir.

8.10.6 Declaração Anual Simplificada

Todo ano o MEI deve declarar o valor do faturamento do ano anterior. A primeira declaração pode ser preenchida pelo próprio MEI ou pelo contador optante pelo Simples, gratuitamente.

8.10.7 Custo para a contratação de um empregado

O Microempreendedor Individual (MEI) pode ter um empregado ganhando até um salário mínimo ou o piso salarial da profissão.

Caberá ao MEI o preenchimento da Guia do FGTS e Informação à Previdência Social (GFIP), que é entregue até o dia 7 de cada mês, por meio de um sistema chamado Conectividade Social da Caixa Econômica Federal.

Ao preencher e entregar a GFIP, o MEI deve depositar o FGTS, calculado à base de 8% sobre o salário do empregado. Além disso, deverá recolher 3% desse salário para a Previdência Social.

Com esse recolhimento, o MEI protege-se contra reclamações trabalhistas e o seu empregado tem direito a todos os benefícios previdenciários, como aposentadoria, seguro-desemprego, auxílio por acidente de trabalho, doença ou licença-maternidade.

Em resumo, o custo total do empregado para o Microempreendedor Individual é 11% do respectivo salário, ou R$ 74,58, se o empregado ganhar o salário mínimo. O cálculo é sempre feito pelo valor do salário multiplicado por 3% (parte do empregador) e por 8% (parte do empregado).

É preciso lembrar também que todos os demais direitos trabalhistas do empregado devem ser respeitados.

8.10.8 Simples Nacional

A Lei Complementar n. 123, de 14 de dezembro de 2006, estabelece normas gerais relativas ao tratamento diferenciado e favorecido a ser dispensado às microempresas e empresas de pequeno porte no âmbito dos Poderes da União, dos Estados, do Distrito Federal e dos Municípios, especialmente no que se refere:

- À apuração e recolhimento dos impostos e contribuições da União, dos Estados, do Distrito Federal e dos Municípios, mediante regime único de arrecadação, inclusive obrigações acessórias.
- Ao cumprimento de obrigações trabalhistas e previdenciárias, inclusive obrigações acessórias.
- Ao acesso a crédito e ao mercado, inclusive quanto à preferência nas aquisições de bens e serviços pelos Poderes Públicos, à tecnologia, ao associativismo e às regras de inclusão.

Para os efeitos dessa Lei Complementar, consideram-se microempresas ou empresas de pequeno porte a sociedade empresária, a sociedade simples e o empresário a que se refere o art. 966 da Lei n. 10.406, de 10 de janeiro de 2002, devidamente registrados no Registro de Empresas Mercantis ou no Registro Civil de Pessoas Jurídicas, conforme o caso, desde que:

- No caso das microempresas, o empresário, a pessoa jurídica, ou a ela equiparada, aufira, em cada ano-calendário, receita bruta igual ou inferior a R$ 360.000,00.
- No caso das empresas de pequeno porte, o empresário, a pessoa jurídica, ou a ela equiparada, aufira, em cada ano-calendário, receita bruta superior a R$ 360.000,00 e igual ou inferior a R$ 3.600.000,00.

Considera-se receita bruta o produto da venda de bens e serviços nas operações de conta própria, o preço dos serviços prestados e o resultado nas operações em conta alheia, não incluídas as vendas canceladas e os descontos incondicionais concedidos.

No caso de início de atividade no próprio ano-calendário, o limite a que se refere o *caput* deste artigo será proporcional ao número de meses em que a microempresa ou a empresa de pequeno porte houver exercido atividade, inclusive as frações de meses.

O enquadramento do empresário ou da sociedade simples ou empresária como microempresa ou empresa de pequeno porte bem como o seu desenquadramento não implicarão alteração, denúncia ou qualquer restrição em relação a contratos por elas anteriormente firmados.

Não se inclui no regime diferenciado e favorecido previsto nesta Lei Complementar, para nenhum efeito legal, a pessoa jurídica:

- de cujo capital participe outra pessoa jurídica;
- que seja filial, sucursal, agência ou representação, no país, de pessoa jurídica com sede no exterior;
- de cujo capital participe pessoa física que seja inscrita como empresária ou seja sócia de outra empresa que receba tratamento jurídico diferenciado nos termos dessa Lei Complementar, desde que a receita bruta global ultrapasse o limite;
- cujo titular ou sócio participe com mais de 10% (dez por cento) do capital de outra empresa não beneficiada por essa Lei Complementar, desde que a receita bruta global ultrapasse o limite;
- cujo sócio ou titular seja administrador ou equiparado de outra pessoa jurídica com fins lucrativos, desde que a receita bruta global ultrapasse o limite;
- constituída sob a forma de cooperativas, salvo as de consumo;
- que participe do capital de outra pessoa jurídica;
- que exerça atividade de banco comercial, de investimentos e de desenvolvimento, de caixa econômica, de sociedade de crédito, financiamento e investimento ou de crédito imobiliário, de corretora ou de distribuidora de títulos, valores mobiliários e câmbio, de empresa de arrendamento mercantil, de seguros privados e de capitalização ou de previdência complementar;

- resultante ou remanescente de cisão ou qualquer outra forma de desmembramento de pessoa jurídica que tenha ocorrido em um dos cinco anos-calendário anteriores;
- constituída sob a forma de sociedade por ações.

8.10.9 Tributos e contribuições

O Regime Especial Unificado de Arrecadação de Tributos e Contribuições devidos pelas Microempresas e Empresas de Pequeno Porte – Simples Nacional, implica o recolhimento mensal, mediante documento único de arrecadação, dos seguintes impostos e contribuições:

- Imposto sobre a Renda da Pessoa Jurídica (IRPJ).
- Imposto sobre Produtos Industrializados (IPI).
- Contribuição Social sobre o Lucro Líquido (CSLL).
- Contribuição para o Financiamento da Seguridade Social (Cofins).
- Contribuição para o PIS/Pasep.
- Contribuição para a Seguridade Social, a cargo da pessoa jurídica.
- Imposto sobre Operações Relativas à Circulação de Mercadorias e sobre Prestações de Serviços de Transporte Interestadual e Intermunicipal e de Comunicação (ICMS).
- Imposto sobre Serviços de qualquer Natureza (ISS).

O recolhimento não exclui a incidência dos seguintes impostos ou contribuições, devidos na qualidade de contribuinte ou responsável, em relação aos quais será observada a legislação aplicável às demais pessoas jurídicas:

- Imposto sobre Operações de Crédito, Câmbio e Seguro, ou Relativas a Títulos ou Valores Mobiliários (IOF).
- Imposto sobre a Importação de Produtos Estrangeiros (II).
- Imposto sobre a Exportação, para o Exterior, de Produtos Nacionais ou Nacionalizados (IE).
- Imposto sobre a Propriedade Territorial Rural (IPTR).
- Imposto de Renda, relativo aos rendimentos ou ganhos líquidos auferidos em aplicações de renda fixa ou variável.
- Imposto de Renda relativo aos ganhos de capital auferidos na alienação de bens do Ativo Permanente.
- Contribuição para o Fundo de Garantia do Tempo de Serviço (FGTS).
- Contribuição para manutenção da Seguridade Social, relativa ao trabalhador.
- Contribuição para a Seguridade Social, relativa à pessoa do empresário, na qualidade de contribuinte individual.

- Imposto de Renda relativo aos pagamentos ou créditos efetuados pela pessoa jurídica a pessoas físicas.
- Contribuição para o PIS/Pasep, Cofins e IPI incidentes na importação de bens e serviços.
- ICMS devido:
  - nas operações ou prestações sujeitas ao regime de substituição tributária;
  - por terceiro, a que o contribuinte se ache obrigado, por força da legislação estadual ou distrital vigente;
  - na entrada, no território do Estado ou do Distrito Federal, de petróleo, inclusive lubrificantes e combustíveis líquidos e gasosos dele derivados, bem como energia elétrica, quando não destinados à comercialização ou industrialização;
  - por ocasião do desembaraço aduaneiro;
  - na aquisição ou manutenção em estoque de mercadoria desacobertada de documento fiscal;
  - na operação ou prestação desacobertada de documento fiscal;
  - nas operações com mercadorias sujeitas ao regime de antecipação do recolhimento do imposto, bem como do valor relativo à diferença entre a alíquota interna e a interestadual, nas aquisições em outros Estados e Distrito Federal, nos termos da legislação estadual ou distrital;
- ISS devido:
  - em relação aos serviços sujeitos à substituição tributária ou retenção na fonte;
  - na importação de serviços;
  - demais tributos de competência da União, dos Estados, do Distrito Federal ou dos Municípios.

8.10.10 Alíquotas e base de cálculo

O valor devido mensalmente pela microempresa e empresa de pequeno porte, optante do Simples Nacional, será determinado mediante aplicação da tabela dos Anexos desta Lei Complementar.

8.11 LUCRO PRESUMIDO

Nesta seção, apresentaremos o tema de maneira resumida. Para mais detalhes sobre Lucro Presumido e seu regime de tributação, veja o Capítulo 13.

Lucro Presumido é a forma de pagamento do Imposto de Renda de Pessoa Jurídica (IRPJ) e da Contribuição Social sobre Lucro Líquido (CSLL) fixada em cima de uma estimativa de lucro estabelecida pela Receita Federal, de acordo com o ramo da empresa.

8.11.1 Quem pode optar?

Empresas com receita bruta de até R$ 78 milhões e que não estejam obrigadas a pagar imposto pelo sistema de Lucro Real.

8.11.2 Cálculo

Para cada imposto há uma forma diferente de cálculo. Para o IRPJ há quatro alíquotas definidas de acordo com o ramo da empresa:

- Revenda de combustíveis derivados de petróleo, álcool etílico carburante e gás natural: 1,6%.
- Comércio, indústria, serviços hospitalares e de transporte de carga e atividades imobiliárias: 8%.
- Demais serviços de transporte e prestadores de serviço com receita bruta anual de até R$ 240 mil, com exceção das profissões regulamentadas: 16%.
- Serviços em geral: 32%.

Sobre cada alíquota incide uma porcentagem de 15%, correspondente ao valor correto do imposto a pagar.

As alíquotas para pagamento do PIS e da Cofins são de 0,65% e 3%, e para a CSLL, há duas alíquotas definidas:

- Atividades comerciais, industriais, imobiliárias e hospitalares: 12%.
- Serviços em geral, exceto hospitalares: 32%.

Sobre a quantia medida, aplica-se uma taxa de 9%, correspondente ao imposto a ser pago.

Exemplo:
Receita Bruta Mensal: R$ 20.000,00.
Base de Cálculo: R$ 20.000,00 × 32% = R$ 6.400,00.
Imposto de Renda = R$ 6.400,00 × 15% = R$ 960,00.
CSLL = R$ 6.400,00 × 9% = R$ 576,00.
PIS/Cofins = R$ 20.000,00 × 3,65% = R$ 730,00.

8.11.3 Lucro Real

É o sistema de cálculo do IRPJ e da CSLL com base nos resultados verificados na contabilidade da empresa. Quem escolhe esta forma de tributação precisa manter em ordem o livro-caixa, as declarações do balanço patrimonial, a demonstração de resultados do exercício, de lucros e de prejuízos acumulados.

Ao contrário do que ocorre com quem opta pelo Simples ou pelo Lucro Presumido, o Lucro Real permite a dedução das chamadas despesas operacionais, como contas de água, luz, telefone, depreciação de bens e pagamentos de serviços terceirizados, entre outros.

8.11.4 Quem pode optar?

Qualquer empresa pode escolher o regime de Lucro Real. No entanto, algumas são obrigadas a escolhê-lo, como as que possuem receita total acima de R$ 78.000.000,00; exerçam alguns tipos de atividade (bancos comerciais, cooperativas de crédito e empresas de seguros privados e de capitalização); ou obtêm lucros, rendimentos ou ganho de capital exterior.

8.11.5 Cálculo

Será cobrada da empresa uma alíquota de 15% sobre o Lucro Real, para o recolhimento do IRPJ, e um adicional de 10% acima da base de cálculo de R$ 20 mil. Também pagam 9% para a CSLL. Há duas opções de periodicidade para quem opta por esse regime. O empresário pode pagar o imposto a cada três meses, com base no Lucro Real do período, sem ajustes posteriores. Ou pode pagar os tributos todo mês, em cima da receita bruta mensal ou com base nos balanços mensais. Na periodicidade mensal, existe a possibilidade de ajuste anual das quantias pagas (devolução ou acréscimo).

As alíquotas para pagamento do PIS e da Cofins são de 1,65% e 7,6%. Contudo, somente neste regime, a empresa pode utilizar como crédito tributário o valor do PIS e da Cofins embutidos nos preços de alguns insumos, do aluguel e de despesas com mão de obra terceirizada.

Assim, as empresas de prestação de serviços tendem a utilizar poucos insumos que dão direito a créditos do PIS e da Cofins, o que pode tornar o regime de Lucro Presumido mais atraente. Já no caso de empresas comerciais e industriais, o peso dos insumos costuma ser maior, o que, algumas vezes, justifica a escolha do regime do Lucro Real.

8.11.6 Importância do planejamento tributário

A pesada carga tributária sobre as empresas torna o planejamento tributário essencial. Com ele, é possível não apenas obter uma redução nos gastos habituais como também a devolução ou a compensação dos tributos cobrados indevidamente pelo Estado. Algumas exigências fiscais são passíveis de revisão, de forma que um planejamento eficiente, com respaldo jurídico e contábil, consegue indicar os caminhos para a redução de tributos.

EXERCÍCIOS DE FIXAÇÃO

— QUESTÕES DE MÚLTIPLA ESCOLHA

1. O imposto sobre renda e proventos de qualquer natureza é informado pelo critério da:

   a) Generalidade.
   b) Regressividade.
   c) Impessoalidade.
   d) Seletividade.

2. A empresa Aurora Ltda. importou dos Estados Unidos da América uma tonelada de ouro, definido em lei como ativo financeiro. Esta importação está sujeita ao:

   a) IOF.
   b) IE.
   c) IPI.
   d) ICMS.

3. Qual dos seguintes elementos está relacionado com o caráter pessoal do Imposto de Renda?

   a) Não cumulatividade.
   b) Seletividade.
   c) Anterioridade.
   d) Deduções.

4. O Imposto sobre Produtos Industrializados:

   a) Submete-se à tributação segundo o regime de origem, sendo exigido pelo Estado-Membro de onde provém o produto industrializado.
   b) Submete-se à tributação segundo o regime de destino, sendo exigido pelo Estado-Membro onde é consumido o produto industrializado.
   c) É exigido na saída do produto do estabelecimento importador, mesmo que ali não se tenha dado nenhuma industrialização.
   d) É exigido apenas na hipótese de industrialização do produto pelo estabelecimento que o remeter.

5. Marque a opção que **não** apresenta, nos termos da Constituição de 1988, um critério aplicável ao imposto sobre a renda e proventos de qualquer natureza:

   a) Generalidade.
   b) Seletividade.
   c) Universalidade.
   d) Progressividade.

6. João firmou, com empresa sediada no exterior, contrato de compra de mercadorias importadas, para serem entregues em um mês, mediante pagamento em 12 parcelas mensais a partir da assinatura do contrato. O Fisco, antes de 30 dias, realizou auditoria na empresa de João, tomando como base o contrato para considerar ocorrido o fato gerador de obrigação tributária.

Com relação a essa situação hipotética, assinale a opção correta.

a) A consideração da ocorrência do fato gerador pelo Fisco deve-se à situação de fato constatada, mesmo sem lei específica que a preveja.
b) O fato gerador ocorreu em virtude de a situação jurídica constatada pelo Fisco estar definitivamente constituída.
c) O fato não poderia ter servido como base para o Fisco, uma vez que não surgiu a obrigação tributária pela importação ainda inexistente da mercadoria.
d) A situação jurídica tomada como base para a consideração da ocorrência do fato gerador se deu sob condição resolutória.

7. Considerando o disposto no art. 153, § 4º, III, CF, acerca do Imposto sobre a Propriedade Territorial Rural, **não** é correto afirmar que:

a) Há transferência da competência tributária da União para os Municípios.
b) Aos Municípios é vedado editar lei acerca da instituição do ITR.
c) É possível a transferência de capacidade tributária ativa, da União para os Municípios.
d) Os Municípios poderão, na forma da lei, efetuar o lançamento do imposto em relação às propriedades rurais que se encontrem localizadas em seu território.

8. Com relação ao Imposto de Importação (II) e ao Imposto de Exportação (IE), é **correto** afirmar:

a) Seguem estritamente o princípio da legalidade e da tipicidade cerrada.
b) Apenas o II, por força de um desequilíbrio da balança comercial, poderá ter suas alíquotas alteradas por ato do presidente da república.
c) As alterações de suas alíquotas e base de cálculo somente poderão ocorrer por meio de lei ordinária editada pelo congresso nacional.
d) Em ambos os casos (II e IE) há uma mitigação do princípio da legalidade, de tal forma que estes tributos poderão ter a sua alíquota alterada por ato do Presidente da República.

9. Segundo o texto constitucional, são princípios que devem ser observados pela lei que traz nova disciplina para o Imposto sobre Produtos Industrializados:

a) Seletividade, anterioridade e proporcionalidade.
b) Seletividade, progressividade e generalidade.
c) Não cumulatividade, universalidade e noventena.
d) Não cumulatividade, seletividade e noventena.

10. O Imposto sobre Produtos Industrializados é:

a) Cumulativo, seletivo e progressivo.
b) Não cumulativo, seletivo e não incide sobre operações interestaduais.
c) Seletivo, não cumulativo e não incide sobre a remessa de produtos para o exterior.
d) Cumulativo, não seletivo e progressivo.

CAPÍTULO 9 Impostos estaduais

OBJETIVOS

- Instrumentalizar o estudante para a compreensão da legislação fiscal em nível estadual; do registro de impostos incidentes da aplicação dos procedimentos técnicos adequados e do cálculo dos impostos e registros contábeis.
- Proporcionar novos conhecimentos no tocante à gestão de tributos e, assim, contribuir com o crescimento sustentável das organizações.

9.1 IMPOSTO SOBRE TRANSMISSÃO *CAUSA MORTIS* E DOAÇÃO DE QUAISQUER BENS OU DIREITOS (ITCMD – HERANÇA E DOAÇÕES)

Esse imposto é identificado por várias siglas, como:

- ITD: no Rio de Janeiro, em Sergipe e na Bahia.
- ICD: em Pernambuco.
- IHD: em Goiânia.
- ITCD: no Distrito Federal e em Mato Grosso do Sul, Minas Gerais, Rio Grande do Sul, Paraná, Mato Grosso e Santa Catarina.
- ITCMD: em São Paulo, no Piauí e no Paraná.

A função deste imposto é puramente fiscal, ou seja, visa à arrecadação de recursos para os Estados e o Distrito Federal. Os arts. 35 a 42, CTN, cuidam do imposto, e também a Lei n. 10.705/2000.

9.1.1 Competência

Caso se trate de transmissão de bens imóveis, o imposto será recolhido ao Estado da situação do bem ou ao DF, nos termos do art. 155, 1º, I, CF. Por outro lado, se houver a transmissão de bem móvel, o ITCMD competirá ao Estado onde se processar o inventário ou tiver domicílio o doador, ou ao DF (art. 155, § 1º, III, CF).

O ITCMD terá competência para sua instituição regulada por Lei Complementar nas hipóteses do art. 155, § 1º, III, CF, a saber:

- Se o doador tiver domicílio ou residência no exterior.
- Se o *de cujus* possuía bens, era residente ou domiciliado ou teve o seu inventário processado no exterior.

9.1.2 Fato gerador

O fato gerador do imposto verifica-se com a transmissão gratuita de quaisquer bens (móveis ou imóveis), a qual pode se dar mediante contrato de doação ou, ainda, em razão do falecimento de seu titular (*causa mortis*) (art. 35, CTN).

O ITCMD será devido ainda que se trate de inventário por morte presumida (Súmula n. 331, STF).

O elemento temporal do fato gerador é o momento da transmissão ou aquele estabelecido em lei ordinária competente.

9.1.3 Alíquotas

As alíquotas são fixadas pela legislação de cada Estado, cabendo ao Senado Federal fixar a alíquota máxima (art. 155, § 1º, IV, CF). A resolução n. 9/1992, do Senado Federal, fixou a alíquota máxima em 8%.

É importante notar que a cobrança do ITCMD não se sujeita ao regime de alíquotas progressivas por ausência de disposição constitucional, devendo ser aplicável, neste caso, a proporcionalidade, ou seja, variação do imposto, com imposição de alíquota única, graduando-se o gravame em razão da base de cálculo.

9.1.4 Contribuinte

Contribuinte é o herdeiro ou legatário, na hipótese de transmissão *causa mortis*, e o doador ou donatário, caso se trate de doação (art. 42, CTN), podendo a lei estadual eleger o responsável tributário. Por exemplo: se, por ocasião da lavratura do instrumento público, o tabelião não exigiu a prova de quitação do imposto de transmissão, ele ficará responsável pelo pagamento do tributo (art. 134, VI, CTN). No caso de doação, o doador pode ser escolhido para ocupar a posição de responsável tributário, caso o donatário não recolha o tributo.

9.1.5 Base de cálculo

A base de cálculo, ainda que a critério de cada ente tributante, não poderá ser superior ao valor venal do imóvel ou dos direitos transmitidos e da doação (art. 38, CTN).

A base de cálculo deve ser fixada por lei da entidade competente para a instituição do tributo, não podendo, no entanto, extrapolar o valor de mercado do bem ou do direito transmitido, sob pena de atingir riqueza diversa da que se quer tributar.

O ITCMD é calculado sobre o valor dos bens da data de avaliação (Súmula n. 113, STF), observada a alíquota vigente na data da abertura da sucessão (Súmula n. 112, STF), não podendo ser exigido antes da homologação do cálculo (Súmula n. 114, STF).

Calcula-se o ITCMD sobre o saldo credor da promessa de compra e venda de imóvel, no momento da abertura da sucessão do promitente vendedor (Súmula n. 590, STF).

9.1.6 Tipo de lançamento

Em geral, o lançamento deste imposto é feito por declaração, ressalvada a hipótese de adoção de sistemática diferenciada pelo ente tributante.

9.1.7 Considerações finais

Nas transferências de ações, o ITCMD será devido ao Estado em que tem sede a companhia (Súmula n. 435, STF).

Cabe à Lei Complementar a definição de tratamento diferenciado e favorecido para as microempresas e para as empresas de pequeno porte, inclusive regimes especiais ou simplificados, no caso do ICMS.

Ao Estado em que se localizar o bem imóvel transmitido por ato *causa mortis*, assegura-se competência para instituir o Imposto sobre Transmissão *Causa Mortis* e Doação (ITCMD), ainda que o falecido possuísse domicílio em outro Estado da Federação.

O prazo para recolhimento do ITCMD deve ser interpretado à luz da Súmula n. 114, STF, que traz a homologação do cálculo como termo inicial para a contagem de prazo para o pagamento e, consequentemente, condição imprescindível para a exigibilidade do crédito tributário pelo Fisco.

O Quadro 9.1, a seguir, resume os principais aspectos do Imposto sobre Transmissão *Causa Mortis* e Doação de quaisquer bens ou direitos.

QUADRO 9.1 Principais aspectos do Imposto sobre Transmissão *Causa Mortis* e Doação de quaisquer bens ou direitos

Aspectos	Discriminação
Material	A transmissão de quaisquer bens ou direitos em face da morte ou a doação em vida de quaisquer bens ou direitos.
Temporal	Momento da transmissão do bem ou direito: Imposto sobre herança: data da morte. Imposto sobre doação: bens móveis, com a tradição. Bens imóveis: com o registro do título aquisitivo no Registro de Imóveis.
Espacial	Território do Estado ou Distrito Federal.
Pessoal	Sujeito ativo: Estado ou DF. Sujeito passivo: contribuinte (proprietário do imóvel, o titular de seu domínio útil ou o seu possuidor a qualquer título).
Quantitativo	Base de cálculo: valor venal dos bens ou direitos transmitidos. Alíquota: é fixada na legislação federal.

Fonte: adaptado de Código Tributário Nacional, Lei n. 5.172/1966 e Legislação Estadual.

CASO PRÁTICO 9.1

Sérgio faleceu em São Paulo, cidade onde era domiciliado, mas deixou a seus herdeiros uma fazenda situada em Goiás. Seu inventário tramita perante vara competente central de São Paulo. Qual estado da federação será competente para cobrar o imposto sobre transmissão *causa mortis* relativamente à fazenda? Desenvolva.

Goiás, por ser o local da situação do imóvel, conforme o art. 155, § 1º, I, CF, e art. 41, CTN.

9.2 IMPOSTO SOBRE OPERAÇÕES RELATIVAS À CIRCULAÇÃO DE MERCADORIAS E SOBRE PRESTAÇÕES DE SERVIÇOS DE TRANSPORTE INTERESTADUAL E INTERMUNICIPAL E DE COMUNICAÇÃO (ICMS)

9.2.1 Competência

O ICMS é imposto estadual, de competência dos Estados. Sua competência pode ser privativa dos Estados e do DF (art. 155, II, CF) e extraordinária da União (art. 154, II, CF); além dessas, há a competência do Senado para estabelecer alíquotas, mediante resolução (art. 155, § 2º, IV e V, CF).

9.2.2 Função

A função do ICMS é fiscal, posto que figura a principal fonte de onde emanam os recursos para os Estados e para o Distrito Federal, representando cerca de 80% de sua arrecadação.

É um tributo:

- Plurifásico, porque incide sobre o valor agregado, obedecendo-se ao princípio da não cumulatividade (art. 155, § 2º, I, CF).
- Real, porque as condições da pessoa são irrelevantes.
- Proporcional, porque tem, predominantemente, um caráter fiscal.

9.2.3 Não cumulatividade

O ICMS é um imposto não cumulativo, compensando-se o que for devido em cada operação relativa à circulação de mercadorias ou prestação de serviços com o montante cobrado nas operações anteriores pelo mesmo ou por outro Estado ou pelo Distrito Federal (a operação anterior, se tributada pelo ICMS, gera um crédito a ser compensado) (art. 155, § 2º, I e II, CF). É não cumulativo, porque, em cada operação, o contribuinte pode deduzir o montante cobrado nas operações anteriores a título de ICMS, desde que a documentação seja idônea (art. 23 da LC n. 87/1996) e o exercício se dê até cinco anos depois da data da emissão do documento.

9.2.4 Seletividade

O ICMS pode ser seletivo (facultativo), em razão da essencialidade das mercadorias e serviços (art. 155, § 2º, III, CF).

9.2.5 Fato gerador na circulação de mercadorias

Lei Complementar define o fato gerador, o contribuinte e a base de cálculo (art. 155, § 2º, XII, CF).

O fato gerador é a circulação de mercadoria ou a prestação de serviços interestadual ou intermunicipal de transporte e de comunicação, ainda que iniciados no exterior.

- Circulação de mercadorias
  - Circulação: movimentação de mercadoria dentro da corrente comercial.
  - Mercadorias: coisas móveis destinadas ao comércio.
  - Comércio: caracteriza-se pela habitualidade e pela intermediação na troca, com intuito de lucro.

No que se refere às mercadorias, o fato gerador do ICMS é a circulação delas a partir do estabelecimento comercial ou fabril.

Nos termos da lei, considera-se ocorrido o fato gerador no momento "da saída de estabelecimento de contribuinte, ainda que para estabelecimento do mesmo titular" (LC n. 87/1996, art. 12, parcialmente alterada pela LC n. 114, de 16 de dezembro de 2002). Considera-se autônomo "cada estabelecimento do mesmo titular" (art. 11, § 3º, II, LC n. 87/1996).

Nesta matéria existem duas correntes.

- A primeira corrente é literal, considerando a simples saída da mercadoria, ainda que para estabelecimento do mesmo titular, como o suficiente para gerar o imposto. Esta primeira corrente é definida pelo Fisco, em regra, e por vários doutrinadores.
- Para a segunda corrente, porém, não basta a movimentação física da mercadoria para gerar o imposto, sendo necessário que haja a mudança de titular, pois só neste caso terá havido circulação, no sentido comercial.

Na jurisprudência dos tribunais predomina um entendimento correspondente à segunda corrente. O Judiciário tem decidido a matéria da seguinte forma: "Não constitui fato gerador do ICMS o simples deslocamento de mercadoria de um para outro estabelecimento do mesmo contribuinte do ICMS", conforme Súmula n. 166, STJ.

As decisões citadas são anteriores à LC n. 87/1996; as conclusões, porém, permanecem válidas, pois a LC n. 87/1996, neste ponto, repete simplesmente o que já constava de diplomas legais anteriores. As leis complementares, assim como as leis ordinárias, não podem contrariar as regras de não incidência do ICMS:

- Na saída de mercadoria para outro estabelecimento da mesma firma, localizado em outro Estado (RT, 530/143).
- No transporte de animais de uma fazenda para outra, do mesmo dono (RT, 514/240).
- No transporte de máquinas de um canteiro de obras para outro, da mesma construtora (JTJ, 186/1973).
- Na remessa de mercadorias para demonstração (RT, 618/1994, 695/1996; RJTESP, 138/158; IOB, 1/7.552, 18.973).
- Na transferência de produtos do estabelecimento agrícola para o estabelecimento industrial, embora em áreas descontínuas da mesma empresa (JTJ, 147/1990).
- Nas entradas e saídas de matérias para beneficiamento (RJTJESP, 116/130).
- Na transferência de bens da matriz para as filiais (RJTJESP, 112/182; IOB, 1/7.032, 1/7.931, 1/9.153).

- No empréstimo de equipamentos a postos de gasolina (RT, 412/214).
- Na remessa de impressos ou material de escritório para setores diversos da mesma empresa (RT, 422/291).

9.2.5.1 OUTROS FATORES GERADORES DE ICMS

A LC n. 87/1996 relaciona ainda vários outros geradores, como o fornecimento de alimentação e bebidas; transmissão de propriedade de mercadoria, ainda que sem trânsito pelo estabelecimento transmitente; prestações onerosas de serviços de comunicação; início de prestação de serviços de transporte interestadual e intermunicipal; desembaraço aduaneiro de mercadorias importadas (Súmula n. 661, STF; RT, 764/164) etc. (LC n. 87/1996, art. 12, na redação dada pela LC n. 114/2002).

De acordo com art. 155, XII, *a*, *b* e *c*, CF, está reservado à Lei Complementar, relativamente ao ICMS, definir seus contribuintes, dispor sobre substituição tributária e disciplinar o regime de compensação do imposto.

9.2.6 Contribuinte

São contribuintes as pessoas que pratiquem operações relativas à circulação de mercadorias, importadores de bens de qualquer natureza, prestadores de serviços de transporte interestadual e intermunicipal e, finalmente, prestadores de serviço de comunicação.

O art. 155, § 2º, XII, *a*, CF, determina que cabe à Lei Complementar definir quem será o contribuinte do ICMS.

Assim, segundo o art. 4º da LC n. 87/1996, contribuinte é qualquer pessoa, física ou jurídica, que realize, com habitualidade ou em volume que caracterize intuito comercial, operações de circulação de mercadoria ou prestações de serviços descritas como fatos geradores do tributo.

Existe a possibilidade de figurar no polo passivo da relação jurídica o responsável tributário escolhido por lei para pagar o tributo, sem que tenha realizado o fato gerador (art. 121, parágrafo único, II, CTN). A Constituição Federal, em seu art. 150, § 7º, admite o fenômeno da responsabilidade atinente ao ICMS, no contexto da substituição tributária progressiva ou "para a frente", escolha de uma terceira pessoa para recolher o tributo antes da ocorrência do fato gerador, em uma nítida antecipação de recolhimento perante um fato gerador presumido.

9.2.6.1 SUBSTITUIÇÃO TRIBUTÁRIA

Na substituição tributária, o Fisco deixa de lado o contribuinte, atribuindo desde logo o encargo do imposto a um substituto, que deve ser pessoa vinculada de alguma forma ao fato gerador. O ICMS pode ser exigido antes mesmo da ocorrência da operação mercantil, e terceira pessoa que não realizar o fato imponível é chamada a recolher o tributo, segundo a substituição tributária (art. 150, § 7º, CF), assim como faz a LC n. 87/1996, art. 6º.

Na venda de gado em pé, por exemplo: "Paga o comprador. O vendedor (contribuinte substituído) não tem obrigação de pagar o ICMS" (RSTJ, 94/1965).

A substituição tributária vem sendo aplicada em vários setores, como o de bebidas alcoólicas, energia elétrica, cigarros, sorvetes, automóveis etc.

Em certos casos, quando o substituto também é contribuinte, recolherá ele, na mesma nota fiscal, uma parcela referente ao ICMS normal, como contribuinte, e outra referente ao ICMS-substituição, como substituto (art. 252, Regulamento do ICMS de SP – Decreto n. 33.118/91).

A substituição tributária pode ser progressiva ou regressiva. Na substituição progressiva, ou para a frente, o substituto recolhe o imposto de operações posteriores, ou futuras.

A fábrica de um produto, por exemplo, recolhe desde logo o ICMS com base no preço final para o consumidor, ficando os possíveis intermediários ou revendedores liberados no caminho do produto desde a fábrica até o consumidor final.

Nestes casos, os revendedores (substituídos) não destacarão o imposto em suas notas fiscais, limitando-se a anotar que já houve recolhimento antecipado, por substituição. Exemplo: saída de um veículo da indústria para a concessionária. O fato gerador verifica-se em instante ulterior, porém o ICMS é recolhido antes da ocorrência do fato imponível. O fato gerador ocorrerá na "frente", razão pela qual se fala em substituição tributária "para a frente".

A substituição atende a várias finalidades:

- Simplificar a fiscalização que se concentra no produtor.
- Antecipar o recolhimento do imposto ou contribuição já na venda do produtor.
- Evitar a sonegação fiscal que possa ocorrer nas diversas etapas da comercialização até o produto chegar ao consumidor final.

Na substituição regressiva (ou para trás), o substituto recolhe o que normalmente seria devido pelo operador anterior.

Nas aparas de papel, por exemplo, o ICMS é recolhido pelo industrial que as recebe, e não pelo vendedor. É uma prática comum, em se tratando de ICMS, caracterizada pela ocorrência do fato gerador em momento anterior ao pagamento do tributo, cuja efetivação resta postergada ou diferida para momento ulterior. Trata-se do fenômeno conhecido por diferimento. Exemplo: no caso de produtor de leite cru que distribui seu produto para empresa de laticínio, a lei escolheu a empresa de laticínios para recolher o tributo.

Desse modo, ainda que o fato gerador tenha ocorrido quando da saída do produto da propriedade rural, o recolhimento do imposto só é feito no laticínio.

O pagamento do ICMS, portanto, é adiado ou diferido, assim como ocorre no caso da cana em caule, no da sucata e em outros.

O regime de substituição tributária pode facilitar a cobrança e a fiscalização do tributo, mas quando impõe um ônus excessivo pode representar uma modalidade de arrecadação contrária à Constituição, ao princípio administrativo da razoabilidade e à tipicidade das figuras tributárias.

9.2.7 Base de cálculo

A lei estabelece a base de cálculo do imposto em suas diversas hipóteses de incidência.

A base de cálculo nas mercadorias é o valor da operação. No fornecimento de alimentação, é o valor da mercadoria e o do serviço. No transporte, é o preço do serviço. Na importação, é o valor da mercadoria, incluindo as parcelas referentes ao II, ao IPI, ao IOF e a quaisquer outros impostos, taxas, contribuições e despesas aduaneiras (LC n. 87/1996, art. 13, V, na redação da LC n. 114/2002).

Quando a mercadoria é fornecida para uso ou consumo do destinatário, e não para a comercialização, o valor do IPI, se houver, entra também na base de cálculo (art. 155, § 2º, XI, CF).

A Lei Complementar n. 87/1996 estabelece duas séries de critérios para a base de cálculo. Uma série para o ICMS-substituição, relativa ao substituto tributário, e outra série para o ICMS normal, relativa ao contribuinte (arts. 8º e 13, LC n. 87/1996). No ICMS-substituição, por exemplo, a base de cálculo em relação às operações antecedentes é o valor da operação (art. 8º, I, LC n. 87/1996), ou é, outro exemplo, nas operações subsequentes, o preço final para o consumidor (art. 8º, § 3º, LC n. 87/1996).

No ICMS normal, por exemplo, na hipótese de saída de mercadoria, o valor da operação (art. 13, I); no serviço de transporte, o preço do serviço (art. 13, III, LC n. 87/1996).

ICMS sobre ICMS: diz o art. 13, § 1º, I, da Lei Complementar n. 87/1996, que integra a base de cálculo do imposto "o montante do próprio imposto, constituindo o respectivo destaque mera indicação para fins de controle". O dispositivo já figurava anteriormente em leis estaduais, com redação idêntica.

O comando refere-se apenas ao ICMS normal, uma vez que não consta dos critérios arrolados pela lei para ICMS-substituição.

A redação do artigo é dúbia, mas a análise do texto leva à conclusão de que o imposto, no caso, fica incluído no preço final da mercadoria, com um destaque quanto ao seu valor na nota fiscal. O valor destacado, porém, não é para ser cobrado, mas apenas indicado para fins de controle.

O ICMS normal, portanto, é um "imposto por dentro", ou seja, já embutido no preço final.

O mesmo não ocorre com ICMS-substituição, cujo valor é acrescentado ao preço final da mercadoria, sendo, portanto, por assim dizer, um "imposto por fora".

Segundo um entendimento liberal da lei, o ICMS deve ser calculado de modo duplo, existindo decisões de tribunais nesse sentido (RJTJRGS, 162/400, 176/278; IOB, 1/11.031 - TJSP).

De acordo com esse entendimento, calcula-se primeiro o imposto a pagar e soma-se o resultado com o valor dessa cifra acrescida. Por esse cálculo duplo, um imposto, por exemplo, de 18%, passa para 21,24%. Tal forma de cálculo, porém, *data venia*, não parece correta.[1]

O ICMS-substituição não pode ser duplo, uma vez que, neste caso, nada há na lei que permita uma interpretação tendente à inclusão do imposto no cálculo do imposto.

O art. 8º da Lei Complementar n. 87/1996 define a base de cálculo para fins de substituição tributária, e nas várias hipóteses alinhadas não há nenhuma que possa sugerir a inclusão do valor do imposto no cálculo do imposto.

Pode parecer estranho inicialmente confundir ou conflitar as incidências do ICMS e do ISS, contudo bastam algumas situações cotidianas para percebermos que o assunto de fato gera muita discussão.

Por outro lado certo é que não pode ser o contribuinte sobre quem recai a onerosidade desta fatídica invasão de competência.

O raciocínio do legislador constitucional foi identificar os serviços sobre os quais recai o ICMS. Sim, a Carta Magna define serviços para o ICMS, porém não procede da mesma maneira para o imposto municipal.

- **Operações mistas** - Em certas situações surge um consumo entre ICMS e ISS (sobre o assunto, leia ISS, impostos municipais).
- **Cooperativas**- São sociedades civis, sem objetivo de lucro. Embora civis, são inscritas na Junta Comercial (Lei n. 5.764/1971; Lei n. 8.834/1994, art. 32, II, *a*).

A cooperativa pode praticar atos cooperativos (realizados entre a cooperativas e seus associados) e atos não cooperativos (realizados com terceiros, não cooperados).

De acordo com interpretação autêntica, dada por uma lei, "o ato cooperativo não implica operação de mercado, nem contrato de compra e venda de produto ou mercadoria" (Lei das Cooperativas, Lei n. 5.764/1971, art. 79, parágrafo único).

Com isso, podemos concluir que o ato cooperativo não deve estar sujeito ao ICMS, por não se tratar de circulação comercial.

O assunto, porém, é bastante controverso, havendo decisões pró e contra.

Mais uma vez, a solução da questão depende do que se queira entender por "saída de mercadoria". Para uns, a expressão tem o sentido literal de saída física,

---

1. Inadmissível a sistemática de cálculo do ICMS de energia elétrica residencial que eleva de 25% para 35% o montante do imposto (TJSP. JTJ, 201/14, 210/10).

enquanto para outros tem o sentido de saída mercantil, como ato pertencente à interposição na troca, com o intuito de lucro.

9.2.8 Alíquotas

As alíquotas do ICMS podem ser internas, interestaduais e de exportação. As alíquotas internas são fixadas pelos respectivos Estados. O Senado Federal, contudo, pode fixar as alíquotas (art. 155, § 2º, IV, CF).

No comércio entre pessoas localizadas em Estados diferentes, usa-se a alíquota interestadual, se o destinatário for contribuinte do ICMS, e a alíquota interna, se o destinatário não for contribuinte do ICMS (art. 155, § 2º, VII, CF).

9.2.9 Imunidade

O ICMS não incide e, portanto, são hipóteses de imunidade (art. 155, § 2º, *x*, CF):

- Operações que destinem mercadorias ou serviços para o exterior.
- Operações que destinem a outros Estados petróleo, inclusive lubrificantes, combustíveis, líquidos e gasosos dele derivados e energia elétrica.
- Operações com ouro, quando definido em lei como ativo financeiro.
- Prestação de serviços de comunicação, nas modalidades de radiodifusão sonora e de sons e imagens de recepção livre e gratuita.

Também não há incidência de ICMS em:

- Remessas de mercadorias para demonstração ou consignação.
- Integralização de bens pela pessoa jurídica para a constituição ou ampliação de uma outra pessoa jurídica (simples negócio societário).
- Mudança integral do estabelecimento da pessoa jurídica, com o deslocamento do seu patrimônio para outro local.

9.2.10 Tipo de lançamento

O lançamento do ICMS é feito por homologação, semelhantemente à sistemática pela qual se procede com relação ao IPI, ou seja, o contribuinte registra as entradas e saídas de mercadorias, apurando o *quantum* devido, mediante o creditamento do imposto devido na operação.

Sobre o fornecimento de mercadorias com prestação de serviços não especificados na legislação pertinente ao ISS, incidirá o ICMS, conforme determina o art. 2º, IV, LC n. 87/1996. A base de cálculo será o valor total da operação.

Figura como exemplo típico o caso de restaurantes, de acordo com a Súmula n. 163 do STJ.

- **Súmula n. 391 do STJ** – O ICMS incide sobre o valor da tarifa de energia elétrica correspondente à demanda de potência efetivamente utilizada.
- **Súmula n. 350 do STJ** – O ICMS não incide sobre o serviço de habilitação de telefone celular.
- **Súmula n. 334 do STJ** – O ICMS não incide no serviço de provedores de acesso à internet.

9.2.11 Confaz

Os convênios celebrados entre os Estados e o Distrito Federal por intermédio do Conselho Nacional de Política Fazendária (Confaz), formado pelos Secretários Estaduais de Fazenda dos Estados e Distrito Federal, relativos ao ICMS, objetivam conceder e revogar suas isenções, incentivos e benefícios fiscais.

9.2.12 Tratamento diferenciado

Cabe à Lei Complementar a definição do tratamento diferenciado e favorecido para as microempresas e para as empresas de pequeno porte, inclusive regimes especiais ou simplificados (art. 146, III, *d*, CF).

Aqui, vale fazer uma observação: o STF já decidiu que incide ICMS sobre o "*software* de prateleira" (programa que pode ser adquirido em lojas) e ISS sobre o chamado "*software* de encomenda" (programa desenvolvido especialmente para determinada empresa).

O STF decidiu que o ente competente para a cobrança do ICMS devido nas importações é aquele em que esteja situado o estabelecimento importador (em que há o ingresso jurídico), pouco importando onde tenha sido realizado o desembarque físico.

Com relação ao entendimento pacificado do Superior Tribunal de Justiça (STJ), no caso de tributo sujeito a lançamento por homologação, a exemplo do ICMS, em que o montante devido foi declarado mediante a entrega da declaração respectiva, a chamada guia de informação e apuração do ICMS (GIA/ICMS), mas não pago, a Fazenda Pública terá que proceder à cobrança do crédito tributário no prazo de cinco anos, contados da entrega da mencionada declaração.

9.2.13 Considerações finais

Em 26 de abril de 2012, foi publicada a Resolução n. 13, do Senado Federal, que reduz para 4%, a partir de 1º de janeiro de 2013, a alíquota do ICMS incidente nas operações interestaduais com produtos importados.

De acordo com a Resolução, será de 4% a alíquota do ICMS nas operações interestaduais com bens e mercadorias importados do exterior que, após seu desembaraço aduaneiro, não tenham sido submetidos a processo de industrialização ou, ainda que submetidos a qualquer processo de industrialização, resultem em mercadorias ou bens com conteúdo de importação superior a 40%.

Caberá aos Municípios 25% do produto da arrecadação do ICMS (art. 158, IV, CF).

CASO PRÁTICO 9.2

Determinado jogador integrante de importante time de futebol de estado da federação brasileira, na qualidade de pessoa física, ao promover, em dezembro de 2010, a importação, por conta própria, de um automóvel de luxo, da marca Jaguar, zero quilômetro, fabricado no exterior, foi surpreendido com a cobrança de tributos, inclusive o ICMS. Todavia, o jogador de futebol, inconformado com a cobrança do referido imposto estadual, ajuizou, por meio de seu advogado, competente mandado de segurança, com base na Súmula n. 660, editada pelo STF, a fim de viabilizar a defesa dos seus direitos perante a Justiça Estadual.

Com base no exposto, responda ao item a seguir, empregando os argumentos jurídicos apropriados e a fundamentação legal pertinente ao caso:

O jogador de futebol em questão estaria enquadrado na qualidade de contribuinte do ICMS?

Sim. Até a entrada em vigor da Emenda Constitucional 33, de 11 de dezembro de 2001, o art. 155, IX, *a*, CF, não disciplinava, em sua redação originária, a possibilidade de incidência do ICMS de bem ou mercadoria importados do exterior por pessoa física, por isso os inúmeros contribuintes, à época, questionaram judicialmente a cobrança do ICMS pelos Estados, o que resultou em julgamentos favoráveis aos contribuintes, culminando com a edição da Súmula n. 660 do STF.

Contudo, com o advento da Emenda Constitucional n. 33, de 11 de dezembro de 2001, que alterou a redação do art. 155, IX, *a*, CF, a pessoa física passou, expressamente, a constar como contribuinte de bem ou mercadoria importado do exterior.

Ademais, a LC n. 87/1996 teve a redação alterada pela LC n. 114/2002, a qual passou a determinar, em seu art. 4º, parágrafo único, inciso I, que a pessoa física, mesmo sem habitualidade ou intuito comercial, enquadra-se como contribuinte do ICMS quando "importe mercadorias ou bens do exterior, qualquer que seja sua finalidade".

Dessa forma, deverá interpretar as mudanças trazidas pela EC 33/2001 em relação ao caso posto em debate, bem como mencionar a inaplicabilidade da Súmula n. 660, STF, frente à redação atual prevista no art. 155, IX, *a*, CF.

CASO PRÁTICO 9.3

Uma empresa de construção civil é intimada por autoridade da Fazenda Estadual para proceder ao recolhimento do ICMS complementar referente à diferença das alíquotas interestaduais e internas proveniente de aquisição de materiais adquiridos pela limitada em outro Estado para utilizar em obra realizada no território da unidade federativa que realizou a intimação.

Diante desse fato, o administrador da empresa consulta os seus conhecimentos tributários, com o intuito de saber se, de fato, deve incidir a cobrança do ICMS – ou de qualquer outra espécie de imposto estadual ou municipal – sobre a operação realizada pela companhia.

Súmula n. 432, STJ: "As empresas de construção civil não estão obrigadas a pagar ICMS sobre mercadorias adquiridas como insumos em operações interestaduais".

A construtora, ao adquirir material de construção em Estado de origem, que exigiu o ICMS, ao utilizar as mercadorias como insumo em suas obras, não estará compelida à satisfação do diferencial de alíquota de ICMS do Estado destinatário.

Logo, a empresa de construção civil que comprar material a ser utilizado em sua atividade comercial em outro Estado, tendo em vista não ser contribuinte do ICMS, deve se sujeitar tão somente à alíquota interna.

"É assente na Corte que as empresas de construção civil não são contribuintes do ICMS, salvo nas situações que produzam bens e com eles pratiquem atos de mercancia diferentes da sua real atividade, como a pura venda desses bens a terceiros; nunca quando adquirem mercadorias e as utilizam como insumos em suas obras. [...]. Consequentemente, é inadmissível a retenção, pelos Estados, do diferencial de alíquotas relativo a operações interestaduais efetuadas por empresa de construção civil para aquisição de mercadorias sem objetivo de comercialização. 4. Agravo Regimental desprovido." (AgRg no Ag 687.218/MA , Rel. Ministro Luiz Fux, Primeira Turma, julgado em 04.05.2006, DJ 18.05.2006)".

O Quadro 9.2, a seguir, resume os principais aspectos do Imposto sobre operações relativas à Circulação de Mercadorias e sobre prestação de serviços de transporte interestadual, intermunicipal, e também de comunicação.

QUADRO 9.2 Principais aspectos do Imposto sobre operações relativas à Circulação de Mercadorias e sobre prestação de serviços de transporte interestadual, intermunicipal e de comunicação

Aspectos	Discriminação
Material	• Operações relativas à circulação de mercadorias. • Prestação de serviços de transporte interestadual e intermunicipal, por qualquer via. • Prestação onerosa de serviços de comunicação. • Fornecimento de mercadorias com prestação de serviços. • A entrada de mercadorias ou bens importados do exterior. • A entrada, no território do Estado destinatário, de petróleo, inclusive lubrificantes e combustíveis líquidos e gasosos dele derivados, e de energia elétrica, quando não destinados à comercialização ou à industrialização, decorrentes de operações interestaduais, cabendo o imposto ao Estado onde estiver localizado o adquirente.
Temporal	Momento: saída de mercadoria de estabelecimento contribuinte e outros.

Espacial	Território do Estado ou do Distrito Federal em que ocorre a operação de circulação de mercadoria ou a prestação de serviço.
Pessoal	• Sujeito ativo: Estado ou Distrito Federal. • Sujeito passivo: contribuinte.
Quantitativo	Base de cálculo: • Na saída de mercadoria de estabelecimento de contribuinte: o valor da operação. • Na prestação de serviço de transporte: o preço do serviço.

Fonte: adaptado de Código Tributário Nacional, Lei n. 5.172/1966 e Legislação Estadual.

9.3 IMPOSTO SOBRE A PROPRIEDADE DE VEÍCULOS AUTOMOTORES (IPVA) – ART. 155, CF

A função primordial do IPVA é fiscal, embora possa ser anotada uma função extrafiscal quando verificada a diferença de alíquota em razão do tipo de potência e combustível utilizado pelo veículo. Não se submete à regra de anterioridade do art. 150, III, *c*, CF (90 dias), mas somente à do art. 150, III, *b*, CF (exercício seguinte).

O art. 150, § 1º, CF, determina que a redação prevista no inciso III, *c*, não se aplica à fixação da base de cálculo do IPVA.

9.3.1 Competência

Estados e Distrito Federal (art. 155, III, CF).

9.3.2 Contribuinte

A legislação designa como contribuinte do IPVA o proprietário do veículo automotor em 1º de janeiro de cada ano, sem consideração à data de aquisição do veículo. É contribuinte, portanto, o proprietário do veículo automotor, pessoa física ou pessoa jurídica, presumindo-se como tal aquele em cujo nome o veículo esteja licenciado.

9.3.3 Fato gerador

A Lei Complementar tratando do fato gerador, da base de cálculo e dos contribuintes do IPVA ainda não foi editada. Como os Estados possuem competência suplementar para estabelecer normas gerais (art. 24, § 2º, CF), eles exercem, nesse aspecto, competência plena.

O fato gerador, considerado ocorrido no primeiro dia do ano, é a propriedade de veículo automotor (e não o uso). Os veículos terrestres podem ser automóveis, motocicletas, ônibus, caminhões etc. O STF entendeu que aeronaves e embarcações não são veículos automotores (RE n. 255.111 SP).

9.3.4 Base de cálculo

A base de cálculo é o valor venal do veículo, a cada ano. A alíquota é fixada por lei estadual, mas o percentual mínimo é fixado pelo Senado Federal (art. 155, § 6º, CF), podendo, ainda, possuir alíquotas diferenciadas em razão do tipo e da utilização do veículo. Em regra, tem alíquota fixa (proporcionalidade).

Decreto ou outro instrumento infralegal poderá fixar tal base de cálculo se proceder à simples correção dos valores pela aplicação de índice oficial de correção monetária (art. 97, § 2º, CTN).

A fixação da base de cálculo é exceção ao princípio da anterioridade nonagesimal (art. 150, III, *c*, CF).

9.3.5 Seletividade

O imposto pode ser seletivo, como em relação ao combustível utilizado (art. 155, § 2º, III, CF).

9.3.6 Imunidade

São imunes ao tributo os veículos de pessoas jurídicas de direito público, de templos de qualquer culto (desde que utilizados em suas funções específicas) e de instituições de educação e assistência social (art. 150, VI, *a*, *b* e *c*, CF).

9.3.7 Isenção

Os veículos utilizados em atividades de interesse socioeconômico, assim entendidas a agroindústria e o transporte de passageiros, dentre outras, estão isentos da cobrança de IPVA.

9.3.8 Tipo de lançamento

É um tributo sujeito ao lançamento por homologação e, como todos os tributos lançados dessa forma, pode, na inércia ou inadimplemento do contribuinte, ser lançado de ofício pela autoridade fiscalizadora.

O lançamento do IPVA é de oficio, pois na cobrança do tributo o fato gerador tem uma condição de permanência, visto que a autoridade administrativa lança o valor devido e estipula prazo para o pagamento do referido tributo.

9.3.9 Considerações finais

Na repartição da receita, 50% do valor arrecadado com o IPVA deve ser repassado para o município onde se deu o licenciamento do veículo, segundo o art. 158, III, CF.

O IPVA é constitucional, pois foi recepcionado pela CF de 1988, art. 34, § 3º, ADCT. Deixando a norma federal de existir, exercem os Estados a competência plena.

A Constituição Federal atribuiu competência para os Estados legislarem sobre o IPVA. Essa prerrogativa envolve o pleno poder de legislar sobre esse tributo. Todavia, essa competência, consoante o Código Tributário Nacional, está, em tese, submetida às limitações do próprio CTN, da Constituição Federal e da respectiva Constituição Estadual (art. 6º, CTN).

Segundo o STF, é constitucional lei estadual que estabelece alíquotas diferenciadas do Imposto sobre a Propriedade de Veículos Automotores (IPVA) em razão do tipo do veículo, por entender que não há tributo progressivo quando as alíquotas são diferenciadas segundo critérios que não levam em consideração a capacidade contributiva.

O Quadro 9.3, a seguir, resume os principais aspectos do Imposto sobre a Propriedade de Veículos Automotores.

QUADRO 9.3 Principais aspectos do Imposto sobre a Propriedade de Veículos Automotores

Aspectos	Discriminação
Material	É a propriedade de veículo automotor.
Temporal	Na aquisição, em relação a veículos nacionais novos. Na data do desembaraço aduaneiro, em relação a veículos importados. No dia 1º de janeiro de cada ano, em relação a veículos adquiridos ou desembaraçados em anos anteriores.
Espacial	É o local – Estado ou Distrito Federal – onde o veículo automotor deve ser registrado.
Pessoal	Sujeito ativo: Estado ou Distrito Federal. Sujeito passivo: contribuinte (proprietário do veículo automotor).
Quantitativo	Base de cálculo: valor de mercado do veículo. Alíquota: é a fixada na legislação estadual ou distrital, obedecendo à alíquota mínima fixada por resolução do Senado Federal.

Fonte: adaptado de Código Tributário Nacional, Lei n. 5.172/1966 e Legislação Estadual.

9.3.10 Repartição da receita

Como foi dito anteriormente, os Estados devem entregar a cada Município 50% do produto da arrecadação do IPVA dos veículos licenciado em seus respectivos territórios.

CASO PRÁTICO 9.4

Um determinado contribuinte do IPVA fica indignado com a cobrança de pedágio nas estradas estaduais, pois considera uma dupla tributação. Este contribuinte o procura e pede a sua opinião jurídica sobre a cobrança do IPVA anual e a cobrança de pedágio nas estradas estaduais. Justifique a sua opinião.

O IPVA é um imposto previsto no art. 155 da Constituição Federal, o qual é de competência dos Estados e do Distrito Federal. A característica básica do imposto é não ser contraprestacional, ou seja, a pessoa política de direito público cobra um imposto, mas não retribui ao contribuinte pelo seu pagamento; por outro lado, o pedágio é uma taxa de conservação de rodovias e, assim sendo, o valor cobrado será retribuído por meio de serviço(s) prestado(s) ao contribuinte; por exemplo, a conservação das rodovias. As cobranças do IPVA e do pedágio não se confundem nem se eliminam.

EXERCÍCIOS DE FIXAÇÃO

— QUESTÕES DE MÚLTIPLA ESCOLHA

1. No sistema da Constituição de 1988, o IPI se distingue do ICMS:
   - a) Por se tratar de espécies tributárias distintas.
   - b) Pela aplicação diferenciada do princípio da irretroatividade.
   - c) Pelos diferentes instrumentos normativos utilizados para instituição de um e de outro.
   - d) Pela obrigatoriedade de observância da seletividade para um e facultatividade para o outro.

2. O Imposto sobre operações relativas à Circulação de Mercadorias e prestação de Serviços de transporte interestadual e intermunicipal e de comunicação:
   - a) Pode incidir sobre a entrada de bem ou mercadoria importados do exterior, mesmo que o importador seja pessoa física.
   - b) Incidirá com a alíquota interestadual, quando o destinatário não for contribuinte do imposto.
   - c) Não incide sobre operações relativas à energia elétrica.
   - d) Terá alíquotas idênticas em todo o país, fixadas por resolução do Senado Federal.

3. No que tange ao Imposto sobre Circulação de Mercadorias e Serviços (ICMS), na importação de um bem ou mercadoria por pessoa física que não seja contribuinte habitual do imposto, podemos afirmar que:
   - a) O imposto é devido ao Estado onde for realizado o desembaraço aduaneiro.
   - b) O imposto é devido ao Estado onde se localizar o domicílio do destinatário da mercadoria.

c) O imposto é devido à União Federal.
d) O imposto não incide na importação de bem por pessoa física.

4. O critério material da regra-matriz do ICMS é:

a) A saída da mercadoria do estabelecimento.
b) A entrada da mercadoria no estabelecimento.
c) Realizar operações relativas à circulação de mercadoria.
d) A circulação de mercadorias.

5. Assinale a alternativa correta:

a) A Constituição Estadual pode estabelecer limites para o aumento de tributos municipais.
b) Lei Complementar Federal pode conceder isenção de ICMS nas exportações de mercadorias.
c) O Distrito Federal arrecada os tributos federais, estaduais e municipais.
d) Os Estados podem conceder isenção de ISS nas exportações de serviços.

6. Marque a opção correta, de acordo com a Constituição de 1988:

a) Os produtos industrializados destinados ao exterior não se sujeitam ao ICMS.
b) A competência tributária residual para a instituição de impostos é atribuída aos Municípios.
c) Os impostos extraordinários de guerra podem ser instituídos pela União, pelos Estados e pelo Distrito Federal.
d) A União pode conceder isenção de quaisquer impostos estaduais, desde que autorizada por resolução do Senado Federal.

7. Segundo a Constituição de 1988, não há a incidência do ICMS na:

a) Comercialização de energia elétrica pela Cemig para as entidades religiosas.
b) Venda de mercadorias por distribuidor de alimentos para a Prefeitura Municipal de Belo Horizonte.
c) Venda de ouro, enquanto ativo financeiro.
d) Importação de veículos automotores por pessoa física, ainda que não contribuinte do imposto e que a importação ocorra sem habitualidade.

8. Em face do que dispõe a legislação atualmente vigente, o ICMS:

a) Não incide sobre operações que destinem ao exterior produtos industrializados semielaborados.
b) É devido nas operações que destinem ao exterior produtos industrializados semielaborados.
c) Não incide sobre operações que destinem ao exterior produtos industrializados semielaborados, salvo disposição em contrário da legislação estadual.
d) É devido nas operações sobre ouro, quando definido em lei como ativo financeiro.

9. Os convênios celebrados entre os Estados e o Distrito Federal, por intermédio do Confaz, relativos ao ICMS, se prestam a:

a) Disciplinar o regime de compensação do imposto com o montante cobrado nas operações anteriores.
b) Conceder e revogar suas isenções, incentivos e benefícios fiscais.

c) Fixar, mediante deliberação unânime dos secretários de fazenda dos Estados e do DF representados no Confaz, as alíquotas aplicáveis às operações interestaduais e de exportação.
d) Fixar sua base de cálculo e alíquotas, no caso de bens apreendidos ou abandonados e levados a leilão.

10. Sobre a Lei Complementar em matéria tributária, assinale a alternativa correta:

a) Não se inclui entre os tópicos reservados à Lei Complementar o estabelecimento de normas gerais em matéria de legislação tributária que tratem tanto de lançamento quanto de prescrição e decadência tributários.
b) Cabe à Lei Complementar a definição de tratamento diferenciado e favorecido para as microempresas e para as empresas de pequeno porte, inclusive regimes especiais ou simplificados no caso do imposto sobre circulação de mercadorias e serviços (ICMS).
c) A Lei Complementar poderá estabelecer critérios especiais de tributação, com o objetivo de prevenir desequilíbrios da concorrência, restando vedado à União, por via de lei, o estabelecimento de normas de igual objetivo.
d) Não se inclui entre as matérias reservadas à Lei Complementar a regulação das limitações ao poder de tributar.

CAPÍTULO 10 Impostos municipais

OBJETIVO

- Instrumentalizar o estudante para a compreensão da legislação fiscal em nível municipal, do registro de impostos incidentes da aplicação dos procedimentos técnicos adequados, do cálculo dos impostos e dos registros contábeis.

10.1 IMPOSTO SOBRE A PROPRIEDADE PREDIAL E TERRITORIAL URBANA (IPTU)

O objetivo maior da tributação pelo IPTU é a arrecadação de recursos financeiros, o que evidencia nos impostos sua função fiscal. A lei ou o decreto que fixa a base de cálculo do IPTU não se submete à regra de anterioridade do art. 150, III, *c*, CF (90 dias), mas somente à do art. 150, III, *b*, CF (exercício seguinte).

10.1.1 Competência

O art. 156, I, CF, e o art. 32, CTN, estabelecem que compete aos Municípios instituir o IPTU.

O Distrito Federal também é competente para instituir o IPTU, por força do art. 147 da Constituição Federal.

Aspecto material: ser proprietário de imóvel territorial urbano.

10.1.2 Fato gerador

O fato gerador é definido por Lei Complementar (arts. 32 a 34 CTN).

O art. 32, estabelece que o IPTU tem como fato gerador a propriedade, o domínio útil ou a posse de bem imóvel (por natureza ou por acessão física), localizado na zona urbana do Município.

O art. 32, § 1º, CTN, dispõe que zona urbana é aquela definida em lei municipal, observado o requisito mínimo da existência de pelo menos dois dos seguintes melhoramentos construídos e mantidos pelo Poder Público:

- Meio-fio ou calçamento, com canalização de águas pluviais.
- Abastecimento de água.
- Sistema de esgotos sanitários.
- Rede de iluminação pública, com ou sem posteamento, para distribuição domiciliar.
- Escola primária ou posto de saúde a uma distância máxima de três quilômetros do imóvel.

O conceito de bem imóvel por natureza ou acessão física é o decorrente do art. 79, CC, sendo:

- **Bens imóveis por natureza** – Os imóveis que se formaram por força da natureza, compreendendo o solo com a sua superfície, os seus acessórios e adjacência naturais; as árvores e frutos pendentes, o espaço aéreo e o subsolo (art. 79, 1ª parte, CC).
- **Bens imóveis por acessão física** – Tudo quanto o homem incorporar permanentemente ao solo, como a semente lançada à terra, os edifícios e construções, de modo que não se possa retirar sem destruição, modificação, fratura ou dano (art. 43, II, CC).

Os elementos espacial e territorial são assim entendidos:

- Espacial – O território urbano do Município (art. 156, I, CF, e art. 32, CTN).
- Temporal – O momento de apuração, ou seja, anual (1º de janeiro de cada ano).

10.1.3 Base de cálculo

A base de cálculo para fins de incidência do IPTU, como estabelece o art. 33, CTN, é o valor venal do imóvel, isto é, aquele pelo qual o imóvel pode ser negociado no mercado imobiliário. É possível atualizá-lo (índices oficiais de correção monetária) por instrumento infralegal (exemplo: decreto); todavia, atualização que represente aumento de tributo (índices acima da correção monetária do período) somente poderá se dar por meio de lei (art. 97, §§ 1º e 2º, CTN).

A Súmula n. 160, STJ, determina que é defeso ao Município atualizar o IPTU, mediante decreto, em percentual superior ao índice oficial de correção monetária.

10.1.4 Progressividade e alíquota

A fixação das alíquotas pelos Municípios é feita por lei, sem que haja qualquer manifestação constitucional ou do legislador complementar, restritiva do exercício da atividade tributária nesse particular.

Poderá ser progressivo em razão do valor, do uso e da localização do imóvel (art. 156, § 1º, I e II, CF), sem prejuízo da progressividade de alíquota no tempo, que possui função fiscal (art. 182, § 4º, II, CF).

Temos quatro critérios de progressividade, conforme se depreende do art. 156, § 1º, I e II, c/c art. 182, § 4º, II, CF, sendo:

- Localização.
- Valor.
- Uso.
- Função social.

Nesse passo, surgiram critérios estranhos à genuína progressividade do IPTU, dando-lhe esdrúxula feição de imposto pessoal. Por essa razão, é possível afirmar que, após a EC n. 29/2000, o IPTU ganhou nova progressividade - a fiscal -, a par da já consagrada progressividade extrafiscal. É a evidência da extensão do "princípio da capacidade contributiva", somente válido para impostos pessoais (art. 145, § 1º, CF), a um caso de imposto real.

10.1.5 Contribuinte

É contribuinte do IPTU, conforme art. 34, CTN:

- **O proprietário do imóvel** - Aquele que possui o título do domínio registrado no cartório correspondente e que, portanto, tem a faculdade de usar, gozar e dispor do bem.
- **O titular do domínio útil** - Tomando como exemplo o direito de superfície, é aquele (superficiário) que tem o direito de construir ou de plantar no imóvel (de forma gratuita ou onerosa) mediante escritura pública registrada, conforme arts. 1.369 a 1.371, CC.
- **O possuidor a qualquer título** - Aquele que tem de fato o exercício, pleno ou não, de algum dos poderes inerentes à propriedade.

Súmula n. 399, STJ: "Cabe à legislação municipal estabelecer o sujeito passivo do IPTU".

Súmula n. 397, STJ: "O contribuinte do IPTU é notificado do lançamento pelo envio do carnê ao seu endereço".

O locatário não é considerado possuidor a qualquer título, pois, segundo a jurisprudência dominante, para ser considerado possuidor e, portanto, contribuinte do imposto, é necessário haver *animus domini* definitivo.

10.1.6 Tipo de lançamento

É um dos poucos tributos do Sistema Tributário Nacional lançados de ofício, sendo utilizado como base os cadastros do município, ressalvada, entretanto, as hipóteses em que esse tipo de lançamento pode ser efetivado, em face da inércia do contribuinte com relação aos deveres das sistemáticas dos lançamentos por declaração e por homologação. Isso porque o ente tributante conhece de modo eficiente os fatos geradores e as bases de cálculos tributáveis, como parte do território administrado.

Há possibilidade de o contribuinte contestar a avaliação contraditória, seja ela administrativa ou judicial (art. 148, CTN), isso porque o ente tributante conhece de modo eficiente os fatos geradores e as bases de cálculos tributáveis, como parte do território administrado.

10.1.7 Considerações finais

O IPTU é um imposto sobre o patrimônio, de competência do Município, e obedece ao princípio da capacidade contributiva.

Há progressividade de caráter extrafiscal para induzir o proprietário a obedecer ao plano diretor do Município, cumprindo assim a função primordial da propriedade, que, consoante a natureza jurídica que se lhe empresta pela doutrina de vanguarda, é a de direito de destinação e ordenação social.

O locatário e o comodatário jamais poderão configurar-se como contribuintes do IPTU, por não exercerem o *animus domini* e possuírem o imóvel como simples detentores de coisa alheia. Podem, no entanto, figurar como responsáveis tributários.

QUADRO 10.1 O IPTU e a observância ao Princípio da Anterioridade, quanto a alteração de alíquota e a base de cálculo

Anterioridade	Alteração da alíquota	Alteração da base de cálculo
Exercício financeiro seguinte	Observa	Observa
Nonagesimal	Observa	Não observa

Fonte: Constituição da República Federativa do Brasil de 1988.

O Quadro 10.2, a seguir, sumariza os principais aspectos do Imposto sobre a Propriedade Predial e Territorial Urbana.

QUADRO 10.2 Principais aspectos do Imposto sobre a Propriedade Predial e Territorial Urbana

Aspectos	Discriminação
Material	É a propriedade, o domínio útil ou a posse de bem imóvel por natureza ou por acessão física, como definido pelo Código Civil.
Temporal	1º de janeiro de cada ano.
Espacial	A área urbana do território do Município ou do Distrito Federal.
Pessoal	• Sujeito ativo: Município ou Distrito Federal. • Sujeito passivo: contribuinte (é o proprietário do imóvel, o titular do seu domínio útil ou o seu possuidor a qualquer título).
Quantitativo	Base de cálculo: valor venal do imóvel. Alíquota: é a fixada na legislação municipal ou distrital.

Fonte: adaptado de Código Tributário Nacional, Lei n. 5.172/1966 e Legislação Municipal.

CASO PRÁTICO 10.1

Joaquim é proprietário de imóvel na cidade de Ypiranga, no estado de Rio Grande do Sul. Em 2017, Joaquim foi contribuinte de Imposto sobre Propriedade Territorial Rural (ITR). Em 2018, o município de Ypiranga editou lei em que passou a considerar como urbana a localidade em que está situado o imóvel de Joaquim, razão pela qual lhe exigiria Imposto sobre a Propriedade Predial e Territorial Urbana (IPTU) no exercício seguinte.

Na situação hipotética apresentada, no ano de 2018, Joaquim deveria pagar em relação à propriedade do imóvel ITR ou IPTU? Justifique sua resposta.

Para o pagamento do IPTU tem de haver pelo menos dois melhoramentos (art. 32, CTN).

10.2 IMPOSTO DE TRANSMISSÃO *INTER VIVOS* DE BENS IMÓVEIS (ITBI)

O Imposto de Transmissão *Inter Vivos* de Bens Imóveis (ITBI) tem função de arrecadação de recursos financeiros para a Fazenda Pública dos Municípios e do Distrito Federal, o que denota sua função fiscal.

Não há previsão na Constituição Federal para a progressividade do ITBI (art. 156, II, CF), motivo pelo qual o STF afastou tal sistemática em relação a esse imposto (RE n. 220.440-SP).

10.2.1 Competência

O art. 156, II, CF estabelece que compete aos Municípios e ao Distrito Federal instituir imposto sobre "transmissão *inter vivos*, a qualquer título, por ato oneroso, de bens imóveis, por natureza ou acessão física, e de direitos reais sobre imóveis, exceto os de garantia, bem como cessão de direitos à sua aquisição".

O ITBI é previsto no art. 156, II, CF, e regido pelos arts. 35 a 42, CTN. A Constituição Federal de 1988 estipulou que o ITCMD (Imposto sobre a Transmissão *Causa Mortis* ou Doação) competiria aos Estados e ao DF (art. 155, I, CF), enquanto os municípios ficariam com o ITBI (Imposto sobre a Transmissão de Bens *Inter Vivos*, art. 156).

10.2.2 Considerações

- **Imóveis por natureza** – Solo com sua superfície, seus acessórios e adjacências naturais, englobando as árvores e os frutos pendentes, o espaço aéreo e o subsolo (art. 43, I, CC).
- **Imóveis por acessão física** – Tudo aquilo incorporado pelo homem permanentemente ao solo, de forma que não possa ser retirado sem destruição, modificação, fratura ou dano, como a semente plantada, os edifícios e as construções (art. 43, II, CC).

Direitos reais sobre bens imóveis:

- **Direito de superfície** – Previsto no Estatuto da Cidade (Lei n. 10.257/2001) e nos arts. 1.369 e ss. CC, "pelo novo instituto, uma pessoa, cujo terreno não seja apropriado para a construção que pretende erigir, pode, por exemplo, permutar o uso do solo, temporariamente, mantendo a propriedade deste, com outra pessoa que possua terreno que atenda às suas necessidades, cedendo, por outro lado, a esta, que nele tem interesse, o direito de superfície de seu imóvel. Assim, o proprietário de um terreno localizado na zona central, próprio para edificação de um prédio de escritórios, mas que deseja investir na construção e montagem de uma fábrica, pode permutar o uso do solo de seu imóvel com o de um terreno localizado na periferia da cidade, cujo proprietário tem interesse em construir um prédio de escritórios".[1]
- **Servidão** – Restrição imposta a um prédio, cujo proprietário perde o exercício de alguns de seus direitos dominicais ou fica obrigado a tolerar a utilização do seu prédio (serviente) pelo dono do prédio dominante, para certo fim (art. 1.378, CC).
- **Usufruto** – Direito real de fruir as utilidades e os frutos de um bem, enquanto temporariamente destacado da propriedade (art. 1.390, CC).
- **Habitação** – Faculdade de residir em um prédio alheio com a família (art. 1.414, CC).

---

1. GONÇALVES, C. R. *Sinopses Jurídicas*. Saraiva, 2002. v.3. p.152.

- **Cessão de direitos** – Feita por sentença judicial, por lei ou por livre acordo entre cedente e cessionário; são os atos que levam a pessoa que os recebe à aquisição do imóvel, equivalendo, portanto, à própria transmissão do bem.

10.2.3 Fato gerador

O fato gerador dar-se-á com a transmissão *inter vivos*, a qualquer título, por ato oneroso, de bens imóveis ("por natureza" ou por "acessão física") (art. 35, CTN). Ademais, a transmissão de direitos reais sobre tais bens imóveis também representa fato gerador do tributo, ressalvados os direitos reais de garantia (anticrese e hipoteca). É mister mencionar que o fato gerador ocorrerá no momento do registro imobiliário, à luz do art. 530, CC, a par da jurisprudência mais abalizada do STF.

Outrossim, registre-se que a propriedade adquirida por "usucapião" não gera a incidência do ITBI, por se tratar de modo "originário" de aquisição de propriedade.

Nesse passo, a promessa particular de venda como contrato preliminar à escritura pública de compra e alienação não é igualmente alvo de incidência do ITBI.

No que se refere à incidência do ITBI nas hipóteses de aquisição da propriedade, no caso de desapropriação de imóveis para fins de reforma agrária, há imunidade tributária específica, prevista no art. 184, § 5º, CF.

Os elementos espacial e temporal são assim entendidos:

- **Espacial** – É o território do Município da situação do bem (art. 156, II e § 2º, II, CF).
- **Temporal** – É o momento da transmissão ou da cessão (art. 156, II, CF, e art. 35, CTN).

10.2.4 Dação em pagamento

Recebimento pelo credor de coisa, exceto dinheiro, substituindo a prestação que lhe era devida (art. 356, CC).

Não incide sobre direitos reais de garantia a anticrese (devedor entrega imóvel ao credor, para que este, em compensação da dívida, perceba os frutos e rendimentos do imóvel) e a hipoteca (devedor oferece bem imóvel em garantia ao credor, para assegurar o cumprimento de uma obrigação).

10.2.5 Imunidade

São imunes ao ITBI (art. 156, § 2º, CF):

> § 2º O imposto previsto no inciso II [transmissão *inter vivos*, a qualquer título, por ato oneroso, de bens imóveis]:

I – não incide sobre a transmissão de bens ou direitos incorporados ao patrimônio de pessoa jurídica em realização de capital, nem sobre a transmissão de bens ou direitos decorrentes de fusão, incorporação, cisão ou extinção de pessoa jurídica, salvo se, nesses casos, a atividade preponderante do adquirente for a compra e venda desses bens ou direitos, locação de bens imóveis ou arrendamento mercantil.

[...]

10.2.5.1 FUSÃO

Fusão é a reunião de duas ou mais sociedades, individualmente distintas, que se transformam em uma só.

10.2.5.2 INCORPORAÇÃO

Incorporação é uma operação por meio da qual uma ou mais sociedades são absorvidas por outra(s), que, por sua vez, lhe(s) sucede em todos os direitos e obrigações.

10.2.5.3 CISÃO

Cisão é instituto próprio de sociedades por ações, com o objetivo de transferir parte do patrimônio de uma companhia a outra ou a outras, constituídas com essa finalidade ou já existentes. A transferência total implica a extinção da sociedade cindida e a parcial, a divisão do seu patrimônio.

Trata-se de imunidade específica concedida pela Carta Magna, configurando, portanto, uma limitação ao poder de tributar do Município.

10.2.5.4 EXCEÇÃO

Se a atividade preponderante do adquirente for compra e venda desses bens ou direitos, locação de bens imóveis ou arrendamento mercantil – negócios de empresas que exploram loteamento de terrenos, incorporação de edifícios de apartamentos, compra desses para venda etc. –, haverá a tributação, porque se obtém lucro com a atividade.

10.2.5.5 RATIO LEGIS

Analisando esse dispositivo, do ponto de vista econômico, percebe-se a intenção de facilitar as incorporações e fusões, no pressuposto de que imprimem eficiência às empresas.

10.2.5.6 ATIVIDADE PREPONDERANTE

É a definida no art. 37, §§ 1º e 2º, CTN.

10.2.6 Base de cálculo

A base de cálculo do ITBI é o valor venal dos bens imóveis transmitidos ou dos direitos reais cedidos (art. 38, CTN), valor do imóvel para compra e venda à vista, segundo as condições usuais do mercado de imóveis. Na hipótese de o Fisco não aceitar o valor, terá ensejo o arbitramento (art. 148, CTN).

10.2.7 Alíquota

São fixadas em lei municipal. Com relação às alíquotas, insta mencionar que deverão ser proporcionais, e não progressivas, uma vez que é vedada a progressividade para tal gravame, em razão de se tratar de imposto real (*vide* Súmula n. 656, STF) e da ausência de previsão de progressividade no texto constitucional. Portanto, não se pode variar o ITBI em razão da presumível capacidade contributiva do contribuinte, aplicando-se-lhe a "proporcionalidade" – técnica de variação do imposto, com imposição de alíquota única, graduando-se o gravame em função da base de cálculo. A Constituição Federal não estabelece limite aos percentuais de alíquota máxima.

Quando o negócio for desfeito, tendo o ITBI sido recolhido anteriormente ao registro imobiliário, o contribuinte fará jus à restituição do respectivo valor.

Não incide sobre a aquisição da propriedade por usucapião, conforme o STF.

10.2.8 Sujeito passivo

O Município tributante tem liberdade para fixar, por lei, dentre as partes envolvidas que deram origem ao tributo, o contribuinte legal do ITBI, já que o contribuinte de fato pode ser definido pelas partes contratantes, conforme estabelece o art. 42, CTN.

O adquirente é o responsável pelo recolhimento de tal tributo.

10.2.9 Tipo de lançamento

O ITBI é espécie de imposto sujeito ao lançamento por declaração, a qual pode ser impugnada pela administração fiscal municipal.

10.2.10 Considerações finais

O ITBI é exigido na lavratura de escritura de alienação imobiliária.

A propriedade adquirida por usucapião não gera incidência de ITBI, já que somente os modos derivados de aquisição de propriedade têm interesse para o Fisco. Os modos de aquisição originários – usucapião, ocupação e desapropriação – são os que têm no proprietário o seu primeiro titular, não havendo transmissão, porque não há um alienante voluntário.

O Quadro 10.3, a seguir, sumariza os principais aspectos do Imposto de Transmissão *Inter Vivos* de Bens Imóveis.

QUADRO 10.3 Principais aspectos do Imposto de Transmissão *Inter Vivos* de Bens Imóveis

Aspectos	Discriminação
Material	• A transmissão *inter vivos*, a qualquer título, por ato oneroso, de bens imóveis, por natureza ou acessão física, e a de direitos reais sobre imóveis, exceto os de garantia. • Cessão, por ato oneroso, de direitos relativos à aquisição de bens imóveis. • Transmissão de bens ou direitos incorporados ao patrimônio de pessoa física em realização de capitalização, bem como sobre a transmissão de bens ou direitos decorrentes de fusão, incorporação, cisão ou extinção de pessoa jurídica, desde que a atividade preponderante do adquirente seja a compra e venda desses bens ou direitos.
Temporal	O momento do respectivo registro imobiliário junto ao cartório de imóveis competente, nos termos da lei civil.
Espacial	Território municipal ou distrital do ente tributante.
Pessoal	• Sujeito ativo: Município ou Distrito Federal. • Sujeito passivo: contribuinte (é qualquer das partes na operação tributada, competindo a legislação municipal elegê-lo. Em regra, é o adquirente, no caso de transmissão de imóvel.
Quantitativo	Base de cálculo: valor venal dos bens ou direitos transmitidos. Alíquota: é a fixada na legislação municipal ou distrital.

Fonte: adaptado de Código Tributário Nacional, Lei n. 5.172/1966 e Legislação Municipal.

CASO PRÁTICO 10.2

A empresa Xisto prometeu a venda de imóvel seu para a empresa Ypiranga. O preço foi parcialmente pago, de modo que a escritura definitiva de venda e compra não foi lavrada. Passados três anos, a empresa Ypiranga resolve vender o imóvel para a empresa Zabumba. Além da alienação do imóvel, cede a dívida, com garantia hipotecária que mantinha com Xisto. Ao lavrar a escritura definitiva da operação imobiliária, o tabelião exige o pagamento do imposto de transmissão relativo aos três anos. Sob a ótica do disposto no art. 156, II, CF, está correta essa exigência? Por quê?

O Município pode exigir Imposto de Transmissão *Inter Vivos* dos dois atos de alienação de bem imóvel porque verificou-se o fato gerador do ITBI, que se deu com a transmissão *inter vivos* a qualquer título por ato oneroso de bens imóveis. Então, nos dois casos, verifica-se a ocorrência do fato gerador do ITBI e é devido o valor do imposto.

O momento do respectivo registro imobiliário no cartório de imóveis é mero ato de cumprimento da lei civil.

10.3 IMPOSTO SOBRE SERVIÇOS DE QUALQUER NATUREZA (ISS) – ART. 156, CF E LEI COMPLEMENTAR N. 116/2003

O ISS, que incide sobre serviços de qualquer natureza, definidos em Lei Complementar, exceto aqueles tributados pelo ICMS (art. 155, II, CF), tem função fiscal, ou seja, predominantemente arrecadatória de recursos financeiros.

10.3.1 Competência

São competentes para instituir ISS o Município e o Distrito Federal. Ainda para fins de competência para a instituição do tributo, importante identificar o local da prestação do serviço que definirá o Município competente, em razão do critério territorial.

A base legal é:

- **Art. 156, inciso III, da Constituição Federal** - "Compete aos Municípios instituir imposto sobre: [...] III - serviços de qualquer natureza, não compreendidos no art. 155, II, definidos em Lei Complementar".
- **Arts. 71 a 73 do Código Tributário Nacional**, revogados pelo Decreto-Lei n. 406/1968 com redação da Lei Complementar n. 116/2003.

10.3.2 Fato gerador

O ISS tem como fato gerador a prestação de serviços constantes da lista anexa à LC n. 116/2003, ainda que esses não se constituam como atividade preponderante do prestador.

Assim:

- O imposto incide também sobre o serviço proveniente do exterior do país ou cuja prestação se tenha iniciado no exterior do país.
- Ressalvadas as exceções expressas na lista anexa, os serviços nela mencionados não ficam sujeitos ao ICMS, ainda que sua prestação envolva o fornecimento de mercadorias.
- O imposto de que trata esta Lei Complementar incide ainda sobre os serviços prestados mediante a utilização de bens e serviços públicos explorados economicamente, mediante autorização, permissão ou concessão, com o pagamento de tarifa, preço ou pedágio pelo usuário final do serviço.
- A incidência do imposto não depende da denominação dada ao serviço prestado.

O ISS não incide sobre:

- As exportações de serviços para o exterior do país - não incidência sobre serviços destinados ao exterior. Não se trata de imunidade, e sim de isenção heterônoma, conforme Lei Complementar n. 116/2003.

- A prestação de serviços em relação de emprego, dos trabalhadores avulsos, dos diretores e membros de conselho consultivo ou de conselho fiscal de sociedades e fundações, bem como dos sócios-gerentes e dos gerentes-delegados.

O valor intermediado no mercado de títulos e valores mobiliários, o valor dos depósitos bancários, o principal, juros e acréscimos moratórios relativos a operações de crédito realizadas por instituições financeiras.

10.3.3 Base de cálculo

A base de cálculo do ISS é o preço do serviço (art. 7º, LC n. 116/2003). Na impossibilidade de aferição do valor correspondente, é possível calcular o imposto a partir de um valor recolhido periodicamente – é o "ISS fixo", comum aos profissionais liberais.

As alíquotas estarão disciplinadas em lei ordinária, respeitadas as normas gerais dispostas em Lei Complementar.

Tal Lei Complementar ainda não foi editada, de modo que figura como alíquota mínima a de 2% (art. 88, ADCT), devendo ser observado o princípio da anterioridade, e máxima a de 5% (art. 8º, II, LC n. 116/2003).

Se um serviço for prestado a título gratuito, não haverá cobrança do ISS, pois tal serviço naturalmente não revelará nenhum sinal de riqueza. Para ocorrer incidência do ISS, o serviço deve ser prestado de forma onerosa.

10.3.4 Contribuinte

É o prestador dos serviços constantes da lista anexa à LC n. 116/2003, excetuados aqueles que prestam serviços "sem relação de emprego, os trabalhadores avulsos e os diretores e membros de Conselhos Consultivo e Fiscal de Sociedades" (art. 2º, II, LC n. 116/2003).

10.3.5 Local da prestação de serviços

Quanto ao local da prestação do serviço, vige a regra do recolhimento para o Município do estabelecimento prestador. Todavia, a LC n. 116/2003, trouxe, 22 situações de exceção à regra (art. 3º, I a XXII, LC n. 116/2003), nas quais o recolhimento do imposto deverá ser feito para o Município da prestação do serviço.

Para o STJ, lei municipal não pode ser dotada de extraterritorialidade, de modo a incidir sobre um fato ocorrido no território de outro Município.

O serviço considera-se prestado e o imposto devido no local do estabelecimento prestador ou, na falta do estabelecimento, no local do domicílio do prestador, exceto nas hipóteses previstas nas situações abaixo, quando o imposto será devido no local:

- Do estabelecimento do tomador ou intermediário do serviço ou, na falta de estabelecimento, onde ele estiver domiciliado.
- Da instalação dos andaimes, palcos, coberturas e outras estruturas, no caso dos serviços.
- Da execução da obra.
- Da demolição.
- Das edificações em geral, estradas, pontes, portos e congêneres.
- Da execução da varrição, coleta, remoção, incineração, tratamento, reciclagem, separação e destinação final de lixo, rejeitos e outros resíduos quaisquer.
- Da execução da limpeza, manutenção e conservação de vias e logradouros públicos, imóveis, chaminés, piscinas, parques, jardins e congêneres.
- Da execução da decoração e jardinagem, do corte e poda de árvores.
- Do controle e tratamento do efluente de qualquer natureza e de agentes físicos, químicos e biológicos.
- Do florestamento, reflorestamento, semeadura, adubação e congêneres.
- Da execução dos serviços de escoramento, contenção de encostas e congêneres.
- Da limpeza e dragagem.
- Onde o bem estiver guardado ou estacionado.
- Dos bens ou do domicílio das pessoas vigiados, segurados ou monitorados.
- Do armazenamento, depósito, carga, descarga, arrumação e guarda do bem.
- Da execução dos serviços de diversão, lazer, entretenimento e congêneres.
- Do Município onde está sendo executado o transporte.
- Do estabelecimento do tomador da mão de obra ou, na falta de estabelecimento, onde ele estiver domiciliado.
- Da feira, exposição, congresso ou congênere a que se referir o planejamento, organização e administração.
- Do porto, aeroporto, ferroporto, terminal rodoviário, ferroviário ou metroviário.

O ISS incide na operação de arrendamento mercantil de coisas móveis (Súmula n. 138, STJ), e também sobre o valor dos serviços de assistência médica, incluindo-se as refeições, os medicamentos e as diárias hospitalares (Súmula n. 274, STJ).

10.3.6 Tipo de lançamento

O ISS está sujeito ao lançamento por homologação (art. 150, CTN), podendo ser de ofício se o tributo não for recolhido ou for recolhido menor.

A incidência do ISS não depende da denominação dada ao serviço prestado.

Segundo o art. 1º, § 3º, LC n. 116/2003, a incidência do ISS depende da natureza do serviço. Objetiva-se com tal comportamento coibir eventuais abusos.

10.3.7 Considerações finais

A LC n. 116/2003, traz anexa uma lista de serviços que é considerada pela doutrina e pela jurisprudência como "taxativa". Todavia, a verdade é que a quantidade de serviços abrangidos pela fluida terminologia adotada na legislação atual, que se vale de expressões de larga abrangência para alguns itens ("[...] e congêneres", "[...] de qualquer espécie", "[...] quaisquer meios" etc.), permite-nos concluir que não há taxatividade clara na norma, ao dar azo à interpretação analógica.

O art. 156, § 3º, I, CF, preconiza que competirá à Lei Complementar estabelecer alíquotas máximas e mínimas sobre o ISS. A LC n. 100/1999, fixou em 5% a alíquota máxima do imposto, percentual confirmado pela legislação posterior, a LC n. 116/2003. Quanto à alíquota mínima, o art. 88 do ADCT (acrescentado pela EC n. 37/2002) trouxe a previsão de 2%. Frise-se que este percentual não foi confirmado pela LC n. 116/2003, porém se deve entender que permanece válido.

Atenção: a "locação de bens móveis" não é fato gerador do ISS, à luz da LC n. 116/2003, uma vez que sua previsão foi vetada na lista, conforme se pode detectar no item 3.01 ("vetado") da legislação atual. A celeuma estava no fato de que a legislação anterior, com base no DL n. 406/1968 (item 79), previa o serviço como fato gerador. Com efeito, a locação de bem móvel não se confunde com a "prestação de serviços", sob pena de se alterar o conceito de direito privado para alargar competência tributária (art. 110, CTN). Ademais, a prestação de serviços é "obrigação de fazer", afeta ao dever de cumprir o serviço prometido, enquanto a locação de bens é "obrigação de dar", adstrita à entrega da coisa locada ao locatário em condições de servir.

O Supremo Tribunal Federal entendeu que os serviços públicos, quando exercidos por delegação do Poder Público, isto é, prestados por particulares (embora sob regime predominante de direito público), podem sofrer incidência do ISS, descabendo cogitar a aplicação da regra de imunidade recíproca vazada no art. 150, VI, *a*, CF, sendo irrelevante o fato de a titularidade do serviço público permanecer com a pessoa política delegante. Conforme asseverou o Min. Joaquim Barbosa, "nada impede a cobrança do ISS sobre uma atividade explorada economicamente por particular", ainda que se trate de atividade estatal delegada.

Assim, decidiu a Corte Suprema que os Municípios e o Distrito Federal podem cobrar ISS sobre serviços notariais e de registro público (ADI 3.089/DF, rel. orig. Min. Carlos Britto, rel. p/o acórdão Min. Joaquim Barbosa, 13 de fevereiro de 2008), pois não há ilegalidade na incidência do ISS sobre essas atividades, prevista nos itens 21 e 21.1 da lista anexa à LC n. 116/2003.

CASO PRÁTICO 10.3

A atividade da Locadora de Andaimes e Estruturas para Construção Civil está prevista em item específico da Lista de Serviços anexa à Lei Complementar do Imposto sobre Serviços de Qualquer Natureza, desta Municipalidade.

Todavia, a empresa, por meio de seu representante legal, entende que a sua atividade estaria fora do campo de incidência do ISS, razão pela qual pretende suspender o seu pagamento. A empresa ainda não foi notificada pelo Fisco e também nunca pagou o tributo.

O entendimento da empresa está correto? Em caso afirmativo, qual(is) demanda(s) a ser(em) proposta(s)? Justifique.

A empresa está correta. O item 79 da Lei Complementar n. 56/1987, anexa ao Decreto-Lei n. 406/1968, foi objeto de julgamento, pelo STF, no Recurso Extraordinário n. 116.121-3/SP.

Em sessão plenária foi reconhecida a inconstitucionalidade da expressão "locação de bens móveis".

Em síntese, entendeu o STF que o legislador complementar confundiu o arrendamento de coisa com prestação de serviço, sendo tal diferença consagrada no direito privado, de modo que só poderiam ser tributadas as "obrigações de fazer", e não as "obrigações de dar". Entendimento diverso configura ofensa ao conceito de serviço, bem como à regra prevista no art. 110, CTN.

Esse julgado foi utilizado no veto presidencial ao item 3.01 da atual lista de serviços anexa à LC n. 116/2003, cuja redação se identificava com a do item que fora declarado inconstitucional.

Ademais, o STF entendeu que a Lista de Serviços deverá ser interpretada taxativamente em relação aos seus itens, não podendo a municipalidade estabelecer em sua Lista de Serviços outros que não estejam previstos na referida Lista de Serviços anexa à Lei Complementar do imposto em questão.

Na hipótese da locação de andaimes, bens móveis, estaria afastada a incidência do ISS, pois esta atividade se constitui em obrigação de dar.

Quanto à propositura de demanda judicial, poderá ser manejada ação declaratória de inexistência da relação jurídica tributária ou mandado de segurança preventivo.

CASO PRÁTICO 10.4

Instituição financeira insurge-se por meio de ação anulatória de débito fiscal em face de auto de infração lavrado por agente do Fisco municipal, que fora expedido em decorrência da ausência do recolhimento do ISS sobre as tarifas cobradas pelo banco pela atividade de análise, cadastro, controle e processamento, prestada na elaboração de contrato de adiantamento de crédito para clientes que se encontram sem fundos em suas contas bancárias. A empresa alega, em síntese, que não procede a cobrança, tendo em vista que o aludido serviço não configura hipótese de incidência de nenhuma forma de tributo, em especial o ISS, por não constar expressamente previsto na lista de serviços anexa à LC n. 116/2003.

A Súmula n. 424 do STJ diz que "é legítima a incidência de ISS sobre os serviços bancários congêneres da lista anexa ao DL n. 406/1968 e à LC n. 56/1987". A lista da LC n. 116/2003, é taxativa, mas admite interpretação extensiva, de acordo com o sentido do termo "congênere" contido na LC n. 116/2003, devendo prevalecer não a literalidade da denominação utilizada pelo banco, mas a efetiva natureza do serviço prestado por ele.

O Quadro 10.4, a seguir, sumariza os principais aspectos do Imposto sobre Serviços de qualquer Natureza.

QUADRO 10.4 Principais aspectos do Imposto sobre Serviços de qualquer Natureza

Aspectos	Discriminação
Material	Prestação de serviços constantes da lista anexa a LC n. 116/2003; serviço proveniente do exterior.
Temporal	Momento em que a prestação do serviço é disponibilizada ao tomador.
Espacial	Território municipal ou distrital do ente tributante.
Pessoal	• Sujeito ativo: Município ou Distrito Federal. É devido no local do estabelecimento prestador de serviços e, na falta de estabelecimento, no local do domicílio do prestador, exceto nas hipóteses previstas nos incisos I a XXII do art. 3º da LC n. 116/2003. • Sujeito passivo: contribuinte (prestador de serviços).
Quantitativo	É a base de cálculo do imposto, o valor sobre o qual incide a tributação. É a expressão econômica do fato gerador, o valor sobre o qual há a incidência da alíquota.

Fonte: adaptado de Código Tributário Nacional, Lei n. 5.172/1966 e Legislação Municipal.

EXERCÍCIOS DE FIXAÇÃO

— QUESTÕES DE MÚLTIPLA ESCOLHA

1. Considere os seguintes impostos:

   I. de importação.
   II. sobre a transmissão *causa mortis*.
   III. sobre a transmissão de imóveis *inter vivos*.

   Os tributos em questão competem respectivamente:

   a) Aos Municípios, aos Estados e à União.
   b) Aos Estados, à União e aos Municípios.
   c) Aos Estados, aos Municípios e à União.

d) À União, aos Estados e aos Municípios.

2. É competência dos Municípios a instituição de impostos sobre o seguinte fato:

a) Transmissão *causa mortis* de bens ou direitos.
b) Cessão de direitos de aquisição de imóveis.
c) Serviços intermunicipais de transporte.
d) Proventos de funcionários municipais.

3. Assinale a alternativa em que, de acordo com a Constituição Federal, encontra-se o imposto que poderá ter suas alíquotas progressivas:

a) IPVA.
b) IPTU.
c) ISS.
d) ITBI.

4. O prazo de prescrição dos impostos municipais é de:

a) Dois anos.
b) Quatro anos.
c) Um ano.
d) Cinco anos.

5. Uma empresa detém a propriedade sobre terras agriculturáveis em diversos Estados do Brasil no ambiente rural e, em diversos municípios de seu estado de origem, é proprietária de terras urbanas. Nessa situação, em razão das propriedades que detém, a empresa torna-se contribuinte de:

a) Dois impostos federais e um estadual.
b) Dois impostos estaduais e um municipal.
c) Um imposto municipal e um federal.
d) Um imposto municipal, um estadual e um federal.

6. Em contrato de locação, estipulou-se que o responsável pelo pagamento do IPTU seria o locatário ou, no descumprimento da avença, o fiador. O contrato é válido, mas eficaz apenas entre:

a) O locatário, o fiador e a Fazenda Pública.
b) A Fazenda Pública e o locatário.
c) O fiador e a Fazenda Pública.
d) As partes signatárias.

7. Tratando-se de impostos municipais, a União Federal:

a) Pode conceder isenção de impostos municipais mediante lei ordinária, atendendo ao relevante interesse econômico nacional.
b) Pode conceder isenção de impostos municipais mediante Lei Complementar, atendendo ao relevante interesse econômico nacional.
c) Pode conceder isenção de impostos municipais mediante Lei Complementar, atendendo ao relevante interesse social local.

d) Não pode conceder isenção de impostos municipais.

8. Qual dos serviços indicados a seguir está fora do âmbito de incidência do Imposto sobre Serviços de qualquer Natureza?

a) Serviços de estacionamento.
b) Advocacia.
c) Serviços de transporte interestadual e intermunicipal e de comunicação.
d) Exibições cinematográficas.

9. As bases de cálculo do Imposto sobre a Propriedade Territorial Rural e sobre a Propriedade Predial e Territorial Urbana são, respectivamente:

a) O valor venal e o valor fundiário.
b) O valor de mercado e o valor fundiário.
c) O valor fundiário e o venal.
d) O valor venal e o valor de mercado.

10. Quanto à Categoria Econômica, o CTN classifica como impostos sobre a produção e a circulação os impostos constantes de uma das alternativas a seguir. Assinale a opção correta:

a) ICMS, IPVA, II, IE.
b) ISS, IPTU, ITBI, ITR.
c) IPI, IOF, ICMS, ISS.
d) IPTU, ITR, IR, IPVA.

CAPÍTULO 11 Contabilização de operações típicas

OBJETIVOS

- Proporcionar uma visão sistêmica e integrada das modernas técnicas de Contabilidade Tributária, visualizando as organizações de uma forma unificada, que auxiliem a eficiência do processo decisório.
- Operacionalizar conhecimentos específicos sobre Gestão Tributária, ressaltando a sua importância na adoção de técnicas que auxiliem no planejamento e na avaliação dos riscos empresariais.
- Capacitar o estudante a exercer suas funções na organização, a respeito das esferas contábil e tributária, com ética e correção, utilizando-se de meios legais para o planejamento societário e fiscal.

A contabilidade tributária é a área de aplicação das ciências contábeis que tem como objetivo apurar e conciliar a geração de tributos de uma determinada entidade. A contabilidade tributária fornece dados importantes para a apuração de tributos.

11.1 IMPOSTOS RECUPERÁVEIS – ICMS E IPI

Imposto recuperável é todo aquele que incide sobre a aquisição de insumos de produção, como matéria-prima, materiais de industrialização, embalagens, nos casos em que a empresa compradora estiver sujeita ao mesmo imposto por ocasião em que efetuar as vendas dos produtos fabricados, como é o caso do IPI e do ICMS. Impostos recuperáveis não incidem sobre a receita da entidade, não são gerados em decorrência da realização de receita, não são considerados despesas e não são deduzidos da receita bruta.

11.1.1 Contabilização

Os impostos – ICMS e IPI – pagos na aquisição de mercadorias e materiais representam, de acordo com a legislação pertinente, créditos da empresa junto ao governo e serão compensados com os mesmos impostos que serão devidos pela venda das mercadorias ou produtos. Assim sendo, o valor dos impostos recuperáveis pagos na aquisição não deve compor o custo de aquisição que será incorporado ao estoque, mas registrado em conta específica de ativo, que representará o direito da empresa junto ao governo.

Uma maneira de contabilizar os impostos recuperáveis pagos na aquisição de mercadorias e insumos da produção é o registro, por ocasião da aquisição desses bens, em contas próprias, classificáveis no ativo circulante, intituladas "IPI a Recuperar" e "ICMS a Recuperar".

Exemplo:

Considere que a Empresa A faz uma aquisição de materiais para produção no valor de R$ 200.000,00, sendo recuperáveis R$ 10.000,00 de IPI e R$ 36.000,00 de ICMS.

Contabilização:

D – Estoque de matérias-primas (Ativo Circulante)	R$ 164.000,00
D – IPI a recuperar (Ativo Circulante)	R$ 10.000,00
D – ICMS a recuperar (Ativo Circulante)	R$ 36.000,00
C – Bancos conta movimento (Ativo Circulante)	R$ 200.000,00

Lançamento por ocasião do término do período de apuração do IPI e do ICMS, transferindo o saldo das contas respectivas para a conta do passivo:

D – ICMS a recolher (Passivo Circulante)	
C – ICMS a recuperar (Ativo Circulante)	R$ 36.000,00
D – IPI a recolher (Passivo Circulante)	
C – IPI a recuperar (Ativo Circulante)	R$ 10.000,00

11.1.2 ICMS sobre fretes recuperáveis

O ICMS sobre fretes de insumos adquiridos, quando recuperável, é deduzido do respectivo custo de aquisição.

Exemplo:

Suponha que a Empresa A teve um custo de frete da matéria prima adquirida, cujo valor de transporte totalizou R$ 24.000,00, sendo recuperáveis R$ 3.000,00 de ICMS.

Contabilização:

D - Estoques de matérias primas (Ativo Circulante)	R$ 21.000,00
D - ICMS a recuperar (Ativo Circulante)	R$ 3.000,00
C - Bancos conta movimento (Ativo Circulante)	R$ 24.000,00

11.1.3 Outras Informações importantes acerca do ICMS e do IPI

- Para que a empresa tenha direito de recuperar o valor do ICMS pago aos fornecedores no momento da compra de mercadorias, é necessário que, ao serem vendidas, essas mercadorias sofram a incidência desse imposto. Caso contrário, o valor do ICMS incidente nas compras integrará o custo de aquisição das referidas mercadorias. Cabe salientar, aqui, que é comum a legislação do ICMS isentar do imposto determinadas operações; por isso, uma empresa poderá comprar mercadorias com incidência do ICMS e revendê-las com isenção.
- Para que a empresa possa recuperar o valor do IPI incidente nas compras de materiais, é necessário que os produtos fabricados com esses materiais sofram a incidência do referido imposto por ocasião das vendas. Caso contrário, a exemplo do ICMS, o valor do IPI incidente nas compras integrará o custo dos respectivos materiais. Como ocorre com o ICMS, também é comum a legislação do IPI isentar determinadas operações do imposto; por isso, uma empresa poderá adquirir materiais com incidência do IPI e revendê-los com isenção.
- O ICMS incidente sobre o valor do frete das mercadorias também poderá ser compensado do valor do ICMS incidente nas vendas realizadas no respectivo período.
- O governo também tem permitido que as empresas recuperem parte ou o valor total do ICMS pago pelo consumo de energia elétrica.
- Quando, na compra de determinada mercadoria, houver a incidência do ICMS e do IPI e, na venda dessa mesma mercadoria, houver incidência apenas do ICMS, o valor do IPI pago na compra deverá integrar o custo de aquisição da mercadoria, sendo o ICMS contabilizado separadamente.
- Já vimos que o ICMS e o IPI (impostos não cumulativos), dependendo do destino da mercadoria na empresa, poderão ser recuperados ou não. Assim, a empresa poderá adquirir bens para comercializar (mercadorias), para aplicar no processo de produção (matérias-primas), para consumir ou para integrar o Ativo Permanente.

11.2 TRIBUTOS SOBRE VENDAS

Os tributos incidentes sobre as vendas são aqueles que guardam proporcionalidade com o preço da venda, mesmo que integrem a base de cálculo do tributo.

11.2.1 IPI e ICMS sobre vendas

O IPI e o ICMS incidente sobre vendas devem ser deduzidos da receita bruta na determinação da receita líquida de vendas.

O IPI, quando destacado na nota fiscal e cobrado do cliente, é contabilizado diretamente em IPI a Pagar, no passivo circulante. Entretanto, há empresas que, por necessidade de controle ou formação de estatísticas e gerenciamento, contabilizam o IPI destacado (como também o ICMS cobrado por substituição tributária) em contas de resultado.

Neste caso, sugere-se a adoção da seguinte estrutura de contas:

FATURAMENTO BRUTO
(-) IPI Faturado
(-) ICMS Substituição Tributária
(=) RECEITA OPERACIONAL BRUTA

Exemplo:

Venda de produtos com os seguintes valores constantes na nota fiscal:

Valor dos produtos	R$ 200.000,00
IPI Destacado	R$ 10.000,00
Valor total da NF	R$ 190.000,00
ICMS	R$ 36.000,00
D - Clientes (Ativo Circulante)	
C - Faturamento Bruto (Resultado)	R$ 190.000,00
D - IPI Faturado (Resultado)	
C - IPI a Recolher (Passivo Circulante)	R$ 10.000,00
D - ICMS sobre Vendas (Conta de Resultado)	
C - ICMS a Recolher (Passivo Circulante)	R$ 36.000,00

11.2.2 Cofins e PIS sobre vendas

11.2.2.1 COFINS

A Contribuição para o Financiamento da Seguridade Social (Cofins) incide sobre o valor do faturamento mensal das empresas. O faturamento compreende a receita bruta, assim entendida a totalidade das receitas auferidas, inclusive as receitas classificadas como não operacional.

- **Contribuinte**
  São contribuintes da Cofins empresas de direito privado, inclusive aquelas a elas equiparadas pela legislação do imposto de renda, empresas públicas, associações de economia mista e suas subsidiárias, entidades submetidas aos regimes de liquidação extrajudicial e falência e instituições financeiras.
- **Apuração**
  A apuração da Cofins será mensal, e o regime de reconhecimento das receitas é o de competência. As empresas sujeitas ao regime de tributação com base no Lucro Presumido que tiverem optado pelo regime de caixa para fins de apuração do imposto de renda e da contribuição social, poderão adotar o mesmo regime para a apuração da Cofins.

  O valor da Cofins deverá ser apurado por meio da aplicação da alíquota de 3% sobre a base de cálculo apurada.

  A apuração e o pagamento da Cofins serão efetuados, de forma centralizada, pelo estabelecimento matriz da empresa. O conceito deste tópico, porém, não se aplica às empresas tributadas com base no Super Simples.

11.2.2.2 PROGRAMA DE INTEGRAÇÃO SOCIAL (PIS)

- **Faturamento**
  A contribuição para o Programa de Integração Social (PIS) incide sobre o faturamento mensal da empresa. O faturamento compreende a receita bruta da empresa, assim entendida a totalidade das receitas auferidas, inclusive as classificadas como não operacionais, e será calculado pela aplicação da alíquota de 0,65% sobre a base de cálculo encontrada.
- **Folha de pagamento**
  A contribuição para o PIS, incide também sobre a folha de pagamento das entidades sem fins lucrativos, à alíquota de 1% sobre o total da folha de salários. A apuração do PIS é mensal, e o regime de reconhecimento das receitas é o de competência. As empresas sujeitas ao regime de tributação com base no Lucro Presumido que tiverem optado pelo regime de caixa para fins de apuração, poderão adotar o mesmo regime para a apuração do PIS.

11.2.2.3 PIS E COFINS NÃO CUMULATIVO

As empresas com base no Lucro Real deverão aplicar a não cumulatividade do PIS e da Cofins para o cálculo dessas contribuições.

O cálculo do PIS e da Cofins não cumulativos será feito mediante a aplicação das respectivas alíquotas sobre o Faturamento de Saídas (Vendas); e sobre o Faturamento de Entradas (Compras) para as empresas tributadas pelo Método do Lucro Real.

Composição do Faturamento das Saídas:
Faturamento de Saídas = Vendas – IPI de Vendas – Devoluções de Vendas + + IPI de Devoluções de Vendas + (Prestação de Serviços)

Composição do Faturamento das Entradas:
Faturamento de Entradas = Compras – IPI de Compras – Devoluções de Compras + IPI de Devoluções de Compras

Alíquota a ser aplicada:
PIS (para LUCRO REAL) = 1,65%
Cofins (para LUCRO REAL) = 7,60%

Ao calcular os impostos federais (PIS, Cofins, IPI etc.), os que tiverem valor a pagar inferior a R$ 10,00 deverão ser acumulados para o próximo recolhimento do respectivo tributo.

11.2.2.4 PIS E COFINS CUMULATIVOS

O cálculo do PIS e da Cofins cumulativos será feito mediante aplicação das respectivas alíquotas sobre o Faturamento das Operações de Saídas, para as empresas tributadas pelo Método do Lucro Presumido.

Composição do Faturamento das Saídas: Vendas + Prestação de Serviços
Faturamento de Saídas = Vendas – IPI de Vendas – Devoluções de Vendas + + IPI de Devoluções de Vendas + (Prestação de Serviços)

Alíquota a ser aplicada:
PIS (para LUCRO PRESUMIDO) = 0,65%
Cofins (para LUCRO PRESUMIDO) = 3,00%

Ao calcular os tributos federais (PIS, Cofins, IPI etc.), os que tiverem valor a pagar inferior a R$ 10,00 deverão ser acumulados para o próximo recolhimento do respectivo imposto.

11.2.2.5 CONTABILIZAÇÃO

Os valores das contribuições PIS e Cofins incidentes sobre a receita de vendas serão debitados em contas próprias de resultado, tendo como contrapartida as contas do passivo circulante, desta forma:

D – PIS sobre Vendas (Resultado)
C – PIS a Recolher (Passivo Circulante)

e

D – Cofins sobre Vendas (Resultado)
C – Cofins a Recolher (Passivo Circulante)

Exemplo:

Calçados Simões Ltda.

CNPJ: 01.327.410/0001-04

Provisão para tributos

PIS/Cofins

Mês de setembro de 2018

Céditos sobre compra		
DATA	NF	VALOR
1º/09/2016	315365	R$ 1.500,00
02/09/2016	23563	R$ 26.550,00
03/09/2016	179140	R$ 80.000,00
TOTAL		R$ 108.050,00
PIS	1,65%	R$ 1.782,83
Cofins	7,60%	R$ 8.211,80

Débitos sobre venda		
DATA	NF	VALOR
04/09/2016	001	R$ 60.000,00
05/09/20161	002	R$ 180.000,00
06/09/2016	003	R$ 2.700,00
TOTAL		R$ 242.700,00
PIS	1,65%	R$ 4.004,55
Cofins	7,60%	R$ 18.445,20

Lançamento de PIS e Cofins s/compras	
D 1182 – PIS a recuperar	R$ 1.782,83
C 4952 – (-) PIS a compensar	R$ 1.782,83
D 1185 – Cofins a recuperar	R$ 8.211,80
C 4953 – (-) Cofins a compensar	R$ 8.211,80

Lançamento de PIS e Cofins s/ vendas	
D 3384 – (-) PIS s/ receita bruta	R$ 4.004,55
C 2045 – PIS a recolher	R$ 4.004,55
D 3385 – (-) Cofins s/ receita bruta	R$ 18.445,20
C 2044 – Cofins a recolher	R$ 18.445,20

Créditos s/depreciação	
D 1182 – PIS a recuperar	R$ 1,83
C 3841 – Depreciação	R$ 1,83
D 1185 – Cofins a recuperar	R$ 8,44
C 3841 – Depreciação	R$ 8,44

Saldo de PIS e Cofins	
Após conciliação e créditos s/depreciação	
PIS a recolher	R$ 2.218,94
PIS a recuperar	R$ 2.218,94
Cofins a recolher	R$ 10.220,52
Cofins a recuperar	R$ 10.220,52

Créditos s/energia elétrica	
D 1182 - PIS a recuperar	R$ 0,96
C 3636 - Energia	R$ 0,96
D 1185 - Cofins a Recuperar	R$ 4,44
C 3636 - Energia	R$ 4,44

Conciliação de PIS e Cofins	
D 2045 - PIS a recolher	R$ 1.785,62
C 1182 - PIS a recuperar	R$ 1.785,62
D 2044 - Cofins a recolher	R$ 8.224,68
C 1185 - Cofins a recuperar	R$ 8.224,68

Saldo de PIS e Cofins do mês anterior Após Conciliação e Créditos s/ depreciação, energia e combustível	Total a recuperar para o próximo mês
PIS A RECUPERAR	2.218,94
Cofins A RECUPERAR	10.220,52

11.2.3 ISS sobre Vendas

A contabilização do ISS segue o mesmo procedimento adotado no registro do ICMS sobre vendas.

Assim como ocorre com o IPI e o ICMS, a escrituração do ISS poderá ser feita Nota Fiscal por Nota Fiscal, no final do dia, pela soma das Notas Fiscais, ou mensalmente, com base na escrituração do livro fiscal próprio.

Exemplo:

Suponha que a Empresa A realize uma operação na qual emita uma Nota Fiscal de Serviços no valor de R$ 10.000,00. Nessa operação, o valor do ISS devido é de R$ 500,00.

Contabilização:

1. Pelo reconhecimento da receita:
   D – Duplicatas a Receber (Ativo Circulante)
   C – Receita de Serviços (Resultado): R$ 10.000,00

2. Pelo reconhecimento do valor do ISS:
   D – ISS sobre Serviços (Resultado)
   C – ISS a Recolher (Passivo Circulante): R$ 500,00

Caso a empresa opte pela escrituração resumida, ou seja, quando dos lançamentos em partidas mensais, o registro contábil poderá ser efetuado com base no livro fiscal destinado à apuração do referido tributo.

Na Demonstração do Resultado do Exercício, a conta ISS sobre Venda de Serviços será inserida como item redutor da Receita Bruta de Vendas de Serviços, obtendo-se, dessa forma, a Receita Líquida de Vendas de Serviços.

11.3 CONTABILIZAÇÃO DE BENS PARA O ATIVO IMOBILIZADO

Com a Lei Complementar n. 102/2000, os créditos decorrentes de entrada de Ativo Imobilizado poderão ser apropriados à razão de 1/48 por mês.

A contabilização do referido crédito a apropriar deve ser feita em conta do ativo (impostos a recuperar) e a crédito de imobilizado.

Exemplo:
Suponha que a Empresa A adquira máquinas e ferramentas no valor de R$ 200.000,00, com ICMS no valor de R$ 24.000,00.

Contabilização do ICMS recuperável por ocasião da aquisição:

D - ICMS sobre Imobilizado a Recuperar (Ativo Circulante)	R$ 24.000,00
C - Máquinas e Ferramentas (Ativo Não Circulante - Imobilizado)	R$ 24.000,00

Apropriação do ICMS à razão de 1/48 ao mês:

D - ICMS a Recolher (Passivo Circulante)	
C - ICMS sobre Imobilizado a Recuperar (Ativo Circulante)	R$ 500,00

Ao final do exercício, deverá ser ajustada a conta do ICMS sobre Imobilizado a Recuperar (Realizável a Longo Prazo), transferindo-se o valor correspondente às parcelas que faltarem para a realização no curto prazo, conforme seguinte lançamento:

D - ICMS sobre Imobilizado a Recuperar (Ativo Circulante)
C - ICMS sobre Imobilizado a Recuperar (Realizável a Longo Prazo)

11.3.1 Recuperação parcial do crédito

Em caso de alienação do ativo que gerou o crédito do ICMS, o valor do crédito do ICMS anulado volta a compor o custo do Ativo Imobilizado ou, alternativamente, a empresa poderá lançar o valor do crédito não aproveitado como uma despesa no resultado.

Também pode ocorrer que, por força do art. 20, § 5º, II, LC n. 102/1996, em cada período de apuração do imposto, não será admitido o creditamento de parcela, em relação à proporção das operações de saídas ou prestações isentas ou não tributadas sobre o total das operações de saídas ou prestações efetuadas no mesmo período.

Nesta hipótese, a parcela não aproveitada no mês deverá ser contabilizada como despesa.

Exemplo:

O crédito de 1/48 do ICMS imobilizado no mês foi de R$ 2.000,00, mas 50% das operações de saída do estabelecimento decorrem de saídas isentas ou não tributadas; portanto, o crédito do mês (R$ 2.000,00) terá de ser proporcional (50%), sendo que o saldo não aproveitado constituirá despesa tributária:

D – ICMS não recuperável (Conta de Resultado)	R$ 1.000,00
D – ICMS a Recolher (Passivo Circulante)	R$ 1.000,00
C – ICMS sobre Imobilizado a Recuperar (Ativo Circulante)	R$ 2.000,00

11.3.2 Diferencial de ICMS na aquisição de bens

Integram o custo de bens destinados ao Ativo Não Circulante todos os gastos relacionados à sua aquisição, assim como aqueles que forem necessários para colocar o bem em condições de uso na finalidade a que se destina.

Entre outros gastos que normalmente são despendidos na aquisição de bens e que contabilmente têm a natureza de custo, incluem-se os impostos, sejam esses pagos pelo vendedor e repassados ao adquirente, embutidos ou adicionados no preço, ou pagos pelo próprio adquirente.

Assim sendo, a diferença de ICMS paga pelo adquirente de bens destinados ao Ativo Não Circulante ou para consumo próprio, procedente de outros Estados, inclui-se como parcela integrante do custo de aquisição.

Consoante com o art. 344, § 4º, RIR/1999, os impostos pagos pela pessoa jurídica na aquisição de bens do ativo não circulante poderão, a seu critério, ser registrados como custo de aquisição ou deduzidos como despesa operacional, salvo aqueles pagos na importação de bens que se acrescerão ao custo de aquisição.

11.3.3 Bens que não geram crédito do ICMS

Segundo o art. 20, § 1º, LC n. 87/1996, não dão direito a crédito do ICMS as entradas de mercadorias ou a utilização de serviços resultantes de operações ou prestações isentas ou não tributadas, ou que se refiram a mercadorias ou serviços alheios à atividade do estabelecimento.

Exemplo:

Suponha que a Empresa A adquiriu uma máquina para o seu Ativo Imobilizado, de fornecedor localizado em outro Estado, pelo preço total de R$ 40.000,00. Na saída do bem do estabelecimento fornecedor, incidiu o ICMS à alíquota de 12%, e no Estado onde se localiza o estabelecimento adquirente, a alíquota do ICMS prevista para operações internas é de 18%. Pela natureza do bem, alheio à atividade do estabelecimento, a empresa adquirente não poderá creditar-se do ICMS sobre imobilizado.

Nesta operação, é devida a diferença de imposto de R$ 2.400,00, correspondentes a 6% (18% - 12%) sobre R$ 40.000,00, que poderá ser contabilizada como:

1. Lançamento do ICMS como custo de aquisição dos bens:	
D - Imobilizado (Ativo Não Circulante)	
C - ICMS a Recolher (Passivo Circulante)	R$ 2.400,00
2. Lançamento do ICMS como despesa operacional:	
D - ICMS Incidente na Aquisição de Bens (Resultado)	
C - ICMS a Recolher (Passivo Circulante)	R$ 2.400,00

11.4 IMPOSTO DE RENDA RETIDO NA FONTE (IRRF) – SERVIÇOS PROFISSIONAIS

A legislação do Imposto de Renda prevê a retenção do Imposto de Renda na Fonte à alíquota de 1,5% ou 1%, sobre vários serviços prestados por pessoas jurídicas a outras pessoas jurídicas, como é o caso dos serviços relacionados nos arts. 647 a 651, RIR/1999.

O Imposto de Renda Retido na Fonte sobre os serviços prestados por pessoa jurídica a outra pessoa jurídica será considerado antecipação do valor devido pela beneficiária.

Dessa forma, o IRRF, na pessoa jurídica prestadora do serviço, assume características de um direito a ser compensável e, assim sendo, será classificado no Ativo Circulante como IRRF a recuperar.

Na pessoa jurídica tomadora do serviço, que tem a obrigatoriedade de reter e de recolher o imposto devido sobre o valor do serviço a ser pago, o Imposto de Renda será tratado como uma obrigação, e assim será classificado no Passivo Circulante como IRRF a recolher.

11.5 IMPOSTO DE RENDA RETIDO NA FONTE (IRRF)

O fato gerador da retenção do IR é o pagamento ou o crédito decorrente da prestação do serviço. Seguem-se sugestões para os lançamentos.

11.5.1 Tomador do serviço

Suponha os seguintes dados:

- Valor do serviço: R$ 10.000,00.
- Retenção (1,5%): R$ 150,00.

Considerando que o fato gerador da retenção do IRRF é o pagamento ou o crédito pela prestação do serviço, seguem-se sugestões de como o tomador do serviço poderá fazer os lançamentos:

1. Registro do serviço tomado:	
D – Serviço prestado por pessoa jurídica (CR)	R$ 10.000,00
C – IR na fonte a recolher (PC)	R$ 150,00
C – Caixa ou banco (AC)	R$ 9.850,00
2. Registro do recolhimento da retenção efetuada:	
D – IR na fonte a recolher (PC)	R$ 150,00
C – Caixa ou banco (AC)	R$ 150,00

11.5.2 Prestador do serviço

Considerando os mesmos dados, seguem sugestões de como o prestador do serviço poderá fazer os lançamentos:

1. Registro do serviço prestado:	
D – Caixa ou Banco (AC)	R$ 9.850,00
D – IRRF a compensar (AC)	R$ 150,00
C – Receita de prestação de serviços (CR)	R$ 10.000,00
2. Registro da compensação do imposto retido:	
D – IRPJ a recolher (PC)	R$ 150,00
C – IRRF a compensar (AC)	R$ 150,00

Exemplo:

Suponha que a Empresa A emitiu uma Nota Fiscal de Prestação de Serviços de Consultoria para seu cliente, Empresa B, com os seguintes dados:

Valor da Nota Fiscal	R$ 8.000,00
IRRF 1,5%	R$ 120,00
Valor Líquido a Receber:	R$ 7.880,00

1. Contabilização na Empresa A - Prestadora do serviço:
   a) Pelo registro da Nota Fiscal

D - Clientes (Ativo Circulante)	R$ 7.880,00
D - IRRF a Recuperar (Ativo Circulante)	R$ 120,00
C - Receitas de Serviços (Resultado)	R$ 8.000,00

   b) Pelo recebimento do valor da Empresa B

D - Bancos Conta Movimento (Ativo Circulante)	
C - Clientes (Ativo Circulante)	R$ 7.880,00

   c) Pela compensação do IRRF com o IRPJ devido

D - IRPJ a Recolher (Passivo Circulante)	
C - IRF a Recuperar (Ativo Circulante)	R$ 120,00

2. Tratamento contábil na Empresa B - Tomadora do serviço:
   a) Pelo registro da Nota Fiscal

D - Despesas Administrativas (Resultado)	R$ 8.000,00
C - IRF a Recolher (Passivo Circulante)	R$ 120,00
C - Fornecedores (Passivo Circulante)	R$ 7.880,00

   b) Pelo pagamento do valor ao fornecedor

D - Fornecedores (Passivo Circulante)	
C - Bancos Conta Movimento (Ativo Circulante)	R$ 7.880,00

   c) Pelo recolhimento do IRRF

D - IRRF a Recolher (Passivo Circulante)	
C - Bancos Conta Movimento (Ativo Circulante)	R$ 120,00

11.6 RETENÇÃO DO PIS, COFINS E CSLL – PRESTAÇÃO DE SERVIÇOS

Estão sujeitos à retenção na fonte da Contribuição Social sobre o Lucro Líquido (CSLL), da Contribuição para o Financiamento da Seguridade Social (Cofins) e da Contribuição para o Programa de Integração Social (PIS) os pagamentos efetuados pelas pessoas jurídicas a outras pessoas jurídicas de direito privado, pela, segundo os arts. 30, 31, 32, 34 a 36, da Lei n. 10.833/2003, regulamentados pela IN SRF n. 459/2004, prestação dos seguintes serviços:

- Limpeza.
- Conservação.
- Manutenção.
- Segurança.
- Vigilância.
- Transporte de valores e locação de mão de obra.

- Assessoria creditícia, mercadológica, gestão de crédito, seleção e riscos, administração de contas a pagar e a receber.
- Outros serviços profissionais, conforme definição prevista no art. 647, RIR/1999.

Na escrituração contábil da retenção das contribuições sociais (PIS, Cofins e CSLL), é preciso sempre considerar o fato gerador da retenção das contribuições, qual seja, o efetivo pagamento ao prestador do serviço. Dessa forma, teremos três formas de contabilização: uma para o pagamento à vista; outra para pagamento à prazo; e uma terceira forma, para os casos em que houver adiantamento.

11.6.1 Alíquotas e código de retenção

O valor da CSLL, da Cofins e do PIS retidos será determinado mediante a aplicação, sobre o montante a ser pago, do percentual total de 4,65%, correspondente à soma das alíquotas de 1%, 3% e 0,65%, respectivamente, e recolhido mediante o código de arrecadação 5.952.

As alíquotas de 3% e de 0,65% aplicam-se inclusive na hipótese de as receitas da prestadora do serviço estarem sujeitas ao regime de não cumulatividade da Cofins e do PIS ou aos regimes de alíquotas diferenciadas.

11.6.2 Compensação do valor retido

Os valores retidos serão considerados como antecipação do que for devido pelo contribuinte que sofreu a retenção, em relação às respectivas contribuições.

Desta forma, as contribuições retidas na pessoa jurídica prestadora do serviço assumem características de um direito a ser compensável e, assim, serão classificadas no Ativo Circulante como tributos a recuperar.

Na pessoa jurídica tomadora do serviço, que tem a obrigatoriedade de reter e de recolher as contribuições devidas sobre o valor do serviço a ser pago, as retenções serão tratadas como uma obrigação, e assim serão classificadas no Passivo Circulante como tributos a recolher.

11.6.3 Tomador do serviço

Suponha os seguintes dados:

- Valor do serviço: R$ 10.000,00.
- Retenção (4,65%): R$ 465,00.

As alíquotas são: 1% para CSLL, 0,65% para PIS/Pasep e 3% para Cofins.

11.6.3.1 PAGAMENTO À VISTA

No pagamento à vista, sugerimos a seguinte contabilização:

1. Registro do pagamento do valor do serviço:	
D - Serviço prestado por pessoa jurídica (CR)	R$ 10.000,00
C - CSLL, PIS e Cofins na fonte a recolher (PC)	R$ 465,00
C - Caixa ou banco (AC)	R$ 9.535,00
2. Registro do recolhimento da retenção efetuada:	
D - CSLL, PIS e Cofins na fonte a recolher (PC)	R$ 465,00
C - Caixa ou banco (AC)	R$ 465,00

11.6.3.2 PAGAMENTO A PRAZO

Sendo o pagamento do serviço realizado a prazo, há que se considerar que o fato gerador é o efetivo pagamento, de forma que, até que este seja realizado, não há ainda que se falar em registro contábil da retenção de CSLL, PIS e Cofins.

Sugerimos, então, a seguinte contabilização:

1. Por ocasião do recebimento da nota fiscal:	
D - Serviço prestado de pessoa jurídica (CR)	R$ 10.000,00
C - Fornecedores (PC)	R$ 10.000,00
2. Por ocasião do pagamento do valor devido ao prestador, teremos três lançamentos:	
a) Pagamento do valor líquido da retenção, ao prestador do serviço	
D - Fornecedores (PC)	R$ 9.535,00
C - Caixa ou banco (AC)	R$ 9.535,00
b) Registro da retenção	
D - Fornecedores (PC)	R$ 465,00
C - CSLL, PIS e COFINS na fonte a recolher (PC)	R$ 465,00
c) Registro do recolhimento da retenção	
D - CSLL, PIS e COFINS na fonte a recolher (PC)	R$ 465,00
C - Caixa ou banco (AC)	R$ 465,00

11.6.3.3 ADIANTAMENTOS

Conforme mostrou-se anteriormente, mesmo nos casos em que houver mero adiantamento de valores deverá ocorrer a retenção. Dessa forma, sugerimos os seguintes lançamentos:

1. Por ocasião do adiantamento do valor ao prestador do serviço:	
D – Adiantamentos a terceiros (AC)	R$ 10.000,00
C – CSLL, PIS e COFINS na fonte a recolher (PC)	R$ 465,00
C – Caixa ou banco (AC)	R$ 9.535,00
2. Por ocasião da prestação de serviço:	
D – Serviço prestado de pessoa jurídica (CR)	R$ 10.000,00
C – Adiantamentos a terceiros (AC)	R$ 10.000,00

Os lançamentos relativos ao recolhimento da retenção efetuada são iguais aos demonstrados nos itens anteriores.

11.6.4 Prestador do Serviço

No prestador do serviço, por sua vez, também considerando o fato gerador da retenção de CSLL, PIS e Cofins, sugerimos três formas de contabilização (igualmente uma para o recebimento do valor do serviço à vista; outra para o recebimento à prazo; e uma terceira para adiantamentos). Os dados que utilizaremos são os mesmos apresentados acima (valor do serviço = R$ 10.000,00; valor da retenção = R$ 465,00, sendo 1% para CSLL, 0,65% para PIS/Pasep e 3% para Cofins).

11.6.4.1 PAGAMENTO À VISTA

No pagamento à vista, sugerimos a seguinte contabilização:

1. Registro do recebimento do serviço prestado:	
D – Caixa ou banco (AC)	R$ 9.535,00
D – CSLL a compensar (AC)	R$ 100,00
D – PIS/Pasep a compensar (AC)	R$ 65,00
D – Cofins a compensar (AC)	R$ 300,00
C – Receita de prestação de serviços (CR)	R$ 10.000,00
2. Registro da compensação das contribuições retidas:	
D – CSLL a recolher (PC)	R$ 100,00
C – CSLL a compensar (AC)	R$ 100,00
D – PIS/Pasep a recolher (PC)	R$ 65,00
C – PIS/Pasep a compensar (AC)	R$ 65,00
D – Cofins a recolher (PC)	R$ 300,00
C – Cofins a compensar (AC)	R$ 300,00

11.6.4.2 PAGAMENTO A PRAZO

No pagamento a prazo, sugerimos a seguinte contabilização:

1. Por ocasião da emissão da nota fiscal:
   D - Clientes (AC) R$ 10.000,00
   C - Receita de prestação de serviços (CR) R$ 10.000,00

2. Por ocasião do recebimento do valor do serviço prestado, teremos dois lançamentos:
   a) Registro do recebimento do valor do serviço, líquido da retenção
      D - Caixa ou banco (AC) R$ 9.535,00
      C - Clientes (AC) R$ 9.535,00

   b) Registro do valor retido
      D - CSLL a compensar (AC) R$ 100,00
      D - PIS/Pasep a compensar (AC) R$ 65,00
      D - Cofins a compensar (AC) R$ 300,00
      C - Clientes (AC) R$ 465,00

3. Registro da compensação das contribuições retidas:
   D - CSLL a recolher (PC) R$ 100,00
   C - CSLL a compensar (AC) R$ 100,00
   D - PIS/Pasep a recolher (PC) R$ 65,00
   C - PIS/Pasep a compensar (AC) R$ 65,00
   D - Cofins a recolher (PC) R$ 300,00
   C - Cofins a compensar (AC) R$ 300,00

11.6.4.3 ADIANTAMENTOS

Quando houver adiantamento, sugerimos os seguintes lançamentos:

1. Por ocasião do recebimento do adiantamento:
   D - Caixa ou banco (AC) R$ 9.535,00
   D - CSLL a compensar (AC) R$ 100,00
   D - PIS/Pasep a compensar (AC) R$ 65,00
   D - Cofins a compensar (AC) R$ 300,00
   C - Adiantamento de clientes (PC) R$ 10.000,00

2. Por ocasião da prestação de serviço:
   D - Adiantamento de clientes (PC) R$ 10.000,00
   C - Receita de prestação de serviços (CR) R$ 10.000,00

Os lançamentos relativos ao recolhimento da retenção efetuada são iguais aos demonstrados nos itens anteriores.

Exemplo:

Suponha que a Empresa A emitiu uma Nota Fiscal de Prestação de Serviços para seu cliente, Empresa B, no valor de R$ 12.000,00. Sobre esta NF foram efetuadas as seguintes retenções: CSLL, Cofins e PIS.

Cálculo das retenções:

CSLL	1%	× R$ 12.000,00	R$ 120,00
Cofins	3%	× R$ 12.000,00	R$ 360,00
PIS	0,65%	× R$ 12.000,00	R$ 78,00
Total das retenções			R$ 558,00

Valor líquido a receber: R$ 12.000,00 – R$ 558,00 = R$ 11.442,00

1. Contabilização na Empresa A – Prestadora do serviço

a) Pelo registro da Nota Fiscal:

D – Clientes (Ativo Circulante)	R$ 11.442,00
D – CSLL a Recuperar (Ativo Circulante)	R$ 120,00
D – Cofins a Recuperar (Ativo Circulante)	R$ 360,00
D – PIS a Recuperar (Ativo Circulante)	R$ 78,00
C – Receitas de Serviços (Resultado)	R$ 12.000,00

b) Pelo recebimento do valor do cliente:

D – Bancos Conta Movimento (Ativo Circulante)	
C – Clientes (Ativo Circulante)	R$ 11.442,00

c) Pela compensação das contribuições retidas com o valor devido:

D – CSLL a Recolher (Passivo Circulante)	
C – CSLL a Recuperar (Ativo Circulante)	R$ 120,00
D – Cofins a Recolher (Passivo Circulante)	
C – Cofins a Recuperar (Ativo Circulante)	R$ 360,00
D – PIS a Recolher (Passivo Circulante)	
C – PIS a Recuperar (Ativo Circulante)	R$ 78,00

2. Tratamento contábil na Empresa B – Tomadora do serviço

a) Pelo registro da Nota Fiscal:

D – Despesas Administrativas (Resultado)	R$ 12.000,00
C – Contribuições Retidas a Recolher (Passivo Circulante)	R$ 558,00
C – Fornecedores (Passivo Circulante)	R$ 11.442,00

b) Pelo pagamento do valor ao fornecedor:
D - Fornecedores (Passivo Circulante)
C - Bancos Conta Movimento (Ativo Circulante) R$ 11.442,00

c) Pelo recolhimento das contribuições retidas:
D - Contribuições Retidas a Recolher (Passivo Circulante)
C - Bancos Conta Movimento (Ativo Circulante) R$ 558,00

11.7 RETENÇÕES DE CONTRIBUIÇÕES PREVIDENCIÁRIAS – PESSOA JURÍDICA

11.7.1 Contribuição sobre a produção rural

A contribuição devida sobre a produção rural será de 2,6% incidente sobre a receita bruta proveniente da comercialização da produção rural, para fatos geradores ocorridos a partir de 1º de agosto de 1994, em substituição à contribuição de 20% e àquelas destinadas ao custeio dos benefícios concedidos em razão do grau de incidência de incapacidade laborativa decorrente dos riscos ambientais do trabalho.

11.7.2 Associação desportiva que mantém equipe de futebol profissional

A contribuição de associação desportiva é de 5% da renda bruta dos espetáculos desportivos da referida associação que mantém equipe de futebol profissional, incidente sobre a receita bruta decorrente de espetáculos desportivos e de qualquer forma de patrocínio, licenciamento de uso de marcas e símbolos, publicidade, propaganda e transmissão de espetáculos.

11.7.3 Empregado doméstico

A contribuição, neste caso, é de 12% do salário de contribuição do empregado doméstico a seu serviço.

11.7.4 Segurados empregado, trabalhador avulso de empregado doméstico e contribuinte individual

- Contribuinte individual que presta serviço à empresa, inclusive cooperativa de trabalho, a partir de abril/2003: 11%.
- Contribuinte individual que presta serviços a pessoa física, a outro contribuinte individual, a entidade beneficente de assistência social isenta da cota patronal, a missões diplomáticas ou a repartição consular de carreira estrangeira: 20%.

11.7.4.1 SEGURADO FACULTATIVO

A contribuição do seguro facultativo é de 20% do salário de contribuição declarado pelo empregado, observados os limites mínimo e máximo do salário de contribuição.

- **Alterações introduzidas pela Lei Complementar n. 123, de 14 de dezembro de 2006**
  Com a edição da LC n. 123, de 14 de dezembro de 2006, que instituiu o Estatuto Nacional da Microempresa e da Empresa de Pequeno Porte e alterou dispositivos das Leis n. 8.212 e 8.213, ambas de 24 de julho de 1991, foi criada a alíquota de 11% para os segurados contribuinte individual e facultativo que optarem pela exclusão do direito ao benefício de aposentadoria por tempo de contribuição, desde que atendidos os seguintes requisitos:
  - O contribuinte individual trabalhe por conta própria (não preste serviços a empresa).
  - O contribuinte individual (empresário ou sócio de sociedade empresária), cuja receita bruta anual no ano-calendário anterior seja de até R$ 36.000,00 (trinta e seis mil reais).
  - O facultativo.

A alíquota de 11% é válida apenas para o segurado que contribui sobre o salário mínimo. Caso o salário de contribuição seja superior ao salário mínimo, o percentual é de 20%.

- **Inscrição**
  Se o segurado já possui uma inscrição, seja um número de PIS, Pasep ou NIT, esse número será utilizado para fins de pagamento das contribuições. Caso não possua nenhuma inscrição, poderá realizá-la pela internet ou pelo telefone 135, não precisando ir a uma Agência da Previdência Social.

- **Início do recolhimento no percentual de 11% e códigos para recolhimento**
  - A alíquota de 11% vigorará a partir da competência abril de 2007, podendo o recolhimento ser realizado até o dia 15 maio de 2007.
  - Para o pagamento de competências anteriores a abril de 2007 o percentual é de 20% do salário de contribuição.
  - O recolhimento de 11% será feito em Guia da Previdência Social (GPS), com códigos de recolhimento específicos.

11.7.5 Salário de contribuição[1]

I – para os segurados **empregado e trabalhador avulso**, a remuneração auferida em uma ou mais empresas, assim entendida a totalidade dos rendimentos que lhe são pagos, devidos ou creditados a qualquer título, durante o mês, destinados a retribuir o trabalho, qualquer que seja a sua forma, inclusive as gorjetas, os ganhos habituais sob a forma de utilidades e os adiantamentos decorrentes de reajuste salarial, quer pelos serviços efetivamente prestados, quer pelo tempo à disposição do empregador ou tomador de serviços, nos termos da lei ou do contrato ou, ainda, de convenção ou de acordo coletivo de trabalho ou de sentença normativa, observados os limites mínimo e máximo.

II – para o segurado **empregado doméstico** a remuneração registrada em sua CTPS ou comprovada mediante recibos de pagamento, observados os limites mínimo e máximo.

III – para o segurado **contribuinte individual:**

- filiado até 28 de novembro de 1999, que tenha perdido a qualidade de segurado após esta data, considerando os fatos geradores ocorridos a partir da nova filiação, a remuneração auferida em uma ou mais empresas ou pelo exercício de atividade por conta própria, durante o mês, observados os limites mínimo e máximo do salário de contribuição;
- filiado até 28 de novembro de 1999, considerando os fatos geradores ocorridos até 31 de março de 2003, o salário-base, observada a escala transitória de salários-base;
- filiado a partir de 29 de novembro de 1999, a remuneração auferida em uma ou mais empresas ou pelo exercício de atividade por conta própria, durante o mês, observado os limites mínimo e máximo do salário de contribuição;
- independentemente da data de filiação, considerando os fatos geradores ocorridos desde 1º de abril de 2003, a remuneração auferida em uma ou mais empresas ou pelo exercício de sua atividade por conta própria, durante o mês, observados os limites mínimo e máximo do salário de contribuição.

IV – para o segurado **facultativo:**

- filiado até 28 de novembro de 1999, considerando competências até março de 2003, o salário-base, observada a escala transitória de salários-base;
- filiado a partir de 29 de novembro de 1999, o valor por ele declarado, observados os limites mínimo e máximo do salário de contribuição;
- independentemente da data de filiação, a partir da competência de abril de 2003, o valor por ele declarado, observados os limites mínimo e máximo do salário de contribuição.

---

1. Fonte: BRASIL. Ministério da Fazenda. Portaria n. 15, de 16 de janeiro de 2018. Dispõe sobre o reajuste dos benefícios pagos pelo Instituto Nacional do Seguro Social – INSS e dos demais valores constantes do Regulamento da Previdência Social – RPS. Brasília: *Diário Oficial da União*, 17 jan. 2018. Disponível em: <http://portal.esocial.gov.br/institucional/legislacao/legislacao/portaria-mf-no-15-reajuste-inss-e-salario-familia-2018.pdf/view>. Acesso em: 9 jan. 2019.

V – para o **segurado especial** que usar da faculdade de contribuir individualmente (deverá ter uma inscrição no NIT), o valor por ele declarado.

Com a Medida Provisória N. 83 de 12/12/2002 e a conversão desta na Lei n. 10.666 de 8 de maio de 2003 foi **extinta,** a partir de **1º de abril de 2003**, a escala transitória de salários-base, utilizada para fins de enquadramento e fixação do salário de contribuição dos contribuintes individual e facultativo filiados ao Regime Geral de Previdência Social, estabelecida pela Lei n. 9.876, de novembro de 1999.

11.8 RETENÇÃO DE CONTRIBUIÇÃO PREVIDENCIÁRIA – CONTRIBUINTES INDIVIDUAIS

A Lei n. 9.711, de 20 de novembro de 1998, que passou a vigorar a partir de fevereiro de 1999, introduziu a obrigatoriedade da retenção da contribuição previdenciária pela empresa contratante de serviço. A contratante deverá recolher a importância retida em nome da empresa contratada no dia 2 do mês subsequente ao da emissão da Nota Fiscal, fatura ou recibo, prorrogando-se para o primeiro dia útil seguinte, caso não haja expediente bancário.

A entidade beneficente de assistência social em gozo de isenção, quando for contratante de serviços mediante cessão de mão de obra ou de empreitada, está também sujeita à obrigação de reter 11% do valor bruto da Nota Fiscal, da fatura ou do recibo de prestação de serviços e à de recolher a importância retida (IN INSS/DC N. 71, de 10 de maio de 2002 - DOU de 15 de maio de 2002).

11.8.1 Retenção do INSS no pagamento às pessoas físicas

A partir de 1º de abril 2003, a empresa é obrigada a arrecadar a contribuição previdenciária do contribuinte individual (pessoa física) a seu serviço, mediante desconto na remuneração paga, devida ou creditada a este segurado. Essa retenção é efetuada sobre os pagamentos realizados às Pessoas Físicas.

Conforme definição de contribuintes individuais, constante no art. 9º, Decreto n. 3.048/1999, todo pagamento efetuado a título de contraprestação de serviços a qualquer pessoa física sofre a retenção da Previdência Social.

11.8.2 Alíquotas da retenção

A contribuição, em razão da dedução prevista no art. 30, § 4º, Lei n. 8.212/1991, corresponde a 11% do total da remuneração paga, devida ou creditada, a qualquer título, no decorrer do mês, ao segurado contribuinte individual, observado o limite máximo do salário de contribuição.

A contribuição a ser descontada pela entidade beneficente de assistência social isenta das contribuições sociais patronais corresponde a 20% da remuneração paga, devida ou creditada ao contribuinte individual a seu serviço, observado o limite máximo do salário de contribuição.

Exemplo 1: suponha o pagamento a contribuinte individual, no valor de R$ 2.000,00, por empresa privada.

Valor da retenção: R$ 2.000,00 × 11% = R$ 220,00
Valor líquido a pagar para o contribuinte individual: R$ 2.000,00 – R$ 220,00 = = R$ 1.780,00.

Exemplo 2: suponha o pagamento a contribuinte individual, no valor de R$ 2.000,00, por entidade beneficente de assistência social isenta das contribuições sociais patronais.

Valor da retenção: R$ 2.000,00 × 20% = R$ 400,00
Valor líquido a pagar para o contribuinte individual: R$ 2.000,00 – R$ 400,00 = = R$ 1.600,00.

11.8.3 Valor máximo da retenção

A partir de julho de 2011, a empresa poderá reter da pessoa física a contribuição previdenciária conforme a tabela publicada pela Portaria Interministerial 407 MPS-MF publicada no Diário Oficial de 15 de julho de 2011.

A tabela, a ser aplicada para o pagamento de remuneração de trabalho realizado a partir de julho de 2011, é a seguinte:

TABELA 11.1 Tabela de contribuição mensal

Tabela para Empregado Doméstico e Trabalhador Avulso 2018	
Salário de contribuição (R$)	**Alíquota**
Até 1.693,72	8%
De 1.693,73 até 2.822,90	9%
De 2.822,91 até 5.645,80	11%

Fonte: INSS. Disponível em: < https://www.inss.gov.br/servicos-do-inss/calculo-da-guia-da-previdencia-social-gps/tabela-de-contribuicao-mensal >. Acesso em: 7 nov. 2018.

11.8.4 Cooperativa de trabalho – Alíquotas de retenção

A cooperativa de trabalho é obrigada a descontar, conforme art. 216, § 31, do Decreto n. 3.048/1999, com redação dada pelo Decreto n. 4.729/2003:

- 11% do valor da quota distribuída ao cooperado por serviços por ele prestados, por seu intermédio, a empresas.
- 20% em relação aos serviços prestados a pessoas físicas.

11.8.5 Recolhimento do valor retido

A partir de novembro de 2008, recolhem-se os valores arrecadados das contribuições retidas, assim como as contribuições a seu cargo incidentes sobre as remunerações pagas, devidas ou creditadas, a qualquer título, aos segurados empregados, trabalhadores avulsos e contribuintes individuais a seu serviço até o dia 20 do mês subsequente ao da competência, conforme art. 6º, MP n. 447/2008. Se não houver expediente bancário naquele dia, antecipa-se o recolhimento para o dia útil imediatamente anterior.

11.8.5.1 COOPERATIVAS DE TRABALHO - RECOLHIMENTO

A partir da competência de novembro/2008, recolhem-se os valores arrecadados da até o dia 20 do mês subsequente ao da competência, conforme art. 6º da MP n. 447/2008.

11.8.6 Remuneração mensal menor que o limite mínimo do salário de contribuição

Quando o total da remuneração mensal, recebida pelo contribuinte individual por serviços prestados a uma ou mais empresas for inferior ao limite mínimo do salário de contribuição, o segurado deverá recolher diretamente a complementação da contribuição incidente sobre a diferença entre o limite mínimo do salário de contribuição e a remuneração total recebida, aplicando sobre a parcela complementar a alíquota de 20%.

Aplica-se o disposto à cooperativa de trabalho em relação à contribuição previdenciária devida pelo seu cooperado contribuinte individual incidente sobre a quota a ele distribuída relativa à prestação de serviço.

11.8.7 Base de cálculo — Fretes, carretos ou transporte de passageiros

A base de cálculo para o transportador autônomo de veículo rodoviário ou do operador de máquinas, sobre a qual deverá incidir o desconto de 11% a ser efetuado pelas empresas em geral, inclusive cooperativas de trabalho e de produção, ou o de 20% a ser efetuado pela entidade beneficente de assistência social isenta das contribuições previdenciárias, corresponde a 20% do valor que lhe for pago ou creditado, a título de frete, carreto ou transporte de passageiros.

Exemplo:

Suponha que a Empresa A pagou o frete a contribuinte individual no valor de R$ 2.000,00.

Base de cálculo (20%): R$ 400,00 Valor do INSS retido: R$ 400,00 × 11% = R$ 44,00

11.8.8 Retenção Sest/Senat – Fretes, Carretos ou Transporte de Passageiros

Além da contribuição individual para a Previdência Social, o condutor autônomo de veículo rodoviário (inclusive o taxista), o auxiliar de condutor autônomo, bem como o cooperado filiado a cooperativa de transportadores autônomos, estão sujeitos ao pagamento da contribuição para o Serviço Social do Transporte (Sest) e para o Serviço Nacional de Aprendizagem do Transporte (Senat), prevista no art. 7º da Lei n. 8.706, de 14 de setembro de 1993, incidente sobre a base de cálculo já definida e calculada com alíquota de 2,5%, que deverá ser recolhida juntamente com sua contribuição individual ou ser descontada e recolhida pela empresa contratante dos serviços ou pela cooperativa de trabalho, conforme o caso.

Exemplo:

Suponha que a Empresa A pagou frete a contribuinte individual no valor de R$ 2.000,00.

Base de cálculo (20%): R$ 400,00 Retenção Sest/Senat: R$ 400,00 × 2,5% = R$ 10,00.

11.9 IMPOSTO DE RENDA E CONTRIBUIÇÃO SOCIAL SOBRE O LUCRO – PAGAMENTO POR ESTIMATIVA MENSAL

Quando a empresa opta por pagar o IRPJ de forma estimada, mensal, os pagamentos do IRPJ respectivos não devem ser debitados em conta de resultado, mas em conta de ativo circulante, já que na apuração do balanço anual se fará a compensação das parcelas pagas com o IRPJ apurado.

Pagando IRPJ por Estimativa, a Contribuição Social sobre o Lucro Líquido (CSLL) também deve ser recolhida pela mesma sistemática.

Entretanto, é saudável, para fins de análise contábil, que se faça a contabilização da provisão mensal do IRPJ e da CSLL devidos com base no balancete. Este valor ficará registrado no passivo, sem a transferência do saldo já pago por estimativa.

Exemplo: suponha que a Empresa A pagou R$ 3.000,00 de IRPJ e R$ 1.200,00 de CSLL devido por estimativa, no mês.

D – IRPJ Pago por Estimativa (Ativo Circulante)	
C – Bancos Conta Movimento (Ativo Circulante)	R$ 3.000,00
D – CSLL Pago por Estimativa (Ativo Circulante)	
C – Bancos Conta Movimento (Ativo Circulante)	R$ 1.200,00

O IRPJ calculado no balancete é de R$ 4.000,00, e a CSLL é de R$ 1.700,00. Então:

D – Provisão para o Imposto de Renda (Conta de Resultado)	
C – IRPJ a Pagar (Passivo Circulante)	R$ 4.000,00
D – Provisão para a CSLL (Conta de Resultado)	
C – CSLL a Pagar (Passivo Circulante)	R$ 1.700,00

11.9.1 Encerramento do exercício

No final do exercício, apuram-se os valores devidos no balanço a título de IRPJ e CSLL, contabilizando-os em conta do passivo e transferem-se os saldos das contas de IRPJ por Estimativa e CSLL por Estimativa para tais contas.

Se houver prejuízo fiscal, os saldos serão transferidos para IRPJ a Compensar e para a CSLL a Compensar.

Se o montante pago a título de estimativa for superior ao devido, transfere-se somente o valor suficiente para compensar o IRPJ e CSLL devidos, e o saldo do IRPJ e CSLL por estimativa serão transferidos para IRPJ a Compensar e CSLL a Compensar.

Exemplo 1:

Suponha que a Empresa A apurou os seguintes dados em sua contabilidade:

- IRPJ pago por Estimativa no exercício: R$ 20.000,00
- CSLL paga por Estimativa no exercício: R$ 14.000,00
- IRPJ apurado no Encerramento do exercício: R$ 30.000,00
- CSLL apurada no Encerramento do exercício: R$ 18.000,00

Contabilização:

1. Transferência do IRPJ pago por estimativa à conta de IRPJ a Pagar:	
D – IRPJ a Pagar (Passivo Circulante)	
C – IRPJ Pago por Estimativa (Ativo Circulante)	R$ 20.000,00
2. Transferência da CSLL paga por estimativa à conta de CSLL a Pagar:	
D – CSLL a Pagar (Passivo Circulante)	
C – CSLL Pago por Estimativa (Ativo Circulante)	R$ 14.000,00

Exemplo 2:

Suponha que a Empresa A apurou os seguintes dados em sua contabilidade:

- IRPJ pago por Estimativa no exercício: R$ 20.000,00
- CSLL paga por Estimativa no exercício: R$ 14.000,00

- IRPJ apurado no encerramento do exercício: R$ – (não há IRPJ devido, pois houve prejuízo fiscal no exercício).
- CSLL apurada no encerramento do exercício: R$ – (não há CSLL devida, pois se apurou base de cálculo negativa da contribuição no exercício).

Contabilização:

1. Transferência do IRPJ pago por estimativa à conta de IRPJ a Compensar:
   D – IRPJ a Compensar (Ativo Circulante)
   C – IRPJ pago por Estimativa (Ativo Circulante) R$ 20.000,00
2. Transferência da CSLL paga por estimativa à conta de CSLL a Compensar:
   D – CSLL a Compensar (Ativo Circulante)
   C – CSLL pago por Estimativa (Ativo Circulante) R$ 14.000,00

Exemplo 3:

Suponha que a Empresa A apurou os seguintes dados em sua contabilidade:

- IRPJ pago por Estimativa no exercício: R$ 20.000,00
- CSLL paga por Estimativa no exercício: R$ 14.000,00
- IRPJ apurado no Encerramento do exercício: R$ 4.000,00
- CSLL apurada no Encerramento do exercício: R$ 2.000,00

Contabilização:

1. Transferência de parte do IRPJ pago por estimativa à conta de IRPJ a Pagar, para zerar esta conta do passivo:
   D – IRPJ a Pagar (Passivo Circulante)
   C – IRPJ pago por Estimativa (Ativo Circulante) R$ 4.000,00
2. Transferência do saldo do IRPJ pago por estimativa à conta de IRPJ a Compensar:
   D – IRPJ a Compensar (Ativo Circulante)
   C – IRPJ Pago por Estimativa (Ativo Circulante) R$ 16.000,00
3. Transferência de parte da CSLL paga por estimativa à conta de CSLL a Pagar, para zerar esta conta do passivo:
   D – CSLL a Pagar (Passivo Circulante)
   C – CSLL pago por Estimativa (Ativo Circulante) R$ 2.000,00
4. Transferência do saldo da CSLL paga por estimativa à conta de CSLL a Compensar:
   D – CSLL a Compensar (Ativo Circulante)
   C – CSLL pago por Estimativa (Ativo Circulante) R$ 12.000,00

11.10 PIS NÃO CUMULATIVO

A Lei n. 10.637/2002 estabeleceu o PIS/Pasep Não Cumulativo e a sua forma de contabilização. É obrigatória a contabilização do crédito do PIS, não bastando contabilizar o encargo correspondente pelo valor líquido (débito menos crédito), devendo sê-lo destacadamente.

Exemplo:

Suponha que a Empresa A tinha estoques existentes em 1º de dezembro de 2002 no valor de R$ 100.000,00.

Crédito do PIS: R$ 100.000,00 × 0,65% = R$ 650,00 ÷ 12 = R$ 54,17.

Contabilização:

D – PIS a Recuperar (Ativo Circulante)	
C – Estoques (Ativo Circulante)	R$ 650,00 (valor integral do crédito)

11.10.1 Crédito na aquisição de bens e serviços

Suponha que a Empresa A efetuou compras do mês (sem IPI) no valor de R$ 200.000,00.

Crédito do PIS: R$ 200.000,00 × 1,65% = R$ 3.300,00

Contabilização:

D – PIS a Recuperar (Ativo Circulante)	
C – Custo da Mercadoria Vendida ou Estoques	
(Conta de Resultado ou Ativo Circulante)	R$ 3.300,00

Se as mercadorias correspondentes estiverem em estoque, deve-se creditar a respectiva conta de estoques, ou proporcionalmente, caso parte das mercadorias tenha sido vendida e parte ficado em estoque.

11.10.2 Crédito de Depreciação

Suponha que, em seu Balanço, a Empresa A tenha Depreciação no valor de R$ 1.832,00.

Depreciação no mês: R$ 1.832,00 × 1,65% = R$ 30,23.

Contabilização:

D - PIS a Recuperar (Ativo Circulante)	
C - Custo da Mercadoria Vendida	R$ 30,23 (se a depreciação se referir a custos de produção).

Se a depreciação se referir a despesas gerais, como de computadores, lança-se a crédito de uma conta específica de redução de despesas administrativas (PIS crédito de depreciações ou semelhante).

11.10.3 Crédito de energia elétrica e outras despesas

Suponha que, em seu balanço, a Empresa A tenha consumo de energia elétrica no valor de R$ 2.000,00.

Energia Elétrica no mês: R$ 2.000,00 × 1,65% = R$ 33,00.

Contabilização:

D - PIS a Recuperar (Ativo Circulante)	
C - PIS Crédito de Energia Elétrica (Conta de Resultado)	R$ 33,00

Suponha também que, em seu Balanço, a Empresa A tenha Aluguéis no valor de R$ 10.000,00.

Aluguéis pagos a pessoa jurídica: R$ 10.000,00 × 1,65% = R$ 165,00.

Contabilização:

D - PIS a Recuperar (Ativo Circulante)	
C - PIS Crédito de Custos ou Despesas Operacionais	
(Conta de Resultado)	R$ 165,00

Observar que estas contas são redutoras de custos ou despesas.

11.10.4 Crédito relativo à devolução de vendas

Suponha que a Empresa A tenha efetuado devolução de venda no valor de R$ 8.000,00.

Devolução de vendas: R$ 8.000,00 × 1,65% = R$ 132,00

Contabilização:

D – PIS a Recuperar (Ativo Circulante)	
C – PIS sobre Receita (Conta de Resultado)	R$ 132,00

Na prática, o crédito do PIS de devoluções de vendas é um estorno da despesa do PIS contabilizada anteriormente, por isso o crédito deste recai sobre a própria conta de resultado na qual foi contabilizado o PIS sobre as vendas.

11.10.5 Débito do PIS

Suponha que a Empresa A tenha auferido receita no valor de R$ 500.000,00.

Total da receita bruta: R$ 500.000,00
Débito do PIS: R$ 500.000,00 × 1,65% = R$ 8.250,00

Contabilização:

D – PIS sobre Receita (Conta de Resultado)	
C – PIS a Recolher (Passivo Circulante)	R$ 8.250,00

11.10.6 Apuração contábil do PIS a Recolher

Pela transferência dos créditos do PIS, apurados no mês, à conta de PIS a Recolher:

D – PIS a Recolher (Passivo Circulante)	
C – PIS a Recuperar (Ativo Circulante)	R$ (conforme valor apurado no mês)

Se o saldo do PIS a Recuperar for superior ao débito apurado no período, deve-se transferir só o montante exato para zerar a conta de PIS a Recolher, sendo o saldo remanescente mantido na Conta de PIS a Recuperar, para futura compensação com o próprio PIS ou outros tributos federais.

11.11 COFINS NÃO CUMULATIVA

A Lei n. 10.637/2002 estabeleceu a Cofins Não Cumulativa e a sua forma de contabilização. É obrigatória a contabilização do crédito da Cofins, não bastando contabilizar o encargo correspondente pelo valor líquido (débito menos crédito), devendo sê-lo, destacadamente, a partir de 1º de fevereiro de 2004.

Exemplo:

Suponha que a Empresa A tinha Estoques Existentes em 1º de dezembro de 2002, no valor de R$ 100.000,00.

Crédito da Cofins: R$ 100.000,00 × 7,6% = R$ 7.600,00 ÷ 12 = R$ 633,33.

Contabilização:

D – PIS a Recuperar (Ativo Circulante)	
C – Estoques (Ativo Circulante)	R$ 7.600,00 (valor integral do crédito)

11.11.1 Crédito na aquisição de bens e serviços

Suponha que a Empresa A efetuou compras do mês (sem IPI) no valor de R$ 200.000,00.

Crédito da Cofins: R$ 200.000,00 × 7,6% = R$ 15.200,00

Contabilização:

D – Cofins a Recuperar (Ativo Circulante)	
C – Custo da Mercadoria Vendida ou Estoques	
(Conta de Resultado ou Ativo Circulante)	R$ 15.200,00

Se as mercadorias correspondentes estiverem em estoque, deve-se creditar a respectiva conta de estoques, ou proporcionalmente, caso parte das mercadorias tenha sido vendida e parte ficado em estoque.

11.11.2 Crédito de depreciação

Suponha que, em seu Balanço, a Empresa A tenha Depreciação no valor de R$ 1.832,00.

Depreciação no mês: R$ 1.832,00 × 7,6% = R$ 139,23.

Contabilização:

D – Cofins a Recuperar (Ativo Circulante)	
C – Custo da Mercadoria Vendida	R$ 139,23 (se a depreciação se referir a custos de produção).

Se a depreciação se referir a despesas gerais, como de computadores, por exemplo, lança-se a crédito de uma conta específica de redução de despesas administrativas (PIS crédito de depreciações ou semelhante).

11.11.3 Crédito de energia elétrica e outras despesas

Suponha que, em seu Balanço, a Empresa A tenha Consumo de Energia Elétrica no valor de R$ 2.000,00.

Energia Elétrica no mês: R$ 2.000,00 × 7,6% = R$ 152,00.

Contabilização:

D - Cofins a Recuperar (Ativo Circulante)	
C - Cofins Crédito de Energia Elétrica (Conta de Resultado)	R$152,00

Suponha, também, que, em seu Balanço, a Empresa A tenha Aluguéis no valor de R$ 10.000,00.

Aluguéis pagos a pessoa jurídica: R$ 10.000,00 × 7,6% = R$ 760,00.

Contabilização:

D - Cofins a Recuperar (Ativo Circulante)	
C - Cofins Crédito de Custos ou Despesas Operacionais (Conta de Resultado)	R$ 760,00

Observar que estas contas são redutoras de custos ou despesas.

11.11.4 Crédito relativo à devolução de vendas

Suponha que a Empresa A tenha efetuado devolução de venda no valor de R$ 8.000,00.

Devolução de vendas: R$ 8.000,00 × 7,6% = R$ 608,00

Contabilização:

D - Cofins a Recuperar (Ativo Circulante)	
C - Cofins sobre Receita (Conta de Resultado)	R$ 608,00

Na prática, o crédito do PIS de devoluções de vendas é um estorno da despesa do PIS contabilizada anteriormente, por isso o crédito do tributo recai sobre a própria conta de resultado na qual foi contabilizado o PIS sobre as vendas.

11.11.5 Débito do COFINS

Suponha que a Empresa A tenha auferido receita no valor de R$ 500.000,00.

Total da receita bruta: R$ 500.000,00
Débito do PIS: R$ 500.000,00 × 7,6% = R$ 38.000,00

Contabilização:

D - Cofins sobre Receita (Conta de Resultado)	
C - Cofins a Recolher (Passivo Circulante)	R$ 38.000,00

11.11.6 Apuração contábil do PIS a Recolher

Pela transferência dos créditos do PIS, apurados no mês, à conta de PIS a Recolher:

D - PIS a Recolher (Passivo Circulante)	
C - PIS a Recuperar (Ativo Circulante)	R$ (conforme valor apurado no mês)

Se o saldo do PIS a Recuperar for superior ao débito apurado no período, deve-se transferir só o montante exato para zerar a conta de PIS a Recolher, sendo o saldo remanescente mantido na Conta de PIS a Recuperar, para futura compensação com o próprio PIS ou outros tributos federais.

11.12 APURAÇÃO E CONTABILIZAÇÃO DAS PROVISÕES DE FÉRIAS E 13º SALÁRIO

Ao final de cada mês, o contador deverá proceder a apuração e contabilização das provisões de férias e 13º salário.

TABELA 11.2 Demonstrativo das provisões de férias e 13º salário

Funcionário:	Maria da Silva	
Férias + ⅓ - (1/12)		
3703	D - férias	R$ 69,11
2103	C - férias a pagar	
FGTS - férias		
3706	D - FGTS	R$ 5,53
2064	C - FGTS a recolher	
INSS férias - patronal		
3705	D - INSS	R$ 14,51
2063	C - INSS a recolher	
INSS férias - terceiros		
3705	D - INSS	R$ 4,01
2063	C - INSS a recolher	
INSS férias - funcionario		
3705	D - INSS	R$ 5,53
2063	C - INSS a recolher	
13º salário (1/12)		
3604	D - 13º salário	R$ 51,83
2054	C - 13º salário a pagar	
FGTS - 13º salário		
3706	D - FGTS	R$ 4,15
2064	C - FGTS a recolher	
INSS 13º salário - patronal		
3705	D - INSS	R$ 14,51
2063	C - INSS a recolher	
INSS 13º salário - terceiros		
3705	D - INSS	R$ 3,00
2063	C - INSS a recolher	
INSS 13º salário - funcionário		
3705	D - INSS	R$ 4,14
2063	C - INSS a recolher	

Base calc. férias + ⅓: R$ 69,11

Base calc. 13º salário: R$ 51,83

Alíquotas	
FGTS	8%
INSS patr.	21%
INSS terc.	5,80%
INSS func.	8%

FUNCIONÁRIO:	VICTOR HUGO	
Férias + ⅓ – (1/12)		
3703	D – férias	R$ 69,11
2103	C – férias a pagar	
FGTS – férias		
3706	D – FGTS	R$ 5,53
2064	C – FGTS a recolher	
INSS férias – patronal		
3705	D – INSS	R$ 14,51
2063	C – INSS a recolher	
INSS férias – funcionário		
3705	D – INSS	R$ 5,53
2063	C – INSS a recolher	
INSS férias – terceiros		
3705	D – INSS	R$ 4,01
2063	C – INSS a recolher	
13º salário (1/12)		
3604	D – 13º salário	R$ 51,83
2054	C – 13º salário a pagar	
FGTS – 13º salário		
3706	D – FGTS	R$ 4,15
2064	C – FGTS a recolher	
INSS 13º salário – patronal		
3705	D – INSS	R$ 10,88
2063	C – INSS a recolher	
INSS 13º salário – terceiros		
3705	D – INSS	R$ 3,00
2063	C – INSS a recolher	
INSS 13º salário – funcionário		
3705	D – INSS	R$ 4,14
2063	C – INSS a recolher	

Base calc. férias + ⅓: R$ 69,11

Base calc. 13º salário: R$ 51,83

Alíquotas

FGTS	8%
INSS patr.	21%
INSS terc.	5,80%
INSS func.	8%

FUNCIONÁRIO:	JULIANA DA SILVA	
Férias + ⅓ – (1/12)		
3703	D – férias	R$ 239,30
2103	C – férias a pagar	
FGTS – férias		
3706	D – FGTS	R$ 19,14
2064	C – FGTS a recolher	
INSS férias – patronal		
3705	D – INSS	R$ 50,25
2063	C – INSS a recolher	
INSS férias – terceiros		
3705	D – INSS	R$ 13,88
2063	C – INSS a recolher	
INSS férias – funcionário		
3705	D – INSS	R$ 21,54
2063	C – INSS a recolher	
13º salário – (1/12)		
3604	D – 13º salário	R$ 83,33
2054	C – 13º salário a pagar	
FGTS – 13º salário		
3706	D – FGTS	R$ 14,67
2064	C – FGTS a recolher	
INSS 13º salário – patronal		
3705	D – INSS	R$ 38,49
2063	C – INSS a recolher	
INSS 13º salário – terceiros		
3705	D – INSS	R$ 9,66
2063	C – INSS a recolher	
INSS 13º salário – funcionario		
3705	D – INSS	R$ 7,50
2063	C – INSS a recolher	
13º – comissão c/ RSR		
3604	D – 13º salário	R$ 96,15
2104	C – salários e ordenados a pagar	

Base calc. férias + ⅓: R$ 239,30	
Base calc. 13º salário: R$ 83,33	
Alíquotas	
FGTS	8%
INSS patr.	21%
INSS terc.	5,80%
INSS func.	9%

Fonte: elaborada pelo autor.

EXERCÍCIOS DE FIXAÇÃO

1) Calcule o PIS e Cofins sobre a receita bruta de R$ 1.000.000,00 para uma empresa optante pelo Lucro Presumido.

2) Calcule o PIS do Lar São Vicente de Paulo, uma entidade sem fins lucrativos, cujo valor da folha de salários é de R$ 10.000,00 no mês agosto de 2018.

3) A Veasa Veículos Ltda., adquire um veículo usado, recebido como parte do pagamento de uma venda de veículo novo, no valor de compra de R$ 10.000,00. Em seguida, vende o mesmo veículo pelo preço de R$ 11.000,00. Sendo assim, calcule o valor do PIS e da Cofins.

4) A Comercial Varginha Ltda. teve um faturamento bruto no mês 01/2018 no valor R$ 18.000,00. Em 02/2018 e 03/2018, a empresa não obteve faturamento. Sendo assim, responda: qual é o valor dos impostos incidentes no período com base no Lucro Presumido? (PIS, Cofins, IRPJ e CSLL).

5) A Inox Industrial Ltda., teve um faturamento bruto de R$ 8.000.00 no mês em 01/2018, R$ 7.500,00 em 02/2018 e R$ 8.200,00 em 03/2018. Sendo assim, qual é o valor dos impostos incidentes no período com base no Lucro Presumido? (PIS, Cofins, IRPJ e CSLL)

6) A Loque Tudo Prestadora de Serviços Ltda., cujo faturamento no ano não ultrapassou o valor de R$ 120.000,00, teve os seguintes faturamentos:

- mês 07/2018 no valor de R$ 5.000.00;
- mês 08/2018 no valor de R$ 6.300,00;
- mês 09/2018 no valor de R$ 8.700,00.

Qual é o valor dos impostos incidentes no período com base no Lucro Presumido, considerando que o ISS terá a alíquota de 2%? (PIS, Cofins, IRPJ e CSLL, ISS)

7) Uma empresa Prestadora de Serviços de Engenharia, teve os seguintes faturamentos:

- mês 07/2018 no valor de R$ 25.000.00;
- mês 08/2018 no valor de R$ 16.500,00;
- mês 09/2018 no valor de R$ 10.700,00.

Qual é o valor dos impostos incidentes no período com base no Lucro Presumido, considerando que o ISS terá a alíquota de 2%? (PIS, Cofins, IRPJ e CSLL, ISS)

8) A Odonto Clínica prestadora de serviços odontológicos, teve os seguintes faturamentos:

- mês 07/2018 no valor de R$ 13.000.00;
- mês 08/2018 no valor de R$ 12.500,00;
- mês 09/2018 no valor de R$ 13.700,00.

Qual é o valor dos impostos incidentes no período com base no Lucro Presumido considerando que o ISS terá a alíquota de 2%? (PIS, Cofins, IRPJ e CSLL, ISS e o Total do INSS).

A empresa tem uma Folha de Pagamento e seu valor bruto é de R$ 2.000,00. Considere a alíquota do INSS em 20%, o SAT em 2% e os Terceiros em 4,5%.

9) A Comercial e Prestadora de Serviços Simões Crepaldi teve os seguintes faturamentos:

- Comércio: 07/2018 R$ 12.500.00; 08/2018 R$ 15.750.00 e em 09/2018 R$ 12.700.00.
- Serviços: 07/2018 R$ 2.500.00; 08/2018 R$ 5.000.00 e em 09/2018 R$ 7.500.00.

Qual é o valor dos impostos incidentes no período com base no Lucro Presumido, considerando que o ISS terá a alíquota de 5%? (PIS, Cofins, IRPJ e CSLL, ISS).

10) Uma empresa Comercial e Prestadora de Serviços teve os seguintes faturamentos:

- Comércio: 07/2018 R$ 27.000.00; 08/2018 R$ 25.000.00 e em 09/2018 R$ 27.100.00.
- Serviços: 07/2018 R$ 1.500.00; 08/2018 R$ 7.300.00 e em 09/2018 R$ 1.900.00.

Qual é o valor dos impostos incidentes no período com base no Lucro Presumido considerando que o ISS terá a alíquota de 3%? (PIS, Cofins, IRPJ e CSLL, ISS e o Total do INSS). A empresa tem uma Folha de Pagamento e seu valor bruto é de R$ 7.000,00, então, considere a alíquota do INSS em 20%, o SAT em 2% e os Terceiros em 5,8%.

11) Um Posto de Gasolina teve um faturamento bruto de R$ 120.000.00 no mês 01/2018, R$ 145.000.00 em 02/2018 e R$ 135.400.00 em 03/2018. Qual é o valor dos impostos incidentes no período com base no Lucro Presumido? Calcule, apenas o IRPJ e a CSLL.

12) A Varginha Montagens, Indústria e Comércio Ltda. teve os seguintes faturamentos:

- Comércio: 07/2018 R$ 15.000.00; 08/2018 R$ 16.000.00 e em 09/2018 R$ 17.000.00.
- Indústria: 07/2018 R$ 21.500.00; 08/2018 R$ 27.100.00 e em 09/2018 R$ 32.400.00.

Qual é o valor dos impostos incidentes no período com base no Lucro Presumido? (PIS, Cofins, IRPJ e CSLL, e o Total do INSS).

A empresa tem uma Folha de Pagamento e seu valor bruto é de R$ 15.000,00. Considere a alíquota do INSS em 20%, o SAT em 2% e os Terceiros em 5,8% e o Pró-labore dos 2 (dois) sócios é de R$ 2.500.00 para cada um e a alíquota é de 20%.

13) A Conta, Prestadora de Serviços Contábeis, teve os seguintes faturamentos:

- R$ 12.000.00 em 04/2018;
- R$ 12.500,00 em 05/2018;
- R$ 12.000,000 em 06/2018;
- R$ 12.500.00 em 07/2018;
- R$ 12.500,00 em 08/2018;
- R$ 13.000,00 em 09/2018.

Qual é o valor dos impostos incidentes no período com base no Lucro Presumido, considerando que o ISS é fixo em R$ 180,00 por profissional habilitado?

Calcule: (PIS, Cofins, IRPJ e CSLL, ISS e o Total do INSS), considerando que ela tem uma Folha de Pagamento e seu valor bruto é de R$ 8.000,00. A alíquota do INSS será de 20%, o SAT de 2% e os Terceiros de 5,8%. O Pró-labore dos 3 (três) sócios é de R$ 1.500.00 para cada um e a alíquota é de 20%.

CAPÍTULO 12 Regime de tributação pelo Lucro Real

OBJETIVOS

- Prover o estudante de uma visão global do atual sistema tributário nas áreas federal, estadual e municipal.
- Promover a melhoria do desenvolvimento profissional pela utilização dos métodos aplicados pela Receita Federal, pela Fazenda e pelo Município, no âmbito do melhor entendimento no tocante aos relatórios e informativos obrigatórios, sejam de ordem mensal ou anual.
- Manter os participantes atualizados em relação às alterações da legislação tributária, fiscal e contábil.

12.1 CONCEITO DE LUCRO REAL

É a base de cálculo do imposto sobre a renda apurada segundo registros contábeis e fiscais efetuados sistematicamente de acordo com as leis comerciais e fiscais. A apuração do Lucro Real é feita na parte A do Livro de Apuração do Lucro Real (Lalur), mediante adições e exclusões ao lucro líquido do período de apuração (trimestral ou anual) do imposto e compensações de prejuízos fiscais autorizadas pela legislação do Imposto de Renda, de acordo com as determinações contidas na Instrução Normativa SRF n. 28/1978, e demais atos legais e infralegais posteriores.

12.1.1 Data de apuração

Para efeito da incidência do imposto sobre a renda, o Lucro Real das pessoas jurídicas deve ser apurado na data de encerramento do período de apuração, conforme arts. 1º e 2º, Lei n. 9.430/1996.

O período de apuração encerra-se:

a) Nos dias 31 de março, 30 de junho, 30 de setembro e 31 de dezembro, no caso de apuração trimestral do Imposto de Renda.
b) No dia 31 de dezembro de cada ano-calendário, no caso de apuração anual do Imposto de Renda.

c) Na data da extinção da pessoa jurídica, assim entendida a destinação total de seu acervo líquido.
d) Na data do evento, nos casos de incorporação, fusão ou cisão da pessoa jurídica.

Atenção: sem prejuízo do balanço de que trata o art. 21 da Lei n. 9.249, de 26 de dezembro de 1995, e art. 6º da Lei n. 9.648, de 27 de maio de 1998, e da responsabilidade por sucessão, o resultado do período, que servirá de base para a apuração do imposto, nos casos de extinção, incorporação, fusão ou cisão da pessoa jurídica, compreenderá os fatos geradores ocorridos até a data do evento.

12.1.2 Pessoas jurídicas obrigadas ao Lucro Real

Segundo art. 14 da Lei n. 9.718/1998, estão obrigadas ao regime de tributação com base no Lucro Real, em cada ano-calendário, as pessoas jurídicas:

- cuja receita total, ou seja, o somatório da receita bruta mensal, das demais receitas e ganhos de capital, dos ganhos líquidos obtidos em operações realizadas nos mercados de renda variável e dos rendimentos nominais produzidos por aplicações financeiras de renda fixa, da parcela das receitas auferidas nas exportações às pessoas vinculadas ou aos países com tributação favorecida que exceder ao valor já apropriado na escrituração da empresa, na forma da IN SRF n. 38/1997, no ano-calendário anterior, seja superior ao limite de R$ 78.000.000,00, ou de R$ 6.500.000,00 multiplicados pelo número de meses do período, quando inferior a 12 meses;
- cujas atividades sejam de bancos comerciais, bancos de investimentos, bancos de desenvolvimento, caixas econômicas, sociedades de crédito, financiamento e investimento, sociedades de crédito imobiliário, sociedades corretoras de títulos, valores mobiliários e câmbio, distribuidoras de títulos e valores mobiliários, empresas de arrendamento mercantil, cooperativas de crédito, empresas de seguros privados e de capitalização e entidades de previdência privada aberta;
- que tiverem lucros, rendimentos ou ganhos de capital oriundos do exterior;
- que, autorizadas pela legislação tributária, usufruam de benefícios fiscais relativos à isenção ou redução do imposto;
- que, no decorrer do ano-calendário, tenham efetuado pagamento mensal do imposto de renda, determinado sobre a base de cálculo estimada, na forma do art. 2º da Lei n. 9.430/1996;
- que explorem as atividades de prestação cumulativa e contínua de serviços de assessoria creditícia, mercadológica, gestão de crédito, seleção e riscos, administração de contas a pagar e a receber, compras de direitos creditórios resultantes de vendas mercantis a prazo ou de prestação de serviços (*factoring*).

Também estão obrigadas ao Lucro Real as empresas imobiliárias, enquanto não concluídas as operações imobiliárias para as quais haja registro de custo orçado (IN SRF n. 25/1999). O custo orçado é a modalidade de tratamento contábil dos custos futuros de conclusão de obras.

As Sociedades de Propósito Específicas (SPE) deverão apurar o imposto de renda das pessoas jurídicas com base no Lucro Real, conforme estipulado no art. 56, § 2º, IV, LC n. 123/2006.

12.1.3 Pagamento do imposto

12.1.3.1 LOCAL DE PAGAMENTO

A pessoa jurídica deverá pagar o imposto nas agências bancárias integrantes da rede arrecadadora de receitas federais.

12.1.3.2 DOCUMENTO A UTILIZAR

O pagamento será feito mediante a utilização do Documento de Arrecadação de Receitas Federais (Darf), sob os seguintes códigos:

- 2362 – IRPJ – Obrigadas a Apurar o Lucro Real – Estimativa Mensal.
- 2319 – IRPJ – Instituições Financeiras – Estimativa Mensal.
- 0220 – IRPJ – Obrigadas a Apurar o Lucro Real – Trimestral.
- 1599 – IRPJ – Instituições Financeiras – Trimestral.
- 5993 – IRPJ – Optantes pela Tributação com Base no Lucro Real – Estimativa Mensal.
- 3373 – IRPJ – Optantes pela Tributação com Base no Lucro Real – Trimestral.
- 2390 – IRPJ – Instituições Financeiras – Ajuste Anual.
- 2430 – IRPJ – Obrigadas a Apurar o Lucro Real – Ajuste Anual.
- 2456 – IRPJ – Optantes pela Tributação com Base no Lucro Real – Ajuste Anual.

12.1.4 Prazo para o pagamento

12.1.4.1 IMPOSTO DE RENDA DETERMINADO COM BASE NO LUCRO REAL TRIMESTRAL

O imposto de renda devido, apurado trimestralmente, será pago em quota única, até o último dia útil do mês subsequente ao do encerramento do período de apuração.

À opção da pessoa jurídica, o imposto devido poderá ser pago em até três quotas mensais, iguais e sucessivas, vencíveis no último dia útil dos três meses subsequentes ao de encerramento do período de apuração a que corresponder.

Nenhuma quota poderá ter valor inferior a R$ 1.000,00, e o imposto de valor inferior a R$ 2.000,00 será pago em quota única.

As quotas do imposto serão acrescidas de juros equivalentes à taxa referencial do Sistema Especial de Liquidação e Custódia (Selic), para títulos federais, acumulada mensalmente, a partir do primeiro dia do segundo mês subsequente ao do encerramento do período de apuração até o último dia do mês anterior ao do pagamento e de 1% no mês do pagamento.

12.1.4.2 IMPOSTO DE RENDA DETERMINADO SOBRE BASE DE CÁLCULO ESTIMADA MENSALMENTE OU COM BASE EM BALANÇO OU BALANCETE DE SUSPENSÃO OU REDUÇÃO

Segundo texto da Lei n. 9.430/1996:

I – Pagamentos Mensais

O imposto de renda devido, determinado mensalmente sobre a base de cálculo estimada, ou apurado em balanço ou balancete de suspensão ou redução, será pago até o último dia útil do mês subsequente àquele a que se referir (art. 6º da Lei n. 9.430/1996).

II – Saldo do Imposto Apurado em 31 de Dezembro (Ajuste Anual)

O saldo do imposto de renda apurado em 31 de dezembro:

a) será pago em quota única até o último dia útil do mês de março do ano subsequente. O saldo do imposto será acrescido de juros equivalentes à taxa referencial do Sistema Especial de Liquidação e Custódia (Selic), para títulos federais, acumulada mensalmente, a partir de 1º de fevereiro do ano subsequente até o último dia do mês anterior ao do pagamento e de 1% (um por cento) no mês do pagamento;

b) poderá ser compensado com o imposto de renda devido a partir do mês de janeiro do ano-calendário subsequente ao do encerramento do período de apuração, assegurada a alternativa de requerer a restituição, observando-se o seguinte (AD n. 03, de 7 de janeiro de 2000):

   b.1) os valores pagos, nos vencimentos estipulados na legislação específica, com base na receita bruta e acréscimos ou em balanço ou balancete de suspensão ou redução nos meses de janeiro a novembro, que excederem ao valor devido anualmente, serão atualizados pelos juros equivalentes à taxa referencial do Sistema Especial de Liquidação e Custódia (Selic), para Títulos Federais, acumulada mensalmente, a partir de 1º janeiro do ano-calendário subsequente àquele que se referir o ajuste anual até o mês anterior ao da compensação e de 1% relativamente ao mês da compensação que estiver sendo efetuada;

   b.2) o valor pago, no vencimento estipulado em legislação específica, com base na receita bruta e acréscimos ou em balanço ou balancete de suspensão ou redução relativo ao mês de dezembro, que exceder ao valor devido anualmente, será acrescido dos juros equivalentes à taxa referencial do Sistema Especial de Liquidação e Custódia (Selic) para títulos federais, acumulada mensalmente, a partir de 1º de fevereiro até o mês anterior ao da compensação e de 1% relativamente ao mês em que a compensação estiver sendo efetuada;

b.3) a compensação e/ou restituição do saldo negativo correspondente ao valor citado no subitem "b.2" somente poderá ser feita após o seu pagamento, não podendo ser compensado a partir de 1º de janeiro do ano-calendário subsequente, ainda que o imposto tenha sido pago no vencimento estipulado na legislação específica, salvo se pago até 31 de dezembro do ano-calendário a que se referir a apuração.

12.2 ASPECTOS FISCAIS

É interessante que a forma de pagar seja definida dentro de um conjunto de decisões estratégicas. Ao se escolher a sistemática de recolhimento do imposto, devem-se levar em conta os planos da empresa para o futuro, as expectativas de lucro, a representatividade dos ganhos em relação à receita bruta, entre outros.

Vale lembrar que a opção pela forma de recolhimento deve ser declarada formalmente à Receita Federal do Brasil (RFB) no início do que se chama ano-calendário, ou seja, o ano que se inicia em 1º de janeiro e termina em 31 de dezembro, conforme art. 2º, III, Decreto-Lei n. 1.381/1974. A empresa faz a escolha quando realiza o primeiro recolhimento de IR do ano.

Depois disso, a decisão está tomada. A legislação não permite mudança de sistemática, mesmo que a empresa perceba que fez a escolha mais onerosa.

A forma de tributação do IPRJ e CSLL sobre os resultados, quando advinda do resultado contábil (ajustado pelas adições e exclusões previstas na legislação), chama-se Lucro Real, conforme art. 44, CTN. As adições, exclusões e compensações estão previstas nos arts. 249 e 250 do Regulamento do Imposto de Renda (RIR). As regras tributárias, muitas vezes, determinam que algumas despesas consideradas não dedutíveis sejam somadas ao lucro líquido, e que receitas não tributáveis sejam subtraídas. Pode existir, assim, grande diferença entre o valor do lucro líquido e o do Lucro Real.

Lucro Real é o lucro líquido do período de apuração (apurado contabilmente), ajustado pelas adições, exclusões ou compensações prescritas ou autorizadas pelo Regulamento (Decreto-Lei n. 1.598/1977, art. 6). Veja, a seguir, um exemplo de Prejuízo Fiscal, apurado a partir do Prejuízo Contábil:

TABELA 12.1 Exemplo de apuração de prejuízo fiscal

1. Prejuízo Contábil apurado na escrituração	(200.000,00)
2. Adições ao Lucro Real – Despesas Não Dedutíveis	20.000,00
3. Exclusões ao Lucro Real – Equivalência Patrimonial Credora	100.000,00
4. Prejuízo Fiscal no Período (1 + 2 – 3)	**(80.000,00)**

Fonte: elaborada pelo autor.

No regime do Lucro Real, a empresa paga o IRPJ sobre o lucro apurado em seus balanços. Dentro do Lucro Real, as opções são Lucro Real Trimestral ou Lucro Real Anual. No Lucro Real Trimestral, a empresa faz o seu balanço de três em três meses, enquanto no Lucro Real Anual, o balanço contábil considera o ano calendário de 1º de janeiro a 31 de dezembro.

12.3 UTILIZAÇÃO DO LUCRO REAL

A apuração do IRPJ pelo Lucro Real é mais comumente feito por médios e grandes contribuintes, dada a sua relativa onerosidade, pois os controles contábeis exigidos são mais amplos que os demais sistemas de tributação (Lucro Presumido, Arbitrado ou Simples).

À opção do contribuinte, a adoção do Lucro Real pode ser mediante estimativa (recolhimento mensal) ou por trimestre.

12.3.1 Refis – Possibilidade de opção pelo Lucro Presumido

As empresas referidas nos itens I, II, III, IV e V do art. 14 da Lei n. 9.718/1998, que aderiram ao Programa de Recuperação Fiscal (Refis), de que trata a Lei n. 9.964/2000, poderão, durante o período em que ficaram submetidas ao Refis, optar pelo regime de tributação com base no Lucro Presumido (art. 9º do Decreto n. 3.431/2000). O disciplinamento da matéria está na IN SRF n. 16/2001.

12.3.2 Lucro Real Trimestral

A maioria das empresas brasileiras tem fraco movimento comercial nos meses de janeiro e fevereiro de cada ano, e isso provoca distorções tributárias que devem ser levadas em conta na hora de optar pelas modalidades oferecidas pelo Regulamento do Imposto de Renda.

Na opção pelo Lucro Real Trimestral, há limitações específicas, e a empresa pode acabar pagando mais IR e CSLL, conforme veremos a seguir, isto porque, se no primeiro trimestre do ano da opção houver prejuízo fiscal, este só poderá ser compensado em até 30% do Lucro Real dos trimestres seguintes.

Na forma de estimativa mensal (utilizando-se balancetes de suspensão), paga-se menor imposto.

Exemplo:

Opção 1 – Lucro Real Trimestral

Prejuízo Fiscal no primeiro trimestre/2010: R$ 1.000.000,00
Lucro Real no segundo trimestre/2010: R$ 200.000,00
Prejuízo compensável: 30% de R$ 200.000,00 = R$ 60.000,00

Lucro Real após a compensação de prejuízo do primeiro trimestre: R$ 140.000,00

IRPJ e CSLL a pagar:

(R$ 140.000,00 × 15% IRPJ) + (R$ 140.000,00 × 9% CSLL) + [(R$ 140.000,00 – – R$ 60.000,00) × 10% Adicional IRPJ] = R$ 12.000,00 + R$ 12.600,00 + + R$ 8.000,00 = **R$ 41.600,00**

Opção 2 – Lucro Real Anual (com balancetes de suspensão mensais)
Se a empresa optasse pelo Lucro Real Anual, poderia levantar balancetes mensais, suspendendo o IRPJ e a CSLL. Neste caso, o prejuízo em 30 de junho de 2010 seria:

R$ 1.000.000,00 (de 1º de janeiro de 2010 a 31 de março de 2010) – R$ 200.000,00 (de 1º de abril de 2010 a 30 de junho de 2010) = R$ 800.000,00 de prejuízo.

IRPJ e CSLL a pagar: **zero**.

A diferença entre as duas formas de tributação pelo Lucro Real (trimestral e anual) pode parecer pequena. Em uma rápida análise, pode parecer que é apenas questão de periodicidade, mas não é.

Entre as empresas que optam pelo Lucro Real, o recolhimento anual é o mais adotado, porque tem vantagens significativas em relação ao recolhimento trimestral. No trimestral, os prejuízos fiscais do primeiro trimestre, por exemplo, têm seu aproveitamento posterior sujeito à limitação de 30% do lucro registrado nos trimestres seguintes. Se uma empresa teve prejuízo fiscal em determinado período, ela poderá compensar isso com o lucro do período de apuração seguinte. Essa compensação segue a seguinte lógica: com prejuízo, a empresa teve perda de patrimônio; assim, um lucro apurado posteriormente só pode ser tributado depois que a parte do patrimônio perdida for reposta. Desse modo, o IR deverá recair somente sobre o lucro, e não sobre a parte que corresponde à recomposição patrimonial.

Há, porém, restrições a essa regra. As normas em vigor só aceitam a compensação do prejuízo de períodos de apuração anteriores limitada a 30% do lucro registrado no período seguinte.

Uma das grandes vantagens do Lucro Real Anual é que os prejuízos apurados em um trimestre ou mês não sofrem essa restrição para compensação, desde que usados dentro do próprio ano-calendário.

Outra diferença importante: no recolhimento anual, a empresa consegue, durante o ano-calendário, suspender ou reduzir os pagamentos mensais de IR. Isso pode ser adotado quando, no levantamento dos balanços parciais, a empresa percebe que houve recolhimento a mais no mês anterior, por exemplo.

Balanços Parciais são demonstrações provisórias que a empresa optante pelo Lucro Real Anual levanta para recolher o IR durante o ano-calendário. O balanço definitivo vem só ao final do ano, em 31 de dezembro.

Isso pode acontecer porque o Lucro Real Anual permite combinar, no decorrer do ano, o pagamento do imposto pelo Lucro Real e pelo Lucro Presumido. Nesse sistema misto, chamado Lucro Real por Estimativa, a empresa paga o IR calculado em um percentual da receita bruta - método do Lucro Presumido - e, mensalmente, compara o que foi pago com o que é efetivamente devido de imposto.

12.3.3 Vantagens e desvantagens do Lucro Real Anual

A vantagem do Lucro Real Anual é que a empresa paga o IR apenas sobre o lucro apurado durante o ano, nem mais, nem menos - se apurar lucro, recolhe o imposto; caso verifique prejuízo fiscal, não paga.

Essa é a grande vantagem: a possibilidade de, durante o ano-calendário, a empresa compensar integralmente o prejuízo de um mês nos lucros do mês seguinte.

As empresas e atividades sujeitas a sazonalidade podem encontrar uma boa solução no Real Anual, uma vez que a temporada de prejuízos fiscais pode ser compensada com a de lucros. Assim, mesmo que a apuração final indique ganho, o IR pode ser menor.

A desvantagem do Lucro Real Anual é que não há possibilidade de pagar o IR devido parceladamente, como acontece no Lucro Real Trimestral.

12.3.3.1 EXEMPLOS DE CÁLCULO DO LUCRO NO REGIME DO LUCRO REAL

Essa opção deve ser adotada quando o lucro efetivo (Receitas menos Despesas efetivamente comprovadas, além das adições e exclusões previstas na legislação tributária) for inferior a 32% da Receita do período e puder ser apurado trimestral ou anualmente, neste caso, mediante o levantamento de balancetes mensais.

A análise, porém, deve ser feita em conjunto com o reflexo dos resultados dos cálculos das contribuições do PIS e da Cofins quando a empresa opta pelo Lucro Real, pois as alíquotas são de 1,65% e 7,6% da Receita, respectivamente, após a dedução de alguns custos e despesas aplicados diretamente na produção dos serviços, havendo muita insegurança para caracterizar esses custos e despesas, considerados insumos necessários à sua produção.

Também, de modo geral, essa opção não tem sido vantajosa para a maioria esmagadora das empresas de prestação de serviços, especialmente pela impossibilidade da dedução de custos e despesas efetivamente aplicados na produção dos serviços. De modo diferente, porém, o comércio e a indústria conseguem reduzir substancialmente os valores devidos a título de PIS e Cofins, mesmo com as alíquotas majoradas (1,65% e 7,6%), que se tornam, na maioria dos casos, inferiores até aos percentuais aplicados ao Lucro Presumido (0,65% e 3%) para o cálculo dessas contribuições.

As alíquotas dos tributos para cálculo do IRPJ e da CSLL nessa modalidade são:

- IRPJ:
  - 15% para Lucro Real total;

- 10% de Adicional sobre o Lucro acima de R$ 240.000,00/ano ou R$ 20.000,00/mês.
- CSLL: 9% sobre qualquer lucro apurado, sem limite de valor.

Em resumo, no Lucro Real os dois tributos (IRPJ + CSLL) variam de 24% (15% + 19%) a 34% (25% + 9%), aplicados sobre o Lucro e não sobre a Receita.

A apuração pelo Lucro Real pode ser trimestral ou anual.

A apuração pelo Lucro Real Trimestral só é recomendada quando a empresa apresenta resultados relativamente uniformes durante o ano. Se houver sazonalidade nas operações, com Lucro em um mês e Prejuízo em outro, este Prejuízo só será compensado no limite de 30% do Lucro do período, e isso provocará maior desembolso para o pagamento do IRPJ e da CSLL.

Já na apuração pelo Lucro Real Anual, a empresa pode levantar balanços mensais acumulados, cujos resultados positivos (Lucros) e negativos (Prejuízos) são compensados automaticamente no período de apuração, sem limitação.

Relembrando: no caso de opção pelo Lucro Real, a alíquota do PIS muda, passando de 0,65% para 1,65%, ao passo que a da Cofins passa de 3% para 7,6% da Receita, ou seja, quase 10% da Receita.

Entretanto, neste caso, podem ser feitas deduções da base de cálculo da Receita sobre algumas despesas, como energia elétrica, aluguel de imóvel de propriedade de pessoa jurídica, *leasing*, materiais aplicados e serviços prestados por outras pessoas jurídicas diretamente ligadas à produção dos serviços (vale lembrar que despesas telefônicas não são dedutíveis) e, com isso, a alíquota efetiva passa a ser inferior a 1,65% ou a 7,6%.

Essas deduções ou recuperações do chamado PIS não cumulativo e Cofins não cumulativa na área de prestação de serviços acabam representando um percentual igual ou menor a 1,65% ou 7,6%, dependendo dos custos e das despesas de cada empresa. É preciso avaliar, portanto, cada caso na prática.

Exemplo 1:

- Receita trimestral: R$ 200.000,00 (100%)
- Lucro Real Apurado: R$ 40.000,00 (20%)

Tributo	Valor	% s/ fat.
Cofins (R$ 160.000,00 × 7,6%)	R$ 12.160,00	6,08% [1]
PIS (R$ 160.000,00 × 1,65%)	R$ 2.640,00	1,32% [1]
IRPJ (R$ 40.000,00 × 15%)	R$ 6.000,00	3%
CSLL (R$ 40.000,00 × 9%)	R$ 3.600,00	1,8%
Totais	*R$ 24.400,00*	*12,20%*

[1] Considerando deduções do PIS e da Cofins não cumulativos de 20% (Base de cálculo: R$160.000,00.)

Exemplo 2:

- Faturamento trimestral: R$ 300.000,00 (100%)
- Lucro Real Apurado: R$ 75.000,00 (25%)

Tributo	Valor	% s/ fat.
Cofins (R$ 240.000,00 × 7,6%)	R$ 18.240,00	6,08% [1]
PIS (R$ 240.000,00 × 1,65%)	R$ 3.960,00	1,32% [1]
IRPJ (R$ 75.000,00 × 15%)	R$ 11.250,00	3,75%
IRPJ (R$ 15.000,00 × 10%)	R$ 2.250,00	0,75%
CSLL (R$ 75.000,00 × 9%)	R$ 6.750,00	2,25%
Totais	*R$ 42.450,00*	*14,15%*

[1] Considerando deduções do PIS e Cofins não cumulativos de 20%. (Base de cálculo: R$240.000,00.)

12.3.4 Exclusões e adições ao Lucro Real

12.3.4.1 EXCLUSÕES

Na determinação do Lucro Real, poderão ser excluídos do lucro líquido do período de apuração, segundo o Decreto-Lei n. 1.598/1977, art. 6º, § 3º:

I - os valores cuja dedução seja autorizada pelo Regulamento e que não tenham sido computados na apuração do lucro líquido do período de apuração;

II - os resultados, rendimentos, receitas e quaisquer outros valores incluídos na apuração do lucro líquido que, de acordo com o Regulamento, não sejam computados no Lucro Real;

III - o prejuízo fiscal apurado em períodos de apuração anteriores, limitado a 30% (trinta por cento) do lucro líquido ajustado pelas adições e exclusões previstas no Regulamento, desde que a pessoa jurídica mantenha os livros e documentos, exigidos pela legislação fiscal, comprobatórios do prejuízo fiscal utilizado para compensação, conforme a Lei n. 9.065/1995, art. 15 e parágrafo único.

Os principais valores que podem ser excluídos, desde que atendidas as particularidades da legislação que rege cada assunto, são:

- Parcela de lucro de empreitada ou fornecimento contratado com pessoa jurídica de direito público, proporcional ao valor da receita não recebida, para contratos superiores a 12 meses.
- Ganho de capital auferido na venda de bens do Ativo Permanente para o recebimento do preço após o término do ano-calendário subsequente ao da contratação.
- Lucros e dividendos recebidos de participações societárias.
- Resultado positivo da avaliação pela equivalência patrimonial.

- Variações Cambiais Ativas (art. 30, MP n. 2.158-35).
- Variações Cambiais Passivas – Operações Liquidadas (MP n. 2.158-35, art. 30).
- Amortização do deságio obtido na aquisição de participações societárias avaliadas pela equivalência patrimonial, enquanto não baixado o investimento.
- Encargos financeiros auferidos após dois meses do vencimento, relativos a créditos vencidos e não recebidos.
- Parcelas de perdas apuradas nos mercados de renda variável que excederam os ganhos auferidos nas mesmas operações, adicionadas ao lucro líquido em período-base anterior, até o limite dos ganhos e perdas de operações da espécie computados no período-base.
- Resultados positivos auferidos pelas sociedades cooperativas que obedecerem ao disposto na legislação específica.
- Provisões indedutíveis adicionadas ao lucro líquido em período base anterior que tenham sido revertidas a crédito do resultado do exercício ou utilizadas para débito de despesas dedutíveis. Exemplo: Em 31 de dezembro de XXXX, a empresa provisiona um valor indedutível no Passivo e adiciona ao Lucro Real; porém, no ano seguinte (X2), estorna a referida provisão, contabilizando um resultado positivo que gerará IRPJ e CSLL se não for excluído via Lalur.
- Depreciação acelerada incentivada.
- Amortização de ágio na aquisição de investimentos relevantes sujeitos à avaliação pela equivalência patrimonial e baixados no período-base.
- Reversão de provisões não dedutíveis.
- Aplicações na aquisição de Certificados de Investimentos em projetos de produção de obras audiovisuais e cinematográficas brasileiras.
- Propaganda Eleitoral Gratuita, Lei n. 9.504, de 30 de setembro de 1997, exclusão para emissoras de rádio e televisão que transmitem programa eleitoral gratuito.
- A partir de 1º de janeiro de 2003, as pessoas jurídicas poderão deduzir do lucro líquido, na determinação do Lucro Real e da base de cálculo da CSLL, as despesas operacionais relativas aos dispêndios realizados com pesquisa tecnológica e desenvolvimento de inovação tecnológica de produtos. Bases: art. 39 da Lei n. 10.637/2002 (até 31 de dezembro de 2005) e art. 17 e ss. da Lei n. 11.196/2005 (a partir de 1º de janeiro de 2006).
- A partir de 4 de dezembro de 2008, poderão ser excluídas as parcelas de contabilização de receitas advindas do Regime Tributário de Transição (RTT) ajustes decorrentes da Lei n. 11.638/2008, atendidos aos requisitos previstos nos arts. 15 e ss. da Lei n. 11.941/2009.
- A partir de 4 de março de 2009, com base no art. 11 da Lei n. 11.908/2009, empresas dos setores de tecnologia da informação (TI) e de tecnologia da informação e da comunicação (TIC) poderão excluir do lucro líquido os custos e despesas com capacitação de pessoal que atue no desenvolvimento de

programas de computador (*software*), para efeito de apuração do Lucro Real, sem prejuízo da dedução normal. A exclusão fica limitada ao valor do Lucro Real antes da própria exclusão, vedado o aproveitamento de eventual excesso em período de apuração posterior.

12.3.5 As adições na Parte A do Lalur

As adições, fundamentalmente, são representadas por despesas contabilizadas e indedutíveis para a apuração do Lucro Real, como multas indedutíveis, doações, brindes etc.

Assim, uma empresa que tenha apurado um lucro contábil de R$ 100.000,00, mas contabilizado despesas não aceitas como redutoras para fins fiscais no valor de R$ 20.000,00, deverá ajustar o lucro contábil, via Livro de Apuração do Lucro Real (Lalur), uma vez que este lucro não pode e não deve ser alterado contabilmente.

Dessa forma, procede-se a adição ao lucro contábil de R$ 20.000,00, na Parte A do Lalur, o que produz, na prática, um efeito de anulação da despesa contabilizada. Este ajuste mantém o lucro contábil em R$ 100.000,00, porém, para fins fiscais, o aumentará para R$ 120.000,00, valor equivalente ao que representaria o lucro contábil, caso não tivessem sido contabilizadas as despesas não dedutíveis.

Para efeito de planejamento tributário, sugere-se uma análise criteriosa dos valores adicionados, verificando-se a sua procedência, pois pode ocorrer que determinada adição não seja cabível. Um exemplo de adição comum, que o autor tem observado nas empresas, é de despesas indedutíveis. Quando analisada a documentação, trata-se de despesas operacionais, portanto, dedutíveis.

EXERCÍCIOS DE FIXAÇÃO

— QUESTÕES DE MÚLTIPLA ESCOLHA

1. Indique quais as modalidades de tributação pelo IRPJ:

   a) Lucro Real, Estimado, Presumido ou Arbitrado.
   b) Simples, Lucro Real, Presumido ou Arbitrado.
   c) Lucro Real, Jurídico, Presumido ou Contábil.
   d) Lucro Fiscal, Societário, Contábil ou Arbitrado.

2. A base de cálculo do IRPJ é:

a) O lucro contábil.
b) O Lucro Real, Presumido ou Arbitrado.
c) O lucro societário.
d) O resultado fiscal.

3. A apuração do Imposto de Renda das Pessoas Jurídicas se dá em períodos:

a) Mensais.
b) Anuais.
c) Trimestrais, exceto em relação à opção pelo pagamento por estimativa no Lucro Real, caso em que será anual.
d) Nenhuma das anteriores.

4. Os lucros distribuídos a partir de resultados gerados de 1996 são:

a) Tributáveis na Declaração.
b) Isentos.
c) Tributados na Fonte.
d) Nenhuma das anteriores.

5. O Lucro Líquido, para efeito de apuração do IRPJ, é determinado:

a) Com base no Lucro Real.
b) Com base na escrituração contábil, antes de deduzida a Provisão para o IRPJ e as compensações de prejuízos contábeis.
c) Com base na escrituração contábil, antes das compensações de prejuízos contábeis.
d) Com base na apuração do resultado do exercício, após todas as provisões e compensações de prejuízos.

6. A legislação fiscal vigente do Imposto de Renda estabelece que a compensação de prejuízo fiscal apurado em um exercício social anterior, devidamente registrado e controlado no Livro de Apuração do Lucro Real (Lalur), está limitada a 30% do valor do lucro líquido ajustado e, ainda, que ficará extinta dentro do seguinte prazo limite:

a) Indeterminado.
b) Quatro anos-calendário;
c) Quatro anos, a partir do ano-calendário seguinte ao de apuração do prejuízo fiscal.
d) Cinco semestres, iniciados no primeiro semestre seguinte ao do exercício da apuração do prejuízo fiscal.

— PROBLEMA

1. Calcule o Lucro Líquido do Exercício para fins de apuração do IRPJ, considerando os seguintes dados:

Receita Operacional Bruta	100.000
Impostos sobre a Receita Operacional	20.000
Custo da Receita Operacional	35.000
Despesas Operacionais	10.000
Despesas Não Operacionais	5.000
Receitas Não Operacionais	8.000
Participações de Funcionários	2.000
Provisão para a Contribuição Social	4.140

— EXERCÍCIOS

1. A empresa X, indústria com sede na cidade de São Paulo, pretende realizar uma operação de mútuo com empresa coligada Y, indústria que atua no ramo automobilístico na cidade de Santo André. Para tanto, a empresa X (mutuante) ajustou a concessão de um empréstimo à empresa Y (mutuária) no valor de R$ 1.000.000,00 por prazo determinado de dois anos e juros anuais de 12% a serem pagos no vencimento do contrato.

   Como consultor da empresa X, oriente-a no tocante à incidência do IR sobre os juros a serem pagos pela empresa Y na referida operação. A empresa X apura o imposto sobre a renda com base no Lucro Real mensal.

2. Uma sociedade anônima de capital fechado, tributada pelo Lucro Real Anual, na data do encerramento social, antes de serem verificadas as contas de resultados, apresentava um patrimônio líquido com os seguintes valores:

Itens	**Valor – R$**
Total do Patrimônio Líquido	430.000,00
Capital Social realizado	400.000,00
Reserva Legal	40.000,00
Prejuízos Acumulados	10.000,00

   Ao verificar as contas de resultado, foi registrado um lucro após a dedução do imposto de renda de R$ 80.000,00. Na ocasião, foi realizada uma Assembleia Geral, que decidiu pela seguinte distribuição do lucro: 10% para participações de administradores; 5% para participações de partes beneficiárias; 8% para participações de debenturistas; e 10% para participações de empregados.

   Calcule o valor do lucro líquido a ser apresentado na Demonstração do Resultado do Exercício.

3. A Comercial Canta Galo S.A., empresa que se dedica ao comércio atacadista de artigos para decoração, tendo em vista sua projeção de resultados, optou pela tributação com base no Lucro Real, para fins do imposto de renda. No mês de setembro de 2018, a Comercial Canta Galo S.A decidiu implementar uma agressiva política de vendas, efetuando gastos substanciais com a propaganda de seus produtos. Segundo seus cálculos, tais gastos teriam seu impacto reduzido, uma vez que os pagamentos foram feitos a pessoas jurídicas domiciliadas no país, conferindo-lhes, portanto, crédito relativo à Cofins.

   Pela legislação em vigor, está correto o raciocínio da Comercial Canta Galo S.A.? Por quê?

CAPÍTULO 13 Regime de tributação pelo Lucro Presumido

OBJETIVOS

- Aprofundar conhecimentos no tocante à gestão e à verificação da correta e segura aplicação dos tributos por parte das empresas, de modo a possibilitar uma economia de tributos.
- Capacitar profissionais para a aplicação de técnicas de controle de gestão, contabilidade e planejamento tributário, de sorte que os conhecimentos adquiridos sejam deslocados do campo instrumental, de melhoria da eficiência, para o da transformação organizacional, o que significa examinar as ferramentas de gestão e de planejamento tributário que possam contribuir no processo decisório empresarial.

13.1 CONCEITO DE LUCRO PRESUMIDO

O regime do Lucro Presumido é muito utilizado por ser considerado mais simples e também exigir menos documentação. Recebe o nome de Presumido exatamente porque nesse regime o Imposto de Renda não é calculado sobre o lucro efetivo. Tanto o IRPJ como a CSLL são calculados sobre uma base presumida de lucro, que é um determinado percentual da receita bruta. O cálculo é feito em períodos trimestrais, que se encerram em 31 de março, 30 de junho, 30 de setembro e 31 de dezembro.

O Lucro Presumido, em cada trimestre, corresponde ao resultado da aplicação dos percentuais fixados em lei, de acordo com a atividade-fim da pessoa jurídica, sobre a receita bruta auferida no período, à qual são adicionados integralmente os resultados das demais receitas, rendimentos e ganhos de capital, o que corresponderá à base de cálculo do imposto do IRPJ e da CSLL.

A regra geral do Lucro Presumido para o IRPJ vale para a venda de mercadorias e produtos, mas não para todos os setores. A revenda ao consumidor final de combustível derivado de petróleo, por exemplo, está sujeita a uma base menor : 1,6% da receita bruta. Em compensação, a regra geral da prestação de serviços prevê base de 32%.

Para essa segunda cobrança a norma é mais simples. Calcula-se, de início, 12% sobre a receita bruta, e a esse resultado são acrescidas outras receitas e os rendimentos de aplicações financeiras. É sobre essa base que a empresa aplicará e recolherá os 9% de alíquota da CSLL. Calcular o IRPJ no regime do Lucro Presumido requer alguns conhecimentos. Na regra geral, a base para o cálculo do imposto é de 8% da receita bruta (isso quer dizer que a empresa deve calcular 8% do faturamento), e a esse valor são feitas adições e exclusões, conforme previsão legal, disso resultando o Lucro Presumido, sobre o qual será aplicado o IRPJ. O imposto tem 15% de alíquota básica e 10% de alíquota adicional, que é paga somente sobre valores que excederem R$ 60.000,00 no trimestre.

13.1.1 Data de apuração

Para efeito da incidência do imposto sobre a renda, o Lucro Real das pessoas jurídicas deve ser apurado na data de encerramento do período de apuração (Lei n. 9.430/1996, arts. 1º e 2º).

O período de apuração encerra-se:

- Nos dias 31 de março, 30 de junho, 30 de setembro e 31 de dezembro, no caso de apuração trimestral do imposto de renda.
- No dia 31 de dezembro de cada ano-calendário, no caso de apuração anual do imposto de renda.
- Na data da extinção da pessoa jurídica, assim entendida a destinação total de seu acervo líquido.
- Na data do evento, nos casos de incorporação, fusão ou cisão da pessoa jurídica.

Atenção: sem prejuízo do balanço de que trata o art. 21 da Lei n. 9.249, de 26 de dezembro de 1995, e o art. 6º da Lei n. 9.648, de 27 de maio de 1998, e da responsabilidade por sucessão, o resultado do período, que servirá de base para apuração do imposto, nos casos de extinção, incorporação, fusão ou cisão da pessoa jurídica compreenderá os fatos geradores ocorridos até a data do evento.

13.1.2 Pessoas jurídicas autorizadas a optar

As pessoas jurídicas não obrigadas ao regime de tributação pelo Lucro Real, cuja receita total no ano-calendário anterior tenha sido igual ou inferior a R$ 78.000.000,00 ou a R$ 6.500.000,00 por mês, poderão optar pelo regime de tributação com base no Lucro Presumido, segundo a Lei n. 8.981/1995, art. 44, a Lei n. 9.065/1995, art. 1º, a Lei n. 9.249/1995, art. 29, e a Lei n. 9.718/1998, art. 13 e Lei n. 12.814/2013, art. 14, I.

Estão vetadas de optar pelo Lucro Presumido as seguintes empresas:

- Que tiveram receita bruta superior a R$ 78.000.000,00 no ano-calendário anterior.
- Que tiverem atividades de bancos comerciais, bancos de investimento, banco de desenvolvimento, caixas econômicas, sociedades de crédito, financiamento e investimento, entre outras do setor financeiro.
- Que, autorizadas pela legislação tributária, queiram aproveitar benefícios fiscais relativos à isenção ou redução do IR.
- Que tenham lucros, rendimentos ou ganhos de capital no exterior.
- Que tenham suspendido ou reduzido o pagamento do imposto durante o ano-calendário, inclusive efetuado pagamentos por estimativa.
- Que explorem atividade de prestação cumulativa e contínua de serviços de assessoria creditícia, mercadológica, gestão de crédito, administração de contas a pagar e a receber, entre outras.

O regime do Lucro Presumido, que tem a vantagem de ser mais simples e de exigir menos documentação que o do Lucro Real, tende a ser mais vantajoso para empresas altamente lucrativas.

As desvantagens desse regime, porém, é que nem todas as empresas podem optar por ele, pois há limitações relacionadas ao volume de faturamento e ao ramo de atividade. Não é um regime interessante para quem tem prejuízo, pois, como o IR é pago com base na receita bruta e não sobre o lucro efetivo, a empresa paga mais quando ocorrem prejuízos.

13.1.3 Percentuais de presunção da receita bruta

O Quadro 13.1, a seguir, contém as diferentes bases de cálculo possíveis para quem optou por pagar o IR pelo Lucro Presumido. Os percentuais devem ser aplicados à receita bruta e, do resultado obtido, a empresa levanta a base de cálculo, que estará sujeita às adições e subtrações previstas em lei. Quem estiver no Lucro Presumido deve acrescentar à base de cálculo do IR, se for o caso, o ganho de capital na venda de bens do ativo permanente.

Definida a base, resta aplicar as alíquotas do imposto. Caso atue em diversos setores, a empresa deve adotar o percentual correspondente à receita apurada em cada atividade.

A Lei n. 9.249/1995, art. 15. estabelece os percentuais de presunção que serão aplicados sobre a receita bruta das empresas, de acordo com sua atividade.

QUADRO 13.1 Bases de cálculo para o Lucro Presumido (art. 15, Lei n. 9.249/1995)

Atividades	Base (incidente sobre a receita bruta)
Venda de mercadorias e produtos.	8%
Revenda, para consumo, de combustível derivado de petróleo, álcool etílico carburante e gás natural.	1,6%
Prestação de serviços de transporte, exceto de carga.	16%
Prestação de serviços de transporte de cargas.	8%
Prestação de demais serviços, exceto hospitalares.	32%
Prestação de serviços em geral das pessoas jurídicas, com receita bruta anual até R$ 120.000,00, exceto serviços hospitalares, de transportes e de profissões regulamentadas (art. 40, Lei n. 9.250/1995).	16%
Empresas que têm como atividade contratual a venda de imóveis.	8%

Fonte: Legislação Federal, art. 15, Lei n. 9.249/1995.

13.2 ASPECTOS A CONSIDERAR

O Lucro Presumido pode permitir planejamento fiscal, desde que se considerem suas limitações e restrições específicas, advindas da legislação.

Como o percentual de lucro é fixo, o planejamento deve levar em conta:

- Se o percentual de cada atividade pode ser reduzido, dentro da tabela, que vai de 1,6% a 32% de presunção de lucro.
- Se há como reduzir o adicional de 10% do IRPJ para o Lucro Presumido Trimestral acima de R$ 60.000,00 mediante desmembramento em nova empresa.
- Se os balanços e/ou balancetes demonstram que essa sistemática é vantajosa ou não.
- A adoção do regime de caixa, para fins de tributação.
- A nova alíquota do PIS (1,65%) e da Cofins (7,6%) para os optantes pelo Lucro Real.

13.2.1 Prazo para pagamento

O imposto de renda devido, apurado trimestralmente, será pago em quota única, até o último dia útil do mês subsequente ao do encerramento do período de apuração.

À opção da pessoa jurídica, o imposto devido poderá ser pago em até três quotas mensais, iguais e sucessivas, vencíveis no último dia útil dos três meses subsequentes ao de encerramento do período de apuração a que corresponder.

Nenhuma quota poderá ter valor inferior a R$ 1.000,00, e o imposto de valor inferior a R$ 2.000,00 será pago em quota única.

As quotas do imposto serão acrescidas de juros equivalentes à taxa referencial do Sistema Especial de Liquidação e Custódia (Selic), para títulos federais, acumulada mensalmente, a partir do primeiro dia do segundo mês subsequente ao do encerramento do período de apuração até o último dia do mês anterior ao do pagamento e de 1% no mês do pagamento.

13.2.2 Escrituração

A pessoa jurídica que optar pela tributação com base no Lucro Presumido deverá manter:

- Escrituração contábil nos termos da legislação comercial ou Livro Caixa, no qual deverá estar escriturada toda a movimentação financeira, inclusive bancária.
- Livro Registro de Inventário, no qual deverão constar registrados os estoques existentes no término do ano-calendário abrangido pelo regime de tributação simplificada.
- Livro de Apuração do Lucro Real, quando houver lucros diferidos de períodos de apuração anteriores, inclusive saldo de lucro inflacionário a tributar.
- Manter em boa guarda e ordem, enquanto não decorrido o prazo decadencial e prescritas eventuais ações que lhes sejam pertinentes, todos os livros de escrituração obrigatórios determinados pela legislação fiscal específica, bem como os documentos e demais papéis que serviram de base para a escrituração comercial e fiscal (Decreto-Lei n. 486/1969, art 4º).

13.2.3 Receitas e rendimentos não tributáveis

Consideram-se não tributáveis as receitas e os rendimentos relacionados a seguir:

- Recuperações de créditos que não representem ingressos de novas receitas, e cujas perdas não tenham sido deduzidas na apuração do Lucro Real em períodos anteriores.
- A reversão de saldo de provisões anteriormente constituídas, desde que o valor provisionado não tenha sido deduzido na apuração do Lucro Real dos períodos anteriores ou se refiram ao período no qual a pessoa jurídica tenha se submetido ao regime de tributação com base no Lucro Presumido ou Arbitrado (art. 53, Lei n. 9.430/1996);
- Os lucros e dividendos recebidos, decorrentes de participações societárias, caso refiram-se a períodos em que estes sejam isentos de IRPJ.

13.2.4 Valores diferidos no Lalur

A pessoa jurídica que até o ano-calendário anterior tenha sido tributada com base no Lucro Real deverá adicionar à base de cálculo do imposto, correspondente ao primeiro período de apuração no qual houver optado pela tributação com base no Lucro Presumido, os saldos dos valores cuja tributação havia diferido, controlados na Parte B do Livro de Apuração do Lucro Real (Lalur), corrigidos monetariamente até 31 de dezembro de 1995, conforme art. 54, Lei n. 9.430/1996. Portanto, em uma eventual opção pelo Lucro Presumido, para fins de análise do impacto tributário, considerar a necessidade de atender o disposto.

13.2.5 Exemplos de cálculo do lucro

A expressão Lucro Presumido representa uma modalidade de apuração de apenas dois tributos: Imposto de Renda Pessoa Jurídica (IRPJ) e Contribuição Social sobre o Lucro Líquido (CSLL), que são pagos trimestralmente.

As alíquotas do IRPJ e da CSLL são aplicadas sobre um lucro que se presume e que constitui a sua base de cálculo. De modo geral, para empresas de prestação de serviços, a base de cálculo do Lucro Presumido corresponde a 32% das Receitas, mas esse percentual não é fixo; no caso de empresas de atividades hospitalares, por exemplo, a base de cálculo corresponde a 8% das Receitas.

Definida a base de cálculo presumida, que é de 32% para a maioria das empresas de prestação de serviços, aplicam-se as seguintes alíquotas:

- IRPJ
  - 15% sobre o Lucro Presumido total, mais
  - 10% de adicional sobre o Lucro Presumido Trimestral superior a R$ 60.000,00;
- CSLL: 9% sobre o Lucro Presumido, sem limitação de valor.

A opção pelo Lucro Presumido é vantajosa para as empresas cujo lucro (Receitas menos Despesas) seja igual ou superior a 32%. Mas quando a margem de lucro é inferior a 32%, é mais vantajoso optar pelo pagamento do IRPJ e da CSLL com base no Lucro Real.

Após a criação do regime não cumulativo para o cálculo das contribuições para PIS e Cofins, para a maioria das receitas de empresas de prestação de serviços que optarem pela tributação com base no Lucro Real, essa análise simplista foi prejudicada pela elevação das alíquotas desses dois tributos, que passaram de 0,65% e 3% para 1,65% e 7,6% sobre as Receitas, respectivamente, permitidas algumas deduções para apuração de sua base de cálculo.

Exemplo 1:

- Receita trimestral: R$ 150.000,00 (100%)
- Lucro Presumido: (R$ 150.000,00 × 32%) = R$ 48.000,00

Tributo	Valor	% s/ fat.
Cofins (R$ 150.000,00 × 3%)	R$ 4.500,00	3%
PIS (R$ 150.000,00 × 0,65%)	R$ 975,00	0,65%
IRPJ (R$ 48.000,00 × 15%)	R$ 7.200,00	4,8%
CSLL (R$ 48.000,00 × 9%)	R$ 4.320,00	2,88%
Total	*R$ 16.995,00*	*11,33%*

Exemplo 2:

- Receita trimestral: R$ 200.000,00 (100%)
- Lucro Presumido: (R$ 200.000,00 × 32%) = R$ 64.000,00

Tributo	Valor	% s/ fat.
Cofins (R$ 200.000,00 × 3%)	R$ 6.000,00	3%
PIS (R$ 200.000,00 × 0,65%)	R$ 1.300,00	0,65%
IRPJ (R$ 64.000,00 × 15%)	R$ 9.600,00	4,8%
IRPJ (R$ 4.000,00 × 10%)	R$ 400,00	0,20%
CSLL (R$ 64.000,00 × 9%)	R$ 5.760,00	2,88%
Total	*R$ 23.060,00*	*11,53*

Exemplo 3:

- Receita trimestral: R$ 300.000,00 (100%)
- Lucro Presumido: (R$ 300.000,00 × 32%) = R$96.000,00

Tributo	Valor	% s/ fat.
Cofins (R$ 300.000,00 × 3%)	R$ 9.000,00	3%
PIS (R$ 300.000,00 × 0,65%)	R$ 1.950,00	0,65%
IRPJ (R$ 96.000,00 × 15%)	R$ 14.400,00	4,8%
IRPJ (R$ 36.000,00 × 10%)	R$ 3.600,00	1,20%
CSLL (R$ 96.000,00 × 9%)	R$ 8.640,00	2,88%
Total	*R$ 37.950,00*	*12,53*

13.3 O QUE ANALISAR ANTES DE OPTAR PELO LUCRO PRESUMIDO

Uma das primeiras providências a serem tomadas na hora de optar por uma das formas de recolhimento do IRPJ é verificar o nível de lucratividade da empresa em relação à receita bruta. Essa conta pode ser o primeiro passo para decidir entre o Lucro Presumido e o Lucro Real.

A questão é simples: no Presumido, a indústria e o comércio pagam, na regra geral, um IR de 25% sobre 8% da receita bruta, isso levando em conta a alíquota básica mais a adicional. Ou seja, presume-se que o lucro da empresa tenha sido de 8% da receita, o que, atualmente, constitui um percentual invejável para uma relação lucro/receita. Portanto, se a empresa for muito lucrativa, com ganhos efetivos acima de 8% da receita, há uma boa possibilidade de que o Lucro Presumido seja a melhor escolha. Já se os lucros forem menores que 8% da receita, o Lucro Real deverá ser estudado com cuidado.

Ao fazer o cálculo, a empresa deve levar também em consideração a cobrança da CSLL. No Presumido, ela é calculada em 9% sobre 12% da receita bruta. Ou seja, o Lucro Presumido, no caso da CSLL, considera um lucro equivalente a 12% da receita, e aqui também cabe fazer a comparação: se o lucro efetivo for maior que esse percentual, o Lucro Presumido terá grandes chances de ser a melhor forma de pagar os tributos sobre ganhos; caso contrário, estude a possibilidade de adotar o Lucro Real.

Para quem estiver pensando seriamente em optar pelo Lucro Presumido, é importante lembrar que a base de cálculo pode sofrer adições e exclusões, as quais devem ser consideradas. Depois de calcular os 8% da receita sobre os quais pagará o IRPJ no regime do Lucro Presumido, a empresa terá de incluir nessa base alguns valores, como o ganho de capital na venda de bens do ativo permanente, por exemplo. Portanto, todos os resultados adicionados depois no Lucro Presumido devem ser levados em consideração, antes de se optar pela forma de pagamento.

Se a empresa tiver um lucro efetivo maior que 8% mas apresentar um grande volume de ganho de capital a ser adicionado à base, o valor sobre o qual será aplicada a alíquota de 25% poderá tornar-se tão alto que não compense adotar o Presumido.

Também não se deve esquecer de que, conforme a atividade, as alíquotas para o cálculo do IR devido no Lucro Presumido são diferentes. Uma variável igualmente importante está no estoque de prejuízos fiscais que a empresa tem. Se esse estoque for muito grande, talvez valha a pena optar pelo Lucro Real, que possibilita a compensação de prejuízos fiscais acumulados em anos anteriores. A legislação impõe um limite de 30% do lucro nessa compensação, mas, mesmo com essa restrição, esse estoque de perdas passadas pode fazer uma boa diferença nas contas.

13.3.1 Avaliação de opção tributária quando houver atividades distintas

As empresas que têm diversas atividades precisam estar atentas à possibilidade de economia tributária, especialmente com a elevação da carga fiscal da CSLL no Lucro Presumido em setembro de 2003, que passou de 1,08% para 2,88% sobre o faturamento das empresas prestadoras de serviços.

Uma das circunstâncias que pode ocorrer é que os resultados, sendo tributados pelo Lucro Presumido, estejam onerando os custos de IRPJ e CSLL sob este regime.

Suponha uma empresa com duas atividades – uma de serviços advocatícios (lucrativa) e outra de serviços de cobrança (pequeno lucro, mas faturamento alto). Admita que a atividade de serviços advocatícios gere 35% de lucro sobre as receitas e que a de cobrança gere um lucro de apenas 5%. Se a atividade de cobrança faturar R$ 480.000,00 ao ano, o desdobramento da atividade em duas empresas, uma tributada pelo Lucro Presumido (serviços advocatícios) e outra tributada pelo Lucro Real (cobrança) poderá representar uma economia fiscal de até R$ 44.064,00 ao ano.

Cálculos:

1. *Custo do IRPJ e CSLL das receitas de cobrança pela modalidade do Lucro Presumido:*

- R$ 480.000,00 × 32% (percentual base do Lucro Presumido para o cálculo IRPJ) = R$ 153.600,00
- R$ 153.600,00 × até 25% (15% IRPJ + 10% Adicional) = R$ 38.400,00 (IRPJ)
- R$ 480.000,00 × 32% (percentual base do Lucro Presumido a partir de 1º de setembro de 2003 para cálculo da CSLL) = R$ 153.600,00
- R$ 153.600,00 × 9% (alíquota CSLL) = R$ 13.824,00 (CSLL)
- IRPJ + CSLL: R$ 38.400,00 + R$ 13.824,00 = R$ 52.224,00

2. *Custo do IRPJ e CSLL pela modalidade do Lucro Real:*

- R$ 480.000,00 × 5% (média de lucro) = R$ 24.000,00
- R$ 24.000,00 × 24% (15% IRPJ + 9% CSLL) = R$ 5.760,00 de IRPJ + CSLL
- R$ 24.000,00 × 10% (adicional de IRPJ) = R$ 2.400,00
- IRPJ e CSLL + Adicional IRPJ: R$ 5.760,00 + R$ 2.400,00 = R$ 8.160,00

Diferença de tributação (1 – 2): R$ 52.224,00 – R$ 8.160,00 = R$ 44.064,00

Outras modalidades de atividades conjuntas também podem provocar esta distorção tributária, como a atividade de serviços médicos com hospital; a industrialização por encomenda com comércio; os negócios imobiliários (locação) com incorporação e empreendimentos etc.

Observe-se que, por força do art. 22 da Lei n. 10.684/2003, a pessoa jurídica submetida ao Lucro Presumido poderá, excepcionalmente, em relação ao quarto trimestre-calendário de 2003, optar pelo Lucro Real, sendo definitiva a tributação pelo Lucro Presumido relativa aos três primeiros trimestres.

Ressalte-se que o disposto é uma opção do contribuinte. Para as empresas que possuem baixa rentabilidade no último trimestre do ano, pode ser interessante analisar as vantagens e desvantagens da mudança.

13.3.2 Lucros distribuídos

Os lucros ou dividendos calculados com base nos resultados apurados a partir do mês de janeiro de 1996, pagos ou creditados pelas pessoas jurídicas tributadas com base no Lucro Real, Presumido ou Arbitrado, não estão sujeitos à incidência do imposto de renda na fonte nem integrarão a base de cálculo do imposto de renda do beneficiário, pessoa física ou jurídica, domiciliado no país ou no exterior.

No caso de pessoa jurídica tributada com base no Lucro Presumido ou Arbitrado, poderá ser distribuído, a título de lucros, sem incidência de imposto:

- O valor da base de cálculo do imposto, diminuída de todos os impostos e contribuições a que estiver sujeita a pessoa jurídica.
- A parcela dos lucros ou dividendos excedentes ao valor determinado no item anterior, desde que a empresa demonstre, por meio de escrituração contábil feita com observância da lei comercial, que o lucro efetivo é maior que o determinado segundo as normas para apuração da base de cálculo do imposto pela qual houver optado, ou seja, o Lucro Presumido ou Arbitrado.

Exemplo:
Valor da base de cálculo do imposto de renda: R$ 50.000,00. Caso a empresa, tributada pelo Lucro Presumido, não tenha escrituração contábil, poderá distribuir o seguinte valor: (os valores dos tributos são meramente exemplificativos, cabendo ao contribuinte, em caso real, verificar os valores exatos da escrituração – art. 48, § 2º, I, IN SRF 93/1997).

Descrição	Valor
Valor da base de cálculo do IRPJ	R$ 50.000,00
(–) IRPJ devido no trimestre: 15%	R$ 7.500,00
(–) Contribuição Social sobre o Lucro devida no trimestre: 9%	R$ 4.500,00
(–) PIS devido no trimestre: 0,65%	R$ 325,00
(–) Cofins devida no trimestre: 3,0%	R$ 1.500,00
(=) Valor que pode ser distribuído sem Imposto de Renda na Fonte	**R$ 36.175,00**

13.3.3 Exemplo de cálculo pelo regime do Lucro Presumido

Dadas as receitas que a empresa Almirante Ltda. obteve no primeiro trimestre de 2010, calcule o IRPJ e a CSLL devidos.

- Receitas:
  - Venda de produtos de fabricação própria: R$ 3.000.000,00
  - Serviços de assistência técnica: R$ 500.000,00
  - Aluguel de um galpão: R$ 60.000,00
  - Receita financeira: R$ 40.000,00
  - Imposto de Renda Retido na Fonte sobre aplicações financeiras, no valor de R$ 4.000,00

Descrição	Receitas	IRPJ	Base de cálculo	CSLL	Base de cálculo
Fabricação própria	R$ 3.000.000,00	8%	R$ 240.000,00	12%	R$ 360.000,00
Serviços	R$ 500.000,00	32%	R$ 160.000,00	32%	R$ 160.000,00
Aluguel	R$ 60.000,00	100%	R$ 60.000,00	100%	R$ 60.000,00
Financeira	R$ 40.000,00	100%	R$ 40.000,00	100%	R$ 40.000,00
		TOTAL	R$ 500.000,00	TOTAL	R$ 620.000,00
		IRPJ calculado	R$ 119.000,00		
		(-) IRRF	R$ 4.000,00		
		IRPJ devido	**R$ 115.000,00**	**CSLL devido**	**R$ 55.800,00**

13.3.4 Considerações finais

No cálculo do Imposto de Renda, o lucro considerado pelo Fisco será de 32% da receita bruta para o setor de serviços e de 8% para a indústria e quase todos os estabelecimentos comerciais. Já para a apuração da CSLL, o percentual sobe para 12% para a indústria e o comércio, ao passo que para os serviços continuam valendo os 32% do Imposto de Renda.

De modo geral, o Lucro Presumido costuma ser a melhor opção para casos em que o lucro for igual ou superior aos percentuais preestabelecidos pela Receita Federal do Brasil (RFB), que são 8%, 12% ou 32%, já citados. Caso a margem seja menor, ponto para o Lucro Real. Assim, evita-se o pagamento de impostos sobre um lucro que não existiu efetivamente.

Para se beneficiar com a adoção desse sistema, é preciso ter despesas comprovadas com documentos como notas fiscais e contratos. Na escolha é importante também considerar que apenas o Lucro Real dá direito ao crédito do PIS e Cofins embutido no preço de matérias-primas e alguns outros insumos, como energia e aluguel pago a pessoas jurídicas.

O Lucro Real exige mais rigidez no controle das contas da empresa e, consequentemente, maiores despesas com a contabilidade. Isso tudo faz que o regime seja pouco adotado entre os pequenos empreendedores. Não que a prática seja sempre um bom negócio. Acaba-se pagando mais impostos com o Lucro Presumido só porque o sistema é mais cômodo que o Lucro Real. Deve-se conversar com o contador e fazer contas antes de optar pela forma de tributação.

CASO PRÁTICO 13.1

Calcule o Imposto de Renda e a Contribuição Social sobre o Lucro Líquido (CSLL) com base nos valores da tabela a seguir.

Receita	Janeiro
Revenda de mercadorias	R$ 175.000,00
Representação comercial	R$ 80.000,00
Rendimentos de aplicações financeiras	R$ 12.344,00
Ganho de capital alienação de bens	R$ 11.235,00
1/120 do lucro inflacionário	R$ 32.523,00
IR na Fonte sobre representação	R$ 1.200,00
IR sobre aplicação financeiras	R$ 1.345,00
Doação ao Fundo da Criança e do Adolescente	R$ 1.000,00
Aplicação no Finor	18%

Cálculo do Imposto de Renda	
Lucro sobre venda de mercadorias (8% de R$ 175.000,00)	R$ 14.000,00
Lucro sobre prestação de serviços (32% de R$ 8.000,00)	R$ 25.600,00
Lucro Estimado sobre receita bruta	**R$ 32.523,00**
1/120 do Lucro Inflacionário	R$ 11.235,00
Ganho na alienação de bens	R$ 11.235,00
Base de cálculo do IRPJ	R$ 83.358,00
Imposto devido (15% de R$ 83.358,00)	R$ 12.503,70
Adicional do imposto (10% de R$ 83.358,00 – R$ 20.000,00)	R$ 6.335,80
Total devido	**R$ 18.839,50**
Deduções do imposto	
IR na Fonte sobre Serviços	R$ 1.200,00

Doação ao Fundo da Criança (R$ 1.000,00, limitado a 1% do IR devido)	R$ 125,03
Imposto líquido	**R$ 17.514,47**
Aplicação no Finor	
Imposto devido	R$ 12.503,70
Fundo da Criança e do Adolescente	R$ 125,03
Base de cálculo do Incentivo	R$ 12.378,67
18% de R$ 12.378,67	**R$ 2.228,16**
Imposto a recolher	
Imposto Líquido	R$ 17.514,47
Aplicação no Finor (Darf código 6677)	R$ 2.228,16
Imposto a Recolher (Darf código 2362)	R$ 15.286,31

Cálculo da CSLL	
Lucro s/ venda de mercadorias (12% de R$ 175.000,00)	R$ 21.000,00
Lucro s/ prestação de serviços (12% de R$ 80.000,00)	R$ 9.600,00
Aplicações financeiras	R$ 12.344,00
Ganho na alienação de bens	R$ 11.235,00
Base de cálculo	R$ 54.179,00
Contribuição Social (9% de R$ 54.179,00)	**R$ 4.876,11**

Saldo de Incentivo Fiscal para o mês seguinte:

Valor da Doação ao Fundo da Criança e do Adolescente	R$ 1.000,00
Dedução no mês	R$ 125,03
Saldo a deduzir	R$ 874,97

CASO PRÁTICO 13.2

Vamos supor que a empresa optante pelo Lucro Presumido tenha auferido receitas no primeiro trimestre de 2018 (período de 1º de janeiro de 2018 a 31 de março de 2018), a saber:

1. Receita de vendas no valor total de R$ 800.000,00
2. Receita de Serviços no valor de R$ 190.000,00
3. Receita Financeira no total de R$ 70.000,00

IRPJ

- Base de Cálculo do IRPJ:
  - Vendas: R$ 800.000,00 × 8% = R$ 64.000,00
  - Serviços: R$ 190.000,00 × 32% = R$ 60.800,00
  - Receita Financeira (adicionar à base): R$ 70.000,00
  - Total: R$ 194.800,00
  - IRPJ: R$ 194.800,00 × alíquota de 15% = R$ 29.220,00
  - Adicional do IRPJ: (194.800,00 – 60.000,00) × alíquota de 10% = R$ 13.480,00

Total do IRPJ a recolher: R$ 29.220,00 + R$ 13.480,00 = R$ 42.700,00

- Deduções admitidas
  - Do Imposto devido no trimestre, pode-se deduzir o Imposto de Renda Retido na Fonte sobre as receitas computadas na base de cálculo do IRPJ no trimestre.
- Pagamento do Imposto

  O IRPJ apurado em cada trimestre deve ser pago, em quota única, até o último dia útil do mês subsequente ao do encerramento do período de apuração ou, à opção da empresa, em até três quotas mensais, iguais e sucessivas, observando que:
  - as quotas devem ser pagas até o ultimo dia útil dos meses subsequentes ao do encerramento do período de apuração;
  - nenhuma quota pode ser de valor inferior a R$ 1.000,00 e o IRPJ de valor inferior a R$ 2.000,00 deve ser pago em quota única;
  - o valor de cada quota (exceto a primeira quota) deve ser acrescido de juros equivalentes à taxa Selic do mês;
- Código de pagamento

  Para o pagamento do IRPJ devido com base no Lucro Presumido, o campo 4 do Darf deve ser preenchido com o código 2089;
- Pagamento fora do prazo

  O IRPJ pago fora do prazo deverá ser acrescido de:
  - multa de mora, calculada à taxa de 0,33% ao dia de atraso e limitada ao percentual de 20%;
  - juros de mora calculados a partir do primeiro dia do mês seguinte ao do pagamento, calculado com base na taxa Selic.

Apuração da Contribuição Social sobre o Lucro Líquido (CSLL)

Para a determinação da base de cálculo da CSLL devida em cada trimestre, aplica-se um percentual sobre as receitas auferidas que variam de acordo com o ramo de atividade da empresa. Esse percentual não se aplica às receitas decorrentes de rendimento de aplicação financeira, ganhos de capital, variação monetária ativa etc. Aplica-se o percentual de 12% sobre a receita de venda auferida no período, exceto para as demais atividades, cuja base de cálculo da CSLL siga as mesmas normas do IRPJ.

Utilizando os mesmos dados do faturamento do trimestre apresentados no início deste Caso Prático – II, vamos calcular a CSLL.

- Base de Cálculo da CSLL
  - Vendas: R$ 800.000,00 × 12% = R$ 96.000,00
  - Serviços: R$ 190.000,00 × 32% = R$ 60.800,00
  - Receita Financeira (adiciona a base): R$ 70.000,00
  - Total: R$ 226.800,00
  - CSLL: R$ 226.800,00 × 9% = R$ 20.412,00

Total da CSLL a recolher = R$ 20.412,00

- Forma de pagamento
  - Ao pagamento da contribuição social sobre o Lucro Presumido aplicam-se as mesmas normas do IRPJ.
- Código de pagamento
  - Para o pagamento do IRPJ devido com base no Lucro Presumido, o campo 4 do Darf deve se preenchido com o código 2372.

CASO PRÁTICO 13.3

Em uma empresa industrial, considere que o cálculo do PIS e da Cofins será pelo sistema cumulativo e que o do ICMS será pelo sistema não cumulativo.

Dados:

1.	Matéria-prima (consumida):	R$ 100.000,00
	ICMS sobre a compra (18%):	R$ 18.000,00
	Custo da matéria prima:	R$ 82.000,00
2.	Custo de produção:	R$ 68.000,00
	Mão de obra direta	R$ 31.000,00
	Encargos sociais	R$ 11.253,00
	Gastos gerais de fabricação	R$ 25.747,00

3. Custo total de produção (custo da matéria prima + custo da produção): R$ 82.000,00 + R$ 68.000,00 = R$ 150.000,00.

4. Despesas operacionais: R$ 50.000,00.

5. Gastos totais (custos + despesas): R$ 200.000,00.

E considerando-se que:

- A empresa deseja ter um lucro de 20% antes da CSLL e IRPJ.

- O ICMS sobre a venda é de 18%.
- O PIS sobre a venda é de 0,65% e a Cofins é de 3%.

Responda:

a) Qual seria o preço de venda e o valor de cada tributo?

b) Qual seria o valor agregado do ICMS?

- O lucro de 20% é igual a R$ 40.000,00 (R$ 200.000,00 × 20%).
- A Receita Bruta, em percentual: 100%.
- Tributos sobre vendas, em percentual: 21,65% (18% + 0,65% + 3%).
- A Receita Líquida, em percentual: 78,35%.
- A Receita Líquida será de R$ 240.000: gastos totais + o lucro desejado pela empresa, ou seja, R$ 200.000,00 + R$ 40.000,00.

Para obter o valor da Receita Bruta, faz-se um cálculo de proporção para se identificar o valor dessa incógnita.

Receita Bruta (?) = (R$ 240.000,00 × 100) ÷ 78,35 = R$ 306.318,00,

em que:

R$ 240.000,00 é a Receita Líquida;

100% é o percentual da Receita Bruta;

78,35% é o percentual da Receita Líquida.

- O preço de venda é igual a R$ 306.318,00.

Receita Bruta	**R$ 306.318,00**
(–) Deduções	**R$ 66.318,00**
ICMS sobre Venda	R$ 55.137,00
PIS	R$ 1.991,00
Cofins	R$ 9.190,00
Receita Líquida	**R$ 240.000,00**

- Análise do valor agregado do ICMS:

a)

Preço de venda	R$ 306.318,00
Preço de compra	R$ 100.000,00
Valor agregado	R$ 206.318,00
ICMS (18%)	R$ 37.137,00

b) Conta gráfica do ICMS

ICMS sobre venda	R$ 55.137,00
ICMS sobre compra	R$ 18.000,00
ICMS a recolher	R$ 37.137,00

Como se pode observar nesse exemplo, o ICMS é, por determinação constitucional, um imposto não cumulativo, ou seja, do imposto devido em cada operação será abatido o valor pago na operação anterior.

EXERCÍCIOS DE FIXAÇÃO

— QUESTÕES DE MÚLTIPLA ESCOLHA

1. A apuração do Imposto de Renda das Pessoas Jurídicas se dá em períodos:

   a) mensais;
   b) anuais;
   c) trimestrais;
   d) nenhuma das anteriores.

2. A opção pelo Lucro Presumido se dá:

   a) pela Declaração do Imposto de Renda;
   b) pela opção em formulário especial;
   c) pelo pagamento da primeira parcela ou quota única;
   d) nenhuma das anteriores.

3. Assinale quais empresas podem optar pelo Lucro Presumido, observado o limite de receita total:

   a) *factoring*;
   b) comércio de veículos;
   c) indústria de confecções;
   d) empresas que paguem o Imposto de Renda com base em estimativa mensal.

4. Uma sociedade civil de serviços técnicos de engenharia, optando pelo Lucro Presumido, terá base de cálculo do IRPJ de:

   a) 8%;
   b) 16%;
   c) 32%;
   d) nenhuma das anteriores.

5. Uma mecânica de veículos, que revende peças e presta serviços de consertos, tendo um faturamento médio mensal de R$ 7.000,00, terá as seguintes bases de cálculo do IRPJ na apuração do Lucro Presumido:

   a) 8%, indistintamente;
   b) 32%, indistintamente;

c) 8% para a revenda e 32% para os serviços;
d) 8% para a revenda e 16% para os serviços.

6. Um posto de combustíveis realiza vendas de refrigerantes. A base de cálculo para a apuração do IRPJ no Lucro Presumido será:

a) 1,6% para a revenda de combustíveis e 8% para a revenda de refrigerantes;
b) 8%, indistintamente;
c) 1,6%, indistintamente;
d) nenhuma das anteriores.

— PROBLEMAS

1. Calcule a base de cálculo do IRPJ no Lucro Presumido com os seguintes dados:

a) venda de tecidos e aviamentos de costura: R$ 50.000,00;
b) notas Fiscais canceladas: R$ 4.000,00;
c) descontos recebidos sobre duplicatas pagas: R$ 100,00;
d) juros sobre aplicações financeiras: R$ 500,00.

2. Calcule o Ganho de Capital ocorrido na seguinte transação:

a) valor de venda: R$ 20.000,00;
b) valor de aquisição do bem: R$ 25.000,00;
c) valor da depreciação acumulada: R$ 18.000,00;
d) valor da correção monetária até 1995: R$ 1.500,00.

3. Uma empresa optante pelo Lucro Presumido teve R$ 150,00 de Imposto de Renda Retido na Fonte sobre serviços prestados. Suas vendas de serviços profissionais foram de R$ 10.000,00 no trimestre. Calcule o valor do IRPJ a recolher.

— EXERCÍCIOS

1. A empresa Varginha é uma prestadora de serviços que fatura em média R$ 1.800.000,00 por mês e sua despesa é de aproximadamente 5% do faturamento. Com base nesses dados, Sampaio, sócio da referida empresa, formula consulta, querendo saber:

a) Qual a melhor forma de tributação para essa empresa: Lucro Real, Presumido ou Arbitrado? Por quê?
b) Por quais razões as outras formas de tributação devem ser descartadas?
c) Qual a melhor forma para distribuição dos lucros? Por quê?

2. A Autocar S.A. sociedade que se dedica ao comércio de automóveis, tem o capital social detido, em iguais proporções, por:

- pessoa jurídica sediada no país, tributada pelo Lucro Real e cujo faturamento anual é de R$ 100.000,00;
- por sociedade residente em país com tributação favorecida (paraíso fiscal).

No ano base de 2017, a Autocar S.A. pagou o IR pela sistemática de tributação do Lucro Real, apresentando no respectivo ano faturamento de R$ 6.000.000,00. As receitas da sociedade decorrem exclusivamente do comércio de automóveis no país.

No início de 2018, a Autocar S.A. pretendia analisar a alteração dessa sistemática com o fim de pagar menos IR e consultou-o a respeito da tributação pelo Lucro Presumido.

Exclusivamente do ponto de vista da legislação do Imposto de Renda, é possível a opção pelo Lucro Presumido?

3. A empresa Y, tributada pelo Lucro Presumido, aliena imóvel fabril que consta de seu ativo permanente.

a) Qual o tratamento tributário, para fins de Imposto de Renda (IRPJ), no caso de ocorrer lucro na venda do referido imóvel?
b) Especificar a base de cálculo e a alíquota incidente.

4. O sr. Andrade, sócio majoritário de uma sociedade limitada, tributada pelo Lucro Presumido, pretende investir no mercado de ações, aproveitando o bom momento do mercado financeiro. Todavia, ele tem dúvidas a respeito da forma menos onerosa, sob o aspecto fiscal, de efetuar os seus investimentos, ou seja, se deve investir como pessoa física ou capitalizar a sua empresa e, então, efetuar a aplicação por meio da pessoa jurídica, uma vez que o art. 10 da Lei n. 9.249/1995 garante a isenção tributária dos dividendos distribuídos a pessoas físicas.

Considerando que, como regra, os ganhos com ações são tributados na fonte a 15% pelo Imposto de Renda e projetando um resultado estimado de ganho no valor de R$ 100.000,00, oriente o sr. Andrade a investir como pessoa física ou como pessoa jurídica, visando obter, obviamente, a menor tributação possível.

CAPÍTULO 14 Planejamento tributário no regime de tributação do Simples Nacional

OBJETIVOS

- Demonstrar a correta apuração do Simples Nacional, incluindo as mudanças inseridas pela Lei Complementar n. 155/2016 e as normativas que passaram a vigorar a partir de 1º de janeiro de 2018;
- Introduzir temas relevantes como enquadramento, vedações, exclusões, segregações de receitas, aplicação das tabelas, cálculo do valor unificado a recolher, substituição tributária ISS e ICMS, entre outros;
- Explicar como se faz um planejamento tributário no regime de tributação do Simples Nacional, evitando o pagamento de impostos e contribuições indevidas.

14.1 INTRODUÇÃO

O Simples Nacional é um regime unificado de arrecadação, cobrança e fiscalização de tributos, aplicável às microempresas e empresas de pequeno porte, previsto na Lei Complementar n. 123/2006.

A empresa que aderir ao Simples desfruta da vantagem de recolher quase todos os tributos (federais, estaduais e municipais) mediante um único pagamento, calculado sobre um percentual de sua receita bruta.

O tratamento diferenciado para microempresas e empresas de pequeno porte é um mandamento constitucional, previsto em pelo menos dois dispositivos da Constituição Federal de 1988 (CF).

> Art. 146. Cabe à Lei Complementar:
>
> (...)
>
> III – estabelecer normas gerais em matéria de legislação tributária, especialmente sobre:
>
> (...)

d) definição de tratamento diferenciado e favorecido para as microempresas e para as empresas de pequeno porte, inclusive regimes especiais ou simplificados no caso do imposto previsto no art. 155, II das contribuições previstas no art. 195, I e §§ 12 e 13, e da contribuição a que se refere o art. 239.

Parágrafo único. A Lei Complementar de que trata o inciso III, *d*, também poderá instituir um regime único de arrecadação dos impostos e contribuições da União, dos Estados, do Distrito Federal e dos Municípios, observado que:

I – será opcional para o contribuinte;
II – poderão ser estabelecidas condições de enquadramento diferenciadas por Estado;
III – o recolhimento será unificado e centralizado e a distribuição da parcela de recursos pertencentes aos respectivos entes federados será imediata, vedada qualquer retenção ou condicionamento;
IV – a arrecadação, a fiscalização e a cobrança poderão ser compartilhadas pelos entes federados, adotado cadastro nacional único de contribuintes.

Art. 170. A ordem econômica, fundada na valorização do trabalho humano e na livre iniciativa, tem por fim assegurar a todos existência digna, conforme os ditames da justiça social, observados os seguintes princípios:
(...)
IX – tratamento favorecido para as empresas de pequeno porte constituídas sob as leis brasileiras e que tenham sua sede e administração no país.

Art. 179. A União, os Estados, o Distrito Federal e os Municípios dispensarão às microempresas e às empresas de pequeno porte, assim definidas em lei, tratamento jurídico diferenciado, visando a incentivá-las pela simplificação de suas obrigações administrativas, tributárias, previdenciárias e creditícias, ou pela eliminação ou redução destas por meio de lei.

Desse modo, a fim de cumprir o mandamento constitucional previsto no art. 146, III, *d*, foi editada a Lei Complementar (LC) n. 123/2006, que estabelece tratamento diferenciado e favorecido para as microempresas e para as empresas de pequeno porte, além de instituir um regime único de arrecadação dos impostos e contribuições para essas empresas.

O objetivo é fomentar o desenvolvimento das ME, EPP e do MEI por meio de um sistema uniforme, facilitando o cumprimento das obrigações tributárias.

As características são:

- opcional ao contribuinte;
- recolhimento unificado e centralizado;
- distribuição imediata de recursos;

- arrecadação, fiscalização e cobrança compartilhadas;
- cadastro único de contribuintes.

14.2 LIMITE DE RECEITA BRUTA

Até a edição da Lei Complementar n. 155/2016, o limite máximo de receita bruta anual permitido para que as empresas de pequeno porte (EPPs) pudessem ingressar no regime especial de tributação do Simples era R$ 3,6 milhões por ano, o equivalente a R$ 300 mil ao mês. Com as mudanças, esse teto sobe para R$ 4,8 milhões por ano, correspondendo a R$ 400 mil ao mês, segundo a LC n. 155/2016 e a Resolução CGSN n. 135/2017.

Para efeito de recolhimento do ICMS e do ISS no Simples Nacional, o limite máximo de que trata o inciso II do *caput* do art. 3º será de R$ 3.600.000,00 (três milhões e seiscentos mil reais), observado o disposto nos §§ 11, 13, 14 e 15 do mesmo artigo, nos §§ 17 e 17-A do art. 18 e no § 4º do art. 19.

Para os Estados que não tenham adotado sublimite e para aqueles cuja participação no Produto Interno Bruto brasileiro seja superior a 1% (um por cento), para efeito de recolhimento do ICMS e do ISS, observar-se-á obrigatoriamente o sublimite no valor de R$ 3.600.000,00 (três milhões e seiscentos mil reais).

A empresa de pequeno porte que ultrapassar os limites a que se referem o § 4º do art. 19 estará automaticamente impedida de recolher o ICMS e o ISS na forma do Simples Nacional, a partir do mês subsequente àquele em que tiver ocorrido o excesso, relativamente aos seus estabelecimentos localizados na unidade da Federação que os houver adotado, ressalvado o disposto nos §§ 11 e 13 do art. 3º.

Na hipótese em que o recolhimento do ICMS ou do ISS não esteja sendo efetuado por meio do Simples Nacional por força do disposto neste artigo e no art. 19 desta Lei Complementar, as faixas de receita do Simples Nacional superiores àquela que tenha sido objeto de opção pelos Estados ou pelo Distrito Federal sofrerão, para efeito de recolhimento do Simples Nacional, redução da alíquota efetiva desses impostos, apurada de acordo com os Anexos I a V desta Lei Complementar, conforme o caso, segundo a LC n. 155/2016.

A alíquota aplicável na retenção na fonte deverá ser informada no documento fiscal e corresponderá à alíquota efetiva de ISS a que a microempresa ou a empresa de pequeno porte estiver sujeita no mês anterior ao da prestação.

Na hipótese de o serviço sujeito à retenção ser prestado no mês de início de atividades da microempresa ou da empresa de pequeno porte, deverá ser aplicada pelo tomador a alíquota efetiva de 2% (dois por cento).

Na hipótese de a microempresa ou a empresa de pequeno porte não informar a alíquota de que tratam os incisos I e II deste parágrafo no documento fiscal, aplicar-se-á a alíquota efetiva de 5% (cinco por cento).

14.3 PESSOAS JURÍDICAS EXCLUÍDAS

De acordo com o § 4º do art. 3º da LC n. 123/2006, não poderá se beneficiar do tratamento jurídico diferenciado previsto nesta Lei Complementar, para nenhum efeito legal, a pessoa jurídica:

I - de cujo capital participe outra pessoa jurídica;
II - que seja filial, sucursal, agência ou representação, no país, de pessoa jurídica com sede no exterior;
III - de cujo capital participe pessoa física que seja inscrita como empresário ou seja sócia de outra empresa que receba tratamento jurídico diferenciado nos termos desta Lei Complementar, desde que a receita bruta global ultrapasse o limite de que trata o inciso II do *caput* deste artigo;
IV - cujo titular ou sócio participe com mais de 10% (dez por cento) do capital de outra empresa não beneficiada por esta Lei Complementar, desde que a receita bruta global ultrapasse o limite de R$ 4.800.000,00;
V - cujo sócio ou titular seja administrador ou equiparado de outra pessoa jurídica com fins lucrativos, desde que a receita bruta global ultrapasse o limite de R$ 4.800.000,00;
VI - constituída sob a forma de cooperativas, salvo as de consumo;
VII - que participe do capital de outra pessoa jurídica;
VIII - que exerça atividade de banco comercial, de investimentos e de desenvolvimento, de caixa econômica, de sociedade de crédito, financiamento e investimento ou de crédito imobiliário, de corretora ou de distribuidora de títulos, valores mobiliários e câmbio, de empresa de arrendamento mercantil, de seguros privados e de capitalização ou de previdência complementar;
IX - constituída sob a forma de sociedade por ações;
X - cujos titulares ou sócios guardem, cumulativamente, com o contratante do serviço, relação de pessoalidade, subordinação e habitualidade.

14.4 EXCLUSÃO E MODIFICAÇÃO DE ENQUADRAMENTO

De acordo com a LC n. 123/2006, a modificação do enquadramento ou a exclusão do regime do Simples, temos que:

- Na hipótese de a microempresa ou empresa de pequeno porte incorrer em alguma das situações (I a X), será excluída do tratamento jurídico diferenciado previsto na a Lei Complementar, com efeitos a partir do mês seguinte ao que foi incorrida a situação impeditiva.
- Observada a proporcionalidade no caso de início de atividades, a microempresa que, no ano-calendário, exceder o limite de receita bruta anual previsto

na legislação (R$ 360.000,00) passa, no ano-calendário seguinte, à condição de empresa de pequeno porte.

- No caso de início de atividades, a empresa de pequeno porte que, no ano-calendário, não ultrapassar o limite de receita bruta anual para microempresa (R$ 360.000,00) passa, no ano-calendário seguinte, à condição de microempresa.
- A empresa de pequeno porte que, no ano-calendário, exceder o limite de receita bruta anual (R$ 4.800.000,00), fica excluída, no mês subsequente à ocorrência do excesso, do tratamento jurídico diferenciado. Os efeitos da exclusão prevista dar-se-ão no ano-calendário subsequente se o excesso verificado em relação à receita bruta não for superior a 20% (vinte por cento) do limite.
- A empresa de pequeno porte que, no decurso do ano-calendário de início das atividades ultrapassar o limite proporcional (R$ 400.000,00 por mês ou fração) da receita bruta estará excluída do tratamento jurídico diferenciado com efeitos retroativos ao início de suas atividades. Mas esta exclusão não retroagirá ao início das atividades se o excesso verificado em relação à receita bruta não for superior a 20% (vinte por cento) do respectivo limite, hipótese em que os efeitos da exclusão dar-se-ão no ano-calendário subsequente.

14.4.1 Efeitos da exclusão

O contribuinte será excluído, segundo a LC n. 155/2016 e Resolução n. 135/2017, quando:

- for constatada:
  - a falta de ECD para a ME e EPP que receber aporte de capital do investidor-anjo, a partir de 1º de janeiro de 2017;
  - a falta de escrituração do livro-caixa ou a existência de escrituração do livro-caixa que não permita a identificação da movimentação financeira, inclusive bancária, para a ME e EPP que não receber o aporte de capital no item 1.
- for constatado que durante o ano-calendário o valor das despesas pagas supera em 20% (vinte por cento) o valor de ingressos de recursos no mesmo período, excluído o ano de início de atividade;
- for constatado que durante o ano-calendário o valor das aquisições de mercadorias para comercialização ou industrialização, ressalvadas hipóteses justificadas de aumento de estoque, foi superior a 80% (oitenta por cento) dos ingressos de recursos no mesmo período, excluído o ano de início de atividade.

14.5 NOME EMPRESARIAL

De acordo com o art. 72 da LC n. 123/2006 – revogado a partir de janeiro de 2018 – as microempresas e as empresas de pequeno porte, nos termos da legislação civil, acrescentarão à sua firma ou denominação as expressões "Microempresa" ou "Empresa de Pequeno Porte", ou suas respectivas abreviações, "ME" ou "EPP", conforme o caso, sendo facultativa a inclusão do objeto da sociedade.

Após o procedimento de registro e o arquivamento do contrato na junta comercial, deverá ser feita solicitação de enquadramento da sociedade na condição de microempresa ou empresa de pequeno porte, mediante declaração da própria empresa. Segundo a LC n. 155/2016, deverá adicionar ao nome empresarial ME – Microempresa ou EPP – Empresa de Pequeno Porte.

14.6 PARTICIPAÇÃO EM LICITAÇÕES

As definições das regras para aquisições públicas de bens e serviços estão dispostas nos arts. 42 a 49 da LC n. 123/2006. Destacam-se as seguintes:

- A comprovação de regularidade fiscal e trabalhista das microempresas e das empresas de pequeno porte somente será exigida para efeito de assinatura do contrato;
- As microempresas e as empresas de pequeno porte, por ocasião da participação em certames licitatórios, deverão apresentar toda a documentação exigida para efeito de comprovação de regularidade fiscal e trabalhista, mesmo que esta apresente alguma restrição;
- Nas licitações será assegurada, como critério de desempate, preferência de contratação para as microempresas e empresas de pequeno porte.

Além da LC n. 123/2006 é oportuno observar o Decreto n. 5.528/2015 que, em seu art. 5º, estabelece que: "Nas licitações, será assegurada, como critério de desempate, preferência de contratação para as microempresas e empresas de pequeno porte". Esta se dará da seguinte forma:

- ocorrendo o empate, a microempresa ou a empresa de pequeno porte melhor classificada poderá apresentar proposta de preço inferior àquela considerada vencedora do certame, situação em que será adjudicado o objeto em seu favor;
- não ocorrendo a contratação da microempresa ou empresa de pequeno porte, na forma do item 1, serão convocadas as remanescentes que porventura se enquadrem na situação de empate, na ordem classificatória, para o exercício do mesmo direito;
- no caso de equivalência dos valores apresentados pelas microempresas e empresas de pequeno porte que se encontrem em situação de empate, será

realizado sorteio entre elas para que se identifique aquela que primeiro poderá apresentar melhor oferta.

O art. 6º do Decreto n. 5.528/2015 dispõe que os órgãos e as entidades contratantes deverão realizar processo licitatório destinado exclusivamente à participação de microempresas e empresas de pequeno porte nos itens ou lotes de licitação cujo valor seja de até R$ 80.000,00 (oitenta mil reais).

14.7 FORMALIZAÇÃO DA OPÇÃO PELO SIMPLES NACIONAL

A formalização pelo Simples Nacional ocorrerá por meio do Portal do Simples Nacional na internet. Esta opção será irretratável ao longo do ano-calendário. A mesma deverá ser feita até o último dia útil de janeiro, produzindo efeitos a partir do primeiro dia do ano-calendário da opção, segundo a LC n. 155/2016.

Ressalta-se que, enquanto não vencer o prazo para solicitação da opção, o contribuinte poderá:

- regularizar eventuais pendências impeditivas ao ingresso no Simples Nacional, sujeitando-se ao indeferimento da opção caso não as regularize até o término desse prazo;
- efetuar o cancelamento da solicitação de opção, salvo se o pedido já houver sido deferido.

14.8 ADOÇÃO DE DOMICÍLIO ELETRÔNICO

Segundo o art. 110 da Resolução CGSN n. 94/2011, a opção pelo Simples Nacional implica a aceitação do Sistema de Comunicação Eletrônica, denominado Domicílio Tributário Eletrônico do Simples Nacional (DTE-SN), que se destina a:

- cientificar o sujeito passivo de quaisquer tipos de atos administrativos, incluindo os relativos ao indeferimento de opção, à exclusão do regime e a ações fiscais;
- encaminhar notificações e intimações;
- expedir avisos em geral.

Em relação ao DTE-SN, deverá ser observado

I - As comunicações serão feitas, por meio eletrônico, no Portal do Simples Nacional, dispensando-se a sua publicação no *Diário Oficial* e o envio por via postal.

II - A comunicação será considerada pessoal para todos os efeitos legais.

III - Terá validade a ciência com utilização de certificação digital ou código de acesso.

14.9 RECIPROCIDADE SOCIAL

O acesso a linhas de crédito específicas será facilitado a empresas que contratarem pessoas com deficiência ou jovens aprendizes.

Os bancos comerciais públicos e os bancos múltiplos públicos com carteira comercial, a Caixa Econômica Federal e o Banco Nacional do Desenvolvimento Econômico e Social (BNDES) manterão linhas de crédito específicas para as microempresas e para as empresas de pequeno porte, vinculadas à reciprocidade social, devendo o montante disponível e suas condições de acesso ser expressos nos respectivos orçamentos e amplamente divulgados, segundo a LC n. 155/2016.

Deverão publicar, juntamente com os respectivos balanços, relatório circunstanciado dos recursos alocados às linhas de crédito referidas no *caput* e daqueles efetivamente utilizados, consignando, obrigatoriamente, as justificativas do desempenho alcançado.

14.10 PROFISSIONAIS DE SALÃO DE BELEZA E CONTRATO DE PARCERIA

Os valores repassados a cabeleireiros, barbeiros, esteticistas, manicures, pedicures, depiladores e maquiadores – profissionais de que trata a Lei n. 12.592 de 18 de janeiro de 2012 – contratados por meio de parceria, nos termos da legislação civil, não integrarão a receita bruta da empresa contratante para fins de tributação, cabendo ao contratante a retenção e o recolhimento dos tributos devidos pelo contratado, segundo a LC n. 155/2016.

Para o salão parceiro deduzir a quota-parte, é necessário que os profissionais parceiros sejam pessoas jurídicas. Se o profissional parceiro for pessoa física, o salão não poderá deduzir a quota-parte paga a esse profissional, segundo o art. 1º da Resolução CGSN n. 137/2017, que acrescentou o inciso VI do § 4º-B do art. 2º da Resolução CGSN n. 94/2011.

Os serviços e os produtos neles empregados deverão ser tributados no Anexo III, e os produtos e mercadorias comercializados deverão tributar no Anexo I, conforme o art. 1º da Resolução CGSN n. 137/2017, que acrescentou o § 19 do art. 25-A da Resolução CGSN n. 94/2011.

O salão parceiro deverá emitir documento fiscal para o consumidor informando o total das receitas de serviço e produtos neles empregadas, discriminando as quotas-parte do salão parceiro e do profissional parceiro, bem como o CNPJ deste. O profissional parceiro emitirá documento fiscal destinado ao salão parceiro relativamente ao valor das quotas-parte recebidas, segundo o art. 1º da Resolução CGSN n. 137/2017, que acrescentou os §§ 1º-A e 1º-B do art. 57 da Resolução CGSN n. 94/2011.

O salão parceiro de que trata a Lei n. 12.592/2012, não poderá ser MEI, conforme o art. 1º da Resolução CGSN n. 137/2017, que acrescentou o § 7º do art. 91 da Resolução CGSN n. 94/2011.

Exemplo:

O salão fatura R$ 100,00 por corte de cabelo, mas tem um contrato de parceria com a profissional cabeleireira de R$ 30,00 por corte. A receita bruta do salão será de R$ 70,00 e não de R$ 100,00. Antes, a receita do salão era de R$ 100,00 e pagava imposto sobre a receita bruta de R$ 100,00. Atualmente, paga o imposto sobre a receita bruta de R$ 70,00.

14.11 BEBIDAS ALCOÓLICAS - PRODUÇÃO E COMÉRCIO

Poderão se enquadrar no Simples Nacional as micro e pequenas cervejarias, destilarias, vinícolas e produtores de licores, desde que registradas no Ministério da Agricultura, Pecuária e Abastecimento (Mapa) e obedecida a regulamentação da Anvisa no que se refere à produção e comercialização das bebidas alcoólicas, segundo a LC n. 155/2016.

As empresas que produzem ou vendem bebidas alcoólicas em atacado deverão formalizar o registro junto ao Ministério da Agricultura, Pecuária e Abastecimento para poder optar pelo Simples Nacional a partir de 2018.

Todos os estabelecimentos produtores, padronizadores, engarrafadores, atacadistas, exportadores e importadores devem ser registrados no Mapa, assim como todas as bebidas produzidas no país.

As bebidas importadas têm apenas o registro do estabelecimento importador no seu contrarrótulo.

Fundamentação legal: art. 1º da Lei n. 8.918/1994; Decreto n. 6.871/2009; art. 27 da Lei n. 7.678/1988; Decreto n. 8.198/2014; art. 1º da Resolução CGSN n. 135/2017, que acrescenta a alínea *c* do inciso XX do art. 15 da Resolução CGSN n. 094/2011.

14.12 MICROEMPREENDEDOR INDIVIDUAL (MEI)

Considera-se MEI o empresário que exerça de forma independente tão somente as ocupações constantes do Anexo XIII da Resolução CGSN n. 94/2011; enquadre-se na definição do art. 966 da Lei n. 10.406, de 10 de janeiro de 2002 do Código Civil, ou o empreendedor que exerça as atividades de industrialização, comercialização e prestação de serviços no âmbito rural, que tenha auferido receita bruta, no ano-calendário anterior, de até R$ 81.000,00 (oitenta e um mil reais), que seja optante pelo Simples Nacional e que não esteja impedido de optar pela sistemática prevista no art. 1º da Resolução CGSN n. 135/2017 com alteração no art. 91 da Resolução CGSN n. 94/2011.

Entende-se como independente a ocupação exercida pelo titular do empreendimento, desde que este não guarde, cumulativamente, com o contratante do serviço, relação de pessoalidade, subordinação e habitualidade. Foi acrescentado o termo “independente” em todas as ocupações constantes do Anexo XIII da Resolução CGSN n. 94/2011, consoante o art. 1º da Resolução CGSN n. 137/2017, que alterou o art. 91, inciso I e acrescentou ao mesmo art. o § 8º da Resolução CGSN n. 94/2011.

No caso de início de atividades, o limite de que trata o § 1º será de R$ 6.750,00 (seis mil, setecentos e cinquenta reais) multiplicados pelo número de meses compreendido entre o início da atividade e o final do respectivo ano-calendário, consideradas as frações de meses como um mês inteiro.

Poderá enquadrar-se como MEI o empresário individual ou o empreendedor que exerça as atividades de industrialização, comercialização e prestação de serviços no âmbito rural que possua um único empregado que receba exclusivamente um salário mínimo ou o piso salarial da categoria profissional, segundo a LC n. 155/2016.

São requisitos do MEI:

- optante pelo Simples Nacional;
- atividades do Anexo XIII da Resolução;
- possuir um único estabelecimento;
- não participar de outra empresa como titular, sócio ou administrador; não contratar mais de um empregado;
- não guardar, cumulativamente, com o contratante do serviço, relação de pessoalidade, subordinação e habitualidade.

Na ocorrência de fraude no registro do MEI feito por terceiros, o pedido de baixa deve ser feito por meio exclusivamente eletrônico, com efeitos retroativos à data de registro, na forma a ser regulamentada pelo CGSIM.

A tributação será fixa mensal, no valor fixo mensal de R$ 45,00 se for comércio ou indústria; de R$ 49,00 para prestação de serviço; ou de R$ 50,00 quando for comércio e serviços. Esses valores são destinados à Previdência Social e ao ICMS ou ao ISS.

O MEI terá isenção de tributos federais de Imposto de Renda, PIS, Cofins, IPI e CSLL; isenção de taxas de todos os custos, inclusive prévios, relativos à abertura, à inscrição, ao registro, ao funcionamento, ao alvará, à licença, ao cadastro, às alterações e procedimentos de baixa. Também não fará o recolhimento da Contribuição Patronal Preferencial (CPP) de 20% na contratação dos serviços de hidráulica, elétrica, pintura, alvenaria, carpintaria e reparação de veículos, segundo a LC n. 155/2016.

O produtor rural que exerça as atividades de industrialização, comercialização e prestação de serviços no âmbito rural poderá efetuar seu registro como MEI.

O empreendedor que exerça as referidas atividades rurais e que efetuar seu registro como MEI não perderá a condição de segurado especial da Previdência

Social. O produtor rural registrado como MEI deverá manter todas as suas obrigações relativas à condição de produtor rural ou de agricultor familiar, conforme o art. 1º da LC n. 155/2016, que altera o art. 18-C e acrescenta os §§ 5º e 7º do art. 18-E da LC n. 123/2006.

O MEI inscrito no conselho profissional de sua categoria na qualidade de pessoa física é dispensado de realizar nova inscrição no mesmo conselho na qualidade de empresário individual.

Portanto, não há obrigatoriedade de o MEI ter a inscrição no conselho profissional como pessoa física e como empresário individual.

São vedadas aos conselhos profissionais, sob pena de responsabilidade, a exigência de inscrição e a execução de qualquer tipo de ação fiscalizadora quando a ocupação do MEI não exigir registro profissional da pessoa física, segundo o art. 1º da LC n. 155/2016, que acrescenta os §§ 19-A e 19-B do art. 18-A da LC n. 123/2006.

14.13 REDUÇÃO DE ANEXOS E FAIXAS DE TRIBUTAÇÃO

A partir de 2018, o cálculo do valor dos tributos devidos pelo Simples Nacional conterá cinco anexos e apenas seis faixas de faturamento, de forma gradativa.

A segregação de receitas será:

- revenda de mercadorias, que serão tributadas na forma do Anexo I;
- venda de mercadorias industrializadas pelo contribuinte, que serão tributadas na forma do Anexo II;
- prestação de serviços tributados na forma do Anexo III;
- prestação de serviços tributados na forma do Anexo IV;
- prestação de serviços previstos na forma do Anexo V;
- locação de bens móveis, tributadas na forma do Anexo III, deduzida parcela de ISS;
- atividade com incidência simultânea de IPI e de ISS, forma do Anexo II, deduzida a parcela correspondente ao ICMS e acrescida a parcela correspondente ao ISS prevista no Anexo III;
- escritórios de serviços contábeis, tributados na forma do Anexo III X tributação fixa;
- transportes intermunicipais e interestaduais de cargas – Anexo III, deduzindo a parcela de ISS, incluindo a de ICMS;
- transportes intermunicipais e interestaduais de passageiros na modalidade fluvial;
- nas demais modalidades, se transporte urbano ou metropolitano; ou realizado sob fretamento contínuo em área metropolitana para o transporte de estudantes ou trabalhadores.

As empresas com as atividades inseridas no Anexo V poderão ser tributadas pela tabela do Anexo III, que possui alíquotas menores, se o Fator *r* (folha de salários, inclusive de retirada pró-labore) for igual ou superior a 28% da receita bruta.

As empresas com as atividades inseridas no Anexo III poderão ser tributadas pela tabela do Anexo V se o Fator *r* (folha de salários, inclusive de retirada pró-labore) for inferior a 28% da receita bruta.

Entretanto, para as empresas que em 12 meses têm gastos com a folha de salários inferiores a 28%, o Lucro Presumido pode ser mais vantajoso. Essa sistemática, chamada de "Fator *r*", também vale para as empresas do Anexo IV. Para determinar qual o percentual gasto com pessoal dentro do faturamento da empresa é preciso dividir o gasto anual com a folha de salário – incluindo pró-labore e encargos –, pela receita bruta anual.

14.13.1 Atividades do Anexo V

Serão tributadas pelo Anexo V quando o Fator *r* for inferior a 28%: fisioterapia, arquitetura e urbanismo; medicina, inclusive laboratorial, e enfermagem; odontologia e prótese dentária; psicologia, psicanálise, terapia ocupacional, acupuntura, podologia, fonoaudiologia, clínicas de nutrição e de vacinação e bancos de leite; administração e locação de imóveis de terceiros; academias de dança, de capoeira, de ioga e de artes marciais; academias de atividades físicas, desportivas, de natação e escolas de esportes; elaboração de programas de computadores, inclusive jogos eletrônicos, licenciamento ou cessão de direito de uso de programas de computação; planejamento, confecção, manutenção e atualização de páginas eletrônicas; empresas montadoras de estandes para feiras; laboratórios de análises clínicas ou de patologia clínica; serviços de tomografia, diagnósticos médicos por imagem, registros gráficos e métodos óticos, bem como ressonância magnética, segundo a LC n. 155/2016.

O valor da alíquota poderá variar de acordo com a razão entre a folha de pagamento e a receita bruta da empresa. O interesse do governo é privilegiar com alíquotas menores as empresas que têm maior quantidade de funcionários registrados.

Por exemplo, uma empresa tributada pelo novo Anexo V, que possui maior carga tributária, poderá passar a ser tributada pelo novo Anexo III (menor carga tributária), caso a razão entre a folha de salários e a receita bruta seja igual ou superior a 28%.

Sem prejuízo da possibilidade de adoção de todas as faixas de receita previstas nos Anexos I a V desta Lei Complementar, os Estados cuja participação no Produto Interno Bruto brasileiro seja de até 1% (um por cento) poderão optar pela aplicação de sublimite para efeito de recolhimento do ICMS na forma do

Simples Nacional nos respectivos territórios, para empresas com receita bruta anual de até R$ 1.800.000,00 (um milhão e oitocentos mil reais).

14.13.2 Farmácias de manipulação

A LC n. 123/2006 estabeleceu a tributação na forma do Anexo I, para serviços farmacêuticos, item 4.07 da lista.

A LC n. 147/2014 possibilitou a segregação da receita dos produtos manipulados sob encomenda - Anexo III. Há a possibilidade de segregação das receitas decorrentes da comercialização de medicamentos e produtos produzidos por manipulação de fórmulas sob encomenda - Produtos sob encomenda - Anexo II, segundo o art. 13 da LC n. 147/2014.

14.13.3 Construção civil

Possibilidade de dedução dos valores de materiais fornecidos pelo prestador do serviço, nas obras de construção civil, enquadradas nos subitens 7.02 e 7.05 da lista anexa à LC n. 116/2003 (art. 7º, LC n. 116/2003), conforme orientação jurisprudencial.

14.14 CAIXA OU COMPETÊNCIA

A opção pelo Regime de Caixa servirá exclusivamente para a apuração da base de cálculo mensal, aplicando-se o Regime de Competência para as demais finalidades, especialmente para determinação dos limites e sublimites, bem como da alíquota a ser aplicada, segundo a LC n. 155/2016.

14.15 ALÍQUOTAS DO SIMPLES NACIONAL - DOCUMENTO DE ARRECADAÇÃO SIMPLIFICADA (DAS)

A base de cálculo para a apuração dos valores devidos no Simples Nacional é a receita bruta auferida no mês pela empresa. Sobre essa receita bruta incidirá a alíquota constante nas tabelas do Simples Nacional. Para determinação da alíquota considera-se o faturamento total da empresa nos 12 meses anteriores ao período de apuração.

As alíquotas agora se tornaram progressivas, à medida que o faturamento da empresa aumenta, e não mais fixas por faixas, como era antes. Também será criado um desconto fixo específico por cada faixa de enquadramento, ou seja, a alíquota a ser paga dependerá de um cálculo que leva em consideração a receita bruta acumulada nos 12 meses anteriores e esse novo desconto.

- **Receita bruta:** produto da venda de bens e serviços nas operações de conta própria, o preço dos serviços prestados e o resultado nas operações em conta alheia, exceto as vendas canceladas e os descontos concedidos.
- **Alíquotas nominais:** alíquota total constante nos Anexos I a V da LC n. 123/2006.
- **Alíquotas efetivas:** resultado da receita bruta acumulada nos 12 meses anteriores ao período de apuração, multiplicada pela alíquota nominal, menos a parcela a deduzir constante nos Anexos I a V, dividido pela receita bruta acumulada nos 12 meses anteriores ao período de apuração.

O valor devido mensalmente pela microempresa ou empresa de pequeno porte optante pelo Simples Nacional será determinado mediante aplicação das alíquotas efetivas, calculadas a partir das alíquotas nominais constantes das tabelas dos Anexos I a V desta Lei Complementar.

Para efeito de determinação da alíquota nominal, o sujeito passivo utilizará a receita bruta acumulada nos 12 meses anteriores ao do período de apuração.

A alíquota efetiva é o resultado de:

$$\frac{RBT12 \times Aliq - PD}{RBT12}$$

em que:

RBT12: receita bruta acumulada nos 12 meses anteriores ao período de apuração;
Alíquota: alíquota nominal constante dos Anexos I a V desta Lei Complementar;
PD: parcela a deduzir constante dos Anexos I a V desta Lei Complementar.

Os percentuais efetivos de cada tributo serão calculados a partir da alíquota efetiva, multiplicada pelo percentual de repartição constante dos Anexos I a V desta Lei Complementar, observando-se que:

- o percentual efetivo máximo destinado ao ISS será de 5% (cinco por cento), transferindo-se eventual diferença, de forma proporcional, aos tributos federais da mesma faixa de receita bruta anual;
- eventual diferença centesimal entre o total dos percentuais e a alíquota efetiva será transferida para o tributo com maior percentual de repartição na respectiva faixa de receita bruta.

Na hipótese de transformação, extinção, fusão ou sucessão dos tributos referidos nos incisos IV e V do art. 13, serão mantidas as alíquotas nominais e efetivas previstas neste artigo e nos Anexos I a V desta Lei Complementar, e lei ordinária disporá sobre a repartição dos valores arrecadados para os tributos federais, sem alteração no total dos percentuais de repartição a eles devidos, e mantidos os percentuais de repartição destinados ao ICMS e ao ISS.

Em caso de início de atividade, os valores de receita bruta acumulada constantes dos Anexos I a V desta Lei Complementar devem ser proporcionalizados ao número de meses de atividade no período.

Sobre a receita bruta auferida no mês incidirá a alíquota efetiva determinada na forma do *caput* e dos §§ 1º, 1º-A e 2º desse artigo, podendo tal incidência se dar, à opção do contribuinte, na forma regulamentada pelo Comitê Gestor do Simples Nacional (CGSN), sobre a receita recebida no mês, sendo essa opção irretratável para todo o ano-calendário.

Na hipótese do § 12 do art. 3º, a parcela de receita bruta que exceder o montante determinado no § 10 daquele artigo estará sujeita às alíquotas máximas previstas nos Anexos I a V da LC n. 155/2016, proporcionalmente, conforme o caso.

Exemplo:

A Empresa Andradas comercializa produtos alimentícios e teve um faturamento acumulado nos últimos 12 meses de R$ 1.500.000,00. Em 2018 deverá responder à seguinte fórmula matemática para então obter a alíquota que deverá aplicar no cálculo do imposto mensal:

$$\frac{\text{RBT12} \times \text{Aliq} - \text{PD}}{\text{RBT12}}$$

$$\frac{\text{R\\$ } 1.500.000{,}00 \times 10{,}70\% - \text{R\\$ } 22.500{,}00}{\text{R\\$ } 1.500.000{,}00} = 9{,}20\%$$

No cálculo feito em 2017, o contribuinte deveria observar a tabela comercial vigente na faixa que contemplava o faturamento acumulado de R$ 1.5000.000,00 e, então, encontraria a alíquota de 9,03%. Em 2018, esse contribuinte terá um aumento de 0,17% em sua carga tributária.

14.15.1 Início de atividades

No caso de início de atividades, para fins de apuração da receita acumulada (RBT12), que determinará a alíquota nominal e a parcela a deduzir dos Anexos I a V para utilização no cálculo da alíquota efetiva do Simples Nacional, deverá ser adotado o seguinte procedimento, segundo a LC n. 155/2016.

Exemplo:

A Empresa Alfenas terá como data de abertura novembro de 2018; nesse caso, há de se verificar qual é o valor do limite proporcional a ser aplicado.

Portanto, temos:

R$ 4.800.000,00/12 × 2 (n. de meses restantes do período) = R$ 800.000,00.

Se o limite de R$ 800.000,00 for ultrapassado em até 20%, os efeitos de desenquadramento se darão em 2019; caso contrário, se o limite for ultrapassado em mais de 20%, o desenquadramento é retroativo ao início das atividades.

Fundamentação legal: art. 2º, inciso V da Resolução CGSN n. 94/2011; arts. 3º, 30, inciso III, § 1º, III, alíneas *a* e *b* da Lei n. 123/2006 e art. 1º da Resolução CGSN n. 135/2017, que altera o art. 3º da Resolução CGSN n. 94/2011.

14.15.2 Início de atividades em ano-calendário anterior ao da opção

No caso de início de atividades em ano-calendário imediatamente anterior ao da opção pelo Simples Nacional, a receita bruta acumulada deverá ser calculada pela média aritmética da receita bruta total dos meses anteriores ao do período de apuração, multiplicada por 12, até alcançar 13 meses de atividade, quando, então, adotaria a receita bruta total acumulada nos 12 meses anteriores ao do período de apuração, segundo a LC n. 155/2016.

Considera-se data de início de atividades a data de abertura constante do CNPJ. Assim, caso não tenha sido auferida receita bruta em determinado mês anterior ao período de apuração, no cálculo da média aritmética, a receita desse mês será R$ 0,00.

Exemplo:

A Industrial Itajubá fabrica embalagens, teve início de atividades em setembro de 2017 e optou pelo Simples Nacional.

Receita bruta mensal:

Mês	Valor da receita bruta – R$%
Setembro	77.000,00
Outubro	189.000,00
Novembro	201.000,00
Dezembro	232.000,00
Janeiro	357.000,00

A receita bruta auferida em fevereiro de 2018 totalizou a importância de R$ 301.000,00.

Determine o DAS do Simples Nacional a recolher em fevereiro de 2018.

Cálculo da receita bruta acumulada em fevereiro de 2018:

Média aritmética dos meses anteriores = R$ 77.000,00 + R$ 189.000,00 + + R$ 201.000,00 + R$ 232.000,00 + R$ 357.000,00 / 5 = R$ 211.200,00

Receita bruta acumulada: R$ 211.200,00 × 12 = R$ 2.534.400,00

Cálculo da alíquota efetiva do Simples Nacional em fevereiro de 2018.

Enquadramento:

Anexo I

Solução:

Alíquota = 14,70%

Parcela a deduzir = R$ 85.500,00

$$\text{Alíquota efetiva} = \frac{(\text{R\$ } 2.534.400{,}00 \times 14{,}70\%) - \text{R\$ } 85.500{,}00}{\text{R\$ } 2.534.400{,}00}$$

Alíquota efetiva = 0,111326 × 100 = 11,33%

Cálculo do Simples Nacional em fevereiro de 2018:

Valor do DAS a ser recolhido em fevereiro de 2018 = R$ 301.000,00 × 11,33% = = R$ 34.103,30.

14.15.3 Início de atividades no próprio ano-calendário da opção

Ocorrendo início de atividades no próprio ano-calendário da opção pelo Simples Nacional, para efeito de determinação da alíquota, a receita bruta acumulada deverá ser calculada, segundo a LC n. 155/2016:

- no primeiro mês de atividades: a receita do próprio mês de apuração deverá ser multiplicada por 12;
- nos 11 meses posteriores ao início de atividades deverá ser utilizada a média aritmética da receita bruta total dos meses anteriores ao do período de apuração, multiplicada por 12.

Exemplo:

A casa dos Tributos, prestadora de assessoria e consultoria tributária, teve início de atividades em abril de 2018 e optou pelo Simples Nacional.

A receita bruta auferida em abril de 2018 totalizou a importância de R$ 11.000,00.

Determine o DAS do Simples Nacional a recolher em maio de 2018.

Enquadramento:

Anexo III

Solução:

Cálculo no período de apuração em abril de 2018 (primeiro mês do período de apuração):

Receita bruta no mês de abril de 2018 = R$ 11.000,00

Cálculo da receita bruta acumulada em abril de 2018:

Receita bruta acumulada proporcional = R$ 11.000,00 × 12 meses = R$ 132.000,00

Alíquota = 6%

Parcela a deduzir = R$ 0,00

$$\text{Alíquota efetiva} = \frac{(\text{R\$ } 132.000{,}00 \times 6\%) - \text{R\$ } 00{,}00}{\text{R\$ } 132.000{,}00}$$

Alíquota efetiva = 0,06 × 100 = 6%

Cálculo do Simples Nacional em abril de 2018:

Valor do DAS a ser recolhido em maio de 2018 = R$ 11.000,00 × 6% = = R$ 660,00.

14.16 CÁLCULO DE ICMS E ISS

O sublimite de receita, que corresponde ao limite inferior ao previsto para enquadramento no Simples Nacional para fins de recolhimento do ICMS e do ISS, até 2017 era facultativo aos Estados e Municípios cuja participação anual no PIB brasileiro fosse menor de 5%, segundo a LC n. 155/2016.

Para os Estados que não tenham adotado sublimite e para aqueles cuja participação no PIB brasileiro seja superior a 1%, para efeito de recolhimento do ICMS e do ISS, observar-se-á obrigatoriamente o sublimite no valor de R$ 3.600.000,00.

No ano-calendário de início de atividade, o sublimite será de R$ 300.000,00 multiplicado pelo número de meses compreendidos entre o início de atividades e o final do respectivo ano-calendário, consideradas as frações de meses como um mês inteiro.

O contribuinte que ultrapassar o limite de receita estará impedido de recolher o ICMS e o ISS do Simples Nacional, a partir do mês subsequente àquele em que tiver ocorrido o excesso. Os efeitos do impedimento ocorrerão no ano-calendário subsequente se o excesso verificado não for superior a 20% do limite (R$ 4.320.000,00).

Caso a receita bruta acumulada pela empresa no ano-calendário de início de atividades ultrapasse o sublimite, a mesma estará impedida de recolher o ICMS e o ISS na forma prevista no Simples Nacional, com efeitos retroativos ao início de atividade, salvo se o excesso verificado não for superior a 20% do limite, segundo a LC n. 155/2016.

O contribuinte que estiver impedido de recolher o ICMS e o ISS no Simples Nacional será considerado sujeito ao regime normal de apuração para todos os efeitos, inclusive:

- obrigações acessórias: Dime, Sped Fiscal;
- diferencial de alíquotas: EC n. 87/2015.

Ao contribuinte impedido de recolher o ICMS no Simples Nacional, fica assegurado o direito de creditar-se:

- do ICMS sobre o estoque, exceto em relação às mercadorias sujeitas à substituição tributária;
- do saldo de créditos acumulados reservados não transferidos até o momento de sua opção pelo Simples Nacional;
- das parcelas remanescentes do crédito do Ativo Imobilizado.

Para as empresas que tiverem faturamento entre R$ 3.600.000,00 e R$ 4.800.000,00, esses impostos deverão ser calculados fora da tabela do Simples Nacional. Acima desse valor, o imposto será cobrado "por fora" do regime, por meio da apuração normal, inclusive quanto às obrigações acessórias.

Para o cálculo, serão mantidas as regras atuais do ICMS e do ISS das empresas optantes pelo Simples Nacional.

Para as empresas que atuam no comércio ou na indústria e faturam entre R$ 3,6 milhões e R$ 4,8 milhões ao ano as vantagens do Simples Nacional são bem restritas. Isso porque as empresas não podem recolher o ICMS pelo regime simplificado, e sim pela sistemática normal de cada Estado. No Simples Nacional, a alíquota máxima do ICMS é de 3,95%. Por fora, ela sobe para até 15%.

Contudo, as empresas que faturam entre R$ 3,6 milhões e R$ 4,8 milhões, e que trabalham com mercadorias inclusas no mecanismo da substituição tributária podem encontrar vantagens no Simples Nacional.

São vários os produtos sujeitos à substituição tributária. Entre eles estão autopeças, ferramentas, materiais de limpeza, produtos de papelaria, tintas e vernizes, segundo o Anexo I do Convênio ICMS 92, de 2015.

Como o ICMS desses produtos foi antecipado pela indústria, ele não precisará ser recolhido pelo comércio enquadrado no Simples Nacional.

Caberá o recolhimento do ICMS ST sobre o estoque de mercadorias sujeitas ao regime da substituição tributária relativo à diferença da MVA reduzida em 70% e da MVA integral.

Concede-se crédito do ICMS quando:

- tratar-se de operações destinadas a contribuintes sujeitos à apuração normal do ICMS;
- as mercadorias forem destinadas à comercialização ou industrialização;
- observado o limite de crédito de acordo com o percentual do ICMS informado pelo contribuinte optante pelo Simples Nacional.

A alíquota aplicável ao cálculo do crédito corresponderá ao percentual efetivo calculado com base na faixa de receita bruta no mercado interno a que a empresa estiver sujeita no mês anterior ao da operação, a partir das alíquotas nominais constantes dos Anexos I ou II, da seguinte forma:

{[(RBT12 × alíquota nominal) – Parcela a deduzir] / RBT12} × Percentual de distribuição do ICMS

Exemplo:

Receita bruta acumulada = R$ 500.000,00
Alíquota nominal = 10%
Valor a deduzir = R$ 13.860,00
Cálculo
[R$ 500.000,00 × 10%) – R$ 13.860,00 / R$ 500.000,00] × 32%
(R$ 36.140,00 / R$ 500.000,00) × 32%
7,23 × 32%
Alíquota de ICMS = 2,31%

O percentual de crédito de ICMS corresponderá a 1,36% para revenda de mercadorias e 1,44% para venda de produtos industrializados pelo contribuinte, na hipótese de a operação ocorrer nos dois primeiros meses de início de atividade da empresa.

Informação a ser prestada na nota fiscal:

Permite o aproveitamento do crédito de ICMS no valor de R$ ------; correspondente à alíquota de -----%, nos termos do art. 23 da LC n. 123/2006.

14.16.1 Retenção e substituição tributária do ISS

A retenção na fonte de ISS para empresa optante pelo Simples Nacional somente será permitida se observado o disposto no art. 3º da LC n. 116/2003 e desde que aplicada a alíquota, conforme Resolução CGSN n. 94/2011, art. 27.

A alíquota aplicável na retenção na fonte deverá ser informada no documento fiscal e corresponderá ao percentual efetivo de ISS decorrente da aplicação das tabelas dos Anexos III, IV ou V para a faixa de receita bruta a que a empresa estiver sujeita no mês anterior ao da prestação de serviços.

Exemplo:

Receita bruta acumulada = R$ 900.000,00
Alíquota nominal = 16%
Valor a deduzir = R$ 35.640,00
Percentual de distribuição do ICMS = 32%
Cálculo:
[(R$ 900.000,00 × 16%) - R$ 35.640,00 / R$ 900.000,00] × 32,5%
(R$ 108.360,00 / R$ 900.000,00) × 32,5%
12,04 × 32,5%
Alíquota de ISS = 3,91%

14.16.2 Retenção no mês de início de atividades e omissão da alíquota

Na hipótese de o serviço sujeito à retenção ser prestado no mês de início de atividades da empresa, deverá ser aplicada pelo tomador a alíquota de 2%.

Na hipótese de a empresa não informar no documento fiscal a alíquota do ISS, aplicar-se-á a alíquota de 5%.

Caso o prestador do serviço informe a alíquota do ISS a menor, deverá efetuar o recolhimento da diferença por meio de guia própria do município.

14.16.3 Substituição tributária do ICMS

Será considerado contribuinte:

- Substituto é aquele que, por determinação legal, é responsável pelo recolhimento do ICMS correspondente às operações subsequentes com o produto:
  - indústrias;
  - importadores;
  - empresas que realizam operações interestaduais destinadas a contribuinte localizado em UF signatária de protocolo ou convênio.
- Substituído é aquele que recebe a mercadoria com o ICMS retido na fonte pelo substituto.

São considerados substituídos nas operações subsequentes os atacadistas/ distribuidores e os varejistas.

O contribuinte optante pelo Simples Nacional deve observar a forma de segregação da receita auferida no PGDAS-D para definição da sua condição de substituto ou substituído tributário.

14.17 TABELAS DE ALÍQUOTAS

ANEXO I - ALÍQUOTAS E PARTILHA DO SIMPLES NACIONAL - COMÉRCIO (RESOLUÇÃO CGSN n. 140/2018)

Receita Bruta em 12 meses (em R$)		Alíquota nominal	Valor a deduzir (em R$)
1ª faixa	Até 180.000,00	4,00%	—
2ª faixa	De 180.000,01 a 360.000,00	7,30%	5.940,00
3ª faixa	De 360.000,01 a 720.000,00	9,50%	13.860,00
4ª faixa	De 720.000,01 a 1.800.000,00	10,70%	22.500,00
5ª faixa	De 1.800.000,01 a 3.600.000,00	14,30%	87.300,00
6ª faixa	De 3.600.000,01 a 4.800.000,00	19,00%	378.000,00

Faixas	Percentual de repartição dos tributos					
	IRPJ	CSLL	Cofins	PIS/Pasep	CPP	ICMS
1ª faixa	5,50%	3,50%	12,74%	2,76%	41,50%	34,00%
2ª faixa	5,50%	3,50%	12,74%	2,76%	41,50%	34,00%
3ª faixa	5,50%	3,50%	12,74%	2,76%	42,00%	33,50%
4ª faixa	5,50%	3,50%	12,74%	2,76%	42,00%	33,50%
5ª faixa	5,50%	3,50%	12,74%	2,76%	42,00%	33,50%
6ª faixa	13,50%	10,00%	28,27%	6,13%	42,10%	—

Com relação ao ICMS, quando o valor do RBT12 for superior ao limite da 5ª faixa, para a parcela que não ultrapassar o sublimite, o percentual efetivo desse imposto será calculado conforme segue:

$$\{[(\text{RBT12} \times 14{,}30\%) - \text{R\$ } 87.300{,}00] / \text{RBT12}\} \times 33{,}5\%$$

Exemplos:

1. A Empresa Três Pontas, comercializa artigos de presentes e obteve uma receita bruta em junho no valor de R$ 2.000,00. A receita bruta, acumulada nos 12 meses anteriores ao período de apuração, foi de R$ 200.000,00.
   Determine o DAS do Simples Nacional a recolher em julho.
   Enquadramento:
   No Anexo I - Comércio, a alíquota nominal da tabela = 7,30% e a parcela a deduzir = R$ 5.940,00.

Solução:

R$ 200.000,00 × 7,30% = R$ 14.600,00

Redução da parcela a deduzir: R$ 14.600,00 - R$ 5.940,00 = R$ 8.660,00

Alíquota efetiva = R$ 8.660,00 / R$ 200.000,00 = 4,33%

Aplicando à receita de junho = R$ 20.000,00 × 4,33% = R$ 866,00

Valor a pagar no DAS em julho de 2018 = R$ 866,00

2. A Empresa Lambari, que comercializa legumes, obteve uma receita bruta em janeiro no valor de R$ 41.817,56. A receita bruta, acumulada nos 12 meses anteriores ao período de apuração, foi de R$ 795,497,68.

   Determine o DAS do Simples Nacional a recolher em agosto.

   Enquadramento:

   Anexo I

   Alíquota = 10,70%

   Parcela a deduzir = R$ 22.500,00

   Cálculo:

   $$\text{Alíquota efetiva} = \frac{(\text{R\$ } 795.497{,}68 \times 10{,}70\%) - \text{R\$ } 22.500{,}00}{\text{R\$ } 795.497{,}68}$$

   Alíquota efetiva = 0,0787 × 100% = 7,87%.

   Cálculo do Simples Nacional = R$ 41.817,56 × 7,87%.

   Valor do DAS do Simples Nacional a recolher = R$ 3.291,70.

3. A Cia. Industrial Machado, que comercializa insumos agrícolas, obteve uma receita bruta em agosto no valor de R$ 170.133,20. A receita bruta, acumulada nos últimos 12 meses, anteriores ao período de apuração, foi de R$ 1.331.108,20.

   Determine o DAS do Simples Nacional a recolher em setembro.

   Enquadramento:

   Tabela Anexo I (LC n. 155/2016)

   Alíquota = 10,70%

   Parcela a deduzir = R$ 22.500,00

   Cálculo:

   $$\text{Alíquota efetiva} = \frac{(\text{R\$ } 1.331.108{,}20 \times 10{,}70\%) - \text{R\$ } 22.500{,}00}{\text{R\$ } 1.331.108{,}20}$$

   Alíquota efetiva = 0,0901 × 100% = 9,01%

   Cálculo do Simples Nacional = R$ 170.133,20 × 9,01%

   Valor do DAS do Simples Nacional a recolher = R$ 15.329,00

Nas seções do Anexo I, se a empresa tiver algum caso que não pague um determinado tributo, como nos casos de ICMS ST, PIS e Cofins monofásico etc., deverá segregar a alíquota efetiva encontrada para saber o percentual de tributo a desconsiderar.

Por exemplo, dentro da LC n. 155/2016 tem-se a repartição dos tributos, então, dentro dessa nossa alíquota de 9,01 % encontrada, 5,50% dela é IRPJ, 3,50% é CSLL, 12,74% é Cofins e assim sucessivamente.

Em termos práticos, ela representa a composição de cada imposto dentro do DAS.

Faixas	Percentual de repartição dos tributos					
	IRPJ	CSLL	Cofins	PIS/Pasep	CPP	ICMS
1ª faixa	5,50%	3,50%	12,74%	2,76%	41,50%	34,00%
2ª faixa	5,50%	3,50%	12,74%	2,76%	41,50%	34,00%
3ª faixa	5,50%	3,50%	12,74%	2,76%	42,00%	33,50%
4ª faixa	5,50%	3,50%	12,74%	2,76%	42,00%	33,50%
5ª faixa	5,50%	3,50%	12,74%	2,76%	42,00%	33,50%
6ª faixa	13,50%	10,00%	28,27%	6,13%	42,10%	-

No nosso caso, se feita a repartição de tributos, cada tributo ficaria assim representado:

- IRPJ = 0,055 × R$ 15.329,00 = R$ 843,10
- CSLL = 0,035 × R$ 15.329,00 = R$ 536,51
- Cofins = 0,1274 × R$ 15.329,00 = R$ 1.952,91
- PIS = 0,0276 × R$ 15.329,00 = R$ 423,08
- CPP = 0,42 × R$ 15.329,00 = R$ 6.438,18
- ICMS = 0,335 × R$ 15.329,00 = R$ 5.135,22

Se a empresa for de algum anexo de serviço, a sua alíquota máxima de ISS será sempre de 5%; então, se na repartição de tributos o valor do ISS representar mais que 5% da alíquota efetiva total, esta deverá ser limitada a 5%, e a diferença é separada entre as demais alíquotas dos impostos.

ANEXO II – ALÍQUOTAS E PARTILHA DO SIMPLES NACIONAL – INDÚSTRIA (RESOLUÇÃO CGSN n. 140/2018)

Receita Bruta em 12 Meses (em R$)		Alíquota nominal	Valor a deduzir (em R$)
1ª faixa	Até 180.000,00	4,50%	-
2ª faixa	De 180.000,01 a 360.000,00	7,80%	5.940,00
3ª faixa	De 360.000,01 a 720.000,00	10,00%	13.860,00
4ª faixa	De 720.000,01 a 1.800.000,00	11,20%	22.500,00
5ª faixa	De 1.800.000,01 a 3.600.000,00	14,70%	85.500,00
6ª faixa	De 3.600.000,01 a 4.800.000,00	30,00%	720.000,00

Faixas	Percentual de repartição dos tributos						
	IRPJ	CSLL	Cofins	PIS/ Pasep	CPP	IPI	ICMS
1ª faixa	5,50%	3,50%	11,51%	2,49%	37,50%	7,50%	32,00%
2ª faixa	5,50%	3,50%	11,51%	2,49%	37,50%	7,50%	32,00%
3ª faixa	5,50%	3,50%	11,51%	2,49%	37,50%	7,50%	32,00%
4ª faixa	5,50%	3,50%	11,51%	2,49%	37,50%	7,50%	32,00%
5ª faixa	5,50%	3,50%	11,51%	2,49%	37,50%	7,50%	32,00%
6ª faixa	8,50%	7,50%	20,96%	4,54%	23,50%	35,00%	-

Para atividade com incidência simultânea de IPI e ISS, inciso VIII do art. 25.

Com relação ao ISS, quando o percentual efetivo do ISS for superior a 5%, o resultado limitar-se-á a 5%, transferindo-se a diferença para os tributos federais, de forma proporcional aos percentuais abaixo. Os percentuais distribuídos serão acrescentados aos percentuais efetivos de cada tributo federal da respectiva faixa, segundo a LC n. 155/2016.

Quando o valor do RBT12 for superior ao limite da 5ª faixa, para a parcela que não ultrapassar o sublimite, o percentual efetivo do ISS será calculado conforme segue:

$$\{[(RBT12 \times 21\%) - R\$\ 125.640,00]/RBT12\} \times 33,5\%$$

O percentual efetivo resultante também ficará limitado a 5%, redistribuindo-se eventual diferença para os tributos federais na forma acima prevista, de acordo com os seguintes percentuais:

Redistribuição do ISS excedente	IRPJ	CSLL	Cofins	PIS/ Pasep	CPP	IPI	Total
	8,09%	5,15%	16,93%	3,66%	55,14%	11,03%	100%

Exemplo:

1. A Indústria Águas da Prata, que envasa água mineral, tem uma receita bruta no mês de janeiro de R$ 140.000,00. A receita bruta, acumulada nos últimos 12 meses, anteriores ao período de apuração, totalizou R$ 1.680.000,00. Determine o valor do DAS do Simples Nacional a recolher em fevereiro.

   Enquadramento:

   Anexo II

   Receita bruta nos últimos 12 meses = R$ 140.000,00

   Alíquota = 11,2%

   Parcela dedutível = R$ 22.500,00

   Solução:

   $$\text{Alíquota efetiva} = \frac{(\text{R\$ } 1.680.000{,}00 \times 11{,}2\%) - \text{R\$ } 22.400{,}00}{\text{R\$ } 1.680.000{,}00}$$

   Alíquota efetiva = 0,0986 × 100% = 9,86%

   Cálculo do Simples Nacional = R$ 140.000,00 × 9,86%

   Valor do DAS do Simples Nacional a recolher = R$ 13.804,00

ANEXO III – ALÍQUOTAS E PARTILHA DO SIMPLES NACIONAL – RECEITAS DE LOCAÇÃO DE BENS MÓVEIS E DE PRESTAÇÃO DE SERVIÇOS DESCRITOS NO INCISO III DO § 1º DO ART. 25, E SERVIÇOS DESCRITOS NO INCISO V QUANDO O FATOR "R" FOR IGUAL OU SUPERIOR A 28% (RESOLUÇÃO CGSN n. 140/2018)

Receita Bruta em 12 Meses (em R$)		Alíquota nominal	Valor a deduzir (em R$)
1ª faixa	Até 180.000,00	6,00%	–
2ª faixa	De 180.000,01 a 360.000,00	11,20%	9.360,00
3ª faixa	De 360.000,01 a 720.000,00	13,50%	17.640,00
4ª faixa	De 720.000,01 a 1.800.000,00	16,00%	35.640,00
5ª faixa	De 1.800.000,01 a 3.600.000,00	21,00%	125.640,00
6ª faixa	De 3.600.000,01 a 4.800.000,00	33,00%	648.000,00

Faixas	Percentual de repartição dos tributos					
	IRPJ	CSLL	Cofins	PIS/Pasep	CPP	ISS
1ª faixa	4,00%	3,50%	12,82%	2,78%	43,40%	33,50%
2ª faixa	4,00%	3,50%	14,05%	3,05%	43,40%	32,00%
3ª faixa	4,00%	3,50%	13,64%	2,96%	43,40%	32,50%
4ª faixa	4,00%	3,50%	13,64%	2,96%	43,40%	32,50%
5ª faixa	4,00%	3,50%	12,82%	2,78%	43,40%	33,50%
6ª faixa	35,00%	15,00%	16,03%	3,47%	30,50%	-

Quando o percentual efetivo do ISS for superior a 5%, o resultado limitar-se-á a 5%, transferindo-se a diferença para os tributos federais, de forma proporcional aos percentuais a seguir. Os percentuais redistribuídos serão acrescentados aos percentuais efetivos de cada tributo federal da respectiva faixa, segundo a LC n. 155/2016.

Quando o valor do RBT12 for superior ao limite da 5ª faixa, para a parcela que não ultrapassar o sublimite, o percentual efetivo do ISS será calculado conforme segue:

$$\{[(\text{RBT12} \times 21\%) - \text{R\$ } 125.640{,}00]/\text{RBT12}\} \times 33{,}5\%$$

Esse percentual também ficará limitado a 5%, redistribuindo-se eventual diferença para os tributos federais na forma acima prevista, de acordo com os seguintes percentuais:

Redistribuição do ISS excedente	IRPJ	CSLL	Cofins	PIS/Pasep	CPP	Total
	6,02%	5,26%	19,28%	4,18%	65,26%	100%

A tabela do Anexo III será aplicada sobre a receita decorrente:

- da locação de bens móveis, desconsiderando-se os percentuais ao ISS;
- creche, pré-escola e estabelecimento de ensino fundamental, escolas técnicas, profissionalizantes e de ensino médio, de línguas estrangeiras, de artes, cursos técnicos de pilotagem, preparatórios para concursos, gerenciais e escolas livres;
- agência terceirizada de correios;
- agência de viagem e turismo;
- centro de formação de condutores de veículos automotores de transporte terrestre de passageiros e de carga;
- agência lotérica;

- serviços de instalação, de reparos e de manutenção em geral, bem como de usinagem, solda, tratamento e revestimento em metais;
- transporte municipal de passageiros;
- escritórios de serviços contábeis;
- produções cinematográficas, audiovisuais, artísticas e culturais, sua exibição ou apresentação, inclusive no caso de música, literatura, artes cênicas, artes visuais, cinematográficas e audiovisuais;
- de prestação de serviços de transportes intermunicipais e interestaduais de cargas e de comunicação sem substituição tributária do ICMS, desconsiderando o percentual relativo ao ISS e adicionando o percentual relativo ao ICMS previsto na tabela do Anexo I.

O serviço de transporte intermunicipal e interestadual de passageiros permanece vedado ao Simples Nacional, exceto quando na modalidade fluvial ou quando possuir características de transporte urbano ou metropolitano ou realizar-se sob fretamento contínuo em área metropolitana para o transporte de estudantes ou trabalhadores, conforme o art. 15, XVI, § 6º da Resolução n. CGSN n. 117/2014.

Quando a relação, no mês, entre a folha de pagamento de salários paga e a receita bruta auferida nos últimos 12 meses for inferior a 28%, para as atividades mencionadas, a tributação passará do Anexo III para o Anexo V.

Considera-se folha de salários, incluídos os encargos, o montante pago, nos 12 meses anteriores ao período de apuração, a título de remunerações a pessoas físicas decorrentes do trabalho, acrescido do montante efetivamente recolhido a título de contribuição patronal previdenciária e FGTS, incluídas as retiradas de pró-labore, segundo a LC n. 155/2016.

Exemplos:

1. A Empresa Nobre Consultores, que presta serviços advocatícios e consultoria geral, obteve uma receita bruta em janeiro no valor de R$ 39.845,11. A receita bruta, acumulada nos 12 meses anteriores ao período de apuração, foi de R$ 1.181.109,07.

   Determine o DAS do Simples Nacional a recolher em fevereiro.

   Enquadramento:

   Anexo III

   Alíquota = 16,00%

   Parcela a deduzir = R$ 35.640,00

   Cálculo:

   $$\text{Alíquota efetiva} = \frac{(\text{R\$ } 1.181.109{,}07 \times 16{,}00\%) - \text{R\$ } 35.640{,}00}{\text{R\$}1.181.109{,}07}$$

   Alíquota efetiva = 0,1298 × 100% = 12,98%

Cálculo do Simples Nacional = R$ 39.845,11 × 12,98%
Valor do DAS do Simples Nacional a recolher = R$ 5.172,89

2. A Empresa Imobiliária Campestre, que comercializa imóveis e presta serviços de locação, obteve uma receita bruta em janeiro no valor de R$ 89.797,21. A receita bruta, acumulada nos 12 meses anteriores ao período de apuração, foi de R$ 1.061.432,61.
   A folha de pagamento acumulada nos últimos 12 meses totalizou a importância de R$ 380.292,75.
   Determine o DAS do Simples Nacional a recolher em fevereiro.
   Enquadramento:
   Anexo III
   Alíquota = 16,00%
   Parcela a deduzir = R$ 35.640,00
   Percentual da folha de pagamento bruta total 12 × RBT 12 = 35,83%
   Cálculo:

$$\text{Alíquota efetiva} = \frac{(\text{R\$ } 1.061.432{,}61 \times 16{,}00\%) - \text{R\$ } 35.640{,}00}{\text{R\$ } 1.061.432{,}61}$$

   Alíquota efetiva = 0,1264 × 100% = 12,64%
   Cálculo do Simples Nacional = R$ 89.797,21 × 12,64%
   Valor do DAS do Simples Nacional a recolher = R$ 11.350,37

ANEXO IV - ALÍQUOTAS E PARTILHA DO SIMPLES NACIONAL - RECEITAS DECORRENTES DA PRESTAÇÃO DE SERVIÇOS RELACIONADOS NO INCISO IV DO § 1º DO ART. 25 (RESOLUÇÃO CGSN n. 140/2018)

Receita Bruta em 12 meses (em R$)		Alíquota nominal	Valor a deduzir (em R$)
1ª faixa	Até 180.000,00	4,50%	-
2ª faixa	De 180.000,01 a 360.000,00	9,00%	8.100,00
3ª faixa	De 360.000,01 a 720.000,00	10,20%	12.420,00
4ª faixa	De 720.000,01 a 1.800.000,00	14,00%	39.780,00
5ªa faixa	De 1.800.000,01 a 3.600.000,00	22,00%	183.780,00
6ª faixa	De 3.600.000,01 a 4.800.000,00	33,00%	828.000,00

Faixas	Percentual de repartição dos tributos				
	IRPJ	CSLL	Cofins	PIS/ Pasep	ISS
1ª faixa	18,80%	15,20%	17,67%	3,83%	44,50%
2ª faixa	19,80%	15,20%	20,55%	4,45%	40,00%
3ª faixa	20,80%	15,20%	19,73%	4,27%	40,00%
4ª faixa	17,80%	19,20%	18,90%	4,10%	40,00%
5ª faixa	18,80%	19,20%	18,08%	3,92%	40,00%
6ª faixa	53,50%	21,50%	20,55%	4,45%	-

O percentual efetivo máximo devido ao ISS será de 5%, transferindo-se a diferença, de forma proporcional, aos tributos federais da mesma faixa de receita bruta anual. Sendo assim, na 5ª faixa, quando a alíquota efetiva for superior a 12,5%, a repartição será:

5ª faixa, com alíquota efetiva superior a 12,5%	(Alíquota efetiva – 5%) x 31,33%	(Alíquota efetiva – 5%) x 32,00%	(Alíquota efetiva – 5%) x 30,13%	(Alíquota efetiva – 5%) x 6,54%	Percentual de ISS fixo em 5%

Quando o percentual efetivo do ISS for superior a 5%, o resultado limitar-se-á a 5%, transferindo-se a diferença para os tributos federais, de forma proporcional aos percentuais a seguir. Os percentuais redistribuídos serão acrescentados aos percentuais efetivos de cada tributo federal da respectiva faixa, segundo a LC n. 155/2016.

Quando o valor do RBT12 for superior ao limite da 5ª faixa, para a parcela que não ultrapassar o sublimite, o percentual efetivo do ISS será calculado conforme segue:

$$\{[(RBT12 \times 22\%) - R\$\ 183.780{,}00]/RBT12\} \times 40\%$$

Esse percentual também ficará limitado a 5%, redistribuindo-se eventual diferença para os tributos federais na forma acima prevista, de acordo com os seguintes percentuais:

Redistribuição do ISS excedente	IRPJ	CSLL	Cofins	PIS/Pasep	Total
	31,33%	32%	30,13%	6,54%	100%

A tabela do Anexo IV será aplicada sobre a receita decorrente da prestação de serviços:

- construção de imóveis e obras de engenharia em geral, inclusive sob a forma de subempreitada, execução de projetos e serviços de paisagismo, bem como decoração de interiores;
- serviço de vigilância, limpeza ou conservação;
- serviços advocatícios.

Exemplo:

1. A Empresa Imobiliária Serrania, prestadora de consultoria e assessoria, obteve uma receita bruta em janeiro no valor de R$ 170.935,10. A receita bruta, acumulada nos 12 meses anteriores ao período de apuração, foi de R$ 2.017.100,00. Verifique o Anexo III da LC n. 123/2006 (com redação dada pela LC n. 155/2016) – Alíquotas e Partilha do Simples Nacional – Receitas de locação de bens móveis e prestação de serviços não relacionados no § 5º-C do art. 18 desta Lei Complementar:

Receita Bruta em 12 meses (em R$)		Alíquota	Valor a deduzir (em R$)
1ª faixa	Até 180.000,00	6,00%	-
2ª faixa	De 180.000,01 a 360.000,00	11,20%	9.360,00
3ª faixa	De 360.000,01 a 720.000,00	13,50%	17.640,00
4ª faixa	De 720.000,01 a 1.800.000,00	16,00%	35.640,00
5ª faixa	De 1.800.000,01 a 3.600.000,00	21,00%	125.640,00
6ª faixa	De 3.600.000,01 a 4.800.000,00	33,00%	648.000,00

Faixas	Percentual de repartição dos tributos					
	IRPJ	CSLL	Cofins	PIS/Pasep	CPP	ISS
1ª faixa	4,00%	3,50%	12,82%	2,78%	43,40%	33,50%
2ª faixa	4,00%	3,50%	14,05%	3,05%	43,40%	32,00%
3ª faixa	4,00%	3,50%	13,64%	2,96%	43,40%	32,50%
4ª faixa	4,00%	3,50%	13,64%	2,96%	43,40%	32,50%
5ª faixa	4,00%	3,50%	12,82%	2,78%	43,40%	33,50% (*)
6ª faixa	35,00%	15,00%	16,03%	3,47%	30,50%	-

(*) O percentual efetivo máximo devido ao ISS será de 5%, transferindo-se a diferença, de forma proporcional, aos tributos federais da mesma faixa de receita bruta anual. Sendo assim, na 5ª faixa, quando a alíquota efetiva for superior a 14,92537%, a repartição será:

	IRPJ	CSLL	Cofins	PIS/Pasep	CPP	ISS
5ª faixa, com alíquota efetiva superior a 14,92537%	(Alíquota efetiva – 5%) x 6,02%	(Alíquota efetiva – 5%) x 5,26%	(Alíquota efetiva – 5%) x 19,28%	(Alíquota efetiva – 5%) x 4,18%	(Alíquota efetiva – 5%) x 65,26%	Percentual de ISS fixo em 5%

Então, com esses dados e efetuando o mesmo cálculo anteriormente demonstrado, temos uma alíquota efetiva de:
R$ 3.082.017,10 × 21% – R$ 125.640,00
R$ 521.583,59 / R$ 3.082.017,10
16,92%
Deste modo, qual será a alíquota de ISS dentro destes 12,18%?
ISS: 33,50 / 100 = 0,335 × 16,92 = 5,67%
Como 5,67% é maior que 5%, então teremos de limitar a alíquota do ISS a 5%, e o 0,67% restante será separado entre os demais impostos que compõem o cálculo.
Então, seguindo as orientações da LC n. 155/2016 dispostas na última tabela apresentada, teremos:
16,92 – 5 = 11,92
IRPJ: 11,92 × 6,02% = 0,71
CSLL: 11,92 × 5,26% = 0,62
Cofins: 11,92 × 19,28% = 2,30
PIS: 11,92 × 4,18% = 0,50
CPP: 11,92 × 4,18% = 7,79
ISS: 5%
Se somarmos as alíquotas encontradas e os 5% de ISS, encontraremos a mesma alíquota efetiva de 16,92%.

14.17.1 Contribuição Previdenciária Patronal (CPP)

O art. 189 da IN RFB n. 971/2009 estabelece que a ME e a EPP optantes pelo Simples Nacional, sujeitas ao Anexo IV, devem recolher a CPP segundo a legislação aplicável aos demais contribuintes ou responsáveis. Essa legislação consta da Lei n. 8.212/1991.

A CPP corresponderá ao recolhimento de 20% sobre o total das remunerações pagas ou creditadas a qualquer título, durante o mês, aos segurados empregados, trabalhadores avulsos e contribuintes individuais que lhe prestem serviços; 1%, 2% ou 3% para o financiamento do benefício da aposentadoria especial e daqueles concedidos em razão do grau de incidência de incapacidade laborativa decorrentes dos Riscos Ambientais do Trabalho (RAT), sobre o total das remunerações pagas ou creditadas no decorrer do mês aos segurados empregados e trabalhadores avulsos, e 15% sobre o valor bruto da nota fiscal ou fatura de prestação de serviços relativos a serviços que lhe são prestados por cooperados por intermédio de cooperativa de trabalho, segundo a LC n. 155/2016.

ANEXO V – ALÍQUOTAS E PARTILHA DO SIMPLES NACIONAL – RECEITAS DE PRESTAÇÃO DE SERVIÇOS DESCRITOS NO INCISO V DO § 1º DO ART. 25, QUANDO O FATOR "R" FOR INFERIOR A 28% (RESOLUÇÃO CGSN n. 140/2018)

Receita bruta em 12 meses (em R$)		Alíquota nominal	Valor a deduzir (em R$)
1ª faixa	Até 180.000,00	15,50%	-
2ª faixa	De 180.000,01 a 360.000,00	18,00%	4.500,00
3ª faixa	De 360.000,01 a 720.000,00	19,50%	9.900,00
4ª faixa	De 720.000,01 a 1.800.000,00	20,50%	17.100,00
5ª faixa	De 1.800.000,01 a 3.600.000,00	23,00%	62.100,00
6ª faixa	De 3.600.000,01 a 4.800.000,00	30,50%	540.000,00

Faixas	Percentual de repartição dos tributos					
	IRPJ	CSLL	Cofins	PIS/Pasep	CPP	ISS
1ª faixa	25,00%	15,00%	14,10%	3,05%	28,85%	14,00%
2ª faixa	23,00%	15,00%	14,10%	3,05%	27,85%	17,00%
3ª faixa	24,00%	15,00%	14,92%	3,23%	23,85%	19,00%
4ª faixa	21,00%	15,00%	15,74%	3,41%	23,85%	21,00%
5ª faixa	23,00%	12,50%	14,10%	3,05%	23,85%	23,50%
6ª faixa	35,00%	15,50%	16,44%	3,56%	29,50%	-

Quando o percentual efetivo do ISS for superior a 5%, o resultado limitar-se-á a 5%, transferindo-se a diferença para os tributos federais, de forma proporcional aos percentuais abaixo. Os percentuais redistribuídos serão acrescentados aos percentuais efetivos de cada tributo federal da respectiva faixa, segundo a LC n. 155/2016.

Quando o valor do RBT12 for superior ao limite da 5ª faixa, para a parcela que não ultrapassar o sublimite, o percentual efetivo do ISS será calculado conforme segue:

$$\{[(\text{RBT12} \times 23\%) - \text{R\$ } 62.100{,}00]/\text{RBT12}\} \times 23{,}5\%$$

Esse percentual também ficará limitado a 5%, redistribuindo-se eventual diferença para os tributos federais na forma acima prevista, de acordo com os seguintes percentuais:

Redistribuição do ISS excedente	IRPJ	CSLL	Cofins	PIS/ Pasep	CPP	Total
	30,07%	16,34%	18,43%	3,99%	31,17%	100%

A tabela do Anexo V será aplicada sobre aquela receita decorrente da prestação dos serviços:

- administração e locação de imóveis de terceiros;
- academias de dança, de capoeira, de ioga e de artes marciais;
- academias de atividades físicas, desportivas, de natação e escolas de esportes;
- elaboração de programas de computadores, inclusive jogos eletrônicos, desde que desenvolvidos em estabelecimento do optante;
- licenciamento ou cessão de direito de uso de programas de computação;
- planejamento, confecção, manutenção e atualização de páginas eletrônicas, desde que realizados em estabelecimento do optante;
- empresas montadoras de estandes para feiras;
- laboratórios de análises clínicas ou de patologia clínica;
- serviços de tomografia, diagnósticos médicos por imagem, registros gráficos e métodos óticos, bem como ressonância magnética;
- serviço de prótese em geral.

14.17.2 Aplicação do Fator *r*

De acordo com o art. 26 da Resolução CGSN n. 94, de 2011, na hipótese de a ME ou da EPP optante do Simples Nacional obter receitas previstas para o Anexo V, deverá apurar o Fator *r*, que deve ser encontrado para que seja apurada a contribuição previdenciária patronal unificada juntamente com os outros tributos abrangidos no Simples Nacional.

O Fator *r* deve ser encontrado mediante a relação entre a:

I – Folha de salários, incluídos os encargos, nos 12 (doze) meses anteriores ao período de apuração; e a

II – Receita bruta total acumulada auferida nos mercados interno e externo nos 12 (doze) meses anteriores ao período de apuração.

$$(r) = \frac{\text{Folha de salários incluídos encargos (em 12 meses)}}{\text{Receita Bruta (em 12 meses)}}$$

Considera-se folha de salários, incluídos os encargos, o montante pago nos últimos 12 (doze) meses anteriores ao do período de apuração, a título de salários, retiradas de pró-labore, acrescidos do montante efetivamente recolhido a título de contribuição para a Seguridade Social destinada à Previdência Social e para o Fundo de Garantia do Tempo de Serviço.

- Deverão ser considerados os salários dados relacionados a fatos geradores, base de cálculo e valores devidos da contribuição previdenciária e outras informações de interesse do INSS ou do Conselho Curador do FGTS.
- Consideram-se salários o valor da base de cálculo da contribuição prevista nos incisos I e III do art. 22 da Lei n. 8.212/1991, agregando-se o valor do 13º salário na competência da incidência da referida contribuição. Nota-se que não são considerados valores pagos a título de aluguéis e de distribuição de lucros.

Exemplo:

1. A Empresa Botelhos, que presta serviços de assessoria e consultoria empresarial e tributária, obteve uma receita bruta em janeiro no valor de R$ 200.000,00. A receita bruta, acumulada nos 12 meses anteriores ao período de apuração, foi de R$ 3.000.000,00.
   A folha de pagamento acumulada nos últimos 12 meses totalizou a importância de R$ 144.000,00.
   Determine o DAS do Simples Nacional a recolher em fevereiro.
   Enquadramento:
   Do Anexo III vai para o Anexo V.
   A partir das informações e aplicando as normas do Simples Nacional, verifica-se que a relação no mês, entre a folha de pagamento de salários paga e a receita bruta obtida nos últimos 12 meses, é inferior a 28%. Dessa forma, a tributação passará do Anexo III para o Anexo V.
   Percentual da folha de pagamento bruta total 12 × RBT12
   $$\frac{\text{R\$ } 144.000{,}00}{\text{R\$ } 3.000.000{,}00} = 4{,}8\%$$
   Alíquota = 23,00%
   Parcela a deduzir = R$ 62.100,00
   Solução:
   $$\text{Alíquota efetiva} = \frac{(\text{R\$ } 3.000.000{,}00 \times 23{,}00\%) - \text{R\$ } 62.100{,}00}{\text{R\$ } 3.000.000{,}00}$$
   Alíquota efetiva = 0,2093 × 100% = 20,93%
   Cálculo do Simples Nacional = R$ 200.000,00 × 20,93%
   Valor do DAS do Simples Nacional a recolher = R$ 41.860,00

14.18 RETENÇÃO DO ISS NA FONTE

A previsão legal encontra-se no art. 3º da LC n. 116/2003, sendo:

- regra geral: Estabelecimento Prestador;
- exceções: ISS devido no local da prestação;
- alíquota: constante nos Anexos III, IV ou V da LC n. 123/2006, a ser informada pelo contribuinte.

A alíquota aplicável na retenção na fonte deverá ser informada no documento fiscal. Se a empresa não informar, aplica-se a maior alíquota, que é de 5%. Ocorrendo diferença entre a alíquota utilizada e a efetivamente apurada, o recolhimento da diferença deverá ser realizado no mês subsequente ao do início de atividade DAM. As ME ou EPP sujeitas à tributação fixa não sofrem retenção na fonte (escritórios de serviços contábeis e MEI, segundo a LC n. 155/2016).

São responsáveis tributários, conforme o § 2º do art. 6º da LC n. 116/2003, a pessoa jurídica, ainda que imune ou isenta, tomadora ou intermediária dos serviços descritos nos subitens 3.05, 7.02, 7.04, 7.05, 7.09, 7.10, 7.12, 7.14, 7.15, 7.16, 7.17, 7.19, 11.02, 17.05 e 17.10 da lista anexa.

14.19 INVESTIDOR-ANJO

Para incentivar as atividades de inovação e os investimentos produtivos, a sociedade enquadrada como microempresa ou empresa de pequeno porte, nos termos desta Lei Complementar, poderá admitir o aporte de capital, que não integrará o capital social da empresa, segundo arts. 61-A, 61-B, 61-C e 61-D da LC n. 123/2006.

As finalidades de fomento à inovação e investimentos produtivos deverão constar do contrato de participação, com vigência não superior a sete anos.

O aporte de capital poderá ser realizado por pessoa física ou por pessoa jurídica, denominadas investidor-anjo.

A atividade constitutiva do objeto social é exercida unicamente por sócios regulares, em seu nome individual e sob sua exclusiva responsabilidade.

O investidor-anjo:

- não será considerado sócio nem terá qualquer direito à gerência ou voto na administração da empresa;
- não responderá por qualquer dívida da empresa, inclusive em recuperação judicial, não se aplicando a ele o art. 50 da Lei n. 10.406, de 10 de janeiro de 2002 – Código Civil;
- será remunerado por seus aportes, nos termos do contrato de participação, pelo prazo máximo de cinco anos.

Para fins de enquadramento da sociedade como microempresa ou empresa de pequeno porte, os valores de capital aportado não são considerados receitas da sociedade.

Ao final de cada período, o investidor-anjo fará jus à remuneração correspondente aos resultados distribuídos, conforme contrato de participação, não superior a 50% (cinquenta por cento) dos lucros da sociedade enquadrada como microempresa ou empresa de pequeno porte, segundo a LC n. 155/2016.

O investidor-anjo somente poderá exercer o direito de resgate depois de decorridos, no mínimo, dois anos do aporte de capital, ou prazo superior estabelecido no contrato de participação, e seus haveres serão pagos na forma do art. 1.031 da Lei n. 10.406, de 10 de janeiro de 2002 – Código Civil, não podendo ultrapassar o valor investido devidamente corrigido. Não impede a transferência da titularidade do aporte para terceiros.

A transferência da titularidade do aporte para terceiro alheio à sociedade dependerá do consentimento dos sócios, salvo estipulação contratual expressa em contrário. A emissão e a titularidade de aportes especiais não impedem a fruição do Simples Nacional.

Caso os sócios decidam pela venda da empresa, o investidor-anjo terá direito de preferência na aquisição, bem como direito de venda conjunta da titularidade do aporte de capital, nos mesmos termos e condições que forem ofertados aos sócios regulares.

Os fundos de investimento poderão aportar capital como investidores-anjos em microempresas e empresas de pequeno porte.

A IN n. 1.719/2017 dispõe sobre a tributação dos rendimentos decorrentes dos contratos de participação com aportes de capital efetuados nos termos do art. 61-A da LC n. 123, de 14 de dezembro de 2006, pelos denominados investidores-anjos. Existem duas formas de rendimento:

- Remuneração periódica correspondente aos resultados distribuídos, conforme definido no contrato, não superior a 50% dos lucros da sociedade que receber o aporte de capital.
- Alienação da titularidade dos direitos do contrato de participação para sócios da sociedade que receberem o aporte ou para terceiros, com deliberação estipulada em contrato.

14.19.1 Nova obrigação – Escrituração Contábil Digital (ECD)

A partir de 1º de janeiro de 2017, a ME ou EPP que receber aporte de capital (investidor-anjo) na forma prevista nos arts. 61-A a 61-D da LC n. 123/2006, deverá manter Escrituração Contábil Digital (ECD), e ficará desobrigada de cumprir o disposto no inciso I do *caput* e no § 3º (LC n. 123/2006, art. 2º, inciso I e § 6º; art. 26, § 15; art. 27).

Prazo de entrega da ECD – IN RFB n. 1.420/2013:

A ECD será transmitida anualmente ao Sped até o último dia útil do mês de maio do ano seguinte ao ano-calendário a que se refira a escrituração.

14.20 GANHO DE CAPITAL

Em relação aos fatos geradores ocorridos a partir de 1º de janeiro de 2017 (Lei n. 13.259/2016, resultante da conversão, com alterações, da MP n. 692/2015):

- 15% sobre a parcela dos ganhos que não ultrapassar R$ 5.000.000,00;
- 17,5% sobre a parcela dos ganhos que exceder R$ 5.000.000,00 e não ultrapassar R$ 10.000.000,00;
- 20% sobre a parcela dos ganhos que exceder R$ 10.000.000,00 e não ultrapassar R$ 30.000.000,00;
- 22,5% sobre a parcela dos ganhos que ultrapassar R$ 30.000.000,00.

14.21 DISTRIBUIÇÃO DOS LUCROS AOS SÓCIOS

De acordo com o art. 14 da LC n. 123/2006, consideram-se isentos do Imposto de Renda, na fonte e na declaração e ajuste do beneficiário, os valores efetivamente pagos ou distribuídos ao titular ou sócio da microempresa ou empresa de pequeno porte optante pelo Simples Nacional, salvo os que corresponderem a pró-labore, aluguéis ou serviços prestados.

A isenção para fins do imposto ficará limitada ao valor resultante da aplicação dos percentuais de determinação da estimativa mensal (art. 15 da Lei n. 9.249/1995), sobre a receita bruta mensal, no caso de antecipação na fonte, ou da receita bruta total anual, tratando-se de declaração de ajuste, subtraído do valor devido na forma do Simples Nacional no período, relativo ao IRPJ.

Essa isenção não será aplicada se a ME ou EPP mantiver escrituração contábil e demonstrar lucro superior ao estipulado na isenção.

14.22 FISCALIZAÇÃO DO SIMPLES NACIONAL

A competência, regra geral, é da Secretaria da Receita Federal (SRF).

Entretanto, o Município exercerá a fiscalização do ISS nas hipóteses do art. 3º da LC n. 116/2003 (estabelecimento e exceções).

O procedimento de fiscalização nos termos da legislação municipal será: preparo, seleção e programação da ação fiscal, por meio do Sistema Único de Fiscalização – Lançamento e Contencioso – Sefisc.

As funções do Sefisc são:

- controlar as ações fiscais de empresas optantes pelo Simples Nacional;
- possibilitar o lançamento do crédito mediante lavratura do Auto de Infração e Notificação Fiscal (Ainf).

Poderá ocorrer por meio do Portal do Simples Nacional com o acesso por usuário habilitado mediante certificação digital. Oportunizará um único auto de infração todos os tributos que compõem o Simples Nacional e o compartilhamento de dados entre os fiscos, elevando o poder da fiscalização sobre as empresas do Simples Nacional para as competências de 2011, 2012, 2013 e 2014.

Enquanto não disponibilizado o Sefisc (2015 e 2016), o lançamento será conforme os procedimentos fiscais estabelecidos na legislação local, exceto para os valores já declarados no PGDAS-D, que deverão ser cobrados pela RFB (confissão de dívida). Obedecerá à aplicação de alíquota, base de cálculo, juros/multa, inscrição em dívida ativa e cobrança judicial conforme legislação do Simples Nacional.

A fiscalização será orientadora para:

- trabalhista, metrológico, sanitário, ambiental, de segurança, de relações de consumo e de uso e ocupação do solo;
- inclusão das matérias ligadas ao consumo;
- exceção: falta de registro de empregado ou anotação da Carteira de Trabalho e Previdência Social - CTPS e reincidência, fraude, resistência ou embaraço à fiscalização.

14.22.1 Omissão de receitas

- Aplicação de todas as presunções de omissão de receita na legislação, de todos os impostos e contribuições incluídos no Simples Nacional.
- Planejamento ou procedimento fiscal ou preparatório - prestação de assistência mútua e permuta de informações entre a Fazenda Pública da União, Estados e municípios.
- Notificação prévia para que o autor regularize a situação, segundo regulamentação do CGSN e não constituição de procedimento fiscal.

14.22.2 Considerações finais

As alterações contemplam significativas e benéficas mudanças para as ME e EPP.

A forma de tributação progressiva que acontece após a 1ª faixa de tributação é um avanço, e crescer (faturar mais) não trará um susto tão grande no pagamento mensal do DAS (Documento de Arrecadação do Simples Nacional).

A mudança das atividades de tecnologia para o Anexo III reduziu consideravelmente os impostos para a área.

A regulação do investidor-anjo trará maior segurança jurídica aos negócios.

Nem mesmo a exclusão do ISS e do ICMS do DAS para os que faturarem mais que R$ 3,6 milhões é tão assustadora, apesar de trazer maior complexidade para essas empresas (mais obrigações acessórias e impostos a recolher), que representam 84% em média das empresas optantes pelo Simples Nacional, que faturam menos de R$ 540.000 por ano.

CASO PRÁTICO 14.1

Considere a seguinte situação:

Maria Eduarda precisa optar por um dentre os três métodos de tributação possíveis para sua empresa (Lucro Real Trimestral, Lucro Presumido Trimestral ou Simples Nacional).

A empresa dela comercializa sapatos femininos de luxo. A empresa de Maria Eduarda, nos últimos 12 meses, faturou R$ 1.287.000,00, então, por este critério, pode optar pelo novíssimo Simples Nacional, se compensar, é claro.

Para que fizesse o planejamento tributário ideal, Maria Eduarda refez o movimento contábil da empresa no último trimestre, aplicando as três formas de tributação. Ao final, decidiu pelo método no qual que se pagavam menos tributos.

Eis o movimento do último trimestre da empresa de Maria Eduarda:

- Faturamento bruto no mês 10/2017 no valor de R$ 125.000.00; em 11/2017, R$ 147.500,00; e em 12/2017 R$ 147.000,00.
- Compras; 10/2017 – R$ 110.000,00; 11/2017 – R$ 141.000,00 e 12/2017 – R$ 137.000,00.
- Energia elétrica: 10/2017 – R$ 1.800,00; 11/2017 – R$ 1.700,00; e 12/2017 - R$ 1.750,00.
- Resultado contábil/fiscal apurado no terceiro trimestre: prejuízo de R$ 1.250,00.

Simples Nacional

Anexo I

Faixa 4

Alíquota nominal = 10,70%

Parcela a deduzir = R$ 22.500,00

$$\text{Alíquota efetiva} = \frac{(1.287.000{,}00 \times 10{,}70\%) - 22.500{,}00}{1.287.000{,}00}$$

Alíquota efetiva = 8,95%

Outubro = 125.000,00 × 8,95% =	R$ 11.189,68
Novembro = 147.500,00 × 8,95% =	R$ 13.203,82
Dezembro = 147.000,00 × 8,95% =	R$ 13.159,07
TOTAL	R$ 37.552,57

Lucro Presumido

Base de cálculo = R$ 419.000 × 8% = R$ 33.560,00

IRPJ	15%	R$ 5.034,00
CSLL	9%	R$ 3.020,40
PIS	0,65%	R$ 2.726,75 (sobre o faturamento)
Cofins		R$ 12.585,00 (sobre o faturamento)
Sub-Total		R$ 23.366,15
ICMS	18%	R$ 5.670,00 (diferença das Compras sobre as Vendas)
Total		R$ 29.036,15

Lucro Real

Faturamento	R$	419.500,00
(–) ICMS	(R$	5.670,00)
(–) PIS e Cofins	(R$	2.806,25)
(–) Compras	(R$	388.000,00)
(–) Energia	(R$	5.250,00)
Lucro antes IR	R$	17.773,75
Prejuízos Acumulados	(R$	1.250,00)
Base de Cálculo	R$	16.523,75
IRPJ	(R$	2.478,56)
CSLL	(R$	1.487,14)
Lucro Real	R$	12.558,05

Total dos tributos = 5.670,00 + 2.806,25 + 2.478,56 + 1.487,14 = R$ 12.441,95

Melhor opção de tributação = Lucro Real.

CASO PRÁTICO 14.2

Considere a seguinte situação:

Ludmila precisa optar por um dentre os três métodos de tributação possíveis para sua empresa (Lucro Real Trimestral, Lucro Presumido Trimestral ou Simples Nacional).

A empresa dela industrializa parafusos e porcas. A empresa de Ludmila, nos últimos 12 meses, faturou R$ 2.287.000,00, então, por este critério, pode optar pelo novíssimo Simples Nacional, se compensar, é claro.

Para que fizesse o planejamento tributário ideal, Ludmila refez o movimento contábil da empresa no último trimestre, aplicando as três formas de tributação. Ao final, decidiu pelo método no qual se pagavam menos tributos.

Eis o movimento do último trimestre da empresa da Ludmila:

- Faturamento bruto no mês 10/2017 no valor de R$ 325.000,00; em 11/2017, R$ 258.000,00; e em 12/2017, R$ 357.000,00.
- Compras: 10/2017 – R$ 280.000,00; 11/2017 – R$ 181.000,00; e 12/2017 – R$ 287.000,00.
- Energia elétrica: 10/2017 – R$ 7.800,00; 11/2017 – R$ 12.500,00; e 12/2017 - R$ 21.200,00.
- Resultado contábil/fiscal apurado no terceiro trimestre: lucro de R$ 57.000,00.

Simples Nacional

Faturamento = R$ 940.000,00

Faixa 5 - (R$ 138.180,00 - R$ 85.500,00)

Simples = R$ 52.680,00

Lucro Real Trimestral

Lucro no Trimestre	R$ 57.000,00
IRPJ 15%	R$ 8.550,00
CSLL 9%	R$ 5.130,00
PIS 1,65%	R$ 2.483,25
Cofins 7,6%	R$ 11.438,00
Total dos tributos	R$ 27.601,25

Lucro Presumido

Faturamento Trimestral

Mês 10/2017	R$ 325.000,00
Mês 11/2017	R$ 258.000,00
Mês 12/2017	R$ 357.000,00
Total	R$ 940.000,00

Comércio - presunção de lucro = 8%

R$ 940.000,00 × 8% = R$ 75.200,00

IRPJ 15%	R$ 11.280,00
CSLL 9%	R$ 6.768,00
PIS 0,65%	R$ 6.110,00
Cofins 3%	R$ 2.820,00
Total dos tributos	R$ 53.908,00

CASO PRÁTICO 14.3

Considere a seguinte situação:

Cristiane Dias precisa optar por um dentre os três métodos de tributação possíveis para sua empresa (Lucro Real Trimestral, Lucro Presumido Trimestral ou Simples Nacional).

A empresa dela presta serviços de manutenção de veículos automotores e vendas de peças automotivas. A empresa de Cristiane, nos últimos 12 meses, faturou R$ 117.000,00, então, por este critério, pode optar pelo Simples Nacional, se compensar, é claro.

Para que fizesse o planejamento tributário ideal, Cristiane refez o movimento contábil da empresa no último trimestre, aplicando as três formas de tributação. Ao final, decidiu pelo método no qual se pagavam menos tributos.

Eis o movimento do último trimestre da empresa da Cristiane:

- Faturamento bruto no mês 10/2017 no valor de R$ 15.000.00; em 11/2017, R$ 18.000,00; e em 12/2017, R$ 17.000,00. Considere serviços 40% do faturamento.
- Compras: 10/2017 – R$ 10.000,00; 11/2017 – R$ 11.000,00; e 12/2017 – R$ 12.000,00.
- Energia elétrica: 10/2017 – R$ 200,00, 11/2017 – R$ 250,00; e 12/2016 – R$ 200,00.
- Resultado contábil/fiscal apurado no terceiro trimestre: prejuízo de R$ 400,00.

Simples Nacional

Faturamento Anual = R$ 117.000,00

Faturamento Trimestral = R$ 50.000,00

Serviços (40% do faturamento) = R$ 20.000,00

Comércio (60% do faturamento) = R$ 30.000,00

$$\text{Serviço - Alíquota Efetiva} = \frac{117.000,00 \times 6\% = 0,06}{117.000,00}$$

R$ 20.000,00 x 0,06 = R$ 1.200,00

$$\text{Comércio – Alíquota Efetiva} = \frac{117.000,00 \times 4\% = 0,04}{117.000,00}$$

R$ 30.000,00 × 0,04 = R$ 1.200,00

DAS = R$ 1.200,00 + R$ 1.200,00 = R$ 2.400,00 (representa 2.05% do faturamento anual da empresa)

Lucro Presumido

Imposto de Renda da Pessoa Jurídica

Base de cálculo do Serviço = R$ 117.000,00 × 16% (percentual favorecido) = R$ 18.270,00

IRPJ = R$ 18.270,00 × 15% = R$ 2.808,00

Base de cálculo do Comércio = R$ 117.000,00 × 8% = R$ 9.630,00

IRPJ = R$ 9.630,00 × 15% = R$ 1.404,00

IRPJ Total = R$ 2.808,00 + R$ 1.404,00 = R$ 4.212,00

Contribuição Social sobre o Lucro Líquido
Base de Cálculo da CSLL = R$ 117.000,00 × 12% = R$ 14.040,00
CSLL = R$ 14.040,00 × 9% = R$ 1.263,60

Tributação = IRPJ + CSLL = R$ 4.212,00 + R$ 1.263,60 = R$ 5.475,60 (representa 4,68% do faturamento anual da empresa)

Lucro Real

Especificação	Mercadorias – R$	Serviço – R$
Receita Bruta	30.000,00	20.000,00
Imposto sobre Serviços		1.000,00
(–) Despesas Incondicionais	337,63	
Receita Líquida	29.662,38	19.000,00
Base de Cálculo	48.662,38	
IRPJ – 15%	7.299,36	
CSLL – 9%	4.379,61	
Total da Tributação	**11.678,97**	

EXERCÍCIOS DE FIXAÇÃO

— QUESTÕES DE MÚLTIPLA ESCOLHA

1. (ESAF – 2014 – Receita Federal – Auditor Fiscal da Receita Federal) A Lei Complementar n. 123/2006 prevê tratamento tributário diferenciado para microempresas e empresas de pequeno porte, que consiste em um regime especial unificado de arrecadação de tributos e contribuições devidos por estas entidades, denominado Simples Nacional. Sobre este, é incorreto afirmar que:
   a) para fins do Simples Nacional, considera-se receita bruta o produto da venda de bens e serviços nas operações de conta própria, o preço dos serviços prestados e o resultado nas operações em conta alheia, excluídas as vendas canceladas e os descontos incondicionais concedidos.
   b) o Simples Nacional implica o recolhimento mensal, mediante documento único de arrecadação, de um conjunto de tributos e contribuições. Todavia, mesmo em relação a algum destes tributos e contribuições, há situações em que o recolhimento dar-se-á à parte do Simples Nacional.
   c) na determinação dos valores a serem lançados de ofício para cada tributo, após a exclusão do Simples Nacional, devem ser deduzidos eventuais recolhimentos da mesma natureza efetuados nessa sistemática, observando-se os percentuais previstos em lei sobre o montante pago de forma unificada.
   d) alteração recente na legislação tributária permitiu o parcelamento de débitos do Simples Nacional.

e) para efeito do Simples Nacional, e enquadramento da sociedade empresária na condição de microempresa ou empresa de pequeno porte, deve-se considerar a receita de cada estabelecimento individualmente e não o somatório destes.

2. **(FCC – 2014 – Sefaz/PE – Auditor Fiscal do Tesouro Estadual)** Sobre o regime tributário do Simples Nacional, considere:

I. Consideram-se isentos do Imposto de Renda na fonte e na declaração de ajuste do beneficiário, os valores efetivamente pagos ou distribuídos ao titular ou sócio da microempresa ou empresa de pequeno porte optante pelo Simples Nacional, salvo os que corresponderem a pró-labore, aluguéis ou serviços prestados.

II. Não poderão recolher os impostos e contribuições na forma do Simples Nacional a microempresa ou a empresa de pequeno porte que possua débito com o Instituto Nacional do Seguro Social – INSS, ou com as Fazendas Públicas Federal, Estadual ou Municipal, ainda que estejam com a exigibilidade suspensa.

III. Os processos relativos a impostos e contribuições abrangidos pelo Simples Nacional serão ajuizados em face da União, que será representada em juízo pela Procuradoria Geral da Fazenda Nacional.

a) II;
b) III;
c) I e III;
d) II e III;
e) I.

— PROBLEMAS

1. A Empresa Indústria Machado, fábrica de estruturas metálicas, obteve uma receita bruta em janeiro no valor de R$ 200.000,00. A receita bruta, acumulada nos últimos 12 meses, anteriores ao período de apuração, foi de R$ 3.000.000,00.
Determine o DAS do Simples Nacional a recolher em fevereiro.

2. A Empresa Botelhos, que presta serviços de assessoria e consultoria empresarial e tributária, obteve uma receita bruta em janeiro no valor de R$ 200.000,00. A receita bruta, acumulada nos 12 meses anteriores ao período de apuração, foi de R$ 3.000.000,00.
A folha de pagamento acumulada nos últimos 12 meses totalizou a importância de R$ 850.000,00.
Determine o DAS do Simples Nacional a recolher em fevereiro.

3. A Empresa Industrial Silvanópolis fabrica pregos. A receita bruta, acumulada nos últimos 12 meses, anteriores ao período de apuração, foi de R$ 674.000,00.
Determine a alíquota efetiva a ser aplicada.

4. A Empresa Comercial Pouso Alegre, que comercializa artigos escolares, obteve uma receita bruta em janeiro no valor de R$ 230.000,00. A receita bruta, acumulada nos últimos 12 meses, anteriores ao período de apuração, foi de R$ 1.600.000,00.
Determine o DAS do Simples Nacional a recolher em fevereiro.

5. A Empresa Comercial Santa Rita do Sapucaí, que comercializa artigos de papel, obteve uma receita bruta em janeiro no valor de R$ 120.000,00. A receita bruta, acumulada nos últimos 12 meses, anteriores ao período de apuração, foi de R$ 1.727.000,00.
Determine o DAS do Simples Nacional a recolher em fevereiro.

6. A Empresa Industrial Três Pontas, que fabrica caixas de papel, teve início de atividades em agosto de 2017 e optou pelo Simples Nacional em 2018.
Receita bruta mensal em 2017:

Meses	Valores da receita bruta (R$)
Agosto	77.000,00
Setembro	189.000,00
Outubro	201.000,00
Novembro	232.000,00
Dezembro	357.000,00

A receita bruta auferida em janeiro de 2018 totalizou a importância de R$ 301.000,00. A receita bruta auferida em fevereiro de 2018 (no mês) foi de R$ 342.000,00.
Determine o DAS do Simples Nacional a recolher em março de 2018.

7. A Empresa Boa Esperança, prestadora de assessoria e consultoria empresarial e tributária, teve início de atividades em julho, que era o seu terceiro mês de atividade, e é optante pelo Simples Nacional.

Meses	Receita bruta (R$)
Julho	11.000,00
Agosto	22.000,00

A receita bruta auferida em setembro totalizou a importância de R$ 33.000,00.
Determine o DAS do Simples Nacional a recolher em outubro.

8. A Empresa Comercial Lambari, que comercializa gêneros alimentícios, obteve uma receita bruta em janeiro no valor de R$ 102.334,90. A receita bruta, acumulada nos últimos 12 meses, anteriores ao período de apuração, foi de R$ 1.153.517,88.
Determine o DAS do Simples Nacional a recolher em fevereiro.

9. A Empresa Comercial São Lourenço, que exerce a atividade comercial, obteve uma receita bruta em janeiro no valor de R$ 170.133,20. A receita bruta, acumulada nos últimos 12 meses, anteriores ao período de apuração, foi de R$ 1.331.108,20.
Determine o DAS do Simples Nacional a recolher em fevereiro.
A Comercial São Lourenço não paga ICMS ST, PIS e Cofins monofásico.

10. A Empresa Industrial Olímpio Noronha, que exerce a atividade industrial, obteve uma receita bruta em janeiro no valor de R$ 140.000,00. A receita bruta, acumulada nos últimos 12 meses, anteriores ao período de apuração, foi de R$ 1.680.000,00.
Determine o DAS do Simples Nacional a recolher em fevereiro.

11. O Restaurante Almirante, especializado em comidas portuguesas, obteve uma receita bruta em abril no valor de R$ 300.000,00. A receita bruta, acumulada nos últimos 12 meses, anteriores ao período de apuração, foi de R$ 2.000.000,00.
Determine o DAS do Simples Nacional a recolher.

12. A Empresa Industrial Varginha Montagem, especializada em montagem de estruturas metálicas, obteve uma receita bruta em maio no valor de R$ 250.000,00. A receita bruta, acumulada nos últimos 12 meses, anteriores ao período de apuração, foi de R$ 3.000.000,00.
Determine o DAS do Simples Nacional a recolher.

13. A Crepaldi Advogados Associados, especializada em assessoria e consultoria tributária empresarial, obteve uma receita bruta em maio no valor de R$ 250.000,00. A receita bruta, acumulada nos últimos 12 meses, anteriores ao período de apuração, foi de R$ 3.000.000,00.
Determine o DAS do Simples Nacional a recolher.

14. A Solange Designers Associados, especializada em design de interiores, obteve uma receita bruta em maio no valor de R$ 75.000,00. A receita bruta, acumulada nos últimos 12 meses, anteriores ao período de apuração, foi de R$ 190.000,00.
Determine o DAS do Simples Nacional a recolher.

15. A Fisio Associados, especializada em fisioterapia, realizou gastos com a folha de pagamento, nos últimos 12 meses, no montante de R$ 926.608,45. A receita bruta, acumulada nos últimos 12 meses, anteriores ao período de apuração, foi de R$ 3.353.630,00.
Determine em qual anexo a Fisio calculará o DAS do Simples Nacional a recolher.

16. A Fisioterapeutas Associados, especializada em fisioterapia, realizou gastos com a folha de pagamento, nos últimos 12 meses, no montante de R$ 933.739,70. A receita bruta, acumulada nos últimos 12 meses, anteriores ao período de apuração, foi de R$ 3.323.660,00.
Determine em qual anexo a Fisioterapeutas calculará o DAS do Simples Nacional a recolher.

17. A Simões Arquitetos Associados obteve uma receita bruta em maio no valor de R$ 470.000,00. Realizou gastos com a folha de pagamento, nos últimos 12 meses, no montante de R$ 465.000,00. A receita bruta, acumulada nos últimos 12 meses, anteriores ao período de apuração, foi de R$ 1.500.000,00.
Determine em qual anexo a Simões Arquitetos Associados calculará o DAS do Simples Nacional a recolher.

18. A Varginha Engenheiros Associados obteve uma receita bruta em junho no valor de R$ 270.000,00. Realizou gastos com a folha de pagamento, nos últimos 12 meses, no montante de R$ 300.000,00. A receita bruta, acumulada nos últimos 12 meses, anteriores ao período de apuração, foi de R$ 1.500.000,00.
Determine em qual anexo a Varginha Engenheiros Associados calculará o DAS do Simples Nacional a recolher.

CAPÍTULO 15 Causas suspensivas, extintivas e de exclusão do crédito tributário

OBJETIVOS

- Identificar as causas suspensivas, extintivas e de exclusão do crédito tributário.
- Justificar as formas de suspensão da exigência do crédito tributário.
- Verificar a ocorrência da isenção e da anistia tributárias.

15.1 CAUSAS SUSPENSIVAS

Suspensão é um ato ou fato jurídico ao qual a lei atribui o efeito de anular temporariamente a eficácia de outro fato ou ato jurídico revestido de executoriedade. No caso, a suspensão do crédito tributário prorroga temporariamente o prazo de pagamento da obrigação tributária principal.

Quando ocorre o fato imponível e se praticam o ato de lançamento e a notificação do sujeito passivo, o tributo está "em termos", ou seja, em condições de ser pago pelo contribuinte e recebido pela Fazenda Pública, de modo que o crédito tributário passa a ser exigível. É possível, entretanto, a partir da existência de ato ou fato novo, haver causas suspensivas da exigibilidade de tal crédito (causas a que a lei permita retardar a exigência de sua cobrança), adiando o referido pagamento.

As hipóteses de suspensão da exigibilidade do crédito tributário, taxativamente enumeradas no art. 151 do Código Tributário Nacional (CTN), são situações administrativas e judiciais que, uma vez ocorridas, impedem a Fazenda Pública de iniciar atos de cobrança do crédito tributário ou, sendo o caso de já os haver iniciado, de prosseguir na execução de tais atos.

Suspendem o crédito tributário:

- Moratória.
- Depósito do seu montante integral.
- Reclamações e recursos, nos termos das leis reguladoras do processo tributário administrativo.
- Concessão de medida liminar em mandado de segurança.

- Concessão de medida liminar ou de tutela antecipada, em outras espécies de ação judicial.
- Parcelamento.

Ainda que presente a causa suspensiva da exigibilidade do crédito tributário, não desaparece para o contribuinte o dever de cumprir as obrigações acessórias (art. 151, parágrafo único, CTN).

Cumpre antecipar que, por mero imperativo lógico, as causas que suspendem a exigibilidade do crédito tributário suspendem também o prazo prescricional: se o crédito não pode ser exigido, não pode, igualmente, correr prazo contra a Fazenda Pública (efeito impeditivo), impossibilitando a cobrança de tal crédito, o que bloqueia o ajuizamento da execução fiscal.

Caso o Crédito Tributário (CT) esteja suspenso, deverá ser expedida a Certidão positiva com efeitos de negativa (art. 206, CTN) no prazo legal de dez dias (art. 205, parágrafo único, CTN).

Há dois momento em que se pode dar o depósito:

- Aquele anterior à constituição definitiva do crédito tributário, o que impede a cobrança da dívida, mas não suspende o procedimento do lançamento.
- Aquele posterior à consumação do lançamento, o que suspende a exigibilidade do crédito tributário.

CASO PRÁTICO 15.1

Contribuinte do ICMS protocoliza pedido de parcelamento do débito tributário em 3 de dezembro de 2011, com o recolhimento do tributo devido, praticando assim denúncia espontânea da infração, pois não houve nenhuma medida fiscalizatória anterior ao parcelamento do débito. Em 12 de setembro de 2012, o Fisco expede lançamento tributário, nos termos do art. 142, CTN, no qual, nos termos do art. 155-A, § 1º, CTN exige multa moratória decorrente de pagamento efetuado em atraso.

Defenda o contribuinte, expondo argumentos jurídicos que levem à desconstituição do lançamento efetuado.

O artigo 155-A, § 1º, CTN, acrescentado pela Lei Complementar n. 104/2001, que estabelece que "o parcelamento do crédito não exclui a incidência de juros e multa", não se aplica aos casos ocorridos antes da vigência da referida Lei Complementar, isto é, antes de 10 de janeiro de 2001.

Súmula n. 360, STJ: não cabe denúncia espontânea para tributos com lançamento por homologação.

15.2 CAUSAS EXTINTIVAS

O CTN, ao inserir no art. 97, VI, norma expressa de que somente a lei pode estabelecer as hipóteses de extinção do crédito, disciplina as causas extintivas do crédito tributário, fazendo respeitar o princípio da legalidade tributária. Quanto à extinção das obrigações, isso só pode ocorrer no que tange à obrigação principal, pois o CTN não tratou das obrigações acessórias, já que a extinção destas opera pela implementação das prestações a que elas se referem, sejam positivas ou negativas.

O que se extingue é a própria obrigação tributária e não apenas o crédito tributário, que é um de seus elementos (a obrigação tributária possui três elementos: sujeito ativo, sujeito passivo e crédito tributário) - art. 113, 1º, parte final, CTN. Essa regra, porém, não é absoluta, podendo ocorrer a extinção de um crédito sem a da obrigação, desde que a causa extintiva tenha afetado apenas a formalização do crédito.

As principais causas extintivas encontram-se enumeradas no art. 156, CTN:

- Pagamento.
- Compensação.
- Transação.
- Remissão.
- Prescrição e decadência.
- Conversão de depósito em renda.
- Pagamento antecipado e homologação do lançamento, nos termos do disposto no art. 150 e §§ 1º e 4º.
- Consignação em pagamento, nos termos do disposto no art. 164, § 2º.
- Decisão administrativa irreformável, assim entendida a defendida na órbita administrativa, que não mais possa ser objeto de ação anulatória.
- Decisão judicial passada em julgado.
- Dação em pagamento de bens imóveis, na forma e condições estabelecidas na lei.

As causas extintivas têm o poder de liberar o contribuinte da relação de sujeição que possui com a Fazenda Pública. A obrigação tributária não permanece no tempo (não é eterna).

Veja um resumo das disposições do CTN quanto ao CT na Figura 15.1, a seguir.

FIGURA 15.1 Extinção do crédito tributário

Extinção é a supressão, o desaparecimento, o **término do crédito tributário**.

São **modalidades** de extinção do crédito tributário:

O sujeito passivo "paga" o tributo:

- Pagamento.
- Compensação.
- Transação.
- Conversão de depósito em renda.
- Pagamento antecipado + homologação.
- Consignação em pagamento.
- Dação em pagamento de bens imóveis.

O sujeito passivo "não paga" o tributo:

- Remissão.
- Decadência.
- Prescrição.
- Decisão administrativa irreformável.
- Decisão judicial transitada em julgado.

PRESCRIÇÃO – ART. 174, CTN

- É a extinção do direito à ação de cobrança do **crédito tributário** (ação de execução fiscal), que ocorre após 5 anos contados da data da constituição definitiva do crédito.
- Admite interrupção (art. 174) e suspensão (art. 155, Parágrafo único).

DECISÃO ADMINISTRATIVA IRREFORMÁVEL E DECISÃO JUDICIAL TRANSITADA EM JULGADO

- Se for a favor do contribuinte, extinguirá o crédito.
- Se for contrária ao contribuinte, poderá ter processo judicial.

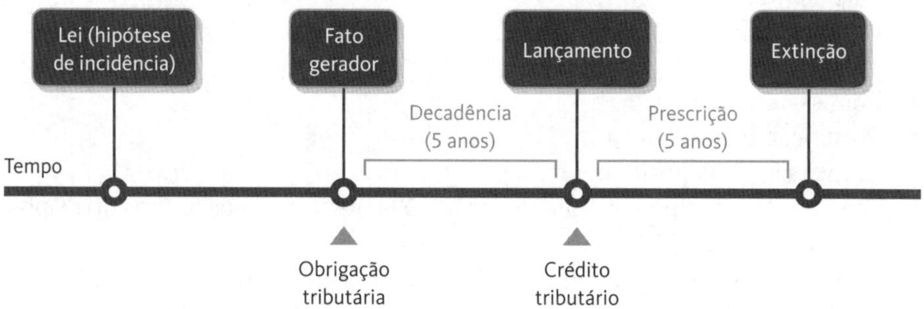

Fonte: Código Tributário Nacional, Lei n. 5.172/1966.

CASO PRÁTICO 15.2

Um Estado da Federação promulga lei ordinária que prevê como modalidade de extinção, total ou parcial, dos créditos tributários de sua competência inscritos em dívida ativa a dação em pagamento de bens móveis (títulos públicos). Analise a regularidade dessa lei e sua compatibilidade com o sistema jurídico tributário nacional.

Não é possível a lei ordinária criar uma nova forma de extinção do crédito tributário, conforme art. 141, CTN:

O crédito tributário regularmente constituído somente se modifica ou extingue, ou tem sua exigibilidade suspensa ou excluída, nos casos previstos nesta Lei, fora dos quais não podem ser dispensadas, sob pena de responsabilidade funcional na forma da lei, a sua efetivação ou as respectivas garantias.

Logo, somente mediante Lei Complementar seria modificável a hipótese de extinção do crédito tributário. Além disso, o art. 156, XI, CTN, prevê que a prestação substitutiva do pagamento em dinheiro somente poderá ser a dação em pagamento de bem imóvel, sendo o referido dispositivo dotado de caráter taxativo.

15.3 CAUSAS DE EXCLUSÃO

Há duas causas de exclusão: isenção e anistia:

- No caso de isenção, a exclusão do crédito tributário impede que a obrigação principal seja transformada em crédito tributário, não obstante o sujeito passivo seja contribuinte e tenha praticado o fato gerador.
- No caso de anistia, a exclusão impede que o descumprimento da obrigação acessória (infração tributário-penal) seja convertida em obrigação principal e no respectivo crédito tributário.

Ambas representam impedimento legal de constituição do crédito, ou seja, são causas que inibem o ato do lançamento, excluindo, pois, o crédito tributário. Logo, sendo causas inibitórias do lançamento, que excluem o crédito tributário, ambas ocorrem antes do lançamento e após o surgimento da obrigação tributária, constituindo dispensas legais, quer se refiram a tributos (isenção), quer se refiram a infrações (anistia), conforme art. 175, CTN.

A exclusão impede o nascimento do crédito tributário, no caso da isenção, ou da multa, no caso de anistia. Por força de determinação contida no art. 175, parágrafo único, CTN, a referida exclusão não exime o contribuinte do cumprimento das obrigações acessórias, dependentes da obrigação principal, cujo crédito seja excluído ou dela consequente.

Segundo a corrente tradicional, a exclusão do crédito tributário seria a dispensa, por expressa disposição legal, do tributo devido, pressupondo a ocorrência do fato gerador e o nascimento da obrigação tributária. Neste sentido, a legislação tributária estaria impedindo o lançamento ou a constituição e a cobrança do crédito tributário nas situações de isenção.

CASO PRÁTICO 15.3

A União concedeu à empresa Madeira Boa Ltda., a partir de 1º de janeiro de 2008 e com base em lei então vigente, a isenção de determinado imposto pelo período de dez anos, sob a condição de que a empresa mantivesse projeto de reflorestamento de mil hectares de terra por ano.

Nessa situação, caso a União tivesse revogado a mencionada lei em julho de 2011, a partir de que mês a empresa deixaria de gozar da mencionada isenção? Fundamente sua resposta.

Na situação hipotética, a empresa deixaria de gozar da mencionada isenção a partir de 1º de janeiro de 2018, pois, sendo a isenção concedida por prazo certo, não pode ser revogada ou modificada por lei a qualquer tempo, por se tratar de direito adquirido (art. 178, CTN).

CASO PRÁTICO 15.4

A remissão extingue o "crédito" tributário? E a anistia? Justifique sua resposta.

A remissão é o perdão da dívida tributária pelo sujeito da relação obrigacional, por meio de lei autorizadora. Assim, a remissão dá causa a ponência de uma norma individual e concreta que extinguirá a obrigação tributária. De outra parte, pela anistia, verifica-se o perdão correspondente aos atos ilícitos e/ou penalidades atinentes às relações jurídicas sancionatórias. Dessa forma, como as penalidades e os atos ilícitos não condizem com a acepção de tributo, muito menos integram o conceito de obrigação tributária, a anistia não extinguirá o crédito tributário.

EXERCÍCIOS DE FIXAÇÃO

— QUESTÕES DE MÚLTIPLA ESCOLHA

1. Não constitui causa de suspensão da exigibilidade do crédito tributário:
   a) o depósito do montante integral;
   b) a impugnação e os recursos administrativos;
   c) o ajuizamento de mandado de segurança;
   d) o parcelamento.

2. Suspende(m) a exigibilidade do crédito tributário:
   a) a moratória, havendo também dispensa das obrigações acessórias dependentes da obrigação principal cujo crédito seja suspenso, ou dela consequente;

b) a concessão de medida liminar em mandado de segurança, não sendo dispensado o cumprimento das obrigações acessórias dependentes da obrigação principal cujo crédito seja suspenso, ou dela consequente;
c) o depósito de seu montante integral, havendo também dispensa das obrigações acessórias dependentes da obrigação principal cujo crédito seja suspenso, ou dela consequentes;
d) as reclamações e os recursos, nos termos das leis reguladoras do processo tributário administrativo, garantida a instância mediante depósito integral do valor exigido.

3. Salvo disposição de lei em contrário, a moratória somente abrange:
   a) os créditos definitivamente constituídos até 30 dias da data da lei ou do despacho que a conceder, ou cujo lançamento tenha sido iniciado dentre daquele prazo;
   b) os créditos não definitivamente constituídos à data da lei ou do despacho que a conceder, desde que o fato gerador já tenha ocorrido antes da vigência da lei que a concedeu;
   c) os créditos definitivamente constituídos à data da lei ou do despacho que a conceder ou cujo lançamento já tenha sido iniciado àquela data por ato regularmente notificado ao sujeito passivo;
   d) os créditos definitivamente constituídos ou não à data da lei ou do despacho que a conceder, desde que o fato gerador tenha ocorrido antes da publicação da lei ou despacho que a conceder.

4. Assinale a alternativa correta.
   a) A prescrição se interrompe por qualquer ato judicial que constitua em mora o devedor.
   b) A solidariedade dos condôminos em relação ao IPTU comporta benefício de ordem.
   c) O depósito do montante integral extingue o crédito tributário.
   d) A autoridade administrativa pode rever o lançamento sempre que o desejar.

5. Sobre o pagamento tributário e pagamento indevido, assinale a alternativa correta.
   a) O crédito não integralmente pago no vencimento é acrescido de juros de mora, seja qual for o motivo determinante da falta, sem prejuízo da imposição das penalidades cabíveis.
   b) Quando a legislação tributária não fixar o tempo do pagamento, o vencimento do crédito ocorrerá 60 dias depois da data em que se considera o sujeito passivo notificado do lançamento.
   c) Prescreve em cinco anos a ação anulatória da decisão administrativa que denegar a restituição do tributo indevidamente pago.
   d) Todas as alternativas anteriores estão incorretas.

6. Sobre as formas de extinção do crédito tributário, assinale a alternativa correta.
   a) As formas de extinção do crédito tributário mencionadas no art. 156, CTN, ocorrem sempre após o lançamento.
   b) A moratória concedida por prazo superior a cinco anos extingue o crédito tributário.
   c) A anistia, assim como a remissão, extingue o crédito tributário decorrente da falta de recolhimento do tributo.
   d) As causas que modificam o crédito tributário não atingem a obrigação que lhe deu origem.

7. Tendo como base o CTN, analise as afirmativas a seguir:

I. Salvo disposição de lei em contrário, a isenção não é extensiva aos tributos instituídos posteriormente à sua concessão.
II. A isenção, quando não concedida em caráter geral, é efetivada, em cada caso, por despacho da autoridade administrativa, em requerimento com o qual o interessado faça prova do preenchimento das condições e do cumprimento dos requisitos previstos em lei ou contrato para concessão.
III. A anistia é uma forma de exclusão do crédito tributário e não se aplica, salvo disposição em contrário, às infrações resultantes de conluio entre duas ou mais pessoas naturais ou jurídicas.

Assinale:

a) somente a afirmativa I é verdadeira;
b) somente as afirmativas I e II são verdadeiras;
c) todas as afirmativas são verdadeiras;
d) somente as afirmativas II e III são verdadeiras.

8. Em tema de exclusão do crédito tributário, assinale a alternativa correta:

a) A anistia abrange as infrações cometidas antes ou depois da vigência da lei que a concede, aplicando-se aos atos qualificados em lei como crimes ou contravenções.
b) A isenção, ainda quando prevista em contrato, é sempre decorrente de lei que especifique as condições e os requisitos exigidos para a sua concessão, os tributos a que se aplica e, sendo caso, o prazo de sua duração.
c) A anistia somente pode ser concedida em caráter geral e ilimitadamente às infrações da legislação relativa a determinado tributo, porém com prazo certo e determinado.
d) A isenção não pode, em qualquer caso, ser restrita a determinada região do território da entidade tributante, sob pena de violação do princípio da igualdade tributária.

9. No que diz respeito à suspensão, extinção e exclusão do crédito tributário, assinale a alternativa correta.

a) A moratória não aproveita os casos de dolo, fraude ou simulação do sujeito passivo ou do terceiro em benefício daquele.
b) A lei que concede o parcelamento do crédito tributário não poderá excluir a incidência de juros e multas.
c) O CTN não veda a compensação tributária mediante o aproveitamento de tributo, objeto de contestação judicial pelo sujeito passivo, antes do trânsito em julgado da respectiva decisão judicial.
d) Sob pena de ofensa aos princípios da igualdade e da isonomia, a isenção e a anistia não podem ser concedidas apenas a determinada região do território da entidade tributante.

10. De acordo com o CTN, é caso de exclusão do crédito tributário:

a) isenção;
b) moratória;
c) transação;
d) remissão.

CAPÍTULO 16 Administração Tributária

OBJETIVO

- Possibilitar ao estudante uma atualização dos procedimentos que se referem à administração tributária quanto à apuração e contabilização de tributos diretos e indiretos.

16.1 INTRODUÇÃO

Denomina-se Administração Tributária o conjunto de órgãos públicos com a incumbência de aplicar a legislação tributária e verificar a correção da sua aplicação por parte de terceiros. As principais atividades da Administração Tributária são a fiscalização, a arrecadação e a cobrança (administrativa e judicial) dos tributos.

A Administração Tributária, por sua inegável importância, ostenta *status* constitucional. No art. 37, XVIII, CF, o constituinte conferiu à *administração fazendária* precedência, dentro de suas áreas de competência e jurisdição, sobre os demais setores administrativos, na forma da lei; já no art. 145, § 1º, CF, deferiu expressamente à Administração Tributária poderes, nos termos da lei, para identificação do patrimônio, dos rendimentos e das atividades econômicas do contribuinte. As Administrações Tributárias da União, dos Estados, do Distrito Federal e dos Municípios, como *atividades essenciais ao funcionamento do Estado*, terão recursos prioritários para a realização de suas atividades, serão exercidas por servidores de carreiras específicas e atuarão de forma integrada, inclusive com o compartilhamento de cadastros e de informações fiscais, na forma da lei ou convênio. Entre as competências do Senado Federal encontram-se a avaliação periódica da funcionalidade do Sistema Tributário Nacional (estrutura e componentes) e do desempenho das administrações tributárias.

A Lei n. 11.457/2007 transformou a Secretaria da Receita Federal (SRF) em Secretaria da Receita Federal do Brasil (SRFB), e esta incorporou também as atribuições anteriormente exercidas pela Secretaria da Receita Previdenciária (SRP). As contribuições do INSS passaram a ser inscritas em Dívida Ativa da União, que assumiu a condição de sujeito ativo das respectivas contribuições. Cabe à SRFB planejar, executar, acompanhar e avaliar as atividades relativas a tributação, fiscalização, arrecadação, cobrança e recolhimento das contribuições sociais. Ou seja, unificou-se, na União, por meio da SRFB, a condição de sujeito ativo e a administração da quase totalidade dos tributos federais – os impostos em geral, as contribuições de seguridade social, inclusive as previdenciárias e a terceiros etc. –, à exceção de algumas poucas contribuições e taxas, como aquelas que têm o Inmetro ou o Ibama como sujeitos ativos.

Ocorre, com frequência, a confusão entre a atividade de fiscalização tributária e os seus efeitos. A fiscalização é atividade indispensável à efetividade da tributação, sendo que, a ela, estão sujeitas todas as pessoas. Já como resultado da fiscalização, pode-se ter o lançamento de créditos tributários e a aplicação de multas. Contra a fiscalização regularmente realizada, em conformidade com as leis e os atos normativos, ninguém pode se opor, tendo inclusive o dever de facilitá-la; contra eventuais lançamentos e aplicação de multas, diversamente, os seus sujeitos passivos têm abertas inúmeras vias, nas esferas administrativa e judicial, para deduzir eventual inconformismo.

A fiscalização consiste em um poder-dever conferido às autoridades tributantes de executar atos de verificação do cumprimento de obrigações tributárias.

16.2 FISCALIZAÇÃO

Todas as pessoas, naturais ou jurídicas, contribuintes ou não, inclusive as que gozam de imunidade tributária ou de isenção de caráter pessoal, são passíveis de prestar informações ou de serem fiscalizadas pela Administração Tributária (art. 194, CTN). A atividade fiscalizatória, segundo expressa regra legal, atinge toda e qualquer pessoa, independentemente de ser natural, jurídica, contribuinte, não contribuinte, isenta ou imune.

A fiscalização tributária pode lançar mão do auxílio da força pública (federal, estadual ou municipal) quando vítima de embaraço, de desacato ou quando tal força seja necessária para efetivar medida prevista na legislação tributária.

A autoridade administrativa que proceder ou presidir a quaisquer diligências de fiscalização lavrará os termos necessários para que se documente o início do procedimento, na forma da legislação aplicável, que fixará prazo máximo para a conclusão daquelas. Sempre que possível, os termos em questão serão lavrados em um dos livros fiscais exibidos; quando lavrados em separado, uma cópia deles, autenticada pela autoridade, deve ser entregue à pessoa sujeita à fiscalização.

Nenhum dispositivo de lei pode excluir ou limitar a fiscalização tributária (art. 195, CTN). Qualquer pessoa, natural ou jurídica, ainda que não seja contribuinte, pode ser fiscalizada. Fixa-se o princípio de que a imunidade, a não incidência ou a isenção, referem-se à incidência do tributo ou ao seu pagamento, e não à possibilidade de ser fiscalizado. Aliás, existem muitos casos de imunidade e isenção, por exemplo, que estão submetidos ao cumprimento de requisitos e condições.

Sendo assim, compete à autoridade a fiscalização a respeito do fiel cumprimento deles. É obrigação inequívoca de qualquer pessoa jurídica de dar à fiscalização tributária amplo acesso aos seus registros contábeis, bem como às mercadorias e aos documentos respectivos. De fato, a obrigação de o contribuinte exibir os livros fiscais abrange também a obrigação de apresentar todos os documentos que lhe dão sustentação. Entendimento diverso colocaria no vazio a norma, retirando-lhe toda a utilidade, o que contraria os princípios de hermenêutica. Não tem validade, quanto a esse tema, quaisquer limitações impostas pela lei. Aplica-se o art. 1.193, CC, ou seja, o sigilo dos negócios ou da situação financeira do empresário cede em prol do interesse público da eficaz fiscalização tributária. A exibição de livro ou documento também está prevista nos arts. 381 e 382, CPC; contudo, o Fisco não se sujeita àqueles procedimentos, uma vez que poderá exigir a exibição administrativamente, sem necessidade de qualquer intervenção judicial.

Se a pessoa sujeita à fiscalização negar ou meramente obstacularizar a exibição dos livros e documentos, o Fisco poderá buscar o acesso a eles em Juízo, e tal procedimento não está sujeito à existência e comprovação de qualquer suspeita de irregularidade. A verificação da documentação pode ser feita até mesmo para simples conferência de valores pagos pelo contribuinte relativamente a tributos sujeitos a lançamentos por homologação. Havendo recusa por parte do contribuinte à exibição de seus livros e papéis à autoridade fiscal, será possível ensejar o lançamento por arbitramento (art. 148, CTN), sem prejuízo de incorrer em crime contra a ordem tributária (art. 1º, I, Lei n. 8.137/1990), bem como, quando for o caso, na pena do art. 330, CP.

A Súmula n. 439 do STF, também, assim determina.

Os inventariantes são obrigados, mediante intimação escrita, a prestar à autoridade administrativa as informações de que disponham com relação aos bens do espólio.

É importante destacar que, por legislação tributária, deve-se compreender, conforme os arts. 96 a 100, CTN, não apenas a lei em sentido estrito, mas também os tratados, as convenções internacionais, os decretos e as normas complementares.

Dessa forma, pode-se concluir que as normas que não decorram de lei não poderão impor obrigações principais, podendo tratar de simples obrigações acessórias, em face do que preconiza o dispositivo constitucional de que ninguém é obrigado a fazer ou deixar de fazer alguma coisa a não ser em virtude de lei.

16.2.1 O Regime Especial de Fiscalização

A RFB, por meio da Instrução Normativa n. 979/2009, regulamentou o Regime Especial de Fiscalização, instituído originariamente pela Lei n. 9.430/1996.

Esse regime deveria ter como missão precípua aparelhar o Fisco de instrumentos de fiscalização mais eficientes sobre as atividades econômicas dos contribuintes, tudo com o intuito de impedir a inadimplência e, também, a sonegação fiscal.

A ideia, portanto, é a de se permitir um regime mais rígido e ostensivo de fiscalização em situações objetivamente identificadas, adotando-se meios proporcionais (e que não afetem a própria atividade do contribuinte) de verificar e quantificar o volume de tributos ali devidos. Essas situações especiais se mostram presentes em razão das próprias peculiaridades de certos setores produtivos mais difíceis de fiscalizar, e, também, em decorrência de atos praticados por parte dos contribuintes, focados em inadimplir ou segregar tributos como instrumento de estratégia mercadológica.

Nesse cenário, nenhuma censura poderia ser imputada à instituição do regime. Práticas de sonegação e de inadimplência contumaz, além de serem altamente danosas ao erário, podem provocar distúrbios concorrenciais graves, gerando ineficiência econômica e, em última análise, prejuízo ao mercado e aos consumidores, merecendo reprimendas.

A preservação da livre concorrência, no entanto, não pode servir de baluarte ou de justificativa para que os direitos fundamentais dos contribuintes sejam amesquinhados. Toda e qualquer fiscalização, ainda que especial, tem de se ater a um único objetivo: identificar a existência de atividades que geram a necessidade de pagamento de tributos, segundo a Constituição Federal. Fiscalizar consiste em identificar, respeitados os direitos individuais e nos termos da lei, o patrimônio, os rendimentos e as atividades econômicas do contribuinte.

A proposta central é, portanto, a de identificação da atividade econômica. Isso difere muito de uma autorização para que se empreenda atos, ainda que indiretos, de coação para pagamento da dívida que, por vezes, pode estar sendo objeto de discussão, seja na esfera administrativa ou judicial.

Esses pressupostos, no entanto, parecem não ter sido atendidos quando da instituição do Regime Especial de Fiscalização. Dentre os muitos dispositivos da Lei n. 9.430/1996, podem ser enunciados dois que denunciam a real intenção da decretação do referido regime: (1) impor ao contribuinte, mediante uma fiscalização mais rígida e penosa, o pagamento de tributos considerados devidos pelo Fisco (por isso, a lei prescreve que a RFB pode determinar regime especial para o cumprimento de obrigações); e (2) indicar que as medidas especiais de fiscalização poderão ser aplicadas, isolada ou cumulativamente, por tempo suficiente à normalização do cumprimento das obrigações tributárias.

Não há que se falar em cumprimento de obrigações, sob pena de se ver veladamente instituída uma força coercitiva para o pagamento de tributos, prática nomeada de sanção política e vedada pela Constituição Federal segundo reiterada interpretação do STF. O regime tem de servir exclusivamente para identificar a existência de débitos. Feito isso, terá cumprido o seu papel.

Não defendemos contribuintes que baseiam seus negócios em práticas de sonegação ou inadimplência. Ao revés, tais práticas podem gerar distúrbios concorrenciais e devem ser eficazmente enfrentadas. Identificada a existência de crédito tributário em favor do Fisco, caberá ao Estado, tão somente, adotar as medidas previstas constitucionalmente pelo direito positivo, inscrevendo o débito em dívida ativa, negando a expedição de certidões de regularidade fiscal e executando o débito. Em vez de buscar meios coercitivos indiretos, a administração tributária deve concentrar seus esforços na formulação de instrumentos que tornem mais eficazes a constituição definitiva do crédito tributário e sua execução judicial.

Com isso, os contribuintes terão respeitados os seus direitos fundamentais. Os concorrentes que cumprem suas obrigações verão os inadimplentes e sonegadores pagarem as dívidas que lhe são devidamente imputadas por meio de uma execução eficiente. A administração tributária, por sua vez, recolherá tributos nos termos do que determina o direito brasileiro.

16.3 AUTO DE INFRAÇÃO

O Auto de Infração e Imposição de Multa (AIIM), como o próprio nome diz, é o documento formal mediante o qual a Administração Pública aponta o ilícito praticado pelo sujeito passivo da obrigação tributária, impondo-lhe a respectiva penalidade.

O referido documento deve ser lavrado por servidor competente, no local da verificação da infração, e conterá, obrigatoriamente: a qualificação do autuado; o local, a data e a hora da lavratura; a descrição do fato; a disposição legal infringida e a penalidade aplicável; a determinação da exigência e a intimação para cumpri-la ou impugná-la no prazo de 30dias; a assinatura do autuante, além da indicação de seu cargo ou função e o número de matrícula.

O auto de infração equivale a lançamento? Tanto quanto o lançamento, ele constitui o crédito tributário?

Não, o auto de infração apenas constitui a sanção tributária; consoante Carvalho,[1] "temos um fato delituoso, caracterizado pelo descumprimento de um dever estabelecido no consequente de norma tributária". Já no lançamento temos "um fato lícito, em que não encontraremos violação de qualquer preceito, simplesmente uma alteração no mundo social a que o direito atribui valoração positiva".

No auto de infração, deparamo-nos com dois atos: (1) ato lançamento, exigindo o tributo devido; (2) ato de aplicação de penalidade, pela circunstância de o sujeito passivo não ter recolhido, em tempo hábil, a quantia pretendida pela Fazenda. Dá-se a conjunção em um único instrumento material, sugerindo até possibilidades híbridas. Mera aparência. Não deixam de ser duas normas jurídicas distintas postas por expedientes que, por motivos de comodidade administrativa, estão reunidas no mesmo suporte físico.

Pela frequência com que ocorrem essas conjunções, falam, alguns, em "auto de infração no sentido largo", em referência a dois atos no mesmo instrumento,

1. CARVALHO, Paulo de Barros. *Curso de direito tributário*. 16. ed. São Paulo: Saraiva, 2004. p.39.

e "auto de infração *stricto sensu*", para denotar a peça portadora de norma individual e concreta de aplicação de penalidade a quem cometeu ilícito tributário.

O auto de infração é um ato administrativo, porque corresponde a uma manifestação objetiva da vontade do Estado, enquanto parte diretamente interessada em uma relação jurídica. A seguir, o Quadro 16.1 apresenta, comparativamente, as principais características de lançamento e auto de infração.

QUADRO 16.1 Lançamento e auto de infração

Ato administrativo	Lançamento	Auto de infração
Agente	Agente fiscal.	Agente fiscal.
Objeto	Formalizar o crédito tributário.	Formalizar a sanção tributária.
Forma	Auto de lançamento.	Auto de infração.
Motivo	Ter ocorrido o fato imponível (ato lícito).	Ter ocorrido o descumprimento do dever jurídico-tributário (ato ilícito).
Finalidade	Possibilitar o recolhimento do tributo.	Possibilitar o recolhimento da multa fiscal.

Fonte: Constituição Federal de 1988 e Código Tributário Nacional Lei n. 5.172/1966.

Assim, jungidos lançamento e auto de infração, teremos:

- Apuração do valor do tributo (lançamento).
- Apuração do valor da multa (auto de infração propriamente dito).
- Ciência ao contribuinte de que deve pagar o tributo, num dado prazo (notificação do lançamento).
- Ciência ao contribuinte de que deve pagar a multa, num dado prazo (notificação do auto de infração).

Os dispositivos legais que trazem os requisitos, os quais devem conter os autos de infração, são:

- Para tributos federais: art. 10 do Decreto n. 70.235/1972.
- Para tributos estaduais: legislação estadual.

16.3.1 A fiscalização no âmbito da Administração Fazendária

O termo fiscalização, no sentido empregado pelo art. 196, CTN, refere-se às formalidades a serem observadas pela autoridade administrativa na abertura do procedimento de investigação, no exercício do Poder de Polícia Fiscal. Contudo, em sentido amplo, a Administração Tributária pratica a fiscalização constante das informações prestadas pelos contribuintes. Desde o momento em que o administrado requer algum expediente, tal como inscrição, alteração no cadastro, certidão negativa, emissão de nota fiscal avulsa ou outros serviços, é dever da repartição de Fazenda verificar se o particular está em dia com as obrigações tributárias. Portanto, as ações no âmbito interno que tenham por objetivo o controle do cumprimento das obrigações podem ser efetuadas tanto por fiscais quanto por técnicos fazendários – estes últimos, nos limites de sua competência legal, já que não são investidos do Poder de Polícia Fiscal.

A fiscalização cadastral consiste dos controles exercidos internamente pela Administração Tributária. Identificam-se três subtipos de Fiscalização Cadastral:

- Atividades de mera constatação.
- Comprovações formais.
- Verificação de omissões de recolhimentos.

16.3.1.1 ATIVIDADES DE MERA CONSTATAÇÃO

As atividades de mera constatação consistem em simples verificação do cumprimento, pelos sujeitos passivos, dos deveres de polícia de apresentar declarações, ou seja, dos deveres instrumentais de municiar o Fisco de informações.

Tendo em vista o regime de recolhimento, o código de atividade econômica ou as peculiaridades do tributo, a lei poderá instituir declarações ou demonstrativos diferenciados. De fato, é por meio das declarações prestadas pelos contribuintes que a Administração Fazendária, em um primeiro momento, constata se o administrado cumpriu ou não os seus deveres acessórios, ou seja, se entregou, na forma e no prazo estipulados, os demonstrativos exigidos pelo Fisco. É nessa primeira fase, portanto, que são apontados os contribuintes omissos de entrega de declarações.

16.3.1.2 COMPROVAÇÕES FORMAIS

Cumprida a primeira obrigação do contribuinte, qual seja, a de prestar as informações exigidas, a declaração ingressa na fase de comprovações formais. Nesse momento serão verificadas possíveis incorreções, tais como erros materiais ou aritméticos no documento. Utilizando-se do aparato tecnológico, por meio de programas e de sistemas de informática, a Administração Tributária confere a consistência dos valores declarados e o seu "batimento" com os campos apropriados. Atualmente, com a transmissão de dados via internet, os sistemas eletrônicos só recepcionam a declaração consistente (a inconsistente é rejeitada).

Recepcionada, a declaração ingressa na fase das comprovações formais. No âmbito da Receita Federal, é neste momento que é feita a revisão de declarações, também conhecida como "malha fiscal" ou "malha fina", que é o procedimento de revisão sistemática das declarações apresentadas pelos contribuintes, realizado internamente pelas repartições da RFB. Na revisão de declarações, quando necessário, o auditor-fiscal da RFB intima o contribuinte a apresentar documentos e informações. E eventualmente, com a finalidade de verificar a consistência das informações declaradas, o auditor-fiscal da RFB também pode realizar diligências junto a terceiros que tenham relação com os fatos a serem examinados. A revisão de declarações diferencia-se da ação fiscal externa pelo seu escopo, que se delimita a informações constantes na declaração que está sendo revista, e pela profundidade das análises que o auditor-fiscal deve realizar para a conclusão do trabalho.

16.3.1.3 VERIFICAÇÃO DE OMISSÕES DE RECOLHIMENTOS

Por fim, chega-se à fase da verificação de omissões de recolhimento de tributos. Nesse momento, a Administração confronta os valores a recolher, declarados pelo contribuinte, com o efetivo recolhimento do imposto.

No caminho interno percorrido pela declaração, não há que se falar em observância das formalidades exigidas para a abertura do procedimento fiscal investigatório. Não há prazos para diligências, e o objeto é a própria declaração; tampouco existe a obrigatoriedade da lavratura de termos, já que a Administração Tributária, nesse momento, limita-se a trabalhar os dados remetidos pelos contribuintes por meio de declarações previamente instituídas. Portanto, na fase de controle interno, o contato com o administrado pode se dar por meio de comunicados ou avisos; até mesmo por telefone os agentes podem exigir do contribuinte a entrega da declaração ou o pagamento do imposto omisso, bem como a complementação e o acerto de informações cadastrais. Afinal, é obrigação da Administração Tributária controlar, acompanhar e monitorar as informações prestadas pelos contribuintes, de forma impessoal, massiva e contínua, objetivando aumentar o nível de cumprimento voluntário das obrigações.

Ressalte-se que a Lei Complementar não definiu quem seria a autoridade administrativa competente (arts. 142 e 196, CTN) para a emissão dos respectivos atos e nem poderia fazê-lo, já que compete ao ente tributante organizar a forma como os seus tributos serão arrecadados, fiscalizados e lançados.

De volta ao controle dos omissos de recolhimento, se o contribuinte insistir em descumprir suas obrigações, principalmente após a entrega da declaração, negando-se a recolher o tributo devido, a via adotada pela Administração não será outra senão o lançamento *ex officio*.

Exemplo:

Determinado contribuinte foi submetido à fiscalização, por auditores fiscais federais, que lavraram auto de infração por falta de pagamento do Imposto de Renda no montante de R$ 20.000,00, aplicando-lhe, ainda, a multa de 75% do valor do tributo devido. Nesse caso específico, a modalidade de lançamento utilizada foi de ofício (art. 149, V, CTN, e art. 44, I, Lei n. 9.430/1996).

16.3.2 Medidas preparatórias da ação fiscalizadora

As medidas preparatórias (parágrafo único, art. 173, CTN) implementadas nos tributos em que existe a necessidade de prévia notificação ao sujeito passivo antecipam o termo inicial de contagem do prazo decadencial (*caput* do art. 173) para a data em que ocorrer a mencionada notificação.

O Termo de Início de Ação Fiscal (Tiaf), o Termo de Ocorrência (TO) e o Termo de Apreensão e Depósito (TAD) podem ser medidas consideradas preparatórias do lançamento, no âmbito da legislação do ICMS.

Não se deve confundir termo inicial de contagem com termo final de contagem. Enquanto medidas preparatórias, o Tiaf, o TO e o TAD, desde que lavrados e notificados antes do primeiro dia do exercício subsequente ao da ocorrência do fato gerador e desde que tenha ocorrido dolo, fraude ou simulação no que se refere a ICMS, são marcos iniciais para a contagem do prazo decadencial, e não marcos finais. Quando o Tiaf for lavrado após o marco inicial do art. 173, CTN, prevalecerá a regra geral, ou seja, extingue-se o direito da Fazenda Pública, após cinco anos contados do primeiro dia do exercício subsequente.

A emissão do Tiaf, antes de decorrido o prazo previsto no art. 173, CTN, não é fato suficiente para impedir e/ou interromper a decadência do direito de lançar. Se assim fosse, o Fisco poderia manobrar o prazo decadencial, estendendo-o de acordo com seu interesse, em detrimento do contribuinte.

O Tiaf é instrumento capaz de excluir a possibilidade de denúncia espontânea da infração, mas não contém nenhum dos elementos elencados no art. 142, CTN.

O legislador estadual estabeleceu o auto de infração como forma oficial do lançamento, atividade privativa da autoridade fiscal.

O Tiaf e o TAD (antigo Termo de Apreensão de Mercadorias e Ocorrência), observando-se o período em vigor, são formalidades exigidas no procedimento de fiscalização do ICMS nos Estados, e não medidas indispensáveis ao lançamento. Contudo, para determinados efeitos, seja para antecipar a contagem do prazo decadencial, seja para impedir a possibilidade da denúncia espontânea, os referidos termos preparam o caminho para o lançamento, no curso da investigação fiscal.

A lavratura do Tiaf pela autoridade administrativa, na forma da legislação aplicável, fixará prazo máximo para a conclusão (art. 196, CTN).

Sempre que possível, os termos devem ser lavrados em um dos livros fiscais exibidos. Se, contudo, forem lavrados em separado, a pessoa sujeita à fiscalização deve receber uma cópia deles, devidamente autenticada pela autoridade administrativa (art. 196, parágrafo único, CTN).

A formalização do início de uma atividade fiscalizadora tem relevância em vários aspectos, como:

- Prestar-se a um controle sobre o próprio agente fiscal a respeito de sua eficiência e probidade.

- Afastar a espontaneidade do fiscalizado quanto à matéria objeto da fiscalização (art. 138, CTN).
- Dar início ao prazo decadencial, caso este ainda não tenha se iniciado (art. 173, parágrafo único, CTN).

O CTN confere amplos poderes aos agentes do Fisco para requisitar por autoridade própria, isto é, sem necessidade de autorização judicial, informações escritas a serem fornecidas por uma série de instituições e/ou profissionais (art. 197, CTN).

Certas pessoas, em razão de suas atividades, dispõem de informações a respeito dos negócios ou bens das pessoas fiscalizadas. É o caso, por exemplo, de tabeliães de registro de imóveis e administradores de bens, entre outros. Tais informações, muitas vezes, são importantes para a atividade fiscalizadora e de exigência dos créditos tributários.

Partindo desse princípio, o art. 197, CTN, determinou qua a autoridade fiscal poderá requisitar a essas pessoas, e a outras apontadas em lei, informações a respeito do fiscalizado, desde que o faça por escrito.

Com efeito, deve-se ressaltar que existe um princípio de que a sociedade deve colaborar com a atividade fiscalizadora. Trata-se de alta expressão da prevalência do interesse público sobre o particular.

16.3.3 Direito ao silêncio na área tributária

O agente fiscal, no exercício de sua função, possui a prerrogativa de analisar e requerer do contribuinte os documentos e esclarecimentos que entender necessários para a auditoria que estiver realizando, no intuito de verificar a ocorrência ou não de irregularidades fiscais e lavratura de eventual auto de infração.

Porém, não se pode perder de vista que a obrigatoriedade de prestar informações se limita à apresentação de livros fiscais e documentos previstos em normas legais, não estando o contribuinte obrigado a fornecer outros documentos ou prestar informações que possam prejudicá-lo.

Isso é dito porque se tem verificado inúmeros pedidos de esclarecimentos que são verdadeiras tentativas de fazer o contribuinte produzir provas que, certamente, serão usadas contra ele mesmo, em clara tentativa de autoincriminação, com aplicação inclusive de penalidade em caso de não atendimento a tais exigências.

Uma vez que o descumprimento de uma obrigação tributária traz consigo a possibilidade de desencadear consequências também na esfera penal, em que a liberdade é o bem tutelado, não é demais afirmar que, na relação jurídico-tributária, é indispensável que sejam mantidos todos os direitos e as garantias fundamentais assegurados aos acusados no âmbito criminal, entre os quais o direito ao silêncio.

Além da Constituição Federal, também o Código de Processo Penal, em seu art. 186, e o Código de Processo Civil, em seu art. 347, afirmam ser o silêncio um direito da parte, e que tal atitude não pode ser interpretada de forma que lhe seja prejudicial.

Tal direito é garantia fundamental a qualquer acusado e perante qualquer um dos três poderes, conforme assegurado, inclusive, por jurisprudência no STF – HC n. 79.812-8/SP – Pleno, Diário da Justiça, Seção 1, 16 de fevereiro de 2001, p. 91 –, que entende que o privilégio contra a autoincriminação, traduzido pelo direito ao silêncio, é direito público subjetivo assegurado a todos, não podendo qualquer órgão estatal punir o cidadão que decidir por exercer tal direito.

Destarte, não pode a autoridade administrativa aplicar qualquer sanção ao acusado por não ter ele prestado as informações que lhe foram requeridas e que tinham por finalidade incriminá-lo, uma vez que tal ato decorre de um direito do contribuinte de não ser obrigado a produzir provas contra ele mesmo.

Também, pode-se afirmar que os pedidos de esclarecimento que extrapolam a legalidade, exigindo informações e documentos que não aqueles exigidos por lei, são claras tentativas de se inverter o ônus da prova, ou seja, de exigir que o contribuinte apresente documentos e informações que têm o condão de incriminá-lo e que, certamente, servirão de fundamento de futura autuação.

A inversão do ônus da prova no processo administrativo fiscal é ilegítima e repudiada pela mais autorizada doutrina, uma vez que, nesse processo, cabe ao Fisco, enquanto autor da demanda, a apuração e a exigência do crédito tributário, cabendo a ele, portanto, o ônus de provar a ocorrência do fato gerador.

Esta assertiva está respaldada inclusive no disposto do art. 142, CTN, o qual estabelece que cabe exclusivamente à autoridade administrativa constituir o crédito tributário por meio da verificação da ocorrência do fato gerador da obrigação, determinando a matéria tributável, com a correta identificação do sujeito passivo, do montante do tributo devido e da penalidade a ser aplicada, ou seja, não pode existir lançamento sem que o fisco demonstre de forma cabal a existência do crédito tributário e a ocorrência do ilícito, sendo seu o ônus *probanti*.

16.4 GUARDA DE DOCUMENTOS COMERCIAIS E FISCAIS

Os documentos fiscais e comerciais devem ser guardados até o prazo final da prescrição e não simplesmente pelo prazo de cinco anos (art. 195, parágrafo único, CTN).

Os livros obrigatórios, seja por força da lei empresarial, seja por força da lei tributária, devem ser mantidos até que ocorra a prescrição dos créditos tributários decorrentes das operações a que se refiram. O CTN não mencionou um prazo fixo de manutenção. O contribuinte deve mantê-los em boa ordem e guarda até o dia em que a Fazenda Pública já tenha perdido todos os direitos que se relacionem à exigência do crédito.

Sabemos que entre o fato gerador (ou a data da escrituração da operação no livro correspondente) e a data de lançamento (ato da Administração Tributária) pode decorrer um período de aproximadamente cinco anos (prazo decadencial). A partir do lançamento, a Fazenda Pública tem cinco anos para ajuizar a ação de execução (prazo prescricional). Além disso, sabemos, por exemplo, que o prazo prescricional pode ser interrompido. Portanto, desde a data da escrituração até a ocorrência total da prescrição dos créditos pode decorrer período maior que cinco anos.

16.5 SIGILO COMERCIAL

As regras excludentes ou limitativas do direito de examinar mercadorias, livros ou documentos comerciais (sigilo comercial – art. 195, CTN) não prevalece contra a fiscalização.

A partir da LC n. 105/2001 passou-se a admitir que autoridades administrativas e agentes tributários quebrem o sigilo bancário com base em procedimento administrativo fiscal (art. 6º).

16.6 DEVER DE INFORMAR E SIGILO PROFISSIONAL

Certas atividades ou profissões, ao serem reguladas em lei, são afetadas por normas que proíbem a divulgação de informações obtidas de terceiros, em prestígio à intimidade destes. Nesses casos, a disposição prevista na lei específica que cuida da atividade ou profissão afasta a aplicação do preceito do art. 197, CTN.

O dever de prestar informações à autoridade administrativa, desde que haja intimação escrita, também pode ser exigido de terceiros previstos em lei, os quais são obrigados a fornecer informações com relação a bens, negócios ou atividades da pessoa indicada (art. 197, CTN).

Existe o dever de tabeliães, escrivães, serventuários de ofício e outras pessoas ou entidades, conforme previsão legal, de informar ao Fisco acerca de bens, negócios e atividades de terceiros. Este dever de informar encontra limite no sigilo profissional (guarda de segredo em razão do ofício ou função), conforme art. 197, CTN. Mas está dispensada desse dever a pessoa que, em razão de cargo, ofício, função, ministério, atividade ou profissão, estiver legalmente obrigada a guardar segredo quanto às informações ligadas à sua atuação profissional (art. 197, parágrafo único, CTN).

O dever de informar ao Fisco foi consideravelmente ampliado com a edição da LC n. 105/2001. Este diploma legal estabelece expressamente a possibilidade de a Fazenda Pública obter informações bancárias ou financeiras do contribuinte quando houver processo administrativo instaurado ou procedimento fiscal em curso se tais exames forem considerados indispensáveis pela autoridade administrativa competente (art. 6º, LC n. 105/2001). Ficou, portanto, afastada a necessidade de intermediação judicial. Mas persiste, pelo visto, até a manifestação definitiva do Supremo Tribunal Federal, uma significativa discussão acerca da constitucionalidade da LC n. 105/2001. Neste sentido, vários juristas argumentam, sem razão, que o diploma legal em tela viola os direitos de intimidade e vida privada dos contribuintes.

16.7 SIGILO FISCAL

As autoridades fiscais são aparelhadas com uma série de prerrogativas que permitem a obtenção de informações úteis à prática do lançamento e à exigência do crédito. Essas informações, em prestígio à segurança e privacidade dos fiscalizados, não podem ser livremente divulgadas. É o que se costuma chamar de sigilo fiscal (art. 198, CTN). É natural que, assim como cabe ao Fisco a capacidade de investigar o sujeito passivo, igualmente compete a obrigação de manter sigilo sobre as informações obtidas durante os processos de fiscalização, sob pena de imposição de sanções administrativas, sem prejuízo daquelas previstas em legislação criminal.

Quando a lei estabelece a obrigatoriedade de sigilo em razão da profissão, como acontece com advogados e contadores, esse sigilo pode (e deve) ser oposto ao Fisco, ou seja, esses profissionais não prestarão informações (estão legalmente impedidos de fazê-lo) sobre as atividades de seus clientes de que tenham tomado conhecimento em razão de seu exercício profissional.

Na medida em que o Fisco tem o direito de manusear informações dos particulares, está obrigado, pelo sigilo fiscal, a não divulgar tais informações, segundo art. 198, CTN. A prestação de informações à Justiça e aos convênios de cooperação tributária entre os entes estatais não afetam o sigilo fiscal.

Não é vedada a divulgação de certas informações (art. 198, § 3º, CTN), tais como aquelas relativas a:

- Inscrições na Dívida Ativa da Fazenda Pública.
- Representações fiscais para fins penais.
- Parcelamento ou moratória.

Ademais, foram consignados expressamente casos de transferência do sigilo fiscal necessários para o exercício de atividades de inegável interesse público, tais como:

- Requisição de autoridade judiciária no interesse da Justiça.
- Solicitações de autoridade administrativa no interesse da Administração Pública, desde que seja comprovada a instauração regular de processo administrativo, no órgão ou na entidade respectiva, com o objetivo de investigar o sujeito passivo a que se refere a informação, por prática de infração administrativa.

O intercâmbio de informação sigilosa, no âmbito da Administração Pública, será realizado mediante processo regularmente instaurado, e a entrega será feita pessoalmente à autoridade solicitante, mediante recibo que formalize a transferência e assegure a preservação do sigilo (art. 198, § 2º, CTN).

Agentes do Fisco de todas as esferas da Federação estão autorizados a requisitar auxílio policial de qualquer esfera, mesmo que o sujeito passivo esteja praticando algum ato que não seja crime ou contravenção, mas apenas dificulte o trabalho dos agentes fiscais (art. 200, CTN).

16.8 CONVÊNIOS DE COOPERAÇÃO

A Fazenda Pública da União e as dos Estados, do Distrito Federal e dos Municípios prestar-se-ão mutuamente assistência para a fiscalização dos tributos respectivos e permuta de informações, na forma estabelecida, em caráter geral ou específico, por lei ou convênio. A Fazenda Pública da União, na forma estabelecida em tratados, acordos ou convênios, poderá permutar informações com Estados estrangeiros no interesse da arrecadação e da fiscalização de tributos (art. 199, CTN).

Segundo a jurisprudência do STF, as CPIs podem requisitar informações protegidas por sigilo fiscal sem necessidade de autorização judicial, desde que a requisição seja aprovada por maioria absoluta de seus membros e fundamentada.

O CTN não se refere expressamente ao fornecimento de dados fiscais sigilosos ao Ministério Público.

16.9 INSCRIÇÃO E DÍVIDA ATIVA

De acordo com o art. 201, CTN, constitui dívida ativa tributária a proveniente de crédito dessa natureza, regularmente inscrita na repartição administrativa competente, depois de esgotado o prazo fixado para o pagamento pela lei ou por decisão final proferida em processo regular.

A inscrição de um crédito na Dívida Ativa é o último procedimento administrativo na sequência que se inicia com a ocorrência do fato gerador de um tributo e termina com a execução judicial do crédito a ele correspondente.

O crédito tributário não pago, na forma prevista na legislação própria, e não sujeito a qualquer das causas de suspensão da exigibilidade é encaminhado para inscrição na chamada Dívida Ativa pela repartição administrativa competente, segundo o art. 202, CTN. O ato de inscrição constitui um controle administrativo da legalidade do crédito tributário e suspende a prescrição, para todos os efeitos de direito, por 180 dias ou até a distribuição da execução fiscal, se esta ocorrer antes de findo aquele prazo.

A expressão "dívida ativa" denuncia a existência de um registro ou cadastro específico em que constam todos os créditos não honrados pelos devedores. Este registro pode e deve, pela magnitude das informações envolvidas e necessidade de precisão no seu manuseio, utilizar recursos informatizados para o armazenamento dos dados e seu processamento.

No tocante aos créditos tributários federais, os órgãos da Secretaria da Receita Federal do Brasil encaminham aos órgãos da Procuradoria Geral da Fazenda Nacional (PGFN) os créditos não pagos para fins de inscrição. Nos órgãos locais da PGFN, o ato de inscrição é realizado pelo procurador da Fazenda Nacional.

A dívida regularmente inscrita goza de presunção relativa (*juris tantum*) de certeza e liquidez e tem o efeito de prova pré-constituída. Cabe ao sujeito passivo ilidir a presunção com a apresentação de prova inequívoca (art. 204, CTN). A atualização monetária e a fluência de juros de mora não excluem a liquidez do crédito. A presunção referida pode ser afastada, no processo autônomo de embargos à execução, por prova inequívoca a cargo de quem a aproveite.

Da inscrição, lavra-se o competente termo e expede-se também, com os mesmos elementos do termo, a certidão (Certidão da Dívida Ativa – CDA) que instruirá a ação judicial de execução fiscal do crédito em questão. Esta certidão pode ser substituída, por omissões ou erros, até a decisão de primeira instância, devolvido o prazo de defesa acerca da parte modificada.

Segundo regras legais expressas no Código Tributário Nacional e na Lei de Execução Fiscal, para cada crédito inscrito em Dívida Ativa deve ser lavrado termo próprio com as seguintes informações:

- Nome do devedor, dos corresponsáveis e, sempre que conhecido, o domicílio ou a residência de um e de outros.
- Valor originário da dívida, bem como o termo inicial e a forma de calcular os juros de mora e demais encargos previstos em lei.
- Origem, natureza e fundamento legal da dívida.
- Indicação, se for o caso, de estar a dívida sujeita à atualização monetária, bem como o respectivo fundamento legal e o termo inicial para o cálculo.
- Data e número da inscrição no Registro da Dívida Ativa.
- Número do processo administrativo ou do auto de infração, se neles estiver apurado o valor da dívida.

Os requisitos são orientados pela finalidade de identificar o crédito e o seu devedor. São informações que, justamente, possibilitam a exigência da dívida, de forma legítima.

A certidão que será extraída significa, substancialmente, a reprodução dos dados da inscrição. Portanto, regula o CTN que a certidão da dívida ativa deverá respeitar os mesmos requisitos da inscrição, adicionados da referência à folha e ao livro de onde foi extraída.

A inscrição que se mostra omissa ou errada quanto a algum dos requisitos não pode prosperar validamente. É de se entender que, se viciada a inscrição, viciada será também a certidão dela extraída, bem como a ação de cobrança ajuizada com base nesta (art. 203, CTN).

Verificando-se o vício da inscrição – que pode ser suscitado pelo contribuinte –, invalida-se o processo de execução. O CTN, entretanto, permite que seja corrigida a inscrição, ou realizada uma nova, dependendo do caso, e que a certidão extraída dessa nova inscrição substitua a certidão nula, contanto que essa substituição seja feita antes de proferida a decisão de primeira instância no processo executivo (art. 203, CTN). Restará à Fazenda Pública proceder a uma nova inscrição, para extrair nova certidão e ajuizar novo processo de execução fiscal.

16.9.1 Análise do art. 203, CTN

Após a extração da CDA, o procurador, valendo-se desta, protocolizará a Ação de Execução Fiscal, cuja petição inicial é o próprio título, haja vista inexistir acertamento de relação creditícia na lide.

O juiz, recebendo a ação, mandará citar o executado para pagar o tributo ou, querendo embargar, garantir o juízo, conforme previsto no art. 9º da Lei de Execução Fiscal (LEF). Para ambos os casos, o prazo único é de cinco dias.

Após a garantia do juízo, inicia-se o prazo de 30 dias para a oposição dos embargos à Execução Fiscal (art. 16, LEF).

São três as situações possíveis de acordo com a prática:

- Prazo não iniciado: os 30 dias iniciarão normalmente.
- Prazo (já) em curso: interrompe-se a contagem, e os 30 dias se renovam.
- Prazo já transcorrido: inicia-se o trintídio (30 dias).

16.9.2 Análise do art. 204, CTN

O parágrafo único, art. 204, CTN, dispõe que a presunção de legitimidade da dívida ativa é relativa ou *juris tantum*,[2] porque pode ser rebatida (ilidida) nos embargos e/ou exceção de pré-executividade.

Cuidado! A presunção não é absoluta ou *juris et de juris*.[3]
A *presunção* em epígrafe é de "certeza": nota-se, à evidência, o "*an debeatur*" (= se devido).
Exemplo: João deve o IR.

---

2. *Juris tantum* – trata-se de expressão em latim cujo significado literal é "apenas de direito". Normalmente a expressão em questão vem associada à palavra presunção, ou seja, presunção "*juris tantum*", que consiste na presunção relativa, válida até prova em contrário.
3. *Juris et de juris* – de direito e por direito; estabelecido por lei como verdade. Diz-se da presunção legal tida como expressão da verdade, que não admite prova em contrário. É a presunção absoluta.

Liquidez: nota-se o *quantum debeatur*.[4]
Exemplo: João deve o IR no valor de R$ x,xx.

A dívida ativa traduz-se em prova pré-constituída.

De fato, a cobrança judicial e a cobrança administrativa fundam-se em legalidade, o que oferta, por si só, a natureza de prova pré-constituída, sem prejuízo das "provas em contrário" que venham a ser produzidas.

O art. 11 do Decreto-Lei n. 1.893/1981, já considerava público o registro da Dívida Ativa da União, dele podendo ser extraídas as certidões negativas ou positivas, requeridas por qualquer pessoa, física ou jurídica, para a defesa de direitos ou esclarecimento de situações. É de caráter público do cadastro da Dívida Ativa. Essa publicidade cria as condições necessárias para o afastamento das consequências negativas, nas várias transações econômicas, da fraude à execução.

16.10 TIPOS DE CERTIDÃO

A rigor, são três as certidões possíveis para retratar a situação fiscal do contribuinte. Temos:

- **Certidão positiva**, que demonstra a existência de créditos não pagos.
- **Certidão negativa**, que afirma a inexistência de pendências com o Fisco.
- **Certidão positiva com efeito de negativa**, que atesta a existência de créditos em aberto, mas que, em razão de circunstâncias expressamente previstas em lei, deve ser acatada como se negativa fosse. Tal certidão é emitida em situações em que o crédito tributário ainda não é exigível (porque o prazo para pagar ainda não está vencido) ou está com sua exigibilidade suspensa (porque ocorreu alguma das hipóteses previstas no art. 151 CTN) ou, ainda, já está garantido pela penhora.

A certidão negativa faz prova de quitação de determinado tributo. Isso é especialmente importante para efeito de impedir a sub-rogação (responsabilidade) no caso do adquirente de imóveis, como previsto no art. 130, CTN. Portanto, na aquisição de imóveis, quando constar do título a prova da quitação dos impostos cujo fato gerador seja a propriedade, o domínio útil ou a posse de bens imóveis, das taxas pela prestação de serviços referentes a tais bens ou das contribuições de melhoria, prova esta que pode ser feita por meio de certidões negativas, fica afastada a responsabilidade do adquirente relativamente a esses tributos.

---

4. *Quantum debeatur* – quanto devido; o quanto se deve.

16.10.1 Certidão negativa

É o documento que comprova a quitação de tributos. A lei pode exigir, para a prática de certos atos, que seja realizada a prova da quitação de determinados tributos ou de todos os tributos de certo contribuinte por meio de certidão negativa (art. 205, CTN). A certidão negativa será fornecida no prazo de 10 dias da data da entrada do requerimento na repartição fiscal.

A Lei n. 9.051/1995 fixa o prazo de 15 dias, contados do registro do pedido no órgão expedidor, para a emissão de certidões para a defesa de direitos e esclarecimentos de situações. Este prazo não prevalece em relação ao prazo de 10 dias previsto no Código Tributário Nacional, por ser norma especial a regra fixada neste último diploma legal.

Essa prova de quitação tanto poderá se dar por exigência do Poder Público, em atos como participação em licitação e contratação, como também por ser de interesse do próprio contribuinte, de qualquer pessoa que queira realizar certos negócios com este, ou mesmo para simples verificação de sua situação ante o Fisco.

O art. 1º da Lei n. 7.711/1988 concentra as principais hipóteses de exigência de comprovação de quitação de tributos federais. São elas:

- Transferência de domicílio para o exterior.
- Habilitação e licitação promovida por órgão da Administração Federal Direta, Indireta ou fundacional ou por entidade controlada direta ou indiretamente pela União.
- Registro ou arquivamento de contrato social, alteração contratual e distrato social perante o registro público competente, exceto quando praticado por microempresa, na forma da legislação.
- Registro de contrato ou outros documentos em Cartórios de Registro de Títulos e Documentos (para as operações acima de um determinado valor).
- Registro em Cartório de Registro de Imóveis (para as operações acima de um determinado valor).
- Operação de empréstimo e de financiamento junto a instituição financeira, exceto quando destinada a saldar dívidas para com as Fazendas Nacional, Estaduais ou Municipais (acima de um determinado valor).

Na Administração Tributária Federal poderão ser fornecidas certidões tanto pelos órgãos da Secretaria da Receita Federal do Brasil como pelos órgãos da Procuradoria Geral da Fazenda Nacional, respeitadas as áreas de competências. Entretanto, por força de lei, em todos os casos em que for exigida a apresentação de provas de quitação de tributos federais incluir-se-á, obrigatoriamente, dentre aquelas, a certidão negativa de inscrição de Dívida Ativa da União, fornecida pela Procuradoria Geral da Fazenda Nacional.

16.10.2 Certidão positiva com efeito de negativa

Protocolado o requerimento, cabe ao órgão fazendário expedir a certidão negativa. No entanto, pode ocorrer que haja créditos tributários contra o contribuinte requerente, de modo que a certidão a ser emitida não mereça a qualificação de negativa; então, expedir-se-á a certidão positiva. Assim sendo, de posse de uma certidão positiva, o contribuinte, a princípio, não poderá praticar o ato jurídico que o motivou a requerer a expedição.

No entanto, há hipóteses em que, mesmo sendo devedor de crédito tributário, o contribuinte não se encontra em situação irregular. Conforme art. 206, CTN, a certidão positiva tem os mesmos efeitos de certidão negativa quando nela consta a existência de:

- Créditos não vencidos.
- Créditos em curso de cobrança executiva em que tenha sido efetivada a penhora.
- Créditos cuja exigibilidade esteja suspensa, por quaisquer das causas elencadas no art. 151, CTN.

16.11 OUTRAS REGRAS ACERCA DE CERTIDÕES

Independentemente de disposição legal permissiva (é o que diz o art. 207, CTN), será dispensada a prova de quitação de tributos, ou o seu suprimento, quando se tratar de prática de ato indispensável para evitar a caducidade de direito, respondendo, porém, todos os participantes no ato, pelos tributos porventura devidos, juros de mora e penalidades cabíveis, exceto as relativas a infrações cuja responsabilidade seja pessoal ao infrator.

Para essas circunstâncias ou quaisquer outras semelhantes, o art. 207, CTN, estabeleceu a norma de que, independentemente de lei permissiva, fica o sujeito passivo autorizado à prática do ato sem a certidão, para suprimento posterior.

Na eventualidade de haver crédito tributário exigível, impõe o CTN que os partícipes do ato praticado respondam pelo tributo, juros e multas, exceto, em relação a estas, as decorrentes de infrações cuja responsabilidade seja pessoal do infrator. Ou seja, o contribuinte e as demais pessoas interessadas na prática do ato sem a certidão respondem junto ao Fisco pelo crédito.

16.12 CERTIDÃO FALSA

A certidão negativa expedida com dolo ou fraude, que contenha erro contra o Fisco, responsabiliza pessoalmente o funcionário que a expedir pelo crédito e pelos juros de mora. Cabe ainda responsabilidade criminal e administrativa (ou funcional), conforme art. 208, CTN.

16.13 CADIN – CADASTRO INFORMATIVO

Se a exigência de certidão negativa de débitos tributários já constituía um forte instrumento de pressão para que pessoas jurídicas (e físicas) pudessem contratar com a Administração Pública (direta e indireta), a criação do Cadastro Informativo dos créditos não quitados de órgãos e entidades federais, o Cadin, aumentou a pressão para o ingresso das receitas públicas pela quitação dos débitos tributários (e outros).

16.14 CONTAGEM DE PRAZOS FIXADOS NO CTN OU NA LEGISLAÇÃO TRIBUTÁRIA

Os prazos serão contínuos, sem interrupção pelos sábados, domingos ou feriados, e sujeitos à regra processual de que, na sua contagem, exclui-se o dia de início e inclui-se o de vencimento (art. 210, CTN). Este dispositivo tem uma importância imensa pela sua abrangência, aplicando-se a todos os prazos previstos no CTN e em toda a legislação tributária, assim entendidas as leis, os tratados e convenções internacionais, os decretos e as normas complementares.

CASO PRÁTICO 16.1

A empresa Casa Nova atua no ramo de venda de eletrodomésticos e, como tal, encontra-se sujeita ao recolhimento do ICMS e ao dever de entregar arquivos magnéticos com as informações das vendas efetuadas em cada período de recolhimento. Em fiscalização realizada em 1º de fevereiro de 2009, o Fisco Estadual constatou a insuficiência do recolhimento do ICMS no período entre 1º de janeiro de 2008 a 1º de fevereiro de 2009 e lavrou auto de infração exigindo o tributo não recolhido acrescido de multa no montante correspondente a 80% do tributo devido, na forma da legislação estadual. Ainda como consequência da fiscalização, foi lavrado outro auto de infração para aplicar a penalidade de R$ 1.000,00 por cada arquivo magnético não entregue no mesmo período. Ocorre que, no prazo para a apresentação da impugnação administrativa, os sócios da empresa Casa Nova finalizaram as negociações anteriormente iniciadas com a sua concorrente Encasa e decidiram vender a empresa, a qual foi incorporada pela Encasa. Ao se deparar com as autuações em questão, a Encasa aciona o seu corpo jurídico.

Com base nesse cenário, responda aos itens a seguir, empregando os argumentos jurídicos apropriados e a fundamentação legal pertinente ao caso.

Existe a possibilidade de cancelar, total ou parcialmente, o auto de infração lavrado para cobrança do tributo devido e da sua respectiva penalidade?

Existe a possibilidade de cancelar, total ou parcialmente, o auto de infração lavrado para exigir a penalidade por falta de entrega dos arquivos magnéticos?

O art. 132, CTN, prevê que a "pessoa jurídica de direito privado que resultar de fusão, transformação ou incorporação de outra ou em outra é responsável pelos tributos devidos até a data do ato pelas pessoas jurídicas de direito privado fusionadas, transformadas ou incorporadas". Ao utilizar a expressão "tributos", segundo a interpretação consolidada pelo STJ em sede de Recurso Repetitivo n. 923.012/MG, o legislador não quis restringir a sucessão dos créditos tributários somente aos débitos decorrentes de inadimplemento no pagamento do tributo, mas também as multas de caráter moratório ou punitivo, eis que no art. 129, CTN, o legislador expressamente utilizou a expressão "créditos tributários", sem qualquer restrição. Portanto, as multas constituídas ou em fase de constituição até a data do ato de incorporação permanecem como devidas pela empresa incorporadora.

Na mesma linha, as obrigações chamadas de acessórias também são consideradas devidas pela empresa incorporadora pois, conforme prevê o art. 113, § 3º, CTN, as obrigações acessórias, pelo simples fato de sua inobservância, convertem-se em obrigação principal. Portanto, não há fundamento jurídico para excluí-las da sucessão por incorporação.

EXERCÍCIOS DE FIXAÇÃO

— QUESTÕES DE MÚLTIPLA ESCOLHA

1. Para os efeitos da legislação tributária, as disposições legais excludentes ou limitativas do direito de examinar mercadorias, livros, arquivos, documentos, papéis e efeitos comerciais ou fiscais dos comerciantes, industriais ou produtos ou da obrigação destes de exibi-los:

   a) não têm aplicação;
   b) não têm aplicação apenas quanto aos livros, documentos, papéis e efeitos fiscais;
   c) não têm aplicação apenas quanto aos livros, documentos, papéis e efeitos comerciais ou fiscais;
   d) não têm aplicação apenas quanto a mercadorias, livros e papéis e efeitos fiscais.

2. Se determinado crédito foi objeto de inscrição válida e regular em Dívida Ativa, a Fazenda Pública, apresentando a respectiva certidão:

   a) deve, antes, provar a legitimidade do crédito, para depois, poder executar o contribuinte, em face de presunção *juris et de juris*;
   b) pode executar o contribuinte, sendo possível a este ilidir a presunção *juris tantum* da legitimidade do crédito;
   c) pode executar o contribuinte, não mais cabendo contestação à legitimidade do crédito, em face de presunção *juris tantum*;
   d) pode executar o contribuinte, sendo possível a este ilidir a presunção *juris et de juris* da legitimidade do crédito.

3. A omissão de qualquer requisito obrigatório no termo da inscrição ativa ocasiona a nulidade da inscrição e do processo de cobrança correspondente; essa nulidade, porém, poderá ser sanada:

a) a qualquer tempo, mediante substituição da certidão nula, devolvido o prazo para defesa, que poderá versar sobre qualquer parte da inscrição;
b) até a decisão de primeira instância, mediante aditamento à certidão nula, dispensada a devolução de prazo para a defesa do sujeito passivo;
c) a qualquer tempo, mediante aditamento à certidão nula, devolvido ao sujeito passivo o prazo para a defesa, se ainda não a havia apresentado;
d) até a decisão de primeira instância, mediante substituição da certidão nula, devolvido ao sujeito passivo o prazo para defesa, que somente poderá versar sobre a parte modificada.

4. Servidor fazendário, a fim de beneficiar pessoa jurídica que pretendia habilitar-se em concorrência pública, expediu certidão negativa de quitação de tributos quando, na realidade, havia créditos tributários vencidos ainda não pagos pela empresa. A responsabilidade desse servidor:

a) limita-se ao aspecto funcional, se for o caso;
b) limita-se ao aspecto criminal, se for o caso;
c) está excluída, para qualquer efeito, devendo ser responsabilizado seu chefe imediato;
d) é criminal e funcional, como dispuserem as leis respectivas, além de ele responder pelo referido crédito tributário acrescido de juros de mora.

5. Não produz o efeito de certidão negativa aquela em que constar a existência de créditos:

a) vincendos;
b) vencidos;
c) em curso de cobrança executiva em que tenha sido efetuada a penhora;
d) objeto de impugnação administrativa ainda não apreciada.

6. A certidão de que conste a existência de créditos em curso de cobrança executiva em que tenha sido efetuada a penhora:

a) não produz efeitos;
b) tem os mesmos efeitos da certidão negativa;
c) não pode ser expedida;
d) produz efeitos apenas em relação a outros tributos.

7. Dispõe o CTN que a lei pode exigir que a prova de quitação de determinado tributo, quando exigível, seja feita por certidão negativa. A respeito do tema determina, ainda, o CTN:

a) a certidão negativa será expedida nos termos em que tenha sido requerida e será fornecida dentro de 30 dias da data de entrada do requerimento na repartição;
b) a certidão negativa expedida com dolo ou fraude, que contenha erro contra a fazenda pública, responsabiliza pessoalmente o funcionário que a expedir, pelo crédito tributário e juros de mora acrescidos;
c) não tem os mesmos efeitos de certidão negativa a certidão em que conste a existência de crédito tributário objeto de parcelamento, cujas parcelas vêm sendo pagas pontualmente pelo contribuinte;
d) depende de lei ordinária a dispensa da prova de quitação de tributos, quando se tratar de prática de ato indispensável para evitar a caducidade de direito do contribuinte.

8. A Petrobras Distribuidora S. A. necessita fazer prova de sua regularidade fiscal para poder participar de um procedimento licitatório. A existência de uma execução fiscal não garantida, em cujos autos a companhia apresentou exceção de pré-executividade ainda pendente de julgamento, produz o seguinte efeito:

a) impede a emissão da certidão com efeitos negativos;
b) autoriza a emissão da Certidão Negativa válida por 30 dias;
c) autoriza a emissão da Certidão Negativa válida por 180 dias;
d) autoriza a emissão da Certidão Positiva, com efeito de negativa, válida por 30 dias.

9. Considerando as normas de direito positivo em matéria fiscal, é incorreto afirmar que:

a) Para os efeitos da legislação tributária, não têm aplicação quaisquer disposições legais excludentes ou limitativas do direito de examinar mercadorias, livros, arquivos, documentos, papéis e efeitos comerciais ou fiscais dos comerciantes, industriais ou produtores, ou da obrigação destes de exibi-los.
b) Os livros obrigatórios de escrituração comercial e fiscal e os comprovantes dos lançamentos neles efetuados serão conservados até que ocorra a prescrição dos créditos tributários decorrentes das operações a que se refiram.
c) É vedada a divulgação, por parte da fazenda pública ou de seus servidores, de informação obtida em razão do ofício sobre a situação econômica ou financeira do sujeito passivo ou de terceiros e sobre a natureza e o estado de seus negócios ou atividades.
d) A Fazenda Pública da União e as dos Estados, do Distrito Federal e dos Municípios prestar-se-ão mutuamente assistência para a fiscalização dos tributos respectivos e permuta de informações, na forma estabelecida, em caráter geral ou específico, mediante previsão constitucional ou resolução do senado federal.

10. Presume-se fraudulenta a alienação ou a oneração de bens ou rendas, ou o seu começo, por sujeito passivo em débito para com a Fazenda Pública por crédito tributário regularmente inscrito como:

a) Dívida Ativa;
b) Lançamento;
c) Responsável;
d) Contribuinte.

— EXERCÍCIOS

1. Luís deixou de apresentar a declaração necessária para que determinado Estado da Federação constituísse um crédito tributário e, por essa razão, foi multado pelo Fisco. Apresentou, no prazo legal, impugnação ao auto de infração. Dois anos depois, não tendo sido julgada a impugnação administrativa, adveio nova legislação que excluiu a obrigatoriedade de apresentação do referido documento, extinguindo o direito de o Fisco multar quem não entregasse a declaração.

   Em face dessa situação hipotética, discorra, com base no Código Tributário Nacional, acerca das consequências da aplicação da nova legislação ao caso de Luís.

2. O sócio majoritário da ST Papelaria Ltda. pretende efetuar o recolhimento do ICMS, que está em atraso, a fim de não pagar multas, juros e correção monetária, dado que ainda não foi iniciado qualquer procedimento administrativo ou medida de fiscalização relativos ao débito.

Considerando a situação hipotética apresentada, responda, de forma fundamentada, se é possível o pagamento do imposto em atraso sem a incidência de multa, juros e correção monetária e discorra sobre o instituto aplicável à hipótese.

3. A Receita Federal do Brasil, em procedimento administrativo fiscal interno, apurou, em relação ao período de janeiro de 2005, a existência de omissões na declaração do Imposto de Renda da pessoa jurídica WL Industrial Ltda., que redundaram no pagamento do imposto em valor menor ao efetivamente devido. Não houve lavratura de auto de infração e, em consequência, não ocorreu a apresentação de defesa e recurso. A Receita Federal realizou a inscrição do valor apurado em dívida ativa e, finda a fase de cobrança amigável do imposto, a Fazenda Pública ajuizou a pertinente execução fiscal contra a WL Industrial Ltda. Esta, em embargos à execução, arguiu vício formal do lançamento realizado de ofício pela autoridade fiscal e requereu a declaração de nulidade do ato. Sem analisar o mérito, o juízo competente acolheu a tese de vício formal do lançamento, e o tribunal manteve a sentença, declarando inválida a constituição do crédito tributário pela autoridade fiscal e extinguindo a execução fiscal pertinente. A Fazenda Pública não recorreu do acórdão, tendo este transitado em julgado em julho de 2008.

Considerando a situação hipotética apresentada, responda, de forma fundamentada: a autoridade fiscal competente poderá efetuar novo lançamento para a constituição do referido crédito tributário?

4. A empresa D sofreu uma autuação de ISS e, após apresentar impugnação ao referido lançamento, recebeu intimação da Secretaria de Finanças respectiva, informando da decisão que manteve o referido lançamento por entender não ter havido qualquer irregularidade. Ocorre que, pela legislação municipal, o recurso à instância administrativa superior deve ser precedido de depósito em dinheiro de 30% do valor do auto de infração para o conhecimento e processamento do pleito.

Como advogado de D, qual a argumentação jurídica possível contra a exigência do referido depósito?

5. Uma determinada empresa impetra mandado de segurança e obtém a concessão da medida liminar em conformidade com o pedido formulado. Durante o período da concessão da medida liminar, a empresa é fiscalizada por autoridade competente, que constata não estarem sendo cumpridas as obrigações acessórias atinentes à obrigação principal, objeto da citada liminar. Assim, decide a autoridade autuar a empresa por descumprimento das obrigações acessórias.

Comente a situação em relação ao procedimento do fisco e do contribuinte.

Referências

ALEXANDRINO, Marcelo; VICENTE, Paulo. *Direito administrativo descomplicado*. 15. ed. Rio de Janeiro: Editora Impetus, 2008.

ANDRADE FILHO, Edmar Oliveira. *Imposto de renda das empresas*. 2. ed. São Paulo: Atlas, 2005.

AMARO, Luciano da Silva. *Direito tributário brasileiro*. 18. ed. São Paulo: Saraiva, 2012.

ATALIBA, Geraldo. *Hipótese de incidência tributária*. 6. ed. São Paulo: Malheiros, 2001.

BRASIL. *Código civil* (2002). 54. ed. São Paulo: Saraiva, 2003.

_____. Constituição da República Federativa do Brasil (1988). *Diário da República Federativa do Brasil*. Poder Executivo, Brasília, DF, p. 1, col. 1, anexo, 5 out. 1988.

_____. *Decreto n. 3.000, de 16 de março de 1999*. Regulamenta a tributação, fiscalização, arrecadação e administração do Imposto sobre a Renda e Proventos de Qualquer Natureza. Disponível em: <http://www2.camara.leg.br/legin/fed/decret/1999/decreto-3000-26-marco-1999-369704-norma-pe.html>. Acesso em: 30 out. 2018.

_____. *Lei das sociedades por ações*: Lei n. 6.404, de 15 dez. 1976. 8. ed. São Paulo: Atlas, 2002.

_____. Lei Ordinária n. 5.172, de 25 out. 1966. *Diário da República Federativa do Brasil*, Poder Executivo, Brasília, DF, p. 12.452, col. 1, 27 out. 1966.

_____. Ministério da Fazenda. Portaria n. 15, de 16 de janeiro de 2018. Dispõe sobre o reajuste dos benefícios pagos pelo Instituto Nacional do Seguro Social – INSS e dos demais valores constantes do Regulamento da Previdência Social – RPS. Brasília: *Diário Oficial da União*, 17 jan. 2018. Disponível em: <http://portal.esocial.gov.br/institucional/legislacao/legislacao/portaria-mf-no-15-reajuste-inss-e-salario-familia-2018.pdf/view>. Acesso em: 9 jan. 2019.

BALEEIRO, Aliomar. *Limitações constitucionais ao poder de tributar*. 8. ed. Rio de Janeiro: Forense, 2010.

BASTOS, Celso Ribeiro. *Curso de direito constitucional*. 22. ed. São Paulo: Malheiros, 2010.

_____. *Curso de direito financeiro e tributário*. São Paulo: Saraiva, 1982.

BECKER, Alfredo Augusto. *Teoria geral do direito tributário*. 2. ed. São Paulo: Saraiva, 1972.

CARVALHOSA, Modesto. *Comentários à lei de sociedade anônima*: Lei n. 6.404, de 15 dez. 1976, com as modificações das Leis n. 9.457, de 5 mai. 1997, e n. 10.303, de 31 out. 2001. São Paulo: Saraiva, 2002.

CAIS, Cleide Previtalli. *O processo tributário*. 4. ed. São Paulo: Revista dos Tribunais, 2004.

CAMPOS, Dejalma de. *Direito financeiro e orçamentário*. 2. ed. São Paulo: Atlas, 2001.

CARRAZZA, Roque Antonio. *Curso de direito constitucional tributário*. 28. ed. São Paulo: Malheiros, 2012.

______. *ICMS*. 17. ed. São Paulo: Malheiros, 2015.

CARVALHO, Paulo de Barros. *Curso de direito tributário*. 20. ed. São Paulo: Saraiva, 2018.

______. *Direito tributário:* fundamentos jurídicos da incidência, 2. ed. São Paulo: Saraiva, 1999.

CASSONE, Vitório. *Direito tributário*. 16. ed. São Paulo: Atlas, 2004.

CHIMENTI, Ricardo Cunha. *Direito tributário*. 7. ed. São Paulo: Saraiva, 2004.

COÊLHO, Sacha Calmon Navarro. *Curso de Direito Tributário Brasileiro*. Rio de Janeiro: Editora Forense de 1998.

CREPALDI, Silvio Aparecido; CREPALDI, Guilherme Simões. *Direito empresarial*: questões objetivas, discursivas e peças profissionais com respostas – teoria e prática. 3. ed. Curitiba: Juruá, 2012.

______. *Direito tributário:* teoria e prática. 3. ed. Rio de Janeiro: Forense, 2013.

DEMO, Pedro. *Metodologia do conhecimento científico*. São Paulo: Atlas, 2000.

DENARI, Zelmo. *Curso de direito tributário*. 8. ed. São Paulo: Atlas, 2002.

FALCÃO, Amílcar de Araújo. *Fato gerador da obrigação tributária*. 6. ed. Rio de Janeiro: Forense, 1994.

FERNANDES, Edison. A revolução do imposto sobre a renda. Blog Fio da Meada, *Valor Econômico*, maio 2014. Disponível em: < https://www.valor.com.br/legislacao/3549902/revolucao-do-imposto-sobre-renda >. Acesso em: 30 out. 2018.

FERRAZ, Luiz Felipe C. O Brasil exporta seus custos. Blog Fio da Meada, *Valor Econômico*, maio 2014. Disponível em: <https://www.valor.com.br/legislacao/3547966/o-brasil-exporta-seus-custos>. Acesso em: 30 out. 2018.

GONÇALVES, C. R. *Sinopses Jurídicas*. Saraiva, 2002. v.3. p.152.

HARADA, Kiyoshi. *Direito financeiro e tributário*. 12. ed. São Paulo: Atlas, 2004.

HENZEL, Alberto. *Direito tributário*. Roma: Dott a Giuffre. 1956.

ICHIHARA, Yoshiaki. *Direito tributário*. 13. ed. São Paulo: Atlas, 2004.

MACHADO, Hugo de Brito. *Curso de direito tributário*. 38. ed. São Paulo: Malheiros, 2017.

PAULSEN, Leandro. *Direito tributário*. Constituição e código tributário à luz da doutrina e da jurisprudência. 10. ed. Porto Alegre: Livraria do Advogado, 2008.

SABBAG, Eduardo de Moraes. *Direito tributário*. São Paulo: Prima Cursos Preparatórios, 2004.

SANTOS, Cairon Ribeiro. *Curso de introdução ao direito tributário*. São Paulo: IOB-Thomson, 2004.